테스 형, 교육이 왜 이래

[질문하는 학교]
소크라테스 학당 시리즈 1

테스 형, 교육이 왜 이래

2024년 1월 20일 초판 인쇄
2024년 1월 25일 초판 발행

지은이 | 이상오
교정교열 | 정난진
펴낸이 | 이찬규
펴낸곳 | 북코리아
등록번호 | 제03-01240호
주소 | 13209 경기도 성남시 중원구 사기막골로 45번길 14
우림2차 A동 1007호
전화 | 02-704-7840
팩스 | 02-704-7848
이메일 | ibookorea@naver.com
홈페이지 | www.북코리아.kr
ISBN 978-89-6324-475-4 (03370)

값 21,000원

질문하는 학교

소크라테스 학당 시리즈

1

이상오 지음

Σωκράτης

Socrates

테스 형,

교육이 왜 이래

북코리아

프롤로그

이제 학교에서 '가르치는 시대'는 끝났다. 90% 이상의 학생들이 자고 있다. 선생님의 말씀은 그저 허공의 메아리일 뿐 그냥 몇몇 학생만 눈뜨고 있다. 아마도 모범생들일 거다. 아이들이 자는 이유는 다양하다. 학원에서 다 배워서. 선생님은 학원 쌤보다 실력이 없다. 재미가 없다. 내 관심사가 아니다. 어렵다. 모르겠다. 알아야 할 필요성을 못 느낀다. 밤새 게임을 해서. 밤에 안 자고 공부하는 바람에 졸려서. '공부' 하면 골치가 아프다. 그냥 짜증이 난다. 그래서 잔다. 아이들이 할 수 있는 건 책상에 엎드려 있는 것뿐이다.

선생님은 열심히 가르쳐도 아이들은 열심히 잔다. 다른 아이들이 다 자니까 나도 잔다. 모두가 잠자는 분위기. 안 자면 왕따? 안 자는 아이들은 반에서 1, 2등 하는 아이들? 그러니까 안 자고도 1, 2등을 못 하면 머리가 나쁜 놈? 이런 비아냥을 받을 거니까 안 졸려도 자는 척한다. 1, 2등 할 자신은 없고 머리 나쁘다는 손가락질은 받기 싫고. 그러니까 자는 척이라도 해야 하는 거다. 선생님은 가르치는데 아이들은 배우지 않는다.

설령 가르침이 있다고 해도 학교에 더 이상 배움은 없다. 결국 학교에서는 어떠한 교육행위도 일어나지 않는다. 교육은 '티칭 앤 러닝'인데.

그렇다면 학교는 왜 존재하는 것인가? 설령 가르침이 있다고 해도 배움은 없는 학교. 지금 학교는 과연 무엇을 하는 곳인가? 교사에게는 꼬박꼬박 월급이 나간다. 노동의 대가다. 유노동 유임금. 그러면 아이들은 뭔가? 아이들이 잠을 잔 대가는? 주연상이 있으면 조연상도 주어야 하는 거 아닌가? 아니면 아침부터 뺄뺄대고 학교에 나온 아이들의 대가는? 촬영하려면 지나가는 이 같은 엑스트라가 있어야 하고 이들에게도 일당은 주어야 하는 거 아닌가?

결국 아이들이 교사의 일자리 창출을 도운 거 아닌가? 학교에 아이들이 없다면 무노동 무임금의 원칙이 적용될 것인데. 아침에 눈도 제대로 못 뜨고 밥도 못 먹고 헐레벌떡. 물론 교실에 앉는 순간 잘 궁리부터 하겠지만. 그래도 하여간 아이들도 무슨 보상을 받아야 하는 거 아닌가? 아이들이 봉은 아니지 않은가? 결국 집에서 잠자다가 눈을 뜨고 깨어나서 또 잠자러 학교에 간다? 그냥 집에서 편하게 자면 안 되나? 잠이 보약이라던데.

무상교육이니 무상으로 잠자러 가는 건가? 그것도 12년씩이나. 학교가 아니라 잠자는 숙소? 아니면 수면방? 그것도 쪽잠을? 아예 침대를 갖다주면 안 될까? 아, 간혹 침대가 있는 양호실도 있으니. 예나 지금이나 양호실에 가고 싶은 아이들. 다 이유가 있었나? 하여간 왜 편안한 집, 편안한 잠옷을 놔두고 불편하게 빳빳한 교복을 입고 자야 하는지? 근데 이게 작금의 현실이다. 근데 학교가 교육의 전당이라더니 혹시 수면의 전당은 아닌가? 어디 교육이 있는가? 학교는? 정체불명? 아이들은 과연 무엇을 배우는 건지? 혹시 잠을 잘자는 법? 가르침과 배움이 일치하지 않는 학교. 이게 배움의 전당 맞나?

공부 하면 학교보다 학원이 먼저 떠오른다. 물론 둘 다 지겹지만. 그래도 진짜 공부는 학원에서 하는 걸로 되어 있다. 의대 열풍으로 학원들의 제2 전성기? 이제 대학에서 인문계열에 입학하면 법학전문대학원으로, 자연계열에 입학하면 의학전문대학원으로 진로가 결정된다. 대학은 이제 두 개의 전문대학원만 남겨놓고 모두 이미 내용적으로는 문을 닫은 셈이다.

이미 우리의 학교가 이 지경이 되었지만 속수무책이다. 그저 수수방관. 아니면 무대책이 그나마 대책? 정부가 교육정책에 손을 대면 댈수록 난장판이다? 킬러 문항 그리고 이에 얽힌 카르텔 찾아내기? 글쎄… 너무 오랜 전통(?) 아닌 전통이 되어버린 지금. 과연 귀추가 주목되는 대목 아닌가? 정말 해낼 수 있을까? 그런데 이 문제가 해결되면 정말 교육이 정상화될 수 있을까? 글쎄… 에너지보존의 법칙을 믿는다면 어차피 정해진 양의 에너지 흐름은 또 어딘가로 향할 것이고. 쉽게 말하면 '풍선효과'라는 것인데…. 한쪽을 누르면 어딘가에서 또 튀어나오고…. ㅋㅋㅋ 도대체?? 다시 교실로 돌아가 보자. 아이들의 생각은 딴 데 있는데 우두커니 눈만 뜨고 있는 몇몇 아이들. '빨리 끝났으면 좋겠다. 이따 붕어빵 사 먹어야지~' 뭐 그런 생각. 근데 그런 딴생각하는 아이들 앞에서 어떻게든 원맨쇼라도 해야 하는 교사들의 신세는 처량하기만 한데. 거기다가 이제는 아이들에게 맞기까지 하니. 물론 극소수의 이상한 나라 이야기 같지만, 교사가 아이들한테 그리고 학부모한테 면박을 받고 자살하는 나라! 아, 테스 형! 교육이 왜 이래~

예전에는 학교에서 선생님들이 가르치면 아이들은 무조건 배웠다. 그러니까 가르쳤는데도 안 배우면 그건 죄였다. 그래서 선생님께 당연히 맞았다. 80점을 맞으면 1점당 1대. 100점 만점 맞으라고 가르쳤는데 20점을 깎아 먹었으니 "너 나와!" 하고 불려 나가 20대 맞는 건 당연했다. 학생도 저항하지 않았다. 왜냐하면 지은 죄가 있으니까. 못 배운 죄? 선생님은 반 평균을 깎아 먹었다고 또 때렸다. 이렇게 하여 예전의 학교는 억지로라도 가르침과 배움을 일치시켰다. 지금 같으면 112 신고감이다. 체벌이라고 하면서 형사소송감이다. 체벌이 법적으로 금지되어 있으니까.

지금 학교는 조용하다. 선생님의 나지막한 목소리만 들린다. 예전에도 그랬다. 그러나 그때는 선생님과 아이들 소리도 간간이 들렸다. 아이들이 떠들면 "떠들지 마!", "너 나와!" 때로는 선생님이 고성을 지르기도 했다. 복도로 내보내 손 들고 서 있으라 하기도 하고 매를 대기도 했다. 근데 지금은 모두 자니까 교실이 조용한 거다. 간간이 연필 떨어지는 소리. 졸던 아이가 연필을 떨어뜨린 거다.

이젠 선생님도 떠드는 아이들더러 "차라리 엎드려 자"라고 한다. 칠판에 따각따각 백묵 소리만 들린다. 예전에도 그랬다. 그러나 다른 점이라면 그때 아이들은 칠판 글씨를 몽땅 베껴 적었다. 무슨 소린지 몰라도 그냥 베끼는 게 일이었다. 그게 공부였고. 근데 지금은 다 자니까 아이들이 칠판 볼 일도 없다. 따라 적는 아이는 더더욱 없다. 인터넷 치면 다 나오니까. 인공지능의 시대. 이제 세상의 모든 지식을 가지고 있다는 챗GPT도 나왔으니. 몇몇 아이들이 끄적끄적 적기도 하지만. 이제 우리의 교실에서 칠판 베끼기도 사라진 옛 추억이 되었다.

그렇다면 왜 선생님은 배우는 아이가 없는데도 혼자 교과서를 읽고 있는 것일까? 과거 학교, 즉 미션스쿨에서 교과서는 '경전(經典)'이었다. 서구 기독교 국가에서는 교과서가 『성경』, 즉 바이블(Bible)이었고, 동양에서는 공자의 말씀 『논어(論語)』였다. 『화엄경』, 『반야심경』 같은 불경도 교과서였다. 물론 불교는 학교와 무관하다. 불교는 딱히 학교를 운영하지 않았다. 그러니까 당시 교과서였던 서양의 『성경』과 동양의 『논어』는 곧 진리(眞理)였다. 이런 맥락에서 오늘날 서구 미션스쿨의 전통을 계승한 전 세계의 일반 학교들에서 교과서가 곧 진리로 둔갑한 셈이다.

그러니까 예나 지금이나 선생님은 진리인 교과서를 아이들 앞에서 읽어대고 있는 거다. 진리니까 가르쳐야 한다. 설령 아이들이 배우지 않더라도 학교는 진리를 가르치고 있다. 그런데 아이들은 왜 자는 걸까? 위에서 언급한 그대로다. 그러나 교과서를 진리로 둔갑시켜 가르치고 있는 학교는 도무지 이해할 수 없다. 정말 교과서가 진리인가? 물론 어린아이들이 이를 의심할 정도로 그렇게 똑똑한 건 아니지만.

그러나 아마도 감으로 느끼는 건 아닐까? 분명히 선생님은 이걸 '반드시 알아야 한다'고 가르치는데, 아이들은 '내가 그걸 왜 알아야 하지?' 뭐 그런 거? '도대체 그게 뭐라고 그것만 알라고 가르치는 건가? 그걸 내가 왜 지금 알아야 하는 건데?' 뭐 이런 거 아닐까? '다 낡아빠진 이야기들이 앞으로 내가 사는 것하고 무슨 상관이람?' 물론 우등생들은 그래도 약삭빠르게 무조건 외운다. 왜냐하면 대학입시에 나오니까. 어렵고 따분하고 지루해도 그냥 외우는 거다. 참 착한 아이들 아닌가? 근데 이게 시험에 나오지 않는다면? 그래서 족집게 일타강사를 찾아다니는 거다. 얼마나 영악한가? 정말 똑똑하지 않은가? 그래서 학원이 아이들의 전당이 된다.

근데 문제는 교과서가 수시로 바뀐다는 사실이다. 세상이 변하는데 교과서의 내용이 안 바뀔 수는 없다. 그래서 개정 교과서도 나오는 법이다. 이를테면, '광주사태'로 배운 세대가 있고 '광주의거'로 배운 세대가 있다. 어떤 것이 사실이고 진리인가? 정권이 바뀔 때마다 교과서 내용은 달라진다. 정권이 또 바뀌면 교과서 왜곡 시비가 붙는다. 그래서 지금의 아이들은 오히려 현명하다. 뭐가 사실이고 뭐가 진리인지 알고 싶어 하지도 않는다. 왜냐하면 매년 바뀌는 교과서의 지식도 언젠가는 모두 없어질 테니까. 참으로 현명하지 않은가? 이런 면에서 MZ세대가 오히려 기대된다. '이거 배워서 뭐해? 시간 낭비 아니야?' 그래서 혹시 요즘 아이들이 공부 대신 잠을 선택한 것은 아닐까? '에이, 차라리 잠이나 자자. 잠이 보약이래~' 참으로 어린아이들이 현명한 게 아닌가? ㅋㅋㅋ

지난 수업 때 현직 학교 교사인, 그것도 ○○외고 고3 담임으로 재직 중인 한 수강생이 한 말이다.

"교수님, 학교는 이제 인성교육의 장으로 바뀌었어요."

"엥? 그럼 지식교육은?"

"아! 솔직히 말씀드리자면, 지식교육은 학원에서 다 하니까요."

아니, 이걸 주객전도라고 하던가? 망치로 한 방 맞은 기분? 그래도 솔직한 그 교사(학생)의 이실직고. 어쩌면 그게 최선은 아니더라도 차선이 될 수도 있겠다는 생각. 그냥 기분 탓이었을까?

CONTENTS

CONTENTS

CONTENTS

I

교육에 대한 30문 30답

1
교육은 반드시 필요한가?

독일의 계몽주의 철학자 칸트(Immanuel Kant, 1724~1804)는 자신의 에세이 『교육에 관하여(Über Pädagogik)』의 서론에서 "인간은 교육을 받을 수 있는 유일한 피조물이다"라고 썼다. 그렇다면 (하등)동물에게는 교육이 필요치 않다는 말일까? 동물에게 교육이란 의미가 없다는 건가? 아마 누군가 전생(前生)에 동물이었다면 정확하게 답할 수 있을 것이다. 그러나 동물의 교육 가능성이 칸트의 관심사는 아니었다. 왜냐하면 칸트는 인간이었고, 인간의 문제가 그의 철학적 관심사였기 때문이다. 그는 "인간이란 동물과 신의 중간단계인 존재"라는 말을 한 적 있다.

독일의 생물학자 겔렌(Arnold Gehlen, 1904~1976)은 자신의 대표 저서 『인간(Der Mensch, 1930)』에서 "인간은 결핍존재(Mängelwesen)"라는 가설을 세웠다. 그러고는 이러한 가설을 과학적으로 입증하기 위해 과학적 연구 방법을 모두 동원했다. 그의 결론에 의하면, 인간은 선천적으로 — 특히 육체적으로 — 생존 능력이 부족한 결핍존재로 이 세상에 나온다(Gehlen, 1967: 83). 그래서 인간은 교육을 통해서만 보완될 수밖에 없다는 것이다. 다시 말하면, 인간은 선천적 결핍을 교육을 통해 후천적으로 만회해야 한다는 것이다. 그래야만 인간으로서 구실을 할 수 있다는 말이다.

인간학자 포르트만(Adolf Portmann)은 '조산설(早産說, Frühgeburt)'을 주장하면서, "자궁 밖에서의 초년(Das extrauterine Frühjahr)"에 대한 연구를 시작했다. 그는 여기서 인간은 모두 "생리학적 조산"이라고 결론을 내렸다. 이 때문에 숙명적으로 인간은 '네스트호커(Nesthocker)'라는 거다. 즉, 인간은 알에서 부화하고도 오랫동안 둥지에서 어미 새에게 의존하여 살아가는 아기 새 같은 생활을 한다고 했다. 달리 말하면 네스트호커처럼 인간도 어머니의 자궁 내에서 아직 생존 능력을 제대로 갖추기 전에 미숙아(未熟兒)로 너무 일찍 세상에 나온다는 것이다.

만약 인간이 정상적으로, 즉 완벽한 존재로 태어나려면 모태의 자궁에서 10개월이 아닌 최소한 12개월 정도를 더 버티다가 세상에 나와야 한다(Portman, 1962: 14). 그러니까 인간의 임신 기간은 10개월이 아니라 원래 22개월이라는 말이다. 따라서 1년이라는 시간을 미리 나오는 인간은 '미숙아'로 살아갈 수밖에 없으며, 아무것도 할 수 없는 미숙아의 모습이 네스트호커의 삶과 닮았다는 거다.

결국 인간은 세상에 나와서 교육을 받아야만 제대로 된 인간이 된다는 말이다. 오늘날 많은 인류학자의 관찰에 의하면, 인간과 유사한 유인원인 침팬지는 약 2년간 어미의 보살핌을 필요로 하며 약 8~12세가 되어서야 어른의 체구를 갖추게 되는 반면, 인간은 6년 또는 8년의 의존 기간이 필요하고 대략 20세에 이르러서야 충분하게 성장한다(Philip K. Bock, 1979/조병로 역, 2001: 17).

어쨌든 상식적으로 볼 때 조산(早産)의 결과 완전한 결핍존재로 태어나는 인간은 아마 어쩌면 이 지구상에서 이미 멸종했어야 했을 것이다. 즉, 가장 완벽하게 태어나는 맹수들도 살아남기 어려운 이 광활하고 험난한 자연환경 속에서 애초부터 환경 적응에 완전히 무기력하고 무능력하게 태어나는 인간에게 생존 확률은 거의 없다고 할 수 있다. 바로 이러한 인간의 불완전성, 불확실성, 시행착오와 오류투성이의 미숙성 그리고 선천적 결핍성 때문에 '교육'은 인간에게 가장 필요한 영역이 된다.

심지어 인간은 선천적 결핍성에도 불구하고 광활하고 위험한 밀림에서 살아남는 데 성공했으며, 모든 맹수를 제압하고 만물의 영장으로 군림할 수 있었다. 가장 구체적인 이유는 바로 인간이 도구(道具)를 만들어낼 수 있었다는 사실일 것이다. 호모엘렉투스(homo electus), 즉 두 발로 직립보행을 할 수 있었던 인간은 자유롭게 손을 사용하면서 도구를 만들어내고 사용할 수 있었다. 인간이 만들어내는 도구는 결국 맹수들이나 다른 동물들에게 공격무기, 방어무기, 생활무기로 발전하면서 인간의 생존 확률을 더욱 높일 수 있었다.

이 과정에서 도구를 만들어내고 사용하는 방법 등이 '교육(敎育, education)'이라는 수단을 통해 계승 · 전달 · 발전한 것이다. 결국 교육이 없었다면 아마 인류는 이미 호랑이나 사자 같은 맹수들에게 모두 잡아먹혀서 멸종되었을 것이다. 또한 인간은 불완전하고 불확실하고 오류투성이의 미숙성 때문에 아마도 다른 종족의 지배를 받고 살 수밖에 없는 하등동물 아니면 미물(微物)로서 이 지구촌 어딘가 구석에서 오로지 생명 부지만 하면서 살고 있을지도 모른다. 인간에게 교육이 요구되는 가장 중요한 이유다.

2
우리는 어떻게 아는 걸까?

스위스의 발달심리학자 피아제(Jean Piaget, 1896~1980)는 인간의 아는 능력, 즉 인지능력(認知能力)은 환경과의 상호작용을 통해 발달한다고 주장했다. 인지능력은 기존의 인지구조, 즉 스키마(schema)의 작용으로 동화(assimilation)와 조절(accommodation) 과정을 통해 발달한다. 동화는 스키마(도식)가 외부 환경으로부터의 자극을 수용하는 것을 의미하고, 조절은 외부 환경의 자극을 수용하기 위해 기존의 인지구조(도식)를 변형시키고 수정하는 것을 말한다. 이렇게 스키마가 움직이는 과정에서 인지적 불균형과 균형이 순환적으로 이루어지는데, 이 과정을 통해 지적(인지적) 발달이 이루어진다.

피아제의 인지발달이론에서는 다음과 같은 교육적 가능성을 시사하고 있다. 첫째, 모든 아이에게는 능동적 학습 가능성이 존재한다. 둘째, 자기중심적 사고로부터 탈(脫)자기사고로의 전이가 가능하다. 즉, 상호관계 학습 가능성이 존재한다. 셋째, 환경과의 교류에 의한 상호작용이 가능하다. 즉, 상호학습이 가능하다는 말이다. 넷째, 인지발달의 단계에 따른 교과 과정이 수준별로 개발될 수 있다.

러시아의 심리학자 비고츠키(Lew S. Vygotsky, 1896~1934)는 "인간은 사회적 존재"임을 전제한다. 그에 의하면 사회적 관계, 즉 아동 대 아동의 관계 형성(대화, 상호작용, 만남)을 통해 인지능력이 발달한다. 다시 말하면, 비고츠키에게 인지를 자극하는 '환경(surroundings)'은 물적 환경이라기보다는 '인적(人的) 환경'이 중심이다. 인간과 인간 간의 만남과 교류 그리고 대화에 의한 인지적 자극이 반응을 낳는다. 다시 말하면, 인간의 인지발달은 '사회문화적 맥락'에서 이루어진다. 한마디로 인간의 인지발달은 독자적으로 이루어지는 것이 아니라, 사회와 문화라는 삶의 맥락 속에서 전개된다. 구체적으로 인간의 인지발달은 다른 사람과의 접촉 또는 만남을 통해 촉진된다. 따라서 아동과 교사, 아동과 부모, 아동과 다른 아동과의 만남과 대화 등 상호작용(interaction)은 아동의 인지발달에 결정적인 영향을 미친다.

비고츠키의 유명한 이론 중에서 근접발달영역(Zone of Proximal Development)에 대한 이론이 있다. 근접발달영역이란 실재적 발달 수준과 잠재적 발달 수준 사이에 존재하는데, 이 영역을 자극해줌으로써 가능성을 현실(실제)로 바꾸어줄 수 있다. '줄탁동시(啐啄同時)'라는 사자성어가 있다. 부화하는 과정에서 어미는 껍데기를 깨고 나오려는 병아리가 부리로 쪼아 놓은 곳을 찾아서 그곳을 다시 쪼아댐으로써 부화를 도울 수 있다. 결국 교사의 역할은 아동의 근접발달영역을 찾아내는 것이며, 동시에 이를 잘 자극하여 실제 발달 능력으로 나타날 수 있도록 도와주는 일이다.

마지막으로 비고츠키에 의하면 놀이(Spiel, play)는 인지발달에 매우 중요하다. 놀이를 통해 인간은 정서를 배양하고, 사회성과 규칙성 그리고 상징성을 습득한다. 특히 상징성을 통해 인지적 구조를 표현하게 하는 상상놀이, 역할놀이 등은 근접발달영역을 형성시키는 데 지대한 역할을 한다. 비고츠키에게 놀이터는 사회적 맥락이며, 상호작용의 장이며, 의사소통의 장이자 인지자극의 장이다. 그러나 우리의 교육에서는 '놀이'가 터부시되고 있다. "이놈아, 놀려고 학교 왔냐?" 학교 다니면서 자주 들었던 소리다. 현행 학교 교육에서 '놀이성'의 회복이 시급히 요청되는 대목이다.

한마디로 아이들은 눈으로 보고 아는 것보다 서로 놀이하면서 상호자극을 받으면서 진짜로 알게 되는 거다. 즉, 아이들이 안다는 것은 칠판만 쳐다보고 열심히 베낀다고 해서 끝나는 것이 아니다. 주변 환경과의 자극과 반응을 통해 그리고 서로 놀이하고 대화하는 가운데 자연스럽게 알게 된다. 이것이 인지작용을 통한 '인지학습'이다.

그런데 우리의 학교에서는 놀이를 원천적으로 봉쇄하고 있다. 수업시간에는 절대로 놀면 안 된다. 대화도 완전히 금지되고, 늘 정숙하게 수업만 진행된다. "거기 떠드는 놈 나와." 이렇게 본다면, 교실에서 아이들에게 진정한 앎은 처음부터 존재하지 않는다. 인간에게 천부적인 인지능력을 활용한 교육도 우리의 교실에는 없는 거다. 그냥 칠판에서 얻은 지식, 교과서에 있는 지식 그리고 그걸 달달 외우게 함으로써 교육은 모두 끝나는 거다. 심지어 시험에 나오는 지식만 지식이다. 그런데 놀라운 것은 그런 지식은 시험이 끝나면 곧바로 머릿속에서 사라진다. 마치 칠판의 글씨가 수업이 끝나면 주번 학생에 의해 깨끗이 지워지듯이. 왜냐하면 인간에게 어쩔 수 없는 기억력의 한계 때문이다. 기억은 인지능력을 활용한 인지 학습을 통해 이루어질 때 오래 남는다. 그게 진짜 기억이다.

3
'인성'은 어떻게 자라는 걸까?

정신분석학자 프로이트(Sigmund Freud, 1856~1939)에 의하면, 인성은 '무의식의 세계'로부터 자라난다. 우리 인간은 무의식의 세계에 자리 잡고 있는 삶의 에너지로 살아간다. 이러한 무의식의 세계가 인간의 특성, 즉 인성 발달을 주도하는 본능인 이드(id)가 된다. 이드는 도덕, 선악, 논리적 사고가 존재하지 않는 인간 최초의 본능과 본성을 지닌 영역이다. 여기서 본능인 이드는 쾌락에 의해 지배된다. 특히 성적 쾌락이 이드를 주도한다. 그러나 중요한 사실은 이드는 정신의 에너지가 될 소질도 가지고 있다는 점이다. 바로 이러한 성적 에너지(sexual energy)가 심적 · 정신적 에너지로 전환되면서 인간의 특성, 즉 '인성(personality)'이 발달한다는 것이다.

구체적으로 말하면, 이드 즉 본능이 주변 세계와 만나 수많은 갈등을 경험하게 되면서 심리적 · 정신적으로 발달하게 된다. 다시 말해 인간이 태어날 때는 모두 이드로 이루어져 있다가 성장하면서 이드의 일부가 다른 세계(다른 사회)와 접촉 · 교류하면서 진화한다. 그 진화 과정에서 자아(ego), 초자아(super ego)가 인식되기 시작한다. 이드가 정신적 에너지로 전환되는 순간이다. 여기서 초자아는 인간이 살아가는 세계와 주변 삶의 맥락을 말한다. 또한 초자아는 문화, 문명, 이상적 삶의 원리(시비지심), 도덕, 양심, 법, 규범(제재, 명령, 금지 포함) 등도 포괄한다. 즉 이미 인간이 살아가면서 만들어놓은 문화, 문명, 사회법규, 제도 등 삶의 제반 환경이 개인에게 작용하는 초자아가 되는 것이다.

한편, 본능과 초자아 사이에서 자아가 형성된다. 자아는 사회에서 자신의 역할과 기능 그리고 목표를 달성하는 과정에서 갈등하고 대립하고 타협하고 주장하면서 복잡하게 성장해간다. 여기서 자아는 의식세계에 존재하는 현실적인 '나'로서, 본능과 초자아 간의 매개자가 되기도 한다. 결국 시간의 흐름 속에서 본능, 자아, 초자아는 서로 갈등과 반목 그리고 대립 또는 친화의 관계에 들어가게 되는데, 이러한 복잡한 상관관계 속에서 자아가 형성된다.

그런데 프로이트는 자아가 형성되는 과정에서 발생하는 갈등이 '인성발달'에 직접적으로 영향을 미치고 작용하게 된다고 보았다. 특히 프로이트는 정신적 차원으로 전환되는 성적 에너지를 '리비도(libido)'라고 했다. 그는 리비도의 단계를 구강기, 항문기, 남근기, 잠복기, 생식기 등 5단계로 구분하면서 각 단계에서 성적 에너지가 정신적 에너지로 전환되는 상황이 나타난다고 보았다.

첫째, 구강기(oral stage, 0~1세)에 인간은 입을 통해 성적 쾌감을 얻고자 한다. 이때는 보호자의 보살핌(모성애)이 절대적으로 필요한 시기다. 이 시기에 아동에 대한 보살핌을 소홀히 하면 평생 애정결핍으로 인한 정신적 발달장애가 나타날 수 있다.

둘째, 항문기(anal stage, 2~3세)에는 항문을 통해 성적 쾌감을 느낀다. 따라서 배변 문제와 목욕 문제는 성격 형성과 인성발달에 매우 중요한 역할을 한다. 배변 훈련이나 목욕을 하지 않거나 아니면 너무 지나쳐도 성격 형성에 문제가 발생할 수 있다.

셋째, 남근기(phallic stage, 3~5세)는 자신과 다른 이성에 대한 관심을 가지는 시기로서 남아는 엄마를 자신의 성적 대상으로 여기면서 아빠로부터 엄마를 독차지하려는 오이디푸스 콤플렉스(Oedipus Complex)를 가지게 되며, 반대로 여아는 아빠를 자신의 성적 대상으로 여기면서 엄마로부터 아빠를 독차지하려는 엘렉트라 콤플렉스(Electra Complex)의 양상을 띠면서 심리적 · 정신적으로 성장한다.

넷째, 잠복기(latent stage, 6~11세)는 성적 표출이 잠복되는 시기로서 동성(同性)에 대한 관심을 가지게 되며 심적 · 정신적 에너지로서 지적 호기심이 충만해진다.

다섯째, 생식기(genial stage, 12세 이상)는 사춘기로서 이성(異性)에 대한 관심을 가지면서 독립심을 가지는 시기다.

프로이트는 이렇게 인간은 리비도의 과정을 통해 심적 · 정신적 발달을 하게 됨으로써 인성발달이 이루어진다고 본 것이다. 그는 특히 발달 과정에서 발생하는 갈등 관계를 잘 극복하면 성장 · 성숙 · 발달이 정상적으로 이루어지지만, 반대로 잘 극복되지 못한다면 발달이 비정상적으로 이루어지거나 아니면 발달장애를 앓게 된다. 따라서 정상적으로 발달하지 못할 경우 '정신치료(psychotherapy)'가 필요하다. 이를테면, 이드와 초자아 사이에서 계속 '억눌리면서' 성장하는 에고를 잘 풀어주어야만 정상적으로 발달한다.

이렇게 본다면 교육 역시 정신치료(또는 정신상담) 수준에서 이루어져야 할지도 모른다. 실제로 학생들은 초자아를 형성하고 있는 수많은 주변 세계를 경험하면서 엄청난 갈등관계 속에 '억눌리면서' 살아가게 된다. 정신분석학적 인간 이해에 근거한다면, 교육은 아이들의 억눌림을 풀어줄 수 있는 '교육적 관계(Herman Nohl)' 또는 '교육적 분위기(Otto Friedrich Bollnow)' 그리고 심지어 '교육애'(Johan Herbart Pestalozzi)*, 즉 교육적 사랑을 형성할 수 있어야만 인성발달에 기여할 수 있다.

태생적으로 아이들은 자아 형성 과정에서 수많은 갈등을 겪을 수밖에 없는데, 여기에 공부 스트레스를 더해야 하니 가혹하기 그지없다. 따라서 이때 피치 못하게 발생하는 갈등과 스트레스를 잘 다스리지 못하면 아이는 엇나가기 일쑤다. 반대로 잘 관리하고 다스릴 수 있다면 아이의 자아 형성은 바람직하게 이루어질 수 있다는 가정이다. 교육적 개입이 이루어질 필요가 있는 대목이다. 그런데 교육의 전당이라는 우리의 학교는 이에 대해 어떻게 대처하고 있는가? 학교의 최대 현안인 학교폭력의 소지도 아마 이런 차원에서 파악할 수 있을지 모른다.

---

* 페스탈로치에게 교육애의 조건은 아동의 고유성(고유세계)을 인정하고 주체적 존재로 대하는 것이다. 즉, 아동과 교사 간의 인간적 관계가 형성될 때 비로소 교육도 시작된다.

4
심리학자 에릭슨은 뭐라고 했을까?

덴마크계 미국의 발달심리학자이자 정신분석학자인 에릭슨(Erik Homberger Erikson, 1902~1994)의 인성발달이론은 심리사회적 발달이론이라고도 한다. 스승 프로이트는 5세 무렵에 자연적으로 인성이 형성된다고 주장한 반면, 에릭슨은 인성발달에서 사회문화적 영향력을 중시한다. 특히 에릭슨은 심리적 · 정신적 '위기(crisis)'를 인성발달의 전환점으로 간주한다는 점에서 '위기의 심리학자'로 불리기도 한다. 구체적으로 인간은 사회화 과정에서 '자아정체성(identity)'의 위기를 겪게 된다. 마침내 이를 극복하면서부터 인성 형성과 인성발달이 이루어진다. 이로써 자아정체감도 확립된다. 이러한 점에서 에릭슨은 자아정체감 형성을 통한 인성 또는 성격 형성은 전 생애를 통해 일어난다고 보았다. 물론 정체성의 위기를 극복하지 못하면 인성발달은 정체, 퇴보 아니면 나쁜 방향으로 이루어진다. 이를 에릭슨은 다음과 같이 연령 단계별로 제시하고 있다.

첫째, 신뢰감 대 불신감(0~1세)의 시기다. 이를테면, 유아는 어머니의 수유, 포옹, 보살핌, 대화, 표정 등을 접하며 친밀감과 사랑 그리고 안정감을 확인하면서 신뢰감을 쌓게 된다. 그러나 만약 이 시기에 이러한 경험을 하지 못하거나 심지어 정반대의 경험을 할 경우 유아는 평생 동안 인간에 대한 불신감을 가지게 된다.

둘째, 자율성 대 수치심(2~3세)의 시기다. 이 시기에는 배변 통제에 성공하거나 훌륭한 언어사용을 통해 자부심을 가질 수 있게 된다. 즉 이 시기에 자율적 인성 형성이 이루어지지만, 반대로 이러한 경험을 하지 못하거나 이러한 경험에 실패할 경우에는 수치심이 나타나게 된다.

셋째, 주도성 대 죄의식(4~5세)의 시기다. 이 시기에는 사회적 관계를 경험하면서 타인으로부터 인정받게 되면 자신감, 정복감, 책임감을 형성할 수 있게 된다. 그러나 반대로 이 시기에 이러한 경험을 하지 못하거나 실패하게 되면 죄의식을 가지게 된다.

넷째, 근면성 대 열등감(아동기, 6~11세)의 시기다. 특히 이 시기에는 학교생활에서 학업성취에 성공하면 긍정적인 자아개념이 발달하면서 근면성이 형성된다. 그러나 반대로 학교생활에서 인정받지 못하거나 성취 경험을 하지 못하게 되면 열등감을 가지게 된다.

다섯째, 정체감 대 역할 혼미(청년기, 12~18세)의 시기다. 이 시기에는 사회화 과정에서 발생하는 갈등과 위기상황을 극복하면 정체감이 형성되지만, 반대로 그렇지 못하면 역할 혼란, 정체감 혼란에 빠지게 된다. 이렇게 되면 주변 세계에 대해 사회적으로 저항하게 되면서 정신은 불안, 초조, 고민, 방황의 길로 들어설 수 있다.

여섯째, 친밀감 대 고립감(성인 초기, 19~24세)의 시기다. 이 시기는 부모로부터 독립을 추구하는 시기로서 이성, 우정, 애정, 사랑, 인간관계를 맺으면서 사회적 친밀감이 발달한다. 그러나 반대로 그렇지 못하면 소외, 고독, 대인관계에서의 어려움, 거부감, 적대감, 공격성이 발달한다.

일곱째, 생산성 대 침체(성인 중기, 25~54세)의 시기다. 이 시기에는 일의 세계에서 얻는 성취감이나 능력감으로 생산적 인성발달을 하게 된다. 그러나 반대로 이 시기에 그렇지 못하면 삶은 침체되며 급기야 좌절하게 된다.

여덟째, 자아통합 대 절망감(노인기, 54세 이상)의 시기다. 이 시기에는 노화, 은퇴, 죽음, 무기력함을 경험하면서 인생을 반성하거나 정리기로 들어선다. 그러나 반대로 이 시기에 노화 경험이 잘 이루어지지 못하면 삶에 대한 후회, 절망, 비통함의 감정만을 느끼게 된다.

결국 인간은 평생 동안 (심리적 · 정신적) 위기의 발달단계를 경험하면서 인성을 발달시키는 존재로서, 교육은 정체성의 위기극복에 개입하여 정상적인 인성발달을 도모할 수 있어야 한다. 그런데 과연 우리의 학교에서 아이들의 (심정적) 위기를 극복할 수 있도록 돕고 있는가? 특히 태부족한 학교 상담체제의 전문성이 시급한 이유다.

5
도덕성은 어떻게 발달하는 걸까?

피아제의 인지발달이론에 기초하여 도덕성발달을 연구한 콜버그(Lawrence Kohlberg, 1927~1987)는 인간의 도덕성발달을 6단계로 구분하고 있다. 이는 도덕적 판단의 기준이며 원리로 작용한다.

1단계. 인간은 처벌을 피하기 위해 복종한다. 이를테면, 어떤 행동을 하려고 할 때, 부모나 주변으로부터 "안 돼!"라는 소리를 들으면서, 또 심지어 매나 처벌을 피하기 위해 행동하면서 어렴풋이 도덕성을 인지하게 된다.

2단계. 인간은 물질적 · 심리적 보상을 받기 위해 행동하면서 도덕성이 발달한다. 자신의 행동에 칭찬을 받거나 빵이나 돈 같은 대가를 얻으면서 도덕성을 가늠한다.

3단계. 착한 아이로 인정받기 위해 행동하면서 도덕성이 발달한다.

4단계. 사회 질서 유지의 의무 때문에 도덕성을 발달시킨다.

5단계. 다수를 위한 최대의 선을 성취하기 위해 행동하면서 도덕성이 발달한다. 이때는 도덕성이 상대적이라는 사실도 인식하게 된다.

6단계. 사회정의, 도덕원리, 준법주의에 도달하기 위해 행동하면서 도덕성이 발달한다.

콜버그의 관점에서 인간과 교육 그리고 이의 관계를 이해하려면, 인간의 도덕성발달 단계에 따라 교육적 개입이 이루어질 때 도덕교육은 성취될 수 있다.

한편, 길리건(Carol Gilligan, 1936~)은 콜버그의 제자로서 스승 콜버그의 도덕성발달이론이 지나치게 남성 중심으로 편향되어 있다고 보았다(Gilligan, 1982). 그녀에 의하면, 남성과 여성의 도덕발달은 다르다는 것이다. 남성은 '정의(正義, dikaiosyne)'를 도덕성의 판단 기준으로 하지만, 여성은 인간관계의 연관성 즉 '배려(care, concern)'를 도덕성발달의 판단기준으로 하고 있다. 길리건은 추상적 도덕원리를 강조하는 콜버그의 정의지향성 도덕에 반기를 들고, 그 대신 인간관계의 보살핌, 책임, 애착, 희생이 요청되는 대인지향적 도덕성이론을 제시했다.

이런 맥락에서 길리건은 '배려의 심리학자'로도 유명하다. 따라서 길리건의 이론을 오로지 여성에게만 해당하는 도덕성발달이론이라고 단정할 수는 없다. 왜냐하면 배려는 남성에게도 여성에게도 도덕성발달 측면에서 절대 배제될 수 있는 영역이 아니기 때문이다.

제1수준. 대부분 여성의 행위는 자기이익이 극대화되는 방향으로 지향된다. 따라서 공주병에 걸릴 정도로 부모나 주변에서 자신만을 예뻐해주고 아껴주기를 바라고, 여우나 깍쟁이라고 손가락질을 받을 정도로 극도의 이기적 행위도 서슴지 않는다. 즉, 제1수준에서는 '오로지 나만을 지나치게 배려'한다.

제2수준. 대부분 여성의 행위는 극도의 이기심에서 벗어나 타인과 주변에 대한 일말의 책임감으로 발전하게 된다. 이때부터 여성에게 도덕성발달이 시작된다고 볼 수 있다. 일반적으로 이 시기는 '모성애(母性愛)'가 발현되기 시작하는 시기와 비교되기도 한다.

제3수준. 대부분 여성의 행위는 타인에 대한 자신의 책임감과 일반선(善)과 동일시하게 된다. 이를 근거로 '타인에 대한 배려'가 바로 책임으로 간주되면서 도덕성발달은 본궤도에 오른다. 특히 길리건은 제3수준을 '보살핌(배려)의 원리'로 설명한다.

제4수준. 대부분의 여성은 남들과의 동조에서 벗어나 자신의 행위를 반성하고 성찰하면서 '내적 판단'에 주력하게 된다. 이로써 여성들은 도덕성에 대한 새로운 개념을 획득하게 된다. 과연 타인에 대한 배려는 어느 정도, 어느 수준에서 이루어지는 것이 정의인가? 배려를 통한 도덕성은 어디까지인가?

제5수준. 여성들은 내적 판단을 통해 자아와 타인 사이의 '역동적 균형'을 최고의 선으로 간주하게 된다. 즉, 내가 남을 배려한 만큼 남도 나를 배려해야 하는 것이 도덕이고 정의가

> 아닐까? 다시 말하면, 개인적 권리와 타인에 대한 책임, 즉 배려와의 균형이야말로 최고의 도덕성이다.

길리건의 관점에서 보면, 교육은 바람직하게 배려할 수 있는 인간을 육성하는 데 기여해야 한다. 그것이 바로 도덕교육이다. 이를 실천영역으로서, 단순히 교과서 지식 암기교육으로 성취하기는 쉽지 않다. 따라서 실제적인 도덕교육을 위해서는 배려의 중요성을 몸소 체득할 수 있는 직접 경험 또는 체험 학습이 더욱 바람직하다고 할 수 있다.

오늘날 우리 사회는 정의사회 구현에서 배려사회 구현으로 패러다임이 전환되고 있다. 그러나 배려하는 사회가 곧 정의사회다. 따라서 오늘날 도덕교육의 내용도 정의에서 배려로 급격하게 이동하고 있다. 이는 학교 교육에서 다루어져야 할 핵심적 덕목이라고도 할 수 있다.

6
'가르침'은 정말 가능할까?

동서고금을 막론하고 '교육은 이래야 한다, 아니면 저래야 한다'는 사람들의 생각은 교육철학을 발달시켰다. 원칙적으로 철학(哲學, philosophy)은 진리(眞理)를 탐구한다. 태초부터 인간은 진리를 탐구하기 시작했다. 왜냐하면 진리가 자신의 목숨을 구해줄 것으로 믿었기 때문이다. 하늘에서 갑자기 천둥과 번개가 칠 때 그 이유를 알 수 없었던 인간은 무척 당황했으며 머릿속이 매우 혼란스러웠다. 이들은 천둥 번개의 진실을 안다면 살아남을 확률이 높다는 사실을 직감적으로 인식하고 있었다.

그러나 진실을 밝혀내는 일은 그리 쉽지 않았다. 진리, 즉 '진실한 이치'가 꼭꼭 숨어 있었던 것이다. 물론 철학은 궁극적으로 인간이 정신적으로나 육체적으로 더 나은 삶을 살아가기 위한 진리의 추구를 목표로 한다. 따라서 교육 역시 더 나은 삶을 목표로 가르치는 자와 배우는 자 사이에 존재한다.

어원적으로 철학(philosophy)은 '지혜(sophy)를 사랑하는(phil) 일'이다. 지혜를 사랑[愛]한다는 것은 곧 진리(眞理)의 삶을 말한다. 어떻게 사는 것이 맞는가? 어떻게 사는 것이 지혜로운 삶인가? 삶에서 진실은 무엇인가? 철학은 진리의 문제와 관계하고, '철학 함'을 통해 우리는 진실한 삶을 발견한다. 교육철학은 교육적 지혜를 사랑하는 것이며, 교육적 진실을 추구하는 것이다. 어떤 것이 교육적으로 훌륭한 지혜인가? 진정 교육적이라는 것이 무엇인가? 또한 인간과 교육을 어떻게 이해하는 것이 맞는가? 인간과 교육의 진정한 관계는 무엇인가? 이러한 질문에 대한 대답이다.

'인식론의 완성자'라고 불리는 칸트는 '순수이성'을 비판하고, '실천이성'을 비판하고, 마침내 '판단력 비판'을 함으로써 인간의 '인식(認識)' 능력을 제대로 파악해보고자 했다. 교사가 학생을 어떻게 인식하는가에 따라 학생에 대한 교사의 교육(관)은 달라진다. 학생을 잠재적 인격체로 인식하는 교사와 학생을 '공부하는 기계'로만 인식하는 교사의 교육(관)은 다르다. 교육을 '전인(격)적인 교육'으로 인식하는 교사는 인격교육에 더욱 주력할 것이고, 교육을 '점수 따는 훈련' 정도로 인식하는 교사는 아이들을 점수 따는 기계 정도로만 다룰 것이다.

인식론(認識論)이란 말 그대로 '인식에 관한 이론'이지만, 달리 말하면 '존재의 본질'에 대한 '인식의 논리'가 된다. 즉, 인식론은 '(존재)본질'을 직관해내는 인식의 논리다. 우리 인간은 타고난 '오감(五感)을 통해' 본능적으로 대상(사물이나 사실)을 인식한다. 그런데 인식되는 대상(객체)은 인식주체의 주관적 인식에 따라 제각기 파악된다. 이를테면, 시력이 좋은 사람이 더 정확히 볼 수 있으며, 촉각이 발달한 사람이 더 잘 느낀다. 지적장애아는 정상인에 비해 인식능력이 떨어진다. 인식하는 주체로서의 모든 인간은 — 개인차와 정도 차 때문에 — 대상을 다르게 인식한다. 따라서 인간과 교육 그리고 이의 관계도 인식하는 주체의 인식능력에 따라 다르게 인식된다.

결국 인간의 인식에는 반드시 한계가 따른다. 이를 '인식론적 한계'라 하고, 이로부터 '인식론적 오류(epistemological error)'가 발생한다고 한다. 따라서 인간에게 인식이 시작되는 순간 오류의 가능성은 병행한다. 즉, '인식론적 오류'는 선천적이다. 아리스토텔레스와 그의 제자 프톨레마이오스 2세의 인식론적 한계는 '천동설(天動說)'로 나타났다. 우리 인간이 인식론적 방법으로 최대한 접근할 수 있는 사실은 '지구는 움직이지 않고 천체가 그 주변을 돈다'는 사실뿐이었다. 인류 역사상 인간 인식의 한계를 보여준 최대의 오류 사건이었다. 그러나 이러한 인식론적 오류 또는 인식론적 한계에도 불구하고 '인식'은 우리 인간이 대상에 접근할 수 있는 유일한 방법이다. 따라서 인식론적 접근에는 '인식론적 반성(epistemological reflection)'이 필수다.

따라서 학생에 대한 교사의 인식은 맞을 수도 있지만, 틀릴 수도 있다는 말이다. 후자의 경우는 인식론적 한계 또는 인식론적 오류 때문이다. 이렇게 본다면, 교사가 학생에 대해 올바르게 인식하고 이해하기 위해서는 학생에 대한 '인식론적 반성'이 필수다. 이를테면, 학생의 성적만으로 그 학생 전체를 알 수 없다. 그럼에도 우리의 학교에서는 학생의 성적이 곧 인간 전체로 간주된다. 이는 명백한 인식론적 오류의 소산이다. 따라서 교사는 지속적인 인식론적 반성을 통해 학생 또는 학생의 본질에 대해 점차 제대로 된 인식을 할 수 있어야 한다. 인식론적 반성을 통한 인식론적 오류를 수정 · 보완할 수 있는 교사들이 많은 학교는 좋은 학교다. 과연 우리의 학교는 상황이 어떤가? 돌이켜봐야 할 매우 중요한 질문이다.

7
'학생'은 누구일까?

예전에 아이들은 인간이 아니었다. 왜냐하면 성장이 끝나지 않았기 때문이다. 그러니까 성인(成人), 즉 성장이 다 된 사람만이 인간이었다. 아동의 발견은 그리 오래된 일이 아니다. 루소(Jean-Jacques Rousseau, 1712~1778)의 교육소설 『에밀(1762)』이 나오면서부터 아동은 인간으로 취급되었다. 아동을 인간의 범주에서 연구하기 시작한 것이다. 인간학은 바로 아동(兒童)을 인간의 범주에서 다루고 있다.

인간학(Anthropologie)이란 '인간에 관한 학문'으로서 인간의 본질 규명을 전체적으로 접근하는 기초학문이자 종합학문이다. 따라서 학생의 본질 규명 역시 인간학의 범주에 든다. 왜냐하면 학생은 분명히 인간이기 때문이다. 그러나 동시에 학생은 학교라는 특정한 환경 속에 제약된 인간이다. 또한 주로 청소년기에 해당하는 학생은 성인이 되어가는 '과도기의 존재'다. 아동인간학자 랑에펠트(M. J. Langeveld)는 『아동의 길로서의 학교(1968)』라는 저서에서 학생이라는 존재에 대해 인간학적 접근을 하고 있다. 학생은 학교에서 인간존재의 역사적 형상이 재생산되며 갱신된다.

첫째, 학생들은 '미성숙'하다. 이는 학생들이 배우는 근거이기도 하다. 학생들은 아직 모르고 미숙하니까 좀 더 배워서 성숙하려고 학교에 오는 것이다. 학생들이 이미 다 알고 있다면 더 이상 배울 필요도 없으며 학교에 올 이유도 없다. 따라서 교사는 학생들이 아직 미성숙하다는 사실을 '비정상'으로 보면 안 된다. 오히려 학생들은 미성숙함이 정상이다. 따라서 교사는 학생의 눈높이에서 매사를 이해할 필요가 있다. 미성숙하지만 성숙해지고 싶어서 학교에 오는 학생들에게 "이것도 모르냐?"고 구박하고 처벌하는 것은 잘못이다. (진정한) 교육을 위해 교사들은 교사 중심적 사고를 배제해야 한다. 이는 아동을 발견한 루소 사상의 연장으로 아동 중심적 사고를 가능하게 한다. 학생이 배우는 과정에 있는 미성숙한 존재라는 의미를 제대로 파악하고 교육을 실천할 때 비로소 학생들의 인권도 보장된다.

둘째, 학생들은 '발달과정'에 있다. 학생들은 아동기에서 성인기로 넘어가는 청소년기, 즉 과도기의 발달과정에 서 있다. 그러니까 아이들은 아직 다 자란 게 아니다. 따라서 이들은 자신의 성장과 성숙을 위해 부모와 교사의 도움을 필요로 한다. 심리학적으로 학생들은 도식적으로, 즉 발달단계별 또는 자연적으로 발달하지만, 실존주의 철학자들은 학생들이 '비약적으로' 발달한다고 보았다. 생태학적으로 보면, 학생 역시 자기제작(Autopoiesis)과 자기창조를 통해 계속 발달한다.

그런데 세상의 모든 생명체는 자기창조를 통해 생명을 유지하고 발달시킨다. 이 세상에서 자기창조를 하지 못하는 생명체는 자신의 생명유지와 생명발달에 실패한다. 이렇게 본다면, 학생들도 자기창조를 통해 자신의 생명을 유지 · 발전시킬 수 있을 때 생명성을 잃지 않는다. 그러나 학교라는 제약된 환경이나 교사는 학생들에게 자기제작이나 자기창조 기회를 통제할 수 있다.

셋째, 학생은 '감각적 존재'다. 학생은 이성적 사유에 앞서 감각적으로 사유한다. 루소 역시 『에밀』에서 인간에게 최초의 삶의 능력은 신체적 감각기관에서 나온다고 했다. 즉, 신체감각에 의해 체험하면서 지식을 터득해나간다. 이러한 맥락에서 루소는 최소한 이성이 발달하기 이전인 12세까지는 이성교육을 하지 말 것을 주장했다. 이러한 의미에서 루소의 교육을 '소극적 교육(negative education)'이라고 한다. 즉 소극적 교육이란 '부정적 교육'을 의미하는데, 이는 교육 자체가 소극적이어야 한다는 뜻이 아니라 당시 '계몽주의하에서 일방적으로 강조된 이성교육에 대해 부정적(negative)'이라는 뜻을 가지고 있다. 따라서 루소는 『에밀』에서 12세 이후 이성이 발달하면서 서서히 과학교육 등 이성교육을 해줄 것을 권장하고 있다.

넷째, 학생은 '활동적'이다. 학생은 신체활동을 통해 자신을 표현하고 자신의 능력을 과시하면서 시간을 즐긴다. 또한 학생은 최초로 신체활동을 통해 자신의 능력과 무능력을 판단한다. 이로써 운동능력도 생성된다. 이러한 사실은 인류 최초의 학과목이 체육(Gymnastic)이었다는 사실과 무관하지 않으며, 인문학을 의미하는 김나지움(Gymnasium)이 체육관에서 시작했다는 것과도 무관하지 않다. 루소는 『에밀』에서 체력이 어른이 되면, 이성에서도 어른이 된다고 했다. 고대 서구철학의 상징인 플라톤은 아테네의 레슬링 선수였다. 또한 고대 그리스의 교육은 육체 · 영혼 · 정신의 조화를 통해 전인교육(Kalokkagatie)을 이룰 수 있다고 되어 있다. 오늘날 올림픽의 구호가 된 로크의 "건전한 신체에 건전한 정신"이라는 신조는 모든 교육에서 신체활동이 근본이라는 점을 시사하고 있다.

다섯째, 학생은 '탐구하는 존재'다. 인간의 지식은 호기심에서 나온다. 태초에 인간은 주변 세계를 탐색하면서 지식욕이 싹텄다. 호기심에서 지식 탐구가 시작된다. 이는 '학습의 시작'이다. 인생에서 가장 호기심이 왕성할 때는 학생, 즉 청소년기다. 주로 학생기에 해당하는 청소년기는 '호기심 천국'이다. 따라서 교사가 학생들에게 탐구의 세계로 인도할 때 교육이 가능하다. 호기심으로 시작한 탐구생활은 직접 만져보고, 먹어보고, 던져보면서 경험학습, 체험학습으로 이어지기도 한다. 이러한 학습은 더 나아가 의미부여작업, 창조작업 그리고 인격 형성 및 자기세계 형성까지 이어진다. 지식 탐구는 학생들에게 모든 학습의 시발점이 된다.

일반적으로 탐구심은 자발성과 자기주도성을 강화시켜줌으로써 스스로 능동적이고 자립적으로 살아가는 용기도 얻게 해준다. 반대로 탐구심이 결여된 학생은 자신의 세계를 구성하려는 용기를 잃게 된다. 심지어 대부분 타인에게 의존함으로써 수동적이고 무능력한 삶을 살아가게 된다. 따라서 자기 자신에 대한 신뢰마저 상실하게 된다. 심리학적으로 학생은 '학습의 주체'다. 따라서 학생에게 학습은 '자율성(自律性)'을 전제한다. 즉, 스스로 하지 않으면 학습이 아니다.

다시 말하면, 학습은 곧 자기주도학습이다. 자기주도학습이 아닌 것은 학습이 아니다. 따라서 오늘날 타율적인 학습으로 강요되는 학생은 스스로 탐구하는 존재가 되기 어렵다. 그런데 오늘날 우리 아이들은 대부분 부모님 그리고 선생님이 억지로 시켜서 하는 공부를 한다. 이것은 진정한 의미에서 학습이 아니다.

여섯째, 학생은 교육을 필요로 하는 존재다. 이미 언급한 대로 칸트는 "인간이란 교육을 받을 수 있는 유일한 존재"라고 했다. 이 말은 특히 '학생 시기'에 해당한다. 왜냐하면 학생 시기는 인생에서 가소성(可塑性)이 가장 높은 시기이기 때문이다. 애초에 결핍존재(겔렌), 조산아(포르트만)로 태어나는 인간은 교육으로 '인간 됨'을 이룬다. 학생은 특별히 이러한 결핍을 메움으로써 성장하려는 위치에 있는 존재이기 때문에 반드시 교육을 필요로 한다. 따라서 부모와 교사는 교육을 필요로 하는 아이들에게 교육으로 결핍을 메워주어야 할 의무가 있다.

루소는 모든 사람은 신(神) 앞에 평등하다고 했다. 과연 어떤 근거에서 평등하다고 했을까? 만약 이미 나타난 개인의 능력이나 성과로 본다면 결코 만인이 평등하다고 할 수 없다. 그러나 잠재능력(潛在能力, potential) 측면에서 본다면, 모든 사람은 평등하다고 할 수밖에 없다. 그 학생이 나중에 무엇이 될지는 아무도 모른다. 잠재능력이 지금 발현될 것인지 좀 더 있다가 발현될 것인지에 대해서는 개인차가 존재한다. 따라서 진정한 교육은 학생의 잠재능력 개발을 목표로 이루어질 필요가 있다.

결국 인간학적으로 볼 때 학생은 인격적 전체다. 따라서 교육학적 관심은 '학생이 전체적으로 어떻게 발달하는가?'에 있다. 학생에 대한 연구 방법은 '이해(理解, understanding)'다. 그러나 작금의 학교는 학생을 '설명'하는 데 치중해 있다. 성적이 좋은 아이, 염색한 아이, 지각하는 아이 등 마치 자연과학에서 사물을 설명하는 것과 마찬가지다. 또한 인간학적 관점에서 학생은 인격적 상대이며 대화의 관계다. 따라서 학교는 학생들에게 개성, 자유의지, 자아실현, 자기결정, 내재된 자발성, 호기심, 욕구(예: 질문 욕구), 생동적 힘(교육적 상호관계로 고양됨)을 허용해야 한다. 한마디로 이 관점에서는 학생이 자유로운 인격체로서 의미와 가치를 인식하는 존재다.

8
'교육'에서 '매'는 필요할까?

한자어 '교육(敎育)'이라는 단어를 보면 가르치고 기를 때 '매[攵]'가 동반되는 것을 알 수 있다. 즉, 교육은 매를 동반한다. 물론 이는 특히 동양 문화권에서 '사랑의 매'를 의미한다. 어버이가 자식을 가르치고 기를 때 사랑의 매는 올바른 교육을 위한 방편이었다. 어버이와 스승은 학동이 규범에 어긋나면 매를 들었고, 기능을 잘 숙련하지 못해도 매를 들었으며, 매를 매개로 목표 달성을 독려했다. 물론 제대로 된 교육에는 칭찬과 격려도 수반되었다. 이는 서양에서도 유사하다. 특히 박애주의 시대에는 신도들의 몸에 붙은 귀신을 쫓는다는 이유로 교회에서 싸리비(매)를 들었다. 이러한 싸리비의 흔적은 세례를 줄 때 신부들이 물 대신 사용하기도 했으며, 지금도 기도원에서는 싸리비를 들고 기도하는 자들의 혼을 깨운다.

이러한 전통은 서구의 미션스쿨(mission school) 교육방식에 그대로 적용되었다. 물론 그 이전으로 거슬러 올라가도 교육하는 자는 항상 매를 동반했다는 기록을 볼 수 있다. '페다고지(pedagogy)'라는 교육의 어원은 고대 그리스 시대에 죄수의 교육훈련을 담당했던 감옥(監獄)의 간수를 의미했던 '페다고구수스(pedagogusus)'라는 직업명에서 유래한다. 즉, 교육이라는 말이 생기기 전에 교육훈련을 담당하는 '직업'이 먼저 있었던 셈이다. 감옥의 간수(看守)는 죄수들을 다루면서 매를 사용했다. 간수가 죄수를 다룬다는 것은 일종의 훈련 또는 훈육(訓育)을 포함한다.

당시 죄수는 주로 전쟁에서 패배하는 바람에 생포된 자들로서 주로 노예들이었다. 따라서 죄수가 석방되어 다른 나라의 사회에 나가기 위해서는 아테네의 법을 알아야 하고 사회생활방식에 대해 알려주어야 했다. 이는 일종의 교화교육이었으며, 사회(재)적응훈련이었다고 할 수 있다. 이러한 것이 교육방식으로 전수되면서 '교육'이라는 개념은 더욱 선명해졌다. 따라서 동서고금을 막론하고 매는 교육을 위한 중요한 방식의 하나였다고 할 수 있다. 오늘날 이러한 사랑의 매, '교육적 매'라는 전통은 학교에서 학생들의 인권(人權)을 억압하는 체벌 수단 또는 심지어 폭력 수단으로 전용될 수 있다는 판단하에 금지 조처를 받고 있다. 이는 어쩌면 사랑의 매가 체벌과 폭력의 매로 둔갑하는 사태에 대한 방지책일지도 모른다.

그러나 교육에서 매(체벌)의 필요성에 대한 논쟁은 여전히 열려있다. 만약 학생들이 자발적 · 자율적으로 알아서 모든 것을 잘 행동하는 수준이면 굳이 매가 필요할까? 그러나 그렇지 못하다면 적절한 정도의 매는 필요한 것이 아닌가? 심지어 형벌로서 다루어야 할 정도의 수준이라면 매로 다스리는 것이 맞지 않을까? 정말 그것도 아니라면 교육에서 매는 필요악이 아닐까? 문제는 우리의 학교 현장 또는 교육 현장에서 사랑의 매인지 체벌(폭력)인지 구분하기가 쉽지 않다는 점이다.

물론 이를 구분하는 것이 어렵지 않을 수도 있다. 문제는 '신뢰(trust,

信賴)'다. 즉 세상이 아무리 험하게 변했어도 교사와 학생 간에 믿음과 신뢰가 남아 있다면, 아무리 아픈 매라도 그것은 사랑의 매가 될 소지가 크다. '아, 저 선생님이 진정 나를 생각해서 매를 드시는구나'라고 생각한다면 그것은 사랑의 매다. 그러나 '저 선생은 나만 보면 잡아먹지 못해서 난리야', '순전히 감정적이야'라고 생각한다면 그것은 체벌이며 폭력의 매다. 즉 똑같은 매를 맞고도 어떤 아이는 그것을 사랑의 매로 생각하겠지만, 어떤 아이는 교사 체벌(폭력)로 경찰에 신고할 것이다.

오늘날 교실에서 매가 체벌 금지라는 명목하에 법적으로 금지되었다는 사실은 이미 학교에는 사랑의 매가 없다고 판단할 수 있다. 그러나 실제로는 여전히 사랑의 매가 존재하고 있을 것이다. 스승의 날이 폐기 처분된 지 오래지만, 진심으로 스승의 은혜를 챙기는 그룹들도 더러 있다. 아직 심정적으로는 사랑의 매와 체벌의 경계선이 불확실하기 때문이다. 하여간 중요한 것은 '교육'의 어원에 매가 들어 있다는 사실을 되새겨 볼 수 있어야 한다는 점이다. 그건 물론 교사와 학생 간에 믿음과 신뢰가 충만한 '사랑의 매'가 될 수밖에 없다.

9
'교육'이란 무슨 뜻일까?

교육은 본질적으로 '가치(價値)'의 개념이다. 왜냐하면 가치가 없다면 교육할 필요가 없기 때문이다. 문제는 '과연 무엇이 교육적 가치가 있는가?' 하는 질문이다. 교육에 대한 '규범적 정의'는 교육을 교육 본연의 내재적 가치나 바람직한 의미에 초점을 두고 내리는 정의로 교육에서 추구해야 할 가치를 제시하는 입장으로 가치지향적인 입장을 지니는 정의다(김창걸 외, 2010: 18). 달리 말하면, 교육에 대한 규범적 정의는 "교육은 '규범(規範, norm)'을 벗어날 수 없다"는 전제를 하고 있다.

즉, 교육은 '이래야 한다, 아니면 저래야 한다'는 규범을 따라야 한다. 만약 교육이 규범을 벗어나면 그것은 교육이라고 할 수 없거나 아니면 교육이 잘못된 것이다. 이를테면 민주적 인격, 진리, 삶의 가치, 인격완성, 자아실현 등이 규범적 차원에 해당하는데, 이는 목적론적 정의로서 '목적적 가치'가 중요하며 소위 사람다운 사람을 형성하는 일이 최종 목표라고 할 수 있다. 그러나 교육을 규범적으로만 정의한다면 다음과 같은 한계가 남는다.

과연 규범은 어디에서 나오는 것일까? 하늘에서 떨어지는 것인가, 아니면 조상들이 만들어놓은 규범이 진정한 규범인가? 선조들이 세운 규범은 지금까지 하나도 변하지 않았을까? 아니면 옛 규범 중에 사라진 규범도 있을까? 규범은 누가 세우는 것일까? 규범은 오로지 절대적이며 하나인가? 규범은 영원한가, 아니면 변화할 수도 있는가? 그렇다면 규범은 왜 변할 수도 있는 것인가? 어떻게 하면 영원한 규범을 알 수 있을까?

예를 들어, 인격교육이라고 했을 때 (바람직한) '인격'은 정해져 있는 것일까? 아니면 시대에 따라 달라질 수도 있는 것일까? (바람직한) 인격은 지역적으로도 동일한가? 미국에서 바람직한 인격은 한국에서도 바람직한 것인가? 아니면 교육을 통해 인격을 완성하기 위한 내적 행동 변화는 어떻게 가능한가? 등의 질문은 교육을 규범적으로만 정의할 때 한계로 남는다.

반면, 교육에 대한 '기능적 정의'는 교육을 '무엇을 위한 수단'으로 규정하는 외재적 목적과 연관된다는 입장이다(김창걸 외, 2010: 19). 물론 교육을 사회문화의 계승 및 발전의 수단으로 보느냐 또는 개인의 성장과 발달의 수단으로 보느냐에 따라 교육에 대한 기능적 정의는 달라진다. 동양에서 과거제도라는 교육제도가 인재 선발의 등용문이 되는 것도 기능적 정의에 해당한다. 우리 속담에 "개천에서 용 난다"는 말도 있고, "가방끈이 길어야 출세한다"는 말도 있다. 모두 교육을 기능적 차원에서 볼 때 가능한 논리다. 중요한 것은 이러한 관점이 교육의 목적적 가치 대신 '수단적 가치', 즉 '도구적 가치'를 강조한다는 점이다. 이러한 기능적 정의에 의하면, 교육은 출세의 수단이라고 할 수 있다. 이는 우리가 오래전부터 교육을 입신양명(立身揚名)의 수단으로 간주해온 근거이기도 하다.

오늘날은 동서양을 막론하고 이러한 기능적 관점에서 교육을 정의하는 것이 만연해 있다. 따라서 오늘날의 교육 현실이 가장 많이 비판받는 대목이기도 하다. 그러나 이는 분명히 교육의 개념에 대한 하나의 관점이다. 그럼에도 이를 비판하는 이유는 오늘날의 교육이 지나치게 기능적 정의에 편중되어 있기 때문이다. 따라서 단지 기능적 관점으로서만 교육을 정의한다면 개인의 출세를 위한 이기주의자들의 양산도 문제가 된다.

아울러 더 커다란 문제는 교육이 국가와 사회의 수단으로서만 작용할 수 있다는 사실이다. 즉, 국가와 정부를 위해 교육을 도구로 활용하는 것이다. 물론 국가와 사회가 이상적이고 훌륭하다면, 교육이 수단화되는 것은 그리 문제가 안 될 수도 있다. 그러나 전체주의 국가, 독재국가, 제국주의 국가가 교육을 수단화한다면 이는 차라리 교육하지 않는 것이 낫다. 이를테면, 나치 시대와 파쇼사회의 우상화교육, 독재정권의 세뇌교육, 제국주의 시대의 제국주의 교육 등은 대표적인 역사적 오점들이었다.

마지막으로 교육은 조작적으로 정의를 내릴 수 있다. 이른바 교육의 '조작적 정의'다. 교육을 조작적으로 정의한다는 것은 교육의 외적 행동의 변화를 의미하는 것으로, 교육 활동에 포함되는 기본적인 요소와 그 요소들이 작용하는 실제적인 과정과 방법을 보여줄 수 있다는 것을 의미한다(김창걸 외, 2010: 20). 교육에 관한 조작적 정의는 행동주의(行動主義, behaviorism)의 산물이다. 한국에 행동주의를 토대로 교육학 연구를 도입한 정범모에 의하면, "교육은 인간 행동을 계획적으로 변화시키는 일"이다. 이러한 행동주의적 관점은 과학주의, 과학적 탐구주의, 행동심리학적 접근 등의 개념과 관계한다.

이러한 조작적 정의를 통해 교육 연구에 '인간 행동', '변화', '계획적'이라는 과학적 개념이 도입되었다. 이를테면, '의과대학에 진학하려면 이러이러한 조건을 만족시켜야 한다' 또는 '법대에 진학하기 위해서는 이러이러한 과외를 받는 것이 좋다' 아니면 '원하는 대학입시에 성공하기 위해서는 잠을 줄여야 한다'는 식의 주장은 교육을 조작적 정의로만 보는 것이다. 한마디로 특정한 목표를 세우고 이에 도달하기 위해 특정한 행동양식을 (과학적으로) 조작해내는 것이다.

그러나 교육의 조작적 정의는 목표 달성에만 치중하고 있기 때문에 목표가 달성되었다고 해도 그러한 목표가 의미와 가치가 있는 것인지 아닌지 잘 모를 때는 허망해질 수 있다. 또한 설령 행동 조작을 통해 목표달성을 했다고 해도 그로 인해 많은 다른 것을 잃었다면 오히려 삶 전체적으로는 손해가 될 수도 있다. 물론 더 크게 삶의 의미와 가치의 차원에서 본다면 '과연 인간이 기계나 동물처럼 조작되는 것이 바람직한가?' 하는 본질적인 문제도 남는다.

결국 교육에 대한 정의는 관점(觀點, perspective)과 생각하는 입장에 따라 모두 가능하다. 다만 교육이 정상화되고 바람직한 방향으로 전개되기 위해서는 위의 모든 관점에서 정의가 조화롭게 적용될 필요가 있다. 그러나 이미 규범적 정의보다 기능적 정의와 조작적 정의에 지나치게 편중된 우리의 교실은 일그러진 학교의 자화상이라고 할 수밖에 없다.

10

문헌상 최초의 교육은 어떠했을까?

서양에서 역사 이전, 즉 선사(先史)시대*의 교육은 일상생활을 잘해내기 위한 연습이나 반복훈련(training) 중심으로 이루어졌을 것이다. 이 시대의 교육은 들판에 나가서 동물 등을 사냥하고 식용 식물들을 채집하는 일, 가축을 관리하고 아이를 돌보는 일, 제식과 의례를 준비하고 저녁 축제를 준비하는 일 그리고 말하기와 웅변 등이 대표적인 교육의 대상이자 목적이었을 것이다. 따라서 교육은 주로 가정과 마을공동체의 사당 같은 곳에서 이루어졌을 것이다. 물론 선사시대에는 기록이 없는 관계로 단지 유추일 뿐이다. 역사적 기록이 시작된 역사시대에 서구에서는 고대 그리스의 스파르타와 아테네 교육부터 기록물로 남아 있다.

우선 스파르타는 도리아족이 세운 폴리스로서, 비옥한 땅 라코니아 평야에 세워졌으며, 기원전 6세기 이후 그리스 최강의 도시국가가 되었다. 오늘날 스파르타는 국방국가, 군국주의국가, 공산평등사회로 평가되

---

* 선사시대는 대략 기원전 10세기 이전을 말한다. 선사시대란 말 그대로 역사가 없는, 즉 기록이 없는 시대를 말한다.

며, 과두 정치체제로서 2명의 지도자와 원로원에 의해 통치되었다. 스파르타에서는 다른 폴리스와 달리 상대적으로 예술과 철학이 거의 무시되었으며, 신체 훈련을 통한 무사교육(武士敎育)이 중심이었다. 왜냐하면 그리스 반도에서 가장 비옥한 토지를 차지한 스파르타로서는 호시탐탐 옥토를 노리는 주변국들과의 싸움에서 우위를 차지하는 것이 국가적 과제였기 때문이다.

또한 행동을 중시하는 삶을 강조했기 때문에 교육 역시 힘센 사람을 양성해내는 일에 목표를 두었다. 결국 스파르타 교육의 특징은 첫째, 극기훈련, 둘째, 엄한 규율 준수, 셋째, 호전적 시민훈련(씨름, 창던지기, 뜀뛰기, 말타기, 수영, 활쏘기 등), 넷째, 군사교육 등을 꼽을 수 있다.

반면, 폴리스 아테네는 이오니아족에 의해 건설된다. 기원전 6세기까지 귀족제를 통해 통치했지만, 솔론(Solon)의 개혁 이후 민주주의 정치체제가 채택되었다. 당시 인구는 약 40만 명으로 추산되며, 이 중 자유민(自由民)은 15만 명 정도였다고 전해진다. 주변에서 아테네가 잘사는 나라로 인식되면서 많은 이민족이 모여든 결과였다. 모든 국사(國事)는 인민회의에서 결정되었다. 공평한 평결을 위해 최고재판소를 두었으며, 재판에 가담하는 배심원이 늘 1천 명 이상 유지되었다.

이러한 민주주의(Democratia)는 페리클레스 시대에 절정을 이루었다. 이때 민주시민을 양성하기 위한 교육체제가 구축되었다. 특히 조화로운 이성의 발달, 지혜로운 자(철인)를 양성하는 것, 그리고 심신과 영혼의 우아한 아름다움을 추구하는 것이 아테네 교육의 목표였다. 아테네의 교육은 선미(善美)의 인간, 즉 칼로카가토스(Kalokagathos) 인간을 목표로 한다. 이를 위해 아테네인은 주로 음악을 가르치고 배우며 또한 체력을 단련하면서, 결국 심신(心身)을 조화롭게 발달시키는 교육과정을 운영하기도 했다. 교과목은 '음악'과 '체육'이었다. 따라서 음악과 체육이 서구 문헌상 최초의 교과목이라고 할 수 있다.

그러나 궁극적으로 아테네의 교육은 아테네의 '시민(市民)'을 양성하는 것이었다. 교육을 통해 양성되는 훌륭한 시민은 모든 능력 면에서 조화롭게 발달한 사람을 말한다. 즉, 민주적 이상을 추구하는 자유주의 교육은 지적 · 심리적 · 신체적 · 군사적 기초를 조화롭게 형성함으로써 완전한 자유시민이 되게 하는 것이었다. 이러한 의미에서 아테네의 교육은 궁극적으로 전인교육(全人敎育)을 목표로 하고 있다. 특히 자유민(自由民) 양성을 위한 교육, 즉 교양교육(敎養敎育) 또는 자유교양교육(liberale artes)이 중요한데, 이는 노예들을 가르치는 직업훈련 또는 기술숙련과 다르다.

엄밀히 말하면, 우리의 학교도 자유교양교육을 하는 곳이다. 왜냐하면 지금 우리는 노예를 길러내는 시대를 살고 있지는 않기 때문이다. 물론 전문화 시대를 맞이하면서 전적으로 직업을 교육하고 훈련하는 직업기술학교도 생겨났다. 그러나 오늘날의 직업교육은 과거 아테네의 노예교육과는 차원이 다르다. 인간교육 또는 전인교육으로서의 기술직업교육이다. 그럼에도 오늘날 직업교육학교는 단순한 기능만 반복 훈련시키는 과거 노예교육의 범주를 벗어나지 못한다고 비판받고 있다.

한편, 예나 지금이나 대학을 준비하는 예비학교 성격의 학교는 기초교양교육이 중심이다. 따라서 학교에서는 아이들에게 국민공통과목이라는 교과를 이수하게 하고 이를 평가하면서 내신성적을 내고, 또한 이는 대입과목이 되기도 한다. 즉, 앞으로 아이들이 사회에 나가서 시민으로서 갖추어야 할 기초소양을 배양해주기 위함이다. 그렇다면 아테네가 보여준 것처럼 교양교육은 전인교육으로 이루어질 때 자유시민교양교육이 될 것인데, 과연 우리의 학교에서는 기초교양교육이 전인교육으로 이루어지고 있는 것일까?

전인교육이 이루어지지 못하면서도 기초교양교육을 담당한다는 지금의 학교는 스스로 교육의 전당임을 포기한 것이다. 교양교육은 자유민의 영역이었다. 그러나 오늘날 학교에서 우리 아이들은 공부의 노예로 살고 있다. 자유교양교육이 노예교육으로 둔갑한 것이다. 결국 이렇게 본다면 기술계 직업교육학교나 대학준비 인문학교 모두 노예교육의 차원을 벗어나지 못하고 있는 것은 아닐까?

11
소피스트는 교육자였을까?

어원적으로 학교(Schola)는 여가(Musse, 餘暇)를 의미한다. 즉, 여가와 여유가 있는 자유민만이 학교에 갈 수 있었으며 교육을 받을 수 있었다. 따라서 원칙적으로 시간적 · 경제적 여유가 없는 노예계층이나 서민에게는 교육의 혜택이 없었다. 여성들에게는 현모양처의 삶이 이상적으로 간주되었으며, 남성에 비해 신분과 지위가 낮았다. 이들은 가정에서 가사, 방적, 재봉, 육아 등을 배웠으며, 특별히 신체교육이나 음악 등을 통한 정신교육은 받을 수 없었다. 교육은 주로 가정에서 이루어졌으며 나중에 가정교육이 확대되어 사립학교의 형태로 발전하기도 했다.

위에서 언급한 것처럼 체력단련에 치우쳐있던 스파르타의 훈육과 달리 아테네에서는 육체와 정신의 조화로움을 추구하는 전인교육을 추구했다. 점차 폴리스가 안정되고 민주주의적 성향이 만연하면서 아테네는 체력단련보다 강한 영혼과 심신을 추구하는 정신교육에 치중하게 된다. 이런 맥락에서 신의 의지대로 지혜롭게 살 수 있는 인간의 능력에 대한 관심으로 당시 '지자(知者)'임을 자처했던 수많은 소피스트(Sophist)의 활동이 이루어졌으며, 이를 기점으로 소크라테스(Socrates), 플라톤(Platon), 이소크라테스(Isocrates), 아리스토텔레스(Aristotle) 등의 교육사상이 발달했다. 교육관계법으로는 '솔론 법령'*이 있었다.

우선 소피스트들은 대중교육이 아니라 정치적 출세를 지향하는 정치적 리더들을 양성하는 것으로서 변증술(辨證術, dialekeia), 즉 웅변술과 설득술 그리고 처세술을 가르쳤다. 이들은 사물의 본질인 아르케(Arche)를 탐구했던 소크라테스 이전의 자연철학자들에게 깊은 회의를 느끼면서 '경험을 통한 사실'의 중요성을 강조했다. 이들은 자신들의 감각적 인식론을 바탕으로 개인주의 · 주관주의 인간관을 발전시켰다. 인류 최초의 소피스트라고 일컬어지는 프로타고라스는 "인간(개인)이 만물의 척도다"라고 했다. 이로써 소피스트들은 당시의 사회적 믿음이었던 절대진리를 부정하게 되면서 '상대적 진리관'을 일반에 유포시켰다.

참고로 프로타고라스는 지금으로 말하면 당시 직업이 변호사였다. 원래 그는 아테네의 민주개혁가 페리클레스(Pericles, 495~429 BC)에 의해 소위 '국가판사'로 특별 채용되어 아테네에 들어온 이방인이었다(이상오, 2016: 284). 그는 소아시아에서 가장 똑똑한 사람으로 정평이 나 있었기

---

* 솔론은 경범죄에도 사형을 선고했던 드라콘(Dracon)이 제정한 드라콘 법전(BC 621년경)을 개정했다. 개정 법령의 주요 내용으로는 언어순화, 전쟁참여 의무제, 장례식 곡부(哭婦) 금지, 상공업 장려, 식목(植木)의 규정, 개에 물린 자에 대한 변상제 등이 기록되어 있다. 이 법에 따르면, '매춘부(harlot)'는 '친구(mistress)', '세금(tribute)'은 '관례(custom)', '점령군(garrison)'은 '수호대(guard)', '감옥(jail)'은 '방(chamber)'으로 불러야 했다. 솔론은 '무관심'을 최고의 유독한 것으로 간주했기 때문에 전쟁에 우군으로 참여하지 않으면 유죄로 규정했다. 장례식 때는 곡부의 고용 및 고인의 폄훼가 금지되었다. 솔론은 상공업을 장려했기 때문에 자식에게 한 가지 기술도 가르치지 않은 부모는 부양하지 않아도 좋다고 규정했으며, 사생아에게는 부모 부양의무를 면제했다. 드라콘과 솔론은 법령을 '퀴르베스'라는 목판에 기록하여 보관하게 했다.

때문에 영입된 것이다. 그러나 페리클레스의 사망과 함께 국가판사직을 그만두게 된다. 우리는 그를 소위 최초의 소피스트로 기억한다. 판결할 때의 논리와 변호할 때의 논리가 달라진 것이다. 바로 역사상 최초로 궤변(詭辯)이 시작된 것이다. 즉, 논리와 궤변의 차이는 오로지 변경된 신분에서 발생했다. 그 밖의 소피스트들은 아테네 주변에서 유랑하면서 살아가던 소아시아 계통의 사람들로서 아테네에 몰래 들어온 불법 이민자들이다. 당시 현자로서 똑똑하다고 소문이 난 이들은 아테네에서 세력을 가진 귀족층의 집들을 돌아다니면서 그의 자제들을 가르치면서 돈을 받아 생활했다. 따라서 이들은 어쨌거나 문헌 기록상 인류 최초의 교사들로 기록된다.

그렇다면 이들은 교사로서 과연 무엇을 가르쳤단 말인가? 정확히 말하면, 변증술(辨證術)이다. 변증술은 나중에 변증법(辨證法)이라는 학문영역으로 발전하기도 하지만, 그 전 단계로서 대화하면서 논리의 모순(矛盾)을 찾아내는 말의 기술을 뜻한다. 그런데 이들은 이러한 변증술을 통해 상대방과의 토론과 논쟁에서 승리하는 것을 목표로 했다. 당시는 주로 웅변 능력으로 인재를 선발하던 시대였다. 따라서 상대방과의 논쟁에서 승리하도록 가르치는 소피스트들의 변증술은 결국 남을 설득하는 설득술이 되고, 나아가 세상을 잘 살아가는 처세술이 된다.

한편, 당시의 부모들은 자녀의 출세를 위해 설령 이들의 논리가 궤변일지라도 상대방의 모순만 잘 들추어낼 수만 있다면 되었다. 자녀들을 이들에게 맡긴 귀족들은 이에 크게 만족하면서 소피스트의 교육방식은 마침내 최고의 교육방식이 되었다. 아울러 이들은 당대 최고의 교사로 등극하게 되었다.

일반적으로 소피스트들은 궤변론자로서 교육자로서는 부정적으로 평가된다. 그런데 당시에는 이들이 돈을 받고 가르쳤다는 사실도 커다란 구설수의 대상이었다. 이는 납득하기가 좀 어려운 대목이기도 하다. 따지고 보면 지금의 학교 교사들도 월급을 받지 않는가? 그리고 가르침에 보수(報酬)가 따르는 것이 그렇게 이상한가? 그러나 잘 뜯어보면 소피스트들은 오로지 돈을 벌기 위해 지식을 팔았다는 것이 문제가 된다. 즉, 돈을 벌기 위한 목적이 먼저라는 점에서 과연 제대로 된 교육자의 상은 아니라는 평가다. 그럴 수밖에 없는 게 이들은 이방인으로서 애국심이나 진리보다 자신들이 호구지책으로 살아남기 위해서는 돈을 버는 것이 급선무였기 때문이다.

또한 이들이 할 수 있는 것이라고는 오로지 가르치는 것뿐이었다. 특히 권세가 높은 귀족들의 자제를 가르치다 보니 이방인으로서 불법체류로 인한 강제추방 걱정도 줄게 되었다. 이들의 가르침은 결국 누이 좋고 매부 좋은 일이 되었다. 물론 문제는 이들의 가르침에서 교육의 의미는 돈의 뒷전이 될 수밖에 없었다는 점일 거다.

오늘날 교직은 안정적인 직업으로 꼽힌다. 따라서 오늘날 교사가 교직을 안정적으로 돈을 벌 수 있는 직업으로만 간주한다면, 이들 역시 과거 소피스트들에게 쏟아진 역사적 비난을 피해가기는 어려울 것이다. 이는 사실 이미 가르침과 돈이 동일시된 지금의 세상에서 우리가 자녀 교육을 위해 일류학원, 일타강사를 찾는 이유이기도 하다. 그러나 돈을 벌기 위해 행하는 소피스트의 가르침을 통해 우리는 과연 교육이 그것뿐이라고 착각하는 건 아닐까?

12
소크라테스도 가르쳤을까?

소크라테스는 소피스트의 개인주의, 상대주의에 맞서서 이성에 기반을 둔 보편적 진리를 강조했다. 그러나 아이러니하게도 소크라테스는 법정에서 사회를 혼란케 한 죄목으로 소피스트들과 동일한 죄목으로 처형을 당한다. "악법도 법이다"라는 말은 실제로 소크라테스의 말은 아니라지만, 이 말이 그의 이미지를 지배한다. 소크라테스는 법정에서 스스로 열심히 변호했지만, 변호 과정에서 극복할 수 없는 논리적 모순을 드러냄으로써 독배를 마실 수밖에 없게 되었다. 즉, 당시 유일신은 아폴론인데 그는 아폴론 신을 추종하면서 동시에 자신의 마음속에 있던 영혼의 목소리인 다이모니온(Daimonion)을 믿고 있다고 말했다. 결국 그는 유일신을 믿는다고 항변했지만, 그의 또 다른 마음의 신인 다이모니온에 대한 해명이 배심원들에게 모순으로 들렸던 것이다(이상오, 2008).

소크라테스는 인간 영혼(Psyche)의 최초 발견자다. 또한 그는 양심의 목소리(다이모니온, Dimonion)에 근거한 지행합일을 강조하면서 앎과 삶이 일치된 도덕적 삶을 살아갈 것을 외친 인류 최초의 철학자다. 그는 지식 습득 방법으로 산파술(질문식 대화법)과 반어법(Irony)을 창안했다. 특히 그는 "너 자신을 알라"는 델포이 신전의 오른쪽 신탁(Oracle)의 계명을 자신의 철학적 테마로 삼아 평생 동안 남들에게 '짓궂은 질문'을 해대면서 "나는 아무것도 모른다"는 무지고백(無知告白)과 무지각성(無知覺醒)을 유도했다(이상오, 2008). 소크라테스에게 당시 소피스트들이 알려준 지식은 진정한 지식이 아니기 때문에 지금 자신이 알고 있는 지식에 대해 다시 검토해보고 반성하고 각성하는 일만이 진정한 진리의 세계로 들어가는 전제조건이었다.

이를 위해 그는 스스로 '등에(Gadfly)'의 역할을 하다가 죽었다. 등에, 즉 귀찮게 생물에 달라붙어 흡혈하는 쇠파리처럼 아테네 시민에게 무지각성의 자극을 주기 위한 그의 질문행위는 늘 상대방의 마음을 강하게 흔들어놓았다. 마치 독사처럼, 아니면 뱀장어가 내뿜는 전기적 충격처럼 대화의 상대방은 그의 질문에 강한 자극을 받았다. 그런데 짓궂은 질문으로 시작하는 그의 대화는 늘 불완전함, 즉 난문(Aporia) 상태로 끝장이 났다. 소크라테스는 계속 상대방에게 예리한 질문을 하다가 상대방이 그에게 되물으면 그 자신은 답하지 않고 대화를 바로 끝내곤 했다. 대화의 상대자는 주로 당시 그 영역에서는 가장 잘 알고 있다고 여겨지는 현자들, 즉 소피스트들이었다. 이를 우리는 소크라테스의 '반어법(irony)'이라고 부른다.

과연 소크라테스는 당시에 정말 몰라서 상대에게 물어보기만 한 것인가? 아니면 자기는 다 알고 있으면서도 마치 모르는 척하면서 유도신문으로 대화를 몰고 갔던 것인가? 전자는 예거(Werner Jaeger)와 슈프랑거(Eduard Spranger) 그리고 거스리(W. K. C. Guthrie)의 주장이고, 후자는 헤겔(F.

Hegel)과 니체(F. Nietzsche)의 주장이었다. 이에 대한 논쟁은 아직도 끝나지 않았다.

그런데 소크라테스는 이렇게 주장한 적이 있다. "내가 아무리 보아도 세상에 교사는 없다." 이 말은 물론 당시 시민의 교사를 자칭하고 다녔던 소피스트들을 향해 비아냥거린 것이다. 그는 자신이 여느 소피스트들과 다르다는 사실을 알리고 싶었다. 실제로 그는 소피스트로 몰려 죽임을 당했지만, 끝까지 자신은 소피스트가 아니라고 자신을 변호했다.

하여간 그는 소피스트들의 행각은 교사의 행각이 아니라는 사실을 강변했다. 아니, 그렇다면 그렇게 지식이 풍부하고 지혜로움의 상징이었던 소피스트들의 가르침은 도대체 뭐란 말인가? 돈을 받았다는 사실 이외에 해박한 지식을 가졌던 그들의 가르침은 훌륭하지 않았을까? 특히 그들이 가르친 논쟁술은 탁월하여 논쟁에서 승리할 수 있는 비방의 논리를 가르쳤다고 알려져 있다. 그런데 교사가 아니라니?

그럼 누가 교사란 말인가? 이는 당시 소크라테스 제자들의 의문이기도 했다. 소크라테스는 말한다. "답은 필요 없다. 답은 항상 바뀔 수 있으며, 아는 것과 행하는 것도 일치하지 않는 지행합일이 되지 않는 세상이다. 답보다는 질문이 중요하다." 그렇다면 소크라테스에게 교사는 누구였나? 바로 질문을 잘하는, 아니 예리한 질문을 하는 능력의 소유자다. 아울러 질문을 잘할 수 있는 아이를 길러내는 사람이 바로 진정한 교사였다.

그러나 우리의 역사는 "질문하는 학교" 대신 "답을 가르쳐주는 학교"로만 발전했다. 1944년 미국의 교육학자 와일즈(E. H. Wilds)는 소크라테스의 교육 방법이 전수되었다면 인류의 역사가 완전히 달라졌을 거라고 개탄한 바 있다. 과학철학자 카를 포퍼(Karl Popper)는 "질문하는 학교"를 만드는 것이 평생의 소원이라고 말한 적도 있다. 예리한 질문은 상대방을 당황하게 한다. 이때 대화의 상대방은 자신이 알고 있는 지식이 과연 진짜 지식인지를 한 번쯤 되돌아보게 된다. 이런 되돌아봄이 바로 소크라테스가 노렸던 것인데, 영혼만이 알고 있는 진짜 지식, 즉 진리의 세계를 흔들어놓음으로써 우리는 언젠가 진리에 접근할 수 있다. 따라서 소크라테스에게 진정한 교사는 산파(Hebame)와 같았으며, 산파술(産婆術)이야말로 진정한 교육 방식이었다.

결국 교사는 아무것도 가르치지 않는다. 다만 아이가 진리를 터득할 수 있도록 예리한 질문을 하여 스스로 알고 있는 지식을 다시 한번 반추하고 성찰하면서 마침내 득도(得道)하듯 각성(覺醒)하게 함으로써 진리의 세계에 스스로 들어갈 수 있도록 단지 도우미 역할을 하는 것으로 충분하다. 마치 진리(생명)를 낳는 산모를 안전하게 유도하는 산파처럼.

그런데 오늘날 우리의 학교에서는 산파가 아니라 산모에게 직접 대놓고 "쌍꺼풀 있는 아이를 낳아라", "점이 없는 아이를 낳아라", "피부가 하얀 아이를 낳아라" 하고 강요하듯 주문하고 있다. 과거의 소피스트 같은 교사들만이 교실에 난무하고 있다. 사실 이런 주문은 현실적으로 가능하지도 않다. 아이(진리)는 산모가 낳는 것이지 산파가 낳는 것이 아니다. 산파는 산모가 아이를 잘 낳도록 도와줄 수 있을 뿐이다. 그럼에도 2,500년 이상 이런 방식을 마치 교육의 유일한 방식으로 착각하게 만든 우리의 교육사.

과연 우리는 이를 어떻게 해명해야 할까? 과거로 되돌아갈 수도 없고. '질문하는 학교'는 매우 아쉬운 대목이 아닐 수 없다. 결국 소크라테스는 가르치지 않았다. 단지 저잣거리를 지나가는 사람들에게 물어보았을 뿐이다. 왜 묻느냐고 하니까 소크라테스는 "내가 모르기 때문이다"라고 했다. 만약 지금 다시 소크라테스에게 묻는다면, "교사는 그냥 질문하는 사람, 질문 잘하는 아이를 키워내는 사람" 정도로 대답할 것이다. 질문하는 교사, 질문하는 아이, 질문하는 부모, 질문하는 학교. 이런 교육은 지금 지구상 어디에도 없다. 이렇게 본다면, 소크라테스의 교육은 역사적으로 애초부터 단절된 게 맞다. 아니, 어쩌면 모종의 음모로 인해 처음부터 거세된 것은 아닐까?

13
플라톤의 교육이 남긴 건 무엇일까?

현대철학자 화이트헤드(Alfred North Whitehead, 1861~1947)는 "이 세상의 모든 철학은 플라톤의 각주에 불과하다"고 말한 바 있다. 그만큼 철학 세계에서 플라톤이 인류에게 남겨놓은 유산은 지대하다. 플라톤은 소크라테스의 제자로서 『대화편』 집필을 통해 자신의 철학 세계를 그려냈다. 그는 육체와 영혼(정신), 즉 감각계와 이성계를 구분하는 이원론적 세계관을 가지고 있었다. 이를 '형이상학적 관념론'이라고 부른다. 즉, 인간에게 육체는 영혼의 일시적인 껍데기일 뿐이다. 오로지 인간에게는 영혼(靈魂)만이 영원하다.

따라서 그가 『국가론』에서 제시한 교육의 목적은 영혼을 통한 이데아(Idea)의 세계를 통찰할 수 있는 능력과 이데아의 의미를 획득하는 것이었다. 또한 덕(德, arētē)의 획득경로는 국가와 인간의 공동체 속에서 교육의 국가통제로 가능하다. 마지막으로 그에게서 교육의 내용과 방법은 '철학적 사유'였으며 정의론(定義論)을 통한 전인교육이었다.

한편, 플라톤에게 '국가(polis)'는 개인을 확장한 것으로서 국가의 윤리는 곧 개인의 윤리였다(오인탁, 2006). 즉 인간 개개인은 누구나 지혜(머리), 용기(가슴), 절제(배)의 덕을 가지고 있다. 그러나 사회는 개인차(능력, 소질, 재능)에 따라 지혜로운 자, 용기 있는 자, 절제가 필요한 자에 따라 사회적 신분 계층이 나뉜다. 따라서 플라톤은 개인이든 사회든 지혜, 용기, 절제의 '조화'가 중요하다고 역설했는데, 이러한 조화를 이룸으로써 '정의(사회)'가 도래한다. 결국 플라톤은 '정의(dikaiosyne)'를 최고의 이념으로 하는 완전한 이상국가(理想國家, Idea), 즉 이데아의 세계를 건설하고자 했다. 이를 위해 교육이 한몫을 담당해야 하는데, '철인 군주' 즉 '철인왕'을 양성하는 것이 교육의 마지막 목표였다.

플라톤은 아카데미아를 열면서 문 앞에 "기하학을 모르는 자는 들어오지 말라"고 적어놓았다고 한다. 플라톤에게 수(數)는 교육의 종착점이었다. 수학은 기하학과 대수학으로 나뉜다. 기하는 우리가 눈으로 보고 확인할 수 있는 영역이고, 대수는 눈으로 볼 수 없고 머릿속으로만 생각할 수 있는 추상의 세계다. 이것이 조화와 질서의 기준인 형식(form)이 지배하는 이데아(idea)의 세계인 셈이다. 즉, 기하는 감각의 영역이고 대수는 이성의 영역이다. 삶에서 감각의 영역을 삭제하고 오로지 이성의 영역만이 '영혼 불멸'과 '영혼 정화'를 가능하게 한다고 본 플라톤에게 기하학을 모르는 자는 학당에 들어올 수 없었다. 왜냐하면 기하학은 현실에서 이상[數]으로 건너가게 하는 이성의 가교 지점이었기 때문이다.

참고로 플라톤을 지배한 영혼 불멸과 영혼 정화의 사상은 피타고라스의 사상이 계승된 것이다. 이렇게 본다면, 기하학의 토대 위에서 대수학이 이루어지는 것처럼 수(數)라는 영혼의 정화가 완성된 영역, 즉 이상적인 이성의 세계가 지배하는 우리의 삶에 대한 그의 철학적 사상은 '실재론적 관념론'이라고 할 수 있다. 플라톤은 말한다. "고객으로부터 책상 하나를 만들어달라고 주문을 받는 순간 목수의 머릿속에 떠오른 책상의 상(像, image)이 진짜 책상인가, 아니면 실제로 만들어진 책상이 진짜 책상인가?"

플라톤이 내린 정답은 "둘 다 모두 책상"이다. 결국 플라톤에게서도 실재(實在)와 관념(觀念)은 분리되지 않았다. 오늘날 실재는 현실이고 관념은 이상(理想), 즉 꿈(dream)이다. 이러한 실재론적 관념론은 중세시대에 실념론(實念論)으로 발전한다. 즉, 신은 존재할 수도 있고 존재하지 않을 수도 있다. 이는 실재론(實在論)과 유명론(唯名論)의 논쟁을 넘어선다. 즉, 신은 체험(體驗)으로만 존재가 입증되는 신비주의에 의해 유명론과 실제론의 논쟁이 종결되면서 중세 1천 년도 마감되었다.

오늘날 우리 아이들에게는 '꿈'이 없다고 한다. 통계상으로도 많은 청소년에게 앞으로 뭘 하고 싶은지 물어보면 "모른다"는 대답이 절반 이상이다. 꿈을 잃은 아이들이 하도 많다 보니까 언젠가부터 정부에서는 '꿈', '끼'라는 테마로 교실 개혁운동을 서두른 적도 있다. 아이들에게 다시 꿈을 꾸게 하고 끼, 즉 재능과 적성을 발굴하여 신나게 살 수 있도록 하자는 취지였다.

목수는 책상 주문을 받는 순간 머릿속에 상이 그려진다. 그게 관념(觀念)이다. 그런데 실제로 책상을 만들다 보니 나무에 옹이도 있고 결도 고르지 못하여 대패질도 생각처럼 되지 않는다. 칠을 하다 보니 생각처럼 잘 안 나오고 하여 중간에 달리해본다. 책상 만드는 일이 머릿속의 상, 즉 관념처럼 되지 않는 것이다. 여기서 머릿속의 상은 관념이지만 실제로는 이상(Idea, 理想)이며 '꿈'이다. 그래서 그는 꿈을 이루기 위해 장인

정신을 발휘하여 계속해서 다시 부수고 또다시 부순다. 마침내 혼을 불어넣는 순간, 꿈꾼 대로 책상이 완성되는 순간, 장인은 작품을 출시한다. 물론 사람이 하는 일이라서 완전하지는 않겠지만 그래도 장인은 머릿속의 이미지, 즉 꿈을 실현하기 위해 계속 애쓴다. 그가 바로 진정한 장인이며 철학 하는 자다.

플라톤이 구상한 이데아의 세계는 꿈의 세계다. 꿈은 이루어진다. 2002년 월드컵 4강의 신화를 만들어낼 때 많이 보았던 구호다. 실제로 뇌과학자들도 꿈은 실현된다고 한다. 왜냐하면 인간의 뇌는 쉽게 속임수에 놀아날 수도 있는데, 꿈을 자꾸 생각하다 보면 뇌는 이것이 실제인지 꿈인지를 구분하지 못한다는 것이다. 나치 독일의 유명한 선동가 괴벨스의 "거짓말도 백 번 하면 진실이 된다"는 말이 있다. 뇌를 속인 것이다. 그래도 꿈을 꾼다는 것과 꿈이 아예 없다는 것은 천지차이다. 플라톤의 교육은 꿈의 궁전인 이상향을 그리고 있다. 꿈을 잃은 세대에게 절실한 대목이기도 하다.

물론 플라톤의 방식인 '상기(recall, remember)'를 위해 교사가 직접 개입해야 하는 이유는 여전히 다양하게 해석될 수 있는 난제다. 즉 아이에게 진리를 상기시키는 것이 플라톤 교육의 목표인데, 스승 소크라테스가 스스로 각성하도록 하는 방식으로 '질문법'을 제시했다면, 제자 플라톤은 아이들이 진리를 상기해내도록 학생보다 좀 더 잘 알고 있다고 판단되는 교사가 반드시 전향(前向)시켜주어야 한다는 것이다. 그렇다면 플라톤의 교사 역시 답을 알고 있다는 말일까? 그렇다면 아이들에게 진리를 상기시키기 위해서는 이미 알고 있는 교사가 반드시 필요하다는 말이다. 그리고 교사가 반드시 아이들에게 방향을 인도해주어야 한다는 것이다. 이는 소크라테스가 의도한 도우미로서의 교사 역할을 넘어선다.

그러나 플라톤의 상기(recall) 방식이 지금 우리의 교실을 지배하고 있다. 결국 플라톤의 상기(memory)는 교과서의 암기와 통한다. 교과서에 있는 정답을 암기하는 것이 진리를 상기하는 것으로 치환된 셈이다. 그렇다면 교과서는 진리가 된다. 진리를 상기하는 아이들, 교과서를 암기해내는 아이들. 우리의 교육 현장에서는 이 둘이 동일한 개념이 되고 말았다. 과연 이 개념들이 동일하다고 이대로 안주해도 되는가?

14
수사학교를 세운 이소크라테스는 누구일까?

이소크라테스(Isokrates)는 기원전 436년 아티카 지역의 펜텔리콘산 남쪽에 위치한 에르키아(Erchia demos)에서 수공업 활동으로 부(富)를 축적한 신흥 상공업자의 신분으로 태어났다. 그의 업적은 인류 최초의 학교로 알려진 수사학 학교를 설립하여 가르친 것*과 『소피스트들에 대하여』**와 『안티도시스(Antidosis)에 관하여』*** 등의 저서를 남긴 것이다. 이소크라테스는 소피스트 고르기아스의 영향을 받아서 이성(Logos)보다는

---

* 그는 제대로 된 수사학을 연마해야 제대로 된 웅변가, 변론가 그리고 정치가를 양성할 수 있다는 생각으로 이 학교에서 수사학 교육에 전념했다. 당시 이 학교는 플라톤의 아카데미아와 쌍벽을 이루면서 크게 번성한 것으로 알려져 있다.

** 이소크라테스는 기원전 390년경에 『소피스트들에 대하여』라는 책을 써서 자신을 여느 소피스트의 무리와 차별화하려고 했다. 이는 반(反)소피스트의 정서가 퍼지고 있었던 당시 아테네에서 살아남기 위한 전략이기도 했으며, 플라톤의 소피스트 공격에 대한 이소크라테스의 자기방어로 해석될 수도 있다.

*** 그가 저술한 『안티도시스(Antidosis)에 관하여』는 토지 등 사유재산의 '교환관계'를 다룬 법률 서적으로, 이의 집필 의도는 펠로폰네소스 전쟁통에 불합리하고 비합법적으로 탈취된 자신의 재산권을 되찾으려는 의도도 숨어 있었다. 그러나 이 책은 법적 다툼에서 승리할 수 있는 논쟁술을 목표로 올바른 논쟁술사(Eristiker)를 길러내는 것에 관한 저술이다.

언어(Logoi)를 중시했으며, 우리가 도달하기 어려운 보편적인 지식인 에피스테메(epistēme)의 가능성을 인정하지 않는 대신 일상의 개인적 견해인 독사(doxa)를 중시했다.*

즉, 그는 우리에게 필요한 것은 절대적 지식이 아니라 '상황에 따라 유용한 현실적인 지식'의 습득이라고 주장한다.** 이렇게 본다면 그는 분명히 소피스트의 모습을 띠고 있다. 그러나 그가 수사학에서 가르친 언어는 '영혼의 언어'로서, 처음부터 영혼과 진리의 영역을 도외시한 소피스트의 수사학적 언어와는 차별화된다.

이소크라테스는 말한다. "언어가 인격이다." 즉, 그의 수사학은 도덕성을 내포했다. 한마디로 언어를 잘 사용하는 사람이 바로 도덕적이며 인격적이다. 이소크라테스는 기존 소피스트들의 수사학을 비도덕적이며 비인격적이라고 꼬집었다. 즉, 소피스트의 언어에는 진리도 없으며 행동도 없다는 것이다. 이소크라테스는 말한다. "내가 만일 공공의 안전보다

---

* 독사(doxa)란 오류의 가능성이 다분한 불완전한 지식이지만 실생활에서는 유용한 지식이며, 아울러 실제적인 경험에 근거하여 객관성을 확보한 지식을 말한다. 이소크라테스는 인간이 절대지를 인식할 수 없다고 보았기 때문에 무용한 것을 정확히 아는 것(에피스테메)보다 유용한 것에 관해 잘 판단하는 것이 옳다고 생각했다. 즉, 이소크라테스는 인간은 어떤 절대적 지식을 소유하지 않고도 올바른 판단과 선택을 할 수 있다고 보았다. 실제 생활에서는 오류가 없는 정확한 이론적 지식(가치)의 획득이 불가능하기도 하지만, 그러한 지식은 필요하지도 않으며 결코 유용한 것도 아니다. 다만 실제 생활의 구체적 상황에서 무엇이 옳은 것인가를 판단할 수 있는 능력을 획득하는 것이 중요하다는 것이다. 이런 면에서 우리는 없는 지식(에피스테메, 이데아 인식)을 추구할 것이 아니라, 일상언어인 독사(doxa)를 잘 사용할 수 있는 실제적 능력을 얻어야 한다.

** 인간이란 본질적으로 플라톤이 말하는 에피스테메 또는 이데아의 절대적 진리를 획득하지 못한다. 따라서 그는 '자신의 생각으로 최선(tou beltistou)에 도달할 수 있는 사람들'을 지혜로운 사람들이라고 보았다. 이것이 필로소피아(philosophia)다. 플라톤에게 필로소피(지혜)는 애지(愛知), 즉 에피스테메를 사랑하는 것이었던 반면, 이소크라테스의 필로소피에서는 '지혜롭게 사는 방식'이 중요하다.

나의 명성에 더 신경을 쓰는 것으로 보인다면, 참으로 부끄러울 일이다. 여러 말 중에서 가장 듣기 좋은 말이 아니라 가장 유익한 말을 골라 하는 것이 나의 할 일이자 나라를 염려하는 모든 사람들의 할 일이다."(『평화에 대하여』)

그는 또 말한다. "가장 아름다운 언어를 사용하는 사람이 가장 영혼적인 사람이며 진리를 알고 있는 사람이다." "가장 지혜로운 자가 가장 언어 능력이 뛰어난 자이다."(『안티도시스에 관하여』) 즉, 이소크라테스는 '진정한 언어교육'으로서의 수사학 교육을 추구했다. 이소크라테스에게 진정한 언어교육은 진정한 도덕성에 기초하는 인격교육으로서 '수사학적 도야'를 말한다. 이러한 교육철학을 내세운 이소크라테스는 실상은 마지막 소피스트였지만, 여느 소피스트들이 아테네에서 추방된 것과 달리 자신만의 수사학 학교를 세워 죽을 때까지 후학을 지도할 수 있었다.

한편, 이소크라테스는 진리의 문제에 접근하기 위해 플라톤과 소크라테스의 '이성(Logos)' 대신 '언어(Logoi)'의 영역을 도입함으로써 진리와 도덕의 문제는 '언어해석'의 문제임을 주장했다. 이로써 진리로서의 로고스(Logos)는 '언어를 통한 이성'이 된다. 이러한 점에서 가다머(Hans-Georg Gadamer, 1900~2002)는 영혼의 언어, 도덕적 · 인격적 언어에 기반을 둔 이소크라테스의 수사학적 탐구를 진리(Logos)를 규명해내는 해석학(解釋學)의 전범으로 꼽았다. 즉, 이성의 문제는 언어의 문제이며 이는 결국 진리의 문제다. 따라서 이소크라테스에게 — 가다머에 의하면 — 진리에 접근하는 것은 언어를 해석하는 문제와 직결된다.

실제로 철학사에서 이소크라테스의 발견은 가다머의 공적이라고 해야 한다. 가다머는 자신의 대표작인 『진리와 방법(1960)』에서 이소크라테스를 아주 상세하게 소개했다. 이후 이소크라테스에 대한 연구는 철학, 미학, 정치학, 경제학, 교육학 등 여러 학문 영역에서 더욱 활성화될 수 있었다. 가다머는 이소크라테스의 수사학을 해석학의 뿌리로 보았으며 원조 미학으로 소개했다. 철학은 진리를 탐구하는 학문이다. 그러나 진리(the truth)를 찾아내기는 쉽지 않았다. 지금도 마찬가지다. 따라서 철학자들은 선(the good)을 찾아보기로 했다. 인간이 할 수 있는 것은 좋은 것, 즉 선(善)인데 그것이 바로 도덕이다. 만약 우리가 선을 찾아낼 수 있다면 그것은 도덕이고, 도덕은 인간이 진리에 접근할 수 있는 유일한 통로가 된다.

그러나 선을 규명해내고 도덕적으로 산다는 것도 결코 쉬운 일이 아니었다. 선하게 산다는 것, 도덕적으로 행동한다는 것이 과연 무엇인가? 지금도 간단한 것 같으면서도 매우 난해한 테마다. 마침내 철학자들은 "그렇다면 인간이 찾아낼 수 있는 '좋은 것'이 구체적으로 무엇일까?"에 대해 고민한다. 그것은 바로 '아름다움'이 아닐까? 우리 주변에서 아름다움[美]을 찾는다는 것은 비교적 어렵지 않다. 이렇게 아름다움을 찾아내는 일을 시작하면서 마침내 정신적 미까지 추구하다 보니 미학(美學, esthetics)이라는 영역이 탐구의 대상이 되었다.

이를 칸트는 자신의 저서 『판단력비판(1790)』에서 우리 인간의 가장 초보적인 취향부터 시작하여 숭고미의 단계까지 가능성을 자세히 탐구했다. 비록 『판단력비판』은 칸트의 3대 비판서 중에서 가장 늦게 나왔지만, 사실 이는 진리의 문제를 다루는 『순수이성비판(1781)』과 도덕의 문제를 다루는 『실천이성비판(1788)』 사이에 현실적으로 놓여있는 간극을 메꾸어주기 위한 방편으로 쓰였다.

결국 인간은 진리[眞]에 직접 접근할 수 없는 유한자로서 도덕적으로

선(善)하게 산다면 진리에 입각해 살 것이라는 가정을 하게 되었고, 마침내 아름다움[美]을 찾고 산다면 덕(德)을 가지고 선하게 사는 것이요 그것이 바로 진리의 세계에 살 것이라는 가정을 하게 된다. 철학이 미학으로 전개될 수 있었던 셈이다. 바로 그 중심에 — 가다머의 해석에 의하면 — 이소크라테스가 있었다.

오늘날 우리 아이들은 은어, 비속어, 욕설 속에 산 지가 오래다. 이소크라테스에 의하면, 지금 아이들의 인격은 언어사용과 함께 엉망이 되었다고 할 수 있다. 이제 학교에서 공부 이전에 아이들의 언어순화교육부터 실천해야 하는 이유가 여기에 있다고 할 수 있다. 아름다움은 곧 선이고 그것이 곧 진리다. 진선미의 삶은 결국 하나인 셈이다. 이러한 진선미의 삶은 이미 고대 그리스 시대부터 '칼로카가티(Karokagatie)', 즉 진선미 교육이라는 개념으로 전수되었다. 그러나 지금 동서양을 막론하고 어떤 학교에서도 이를 전수받은 적이 없다고 우기고 있다. 즉, 전인교육의 구체적 실현인 진선미 교육의 자리에 국영수 교육이 대신 들어선 셈이다. 그렇다면 오늘날은 국영수만 잘하면 전인이 되는 것인가?

15
아리스토텔레스는 무엇을 가르쳤을까?

아리스토텔레스는 실증주의적 경험론, 현실주의 그리고 감각계와 이성계를 이분법적으로 구분한 스승 플라톤을 비판하면서 '이원론적 일원론'을 주장했다. 감각과 이성은 하나다. 감각이 없으면 이성은 불가능하다. 즉, 온전한 이성은 감각을 통해서만 완성된다. 그러나 그가 내세운 교육의 최종 목적은 삶의 목적인 행복(幸福, eudimonion)이었다. 특히 교육에서는 이성적 능력의 발휘를 중요시하면서 이성의 작용을 통해 가능해지는 '중용(中庸)'*의 덕을 강조했다. 즉, 행복은 중용의 덕을 실천할 때 비로소 가능하다. 중용이란 '더도 말고, 덜도 말고'를 의미한다. 다시 말하면,

* 여기서 중용은 물리적인 중간지점을 의미하는 것이 아니고 '상황적 판단'에 따라 중용의 지점은 유연성을 가진다. 이를테면, 구체적으로 용기(勇氣)는 비겁(卑怯)과 만용(蠻勇)의 중간이고, 포부(抱負)는 나태(懶怠)와 탐욕(貪慾)의 중간이다. 겸손은 비열과 자만의 중간이고, 정직은 비밀과 다변의 중간이다. 쾌활은 침울과 익살의 중간이고, 우정은 호전성과 아첨의 중간이다. 극기는 우유부단과 돈키호테식 저돌성의 중간이다. 결국 중용은 동양 사상에서 '과유불급(過猶不及)'의 의미와도 통한다. 이러한 아리스토텔레스의 중용 개념은 이미 델포이 신전의 신탁(oracle)에도 쓰여 있었다. "더도 말고 덜도 말고." 따라서 아리스토텔레스의 중용은 이성(reason, ration) 또는 이성적(rational)으로 성취하는 추상적 개념이 아니라, '적절한 또는 적합한(reasonable, coherent)' 상황 판단하에 이루어질 수 있는 개념이다.

그에게는 '절제'할 수 있는 '용기'를 가진 자가 바로 '지혜'로운 자였다. 이러한 중용의 덕은 이성(理性)의 작용이다.

한편, 교육 방법은 논리학(삼단논법) 중심의 변증법(인문학)과 과학적 경험관찰 방법(자연과학)을 함께 사용했다. 초등교육에서는 신체적 · 도덕적 습관을, 중등교육에서는 체육 · 음악 · 미술(도안)을 통한 정서훈련을, 고등교육에서는 철학 · 논리학 · 수학 · 과학 등을 통한 이성의 훈련을 강조했다. 그에 의하면, 세상의 모든 실체(Ousia, 또는 본질)는 질료(hyle)와 형상(eidos) 그리고 '가능태(dynamis, 잠재태)'와 '현실태(energeia, 활동태)'로 구성된다. 질료(물질, 또는 질료인)는 '작용인'과 '목적인'의 개입 — 다시 말하면 모든 생명을 살아있게 하는 제1 원인인 영혼의 개입 — 으로 결국 '형상인'의 모습으로 완성된다. 아리스토텔레스는 이러한 변형(Hyle-morphology) 과정과 현상을 엔텔레케이아(Entelecheia)*의 원리로 풀었다.

간단히 말하면, 땅에 떨어져 뒹굴고 있는 도토리는 반드시 참나무가 된다. 그 이유는 참나무의 '형상'이 이미 도토리(질료)에 들어 있기 때문이다. 즉, 도토리에게 아무리 좋은 비료를 준다고 해도 소나무가 될 수는 없다. 도토리는 참나무가 될 수밖에 없는 형상(eidos)을 가지고 태어난다. 그럼에도 형상의 모습으로 성장하기 위해서는 많은 자극과 시련(작용인)을 극복해야 한다. 가능성은 있지만 현실은 다양하게 나타날 수 있다. 다시 말하면 도토리는 쭉정이가 될 수도 있으며 참나무는 찌그러진 참나무, 왜소한 참나무가 될 수도 있다. 물론 반대로 바람직한 참나무와 바람직한 도토리로 성장할 수도 있다.

---

* 이는 잠재적인 것을 실현하거나 현실화하는 것을 말하는 철학 용어다.

따라서 가능태가 현실태로 이어질 수 있도록, 그리고 작용인이 목적인을 지향할 수 있도록 도와주어야 한다. 이는 바로 인간에게 교육과정이 필요한 이유가 된다. 따라서 아리스토텔레스에게 모든 교육과정은 아동의 발달단계와 일치하면서 이루어져야 하며, '개인차'를 고려한 개별교육을 중요시했다. 또한 그는 당시 소피스트의 출현 이후 부각된 주지주의 교육 대신 관찰과 감각에 의한 경험학습의 중요성을 강조했다. 왜냐하면 인간은 감각과 이성의 결합체이기 때문이다.

실제로 아리스토텔레스는 스승 플라톤을 계승했지만 이성만능론에 대해서는 비판했다. 그러나 엄밀히 말하면 아리스토텔레스는 더욱 완성도 높은 수준으로 스승 플라톤을 변호하고자 했다. 즉, 인간에게 이성은 분명히 가장 중요하고 삶의 핵심이기에 이성이 교육의 최종 목표가 되어야 한다. 그러나 이성이 사변적이고 추상적인 영역으로만 남지 않기 위해서는 현실적인 수정 · 보완이 요구된다. 그것이 바로 감각(感覺)의 영역이고 감각을 통한 경험(經驗)이 계속 누적될 때 비로소 우리는 온전한 이성을 회득할 수 있다. 플라톤의 이성주의는 마치 인간에게 감각과 경험은 없는 것으로 되어 있다. 따라서 교육은 오로지 이성을 목표로 하고 이성을 기반으로 이루어져야 한다.

그런데 이성이 무엇인가? 과연 누가 이성의 실체를 알고 있는가? 이성을 본 사람이 있는가? 이성의 생김새를 아는 사람은 누군가? 결국 이성은 오로지 가설(假設, hypothesis)일 뿐이다. 종국적으로 이성에, 이성에 의한, 이성을 위한 교육이 최종 목표점이지만, 이성교육이 현실화되기 위해서는 이성을 가능하게 하는 몸의 감각영역이 삭제되어서는 안 된다. 이것이 바로 아리스토텔레스의 생각이다. 결국 이는 스승 플라톤을 무조건 비판한 것이 아니라 오히려 플라톤의 생각에 더욱 단단한 기반을 구축해주었다고 할 수 있다.

오늘날 학교에서 우리 아이들은 이성적으로 기록된 것으로 간주되는 교과서를 달달 외우고 있다. 소위 이성교육의 결정판으로서 이는 주지주의(主知主義) 교육의 핵심이다. 주지주의 교육이란 (진정한) 지식의 터득을 중심으로 하는 교육을 말한다. 왜냐하면 플라톤은 일단 사람은 제대로 알아야만 실천할 수 있다고 생각했기 때문이다. 즉, 고대 그리스 시대에는 참지식(epiteme)이 곧 실천이었다. 실제로 인간은 잘 모르니까 망설이고 실천하지 못하는 것이지, 만약 정확하게 안다면 실행하는 것은 아무것도 아니라는 이야기다. 따라서 안다는 것에 초점을 둔다면 실천은 쉽게 해결된다. 그것이 바로 주지주의 교육관이다.

그런데 아리스토텔레스는 스승 플라톤이 주장하는 주지주의 교육이 온전히 이루어지려면 반드시 감각 또는 경험 교육이 기반이 되어야 한다고 했다. 즉, 인간에게 선천적으로 주어진 '오감(五感)'이라는 감각을 활용한 경험교육을 통해 이성교육이 이루어질 때 비로소 참지식이 획득될 수 있다. 이때 경험과 경험을 통한 시행착오의 경험들은 역으로 이성의 능력에 의해 통제되고 관리된다. 결국 경험교육과 이성교육은 상호보완적이고 상호순환적이라고 할 수 있다.

오늘날 우리의 교실은 무척 오랜 세월 동안 교과서 암기 중심 교육에서 크게 벗어나지 못하고 있다. 이런 이유에서 학교교육은 죽은 지식의 창고로 전락했다는 비판도 받고 있다. 바로 감각에 의한 경험교육 또는 체험학습이 보완적으로 요청되는 대목이기도 하다.

16
대학은 어떻게 탄생했을까?

대학은 중세에 탄생했다. 중세 대학은 시민계급의 학문적 요구, 선진문화의 유입과 접촉 그리고 스콜라 철학의 영향으로 태어났다. 초기의 대학으로는 살레르노대학(의학), 볼로냐대학(법학), 파리대학(신학)을 꼽을 수 있다. 당시 길드(Gild) 동업조합에 의해 도시가 성립했는데, 대학 역시 길드에 의해 순수학문단체로 발전한다. 대학은 지식의 전당으로서 특히 '자치(autonomy)'를 내세우면서 사회와 격리된 상아탑(ivory tower)의 특권조직으로 발전했다. 당시 중세 대학의 특권을 열거하면 다음과 같다.

첫째, 교수와 학생은 병역, 세금, 부역을 면제받았다.

둘째, 대학에 독립된 법정을 두어 교회나 국가로부터 치외법권의 특권을 부여받았다.

셋째, 대학 졸업자에게 학위가 수여되고 교수의 자격이 부여되었다.

넷째, 학장과 총장의 선출권이 있었다.

다섯째, 교수와 학생은 자유롭게 여행할 수 있는 신분의 자유가 보장되었다.

이러한 중세 대학은 언론의 자유, 고전문화의 계승, 문예부흥운동의 선구자로서 구심체 역할을 했다. 이를테면, 문예부흥운동과 종교개혁은 모두 중세 대학에서 발생했다. 대학의 졸업시험은 매우 엄격한 편으로 대부분 학생이 낙제할 정도였다. 또한 대학의 교수 방법은 강연(Lektio)과 토론(Disputatio, 토의와 상호평가) 방식으로 구분되었다. 전자는 매우 유능한 사람이 일방적으로 교수하는 방식인데, 대부분 후자가 선호되었다. 이러한 중세 대학들은 훗날 자체적으로 개혁의 움직임에 봉착하게 되는데, 유럽에서 최초의 대학 개혁운동은 독일의 '할레대학(Halle Univ./1694)'에서 일어난다.

대학은 지식을 창출하는 기관이다. 즉, 새로운 지식은 대학에서 나온다. 왜냐하면 대학에서는 과학적 실험을 통해 새로운 지식을 연구하기 때문이다. 연구를 통해 창출된 지식은 교육이라는 수단을 통해 학생들에게 전수된다. 이렇게 하여 대학의 사명은 연구와 교육으로 이루어진다. 창출된 지식은 이들을 통해 실생활에 적용된다. 이렇게 하여 사회는 발전한다. 결국 대학은 새로운 지식을 창출하여 사회에 유익한 지식을 전파함으로써 사회발전에 기여하는 기능과 역할을 하게 된다.

그러니까 중세 대학이 탄생하게 된 이유는 사회발전에 유용한 새로운 지식이 요청되었기 때문이다. 대학에서 창출되는 새로운 지식이란 과학적 지식으로 과학적 실험을 통해 객관적 쓰임새가 입증된 지식을 말한다. 그래서 대학에서는 전공명에 '과학'이라는 말을 붙인다. 즉, 자연과학이나 사회과학 그리고 인문(과)학은 모두 마찬가지다. 결국 대학에서는 과학적 연구를 통해 입증된 지식이 창출되고, 이러한 지식이 사회적으로 유용하게 쓰이도록 전수하는 사명을 갖게 된다. 즉, 대학에서 창출되는 새로운 지식은 문제해결을 위한 지식이었다. 이렇게 본다면, 중세 대학은 사회적 문제해결을 위한 연구기관으로 출발했다고 할 수 있다.

그런데 중세 대학이 비판을 받은 이유는 '상아탑(象牙塔, ivory tower)'이라는 별칭을 갖게 되면서부터였다. 대학이 탄생한 초창기에 중세 대학은 지식 창출 기관으로 호평을 얻었다. 그래서 세계 각지, 전국 각지에서 우수한 인재들이 몰려들기 시작하여 중세 대학은 급격하게 성장했다. 또한 당시로서는 지식의 창출 기관이 중세 대학 이외에는 없었다. 개인에 의해 마을에서 만들어지는 지식들도 있었지만 신빙성이 약했다. 한마디로 이러한 지식은 시행착오의 지식개념을 크게 벗어나지 못한, 즉 객관적이지 못한 지식들이 많았다. 다시 말하면 반복 실험을 통해 객관적으로 입증될 수 있는 지식은 과학적 지식으로서 대학의 지식이 더 나았다. 그렇게 중세 대학에서 창출된 지식은 문제해결을 통한 사회적 유용성으로 이어질 수 있었다.

그러나 시간의 흐름 속에서 대학의 지식은 외부와 격리된 소위 상아탑 지식으로 평가되기 시작했다. 중세 대학이 연구의 자유를 지나치게 강조했기 때문이다. 따라서 중세 대학은 개혁 요구에 시달리게 된다. 이로써 유럽은 승승장구하던 대학에 제동이 걸리면서 개혁의 회오리바람 속으로 들어가게 되었다. 사회적으로 유용한 지식을 창출해달라는 요구 앞에서 대학은 어쩔 수 없이 개혁되지 않으면 안 되었다.

그러니까 중세 대학에 뿌리를 가지고 있는 대학의 사명은 지금도 여전히 사회적 문제해결을 위한 (신)지식 창출이다. 연구자와 학생들에 의해 구성되는 연구공동체인 대학은 예나 지금이나 과학적 연구를 통해 사회발전에 유용한 지식을 창출하고 이를 보급할 수 있어야 한다.

그런데 오늘날 우리의 대학에서는 어떤 일이 벌어지고 있을까? 학생들은 입학과 함께 취업 준비에 골몰한다. 우선 스펙을 쌓아야 하는 것이다. 전공수업은 뒷전이고 도서관에서 토플, 토익 등 취업에 유리한 과목을 독학한다. 요즘은 공무원 시험공부에 전념하는 추세다. 공무원만큼 안정된 직장이 없다는 이유다. 일류대학이든 아니든 모든 대학생의 꿈은 안정된 직장인 공무원이 되는 것이다. 대기업 취업도 오래전부터 이들의 꿈이다. 사실 공무원 시험은 학력과는 무관하다. 그런데도 굳이 대학에 입학하고 나서 그것도 일류대학에 재수, 삼수… 장수까지 하면서 어렵게 들어와서는 공무원 시험에 매달리고 있다. 도대체 이게 어떻게 된 일인가? 물론 졸업장 때문이다.

한국에서 대학 졸업장은 보험증서와 같다는 생각이다. 사실 그렇지도 않은 지 오래되었음에도. 이미 우리 사회에서는 일류대학을 졸업해도 취업이 만만치 않다는 사실이 현실화된 지 오래다. 그럼에도 졸업장 열병은 끝나지 않고 있다. 일단 보험을 들어놓고 결국은 공무원이 되는 데 아까운 대학인으로서의 시간을 모두 바치고 있다.

대학은 사회적 문제해결을 위한 지식의 전당이라는 기능을 상실한 지 이미 오래다. 오늘날은 새로운 지식도 기업체 연구실에서 나온다는 말이 있다. 대학이 기능을 상실했다는 증거다. 기업체 연구실에서 나오는 새로운 지식은 당장 유용하게 써먹을 수도 있다. 그래서 기업체 연구실에서 탄생한 지식이 진짜 지식처럼 되어버렸다. 왜냐하면 기업체 지식은 기업체의 이윤추구에 유용한 지식으로 비즈니스 영역에서는 당장 활성화되고 대중화될 수 있기 때문이다.

반면 대학에서 창출된 지식은 당장 실현되기 어렵다. 대학에서 창출된 지식은 사회 전체에 유용해야 하기 때문에 국가와 정부의 행 · 재정적 지원 및 정책적 지원을 필요로 한다. 이를테면 미래사회가 요구하는 기초과학적 지식에 대한 투자는 개인이든 기업체든 어느 누구도 손을 댈 수 없다. 대학 지식이 당장 사회적 유용성을 획득하기 어려운 이유다. 이런저런 이유로 대학은 이제 더 이상 새로운 지식을 창출하는 유일한 기관으로서의 기능과 역할을 상실하고 있다.

그런데 그 와중에 학생들은 전공을 연구하고 학습하는 대신 오로지 자신의 입신양명을 위해 취업 공부, 스펙 쌓기에만 매진하고 있다. 과연 대학이 존재해야 하는 이유가 있는 것일까? 그래도 인생의 최전성기를 대입 지옥 훈련에 몰입할 수밖에 없는 우리의 아이들이 불쌍하지 않은가? 물론 우리도 그랬기에 그냥 너희들도 당해보라는 심보인가? 우리는 참 심보가 고약한 어른들이다.

17
교육도 '르네상스'가 있었을까?

르네상스(Renaissance) 시대의 교육이념은 한마디로 휴머니즘(humanism), 즉 인문주의였다. 휴머니즘은 후마니타스(Humanitas), 즉 인간성, 인류성, 인간미를 뜻한다. 휴머니즘은 새로운 정신운동으로서 1453년 콘스탄티노플 함락에서 비롯되었다. 바사리(Giordio Vasari, 1511~1547)는 자신의 저작물에서 '레나시타(renascita)'라는 개념을 사용하면서 르네상스, 즉 문예부흥(文藝復興)을 예고했다. 레나시타란 '재생'을 의미하는 것으로, 이는 고전으로 돌아가는 것과 죽은 자[死者]의 재생을 의미한다. 지금까지 죽었던 고전으로의 회귀가 바로 문화의 재생이며, 이로써 휴머니즘은 회복될 수 있다.

다시 말하면, 중세시대에 신의 권위에 의해 상실되었던 자아를 각성하고 다시 자기를 발견하는 것이야말로 휴머니즘의 본질이다. 이러한 르네상스운동은 치마부에, 지오토, 미켈란젤로 등의 작품 같은 고대미술의 부활을 가져왔고, 지리상의 발견, 천문학 등 자연과학적 발견과 발명을 가능하게 했다. 그러나 르네상스는 당시 최고 권력이었던 교회 세력의 쇠

퇴와 봉건사회의 붕괴를 의미했으며, 시민계급, 시민사회의 확장을 이루면서 급기야 루터의 종교개혁을 가능하게 했다.

르네상스는 인간 개성의 자유로운 발현을 통한 인간중심주의, 현세긍정주의, 인간존엄주의를 가능하게 한다. 이는 그리스 고전의 발견인 '이성의 재발견'을 통해 이루어지는 인간과 세계의 (재)발견으로 궁극적으로는 '인간성의 발견'을 추구한다. 이를 위해 교육 역시 자연의 미적[審美] 예찬과 자유교육의 부활 그리고 육체와 정신이 조화로운 교양인을 목표로 했다. 결국 르네상스시대(문예부흥기)의 교육은 인문주의, 개인주의, 현세주의, 이성중심주의, 자유주의를 기반으로 이루어진다. 르네상스시대의 인문주의 교육의 특징은 전인교육 강조, 라틴어 습득 강조, 중등교육의 발달, 자유교양교육의 중시, 자연주의적 경향으로 과학교육의 발달 등을 꼽을 수 있으며, 개인적 인문주의, 사회적 인문주의, 키케로주의로 구성된다.

개인적 인문주의 교육은 이탈리아를 중심으로 전개된다. 여기서는 개인주의를 강조하고 자연주의의 부활을 추구하지만, 중세시대에 더욱 강화되었던 도덕과 종교를 상대적으로 경시하는 경향이 나타난다. 개인주의적 인문주의 교육의 목적은 사고의 자유, 자기표현의 자유, 창작활동의 자유였으며, 지성과 육체 그리고 덕성의 조화로운 발달을 추구했다. 즉 개인적 인문주의 교육의 목적은 자유교육의 이상에 자아실현과 개성표현을 결합하는 것으로 지덕체의 조화로운 발달을 추구했으며, 신적 세계가 아닌 인간적이고 세속적인 삶에 관심을 두었다. 또한 개인주의적 인문주의 교육에서는 '체육'을 특히 강조했다. 이는 '교양 있는 신사(gentleman)'는 건강해야 한다는 논리였다. 건강한 육체에 건전한 정신이

깃든다. 그러나 무엇보다 개성의 존중이 최고의 교육 덕목이었다.

교육 내용은 과학과 인문학에 치중하면서 상대적으로 신학을 거부하는 경향이 있었다. 교과 내용은 흥미 위주로 구성되었으며, 실용적 차원에서 화가, 조각가, 건축가, 음악가, 시인, 수학자, 물리학자, 해부학자를 양성해내는 교과과정으로 개편되었다. 그러나 교육 내용은 직업적인 기능교육이 아니라 보편적이고 자유로운 교양교육이었는데, 레오나르도 다빈치, 미켈란젤로, 라파엘로, 갈릴레오 등이 이 시대에 교육받은 대표적 인물들이다. 교육 방법은 강의 중심에서 벗어나 교과서를 잘 활용하는 다양한 방법이 사용되었다.

그럼에도 교과서와 문헌 중심의 교육은 여전했다. 대학에서는 중세시대 토론 중심의 방법에서 벗어나 라틴어나 그리스어로 학술 논문을 작성하는 것으로 바뀌었다. 교육방식은 억압과 체벌 대신 개성과 흥미를 중시하는 방향으로 전환되었으며, 개인의 다양한 개성과 다재다능한 능력 배양을 추구했다.

르네상스시대의 가장 특징적인 교육은 바로 도제교육(徒弟敎育)이다. 다빈치, 미켈란젤로, 라파엘로 같은 르네상스시대의 천재들은 주로 도제교육을 받은 자들이다. 중세시대 말에 시작된 도제교육은 르네상스시대의 교육에 가교 역할을 함으로써 역사상 지대한 공헌을 했다고 할 수 있다. 도제교육은 장인(Meister)의 지도하에 학동(學童, Lehrling)을 거쳐 도제(徒弟, Geselle) 그리고 마침내 장인이 되는 것을 목표로 했다. 도제교육은 직업교육과 실생활교육으로 구성된다. 교육은 길드조합이 관장했는데, 여기서는 타인 작품의 모방, 사례 탐구, 실험, 경험, 실천 중심의 교육활동이 중요했다. 교육과정은 우선 도제기(Apprenticeship)를 거쳐 직공기(Journeyman)

그리고 장인(Meister, Master) 단계로 올라간다.

여기서 흥미로운 것은 직공기의 학동이 영어로 journeyman, 즉 '여행하는 사람'을 의미한다는 점이다. "여행은 최고의 교육"이라는 말이 있다. 여행은 체험학습의 상징이다. 어렸을 때 우리는 소풍을 갔다. 소풍은 그냥 노는 것이 아니라 수업의 연장이다. 상급학교에 올라가면 '수학여행'이라고 부른다. 여행은 공부의 일종이며 교육의 연장선이다. 지금 학교에는 교환학생제도가 있다. 여행을 교육의 연장선으로 보기 때문이다. 미국과 유럽의 교환학생제도는 점점 더 심화되어 발전해왔다. 소크라테스 프로그램, 코메니우스 프로그램, 에라스무스 프로그램, 레오나르도 다빈치 프로그램 등은 대표적인 교환학생 · 교환교수 프로그램이다. 여행을 통해 학생과 일반인들의 교육과 학습을 확장시키면서 자연스럽게 학습자들에게 문화교류를 통한 상호문화이해를 도모하는 것을 목표로 한다.

그래서 유럽에서 자란 아이들은 이러한 소풍 프로그램을 활용하여 이곳저곳으로 떠돌면서 배우다 보니 타국민의 문화도 알지만 타국의 언어로 소통할 수 있는 기본 능력도 가지고 성장한다. 이러한 전통은 과거 중세 · 르네상스시대부터 본격화된 도제교육에서 시작되었다고 할 수 있는데, 이를테면 다빈치의 경우 직공기 시절 유럽 여러 국가를 돌아다니면서 — 여행하면서 — 7개의 공방에서 배웠다고 알려져 있다.

일본의 생리의학자 이케가야 유지가 쓴 『해마(1995)』는 발간 당시 베스트셀러가 된 책이다. 인간에게 해마는 기억력의 중심이라는 사실을 처음으로 알려준 대중서다. 이 책에서 전문가는 해마를 가장 잘 활성화시키는 것은 바로 여행이라는 사실을 알려주고 있다. 여행을 통해 얻는 지식도 중요하지만, 더욱 중요한 것은 여행을 통해 인지구조가 끊임없이 자극을 받는다는 사실이다. 인간은 인지구조의 자극도에 따라 인식의 수준이 달라진다. 여행을 통해 체험하는 것도 중요하지만 인지구조, 즉 스키마의 운동이 활발해지면서 학습능력이 급격하게 활성화된다는 이야기다.

오늘날 우리의 학교에서는 가능한 한 소풍을 금지하고 있다. 체험학습 프로그램이 있지만, 실제로 아이들이 직접 체험하면서 배울 기회와 공간은 극도로 제한되어 있다. 모든 것이 교장 재량이라고 하는데, 교장은 교육보다 안전사고에 방점을 두고 있다. 만에 하나 자기 학교에서 안전사고가 난다면 모든 책임을 져야 하니까. 물론 아이들의 안전사고는 절대 안 된다. 그럼에도 "구더기 무서워서 장 못 담그는" 꼴은 아닌지? "벼룩 잡으려다가 초가삼간을 몽땅 태우는" 꼴은 아닌지?

18
실학교육(實學敎育)이란 무엇일까?

실학교육(realism)은 학문을 통해 나온 지식을 실생활에 유용하게 써먹을 수 있도록 교육을 하자는 운동이다. 이는 17세기 근대 과학운동, 새로운 근세철학의 등장 그리고 공허한 인문주의 교육에 대한 반발과 함께 시작되었다.* 근대정신은 현세적 인간주의, 과학주의에서 유래한다. 특히 근대과학은 실험, 양적 법칙 발견 그리고 발명의 시대를 낳았으며, 자연과학의 부흥으로 천재의 세기가 완성되었다. 유럽에서 자연과학의 융성은 1662년 설립된 영국왕실협회(Royal Society)와 1666년 설립된 프랑스과

* 르네상스 이후 인문주의 교육은 키케로식의 문장을 중심으로 하는 언어교육에 치중했고, 이러한 언어교육은 아동의 발달단계에 따른 학습 능력을 고려하지 않고 문장의 논리에 따라 교수단계를 설정하는 방식으로 이루어졌다. 실학주의는 인문주의의 형식화된 교육에 반대하면서, ① 실용성을 교육의 목표로 할 것, ② 구체적인 사물에 대한 지식을 다룰 것, ③ 자연과학을 정규 교육과정에 포함할 것, ④ 고전어 대신에 자국어를 가르칠 것, ⑤ 여행, 관찰, 실험, 시청각 교재 등 다양한 교수 방법을 활용할 것, ⑥ 학습자의 감각 능력에 맞도록 교육과정을 운영할 것 등을 주장했다. 이러한 교육사상은 17세기부터 일반화되기 시작했는데, 여기에는 근대자연과학의 발달과 함께 새로운 과학연구의 원리를 교수활동에 응용하려는 의도가 있었다. '언어 이전에 사물', '모든 지식은 감각으로부터'라는 표어는 이러한 사상적 배경을 단적으로 드러내준다(출처: 브리태니커, 다음백과사전).

학원이 주도했다.

특히 데카르트(René Descartes, 1596~1650)와 베이컨(Francis Bacon, 1561~1626)에 의해 시작된 근대자연과학은 뉴턴(Issac Newton, 1642~1726)에 의해 완성되면서 '과학의 세기'를 장식했다. 이러한 학문적 배경을 토대로 하는 실학주의 교육의 특징은 첫째, 유용한 실학적 지식의 중시, 둘째, 백과사전식의 광범위한 지식교육, 셋째, 직접적 · 감각적 교육 방법 채택 등이다. 실학교육은 크게 인문적 실학교육과 사회적 실학교육으로 구분된다.

우선 인문적 실학교육의 목표는 첫째 학생들이 지식을 실제 생활에 잘 활용할 수 있도록 하며, 둘째, 고전문학 및 고전어 연구를 강조함으로써 문장구조 및 문법구조 대신 고전에 포함된 과학적 · 역사적 · 사회적 정보를 얻도록 하며, 셋째, 고전문학을 실생활을 준비하는 유용한 수단이 될 수 있도록 하는 것이었다. 즉, 고전을 학습하여 이를 실제 생활에 적용하는 것을 목표로 했다. 비베스(Juan Luis Vives, 1492~1540)는 복리를 위한 실학을 주장했으며, 라블레(François Rabelais, 1494~1553)는 기예와 산업을 중시하면서도 익살스럽고 풍자적인 교육소설인 『팡타그뤼엘(Pantagrue, 1532)』과 『가르강튀아(Gargantua, 1534)』*의 저자로 유명하다. 라블레는 '백과사전학파'를 정초했으며, 자발성과 흥미중심의 원리학습을 주장하며 "원하는 바를 행하라"는 원칙을 교육에 적용하고자 했다. 『실낙원』의 저자 밀턴(John Milton, 1608~1674)은 기독교 인문주의자로서 속세의 타락을 경계하면서 자신의 교육론을 주장했다.

---

* 그는 여기서 스콜라철학의 구식 교육법을 조롱하면서 인문주의가 이상으로 삼는 인간상, 즉 예술과 과학 및 기술을 광범위하게 배우고 기사의 무술에도 뛰어난 솜씨를 가진 그리스도교도 군주를 거기에 대비시킨다.

반면, 사회적 실학주의는 고전교육을 반대했다. 사회생활 경험이 중심이며 사회 안에서 생활하는 인간의 교육 문제에 관심을 가졌다. 세상물정에 밝은 신사(gentleman)가 교육의 목표였으며, 교육과 도야가 동일시되었다. 몽테뉴(Michel de Montaigne, 1533~1592)는 현실적 인간의 이상으로서 신사(紳士)를 꼽았다. 그가 말하는 신사란 상류계급인으로서 세정에 뛰어난 인간(man of world)을 말하며, 이러한 인간이 세계인이다.

그는 교육의 덕목으로서 고전, 현대어, 역사, 철학, 여행, 사회접촉, 체육을 중시했다. 그가 제시한 이상적 교육은 자발성을 기반으로 하는 학습, 자극학습, 이해학습, 판단을 학습하게 하는 교육, 박학보다는 현명함을 길러주는 교육, 학습강제와 폭력을 배제한 교실, 아동의 학습욕망을 중시하는 교육이었다. 또한 즐거운 교실 만들기 등 그의 교육관은 루소의 자연주의 교육에 영향을 주었으며, 페스탈로치의 노작교육에도 영향을 미쳤다.

재미있는 것은 동양에서도 거의 비슷한 시기에 실학교육운동이 일어났다. 동서 간에 실학의 내용은 좀 달랐지만 목표는 같았다. 서구의 실학은 실험과학의 결과로서 지식 중심이었다고 한다면, 동양의 실학은 삶에 적용 가능한 지식과 지혜를 중심으로 시작되었다. 그러나 실제 생활에 활용할 수 있는 지식을 탐구하고 교육하자는 실학교육의 목표는 써먹을 수 있는 유용한 지식의 탐구와 교육이었다.

사실 실학의 움직임은 오래전부터 있어왔다. 장인교육이 대표적이다. 동서양을 막론하고 이어져온 장인교육은 실생활에 당장 활용할 수 있는 기술과 지식을 탐구하는 방식으로 발달해왔다고 할 수 있다. 그런데 당시 장인교육은 과학의 세계와는 무관했다. 장인들은 무수한 시행착오를 통해 감각적으로 얻어내는 산경험으로 기술과 지식을 터득했다. 장인들은 그러한 지식과 기술을 전수한 것이다.

따라서 장인교육은 동서양이 거의 비슷했다. 다만 서양의 장인교육이 시동-직공-마이스터라는 단계별 위계직능 승급교육이었다고 한다면, 동양의 장인교육은 장인과 문하생 간의 인간교육을 근간으로 하는 직업기술교육이었다고 할 수 있다.

역사적으로 교육은 학문이나 과학의 발달과 맥을 같이해왔다. 따라서 교육은 주로 귀족층, 귀족 자제 등 여유와 여가가 있는 자유인의 몫이었다. 그러니까 교육은 신분상으로 볼 때 비자유민인 천민에게 허용된 것이 아니었다. 그런데 동서양을 막론하고 장인계급은 천민이었다. 결국 실학교육은 신분 계급 간의 통합이라고도 할 수 있다. 즉, 신분별로 다르게 발전해온 교육이 프랑스 대혁명을 통한 신분 계급의 와해와 함께 내용적으로 통합된 것이다. 상아탑에 갇힌 지식 대신 실생활에 유용한 지식을 가르치고 배워야 한다는 것이다.

오늘날에도 실학의 움직임은 끝나지 않았다. 대학이 개혁해야 한다고 하면서 BK21 같은 산학 협력교육으로 모든 대학이 — 전문대학이든 종합대학이든 — 중심이동을 하고 있는 것도 현대판 실학교육의 연장선이라고 할 수 있다. 그러나 과연 실학이 맞을까? 실제로 써먹을 수 있는 지식을 창출하고 이를 교육하는 것은 실학의 취지에 맞다.

그럼에도 문제는 여전하다. 과연 대학에서, 특히 산학협력을 통해 나오는 지식과 교육이 과연 우리 사회에 얼마나 유용하다고 할 수 있을까? 지금까지 수십 년 동안 대학의 산학 협력교육에 엄청난 투자와 지원을 하고 있지만, 대부분 실생활에 유용한 지식과 기술들이 대학에서 나온다는 말은 피부에 와닿지 않는다.

그렇다면 과연 이것이 실학의 전통을 이어받은 게 맞는가? 아니면 그냥 명목상의 산학협력만 하고 마는 것인가? 그렇다면 17~18세기 실학과 지금의 실학은 무엇이 같으며 무엇이 다른 것일까? 같은 점은 실제로 유용한 지식과 기술을 창출하여 교육한다는 것이고, 다른 점은 대학의 상아탑교육과 장인정신을 기반으로 하는 장인교육이 만나면서 극적으로 타협하게 된 역사적 실학의 정신이 오늘날의 실학교육에서는 전승되지 못했다는 사실일 것이다. 결국 이미 우리의 머릿속에서 잊혀간 역사적 장인교육의 실체와 의미가 재조명되어야 할 시점이다.

19
로크의 계몽교육이란 무엇일까?

계몽주의는 17~18세기에 발생한 유럽의 지적(知的) 운동으로서 신(神)·이성(理性)·자연·인간 등의 개념을 하나의 세계관으로 통합한 사상운동이다. 즉 계몽주의(Enlightenment)는 인간 이성 회복 및 이성에 최고 권위를 부여하는 것으로 신, 이성, 자연, 인간의 개념을 하나의 세계관으로 통합하려는 사상운동을 말한다. 따라서 계몽주의는 이성 중심이며, 이성의 힘에 의해 인간은 우주를 이해하고 자신의 상황을 개선할 수 있다고 믿는 동시에 지식·자유·행복을 합리적 인간의 목표로 보았다. 이러한 계몽사상은 예술, 철학, 문학, 사회, 정치, 경제 분야에도 많은 영향을 미쳤다.

데카르트의 합리론과 영국의 경험론을 종합한 칸트에 의하면, 계몽이란 "스스로 책임을 져야 하는 미숙한 상태로부터 밖으로 나오는 것"(Kant, 1784: 169)이다. 즉, 우리에게는 이성이 없는 게 아니라 이성을 발휘할 용기가 없는 것이다. 아울러 계몽은 "모든 전통의 구속에서 벗어나 자유롭게 선입견에 구애됨이 없는 사고방식, 학문, 종교, 도덕 등 모든 것에 대한 비판적 · 합리적인 태도를 보급시켜서 일반민중의 지적 수준을 높이는 것"(Kant, 1784: 203)이다. 이러한 계몽주의 사상은 로크(John Locke, 1632~1704)의 '백지론(Tabula rasa)'과 버클리(George Berkeley, 1685~1753), 흄(David Hume, 1711~1776)의 경험론(經驗論)에서 시작된다.

영국의 경험론을 창시한 로크는 사회적 실학주의자이자 계몽주의자다. 그의 교육목적은 지덕체(智德體)를 겸비한 신사(gentleman) 양성이었는데, 이는 "건전한 신체에 건강한 정신"이라는 그의 신념에서 비롯되었다. 또한 그의 교육사상은 "모든 관념은 인간의 경험(經驗)에서 유래한다"는 신념에서 정초되었다. 로크 교육사상의 근간은 그의 저서 『인간오성론』에 출현한다. 그의 오성론은 '심의론(心意論)'으로 선천적 관념을 부인한다. 인간은 선하게도 악하게도 태어나지도 않으며 타불라라사(Tabula rasa), 즉 백지상태로 출생한다.

따라서 교육은 경험의 누적을 통한 "형식의 도야"라는 점을 강조했다. 즉, '형식도야설'이 그것이다. 그는 스콜라학파로서 『인간오성론』 1부에서 데카르트의 본유관념을 모두 부인한다. 2부에서는 경험적 · 심리적 발생 기원을 탐구함으로써 경험론적 입장을 표명한다. 이 세상에 '경험(經驗)'보다 앞서는 것은 없다. 따라서 경험을 관념으로 만들어주는 '오성(Understanding, Verstand)'을 음미하는 것이 필요하며, 오성교육(또는 오성도야)을 지향해야 한다. 왜냐하면 지식이란 모두 관념에 불과하기 때문이며, 감각 속에 없던 것은 오성 속에도 없기 때문이다.

로크의 '오성론'은 유물론적 철학이다. 물질은 정신의 원료이며, 감각을 통해 지식이 생긴다. 그리고 바른 지식이 쌓이면 이성이 형성되고, 이 이성이 훈련을 통해 마음이나 성품이 착해진다. 즉, 경험이 좋거나 자기 환경에 적응하면 성품이 좋아지고 그렇지 못하면 나빠진다. 그에 의하면, 모든 지식은 감각경험의 사실 관찰에서 나온다. 그는 인간의 지식이 어떻게 습득되는가에 대한 분석에 치중했다. 그에게 학습은 감각을 통해 얻어지는 인상이다. 따라서 교육은 훈련을 통한 습관의 형성에 의해서만 가능하다.

로크의 이성은 확실성을 가지고 탐구하는 일을 주도하며, 실제로 받아들이는 일이 현명한지 아닌지를 아는 능력이다. 로크는 『교육에 대한 고찰』에서 체, 덕, 지, 즉 신체적 교육(체육론), 도덕적 교육, 지적 교육을 통한 전인교육을 주장했다. 또한 "건전한 신체에 건전한 정신"이라는 구호하에 교육에서 신체론의 중요성을 강조했다. 그에게 덕육의 목적은 자신의 욕망을 억제하고 이성에 따라 행동하는 것이다. 그의 교육에서는 부모권위의 확립, 욕망 억제, 예법이 중요한데, 예법은 마음으로부터 나오는 친절과 겸손이며, 체벌을 삼감으로써 교육에서 신뢰와 존경심을 잃지 않도록 했다. 그는 지식론에서도 서적학습을 거부하고 '신사교육(紳士教育)'을 최고의 미덕으로 삼았으며, 지혜와 품행의 정도를 높이는 지육론이 덕을 높이는 수단이라고 보았다. 로크에 의하면, 개인은 순전히 교육의 차이로 결정된다. 이 밖에도 그는 교육 방법으로서 동기유발, 흥미, 경험적 방법 사용, 강제적 주입식 교육 배제, 호기심 환기, 놀이의 교육적 필요성을 제시했다.

계몽교육의 목적은 속박에서의 해방이며, 이를 이성의 힘으로 판단할 수 있도록 하는 것이다. 따라서 교육은 개성을 존중하는 풍토에서 이루어져야 하며, 경험 존중, 사실에 입각한 교육, 초자연적 교육이 요청된다. 계몽주의 교육의 특징으로는 첫째, 사회적 불합리 · 불평등을 비판한

합리주의, 둘째, 우주의 본체는 신이성이 아니라 인간의 이성이라는 인간 이성 중심주의, 셋째, 감성주의에 대립하는 이성주의, 주지주의, 기계주의, 넷째, 인간의 자연적 본성을 강조하는 자연주의, 다섯째, 인간 평등사상과 세계시민적 범애주의를 꼽을 수 있다. 계몽교육에서는 철학, 자연과학, 정치, 경제, 미술, 문학, 사교상의 예법 등이 강조되었다.*

오늘날 우리는 전인교육을 언급하고 있다. 계몽교육은 삶이란 이성과 관념만으로 가능하지 않다는 반성에서 출발했다. 고대 그리스 시대에 플라톤의 이성교육론은 중세시대에 신이성교육론으로 이어지면서 인간의 이성과 신의 이성이 교육의 핵심으로 간주되어왔다. 그러나 중세 말 신의 존재성에 대한 의심과 논박이 격화되면서 인간은 다시 자신의 이성에 의존할 수밖에 없다는 사실을 알게 되었다. 후마니타스의 르네상스를 기점으로 인간 이성의 복권을 추구하게 된다.

그러나 인간 이성에 대한 검토가 요청되었다. 이성에 대한 비판, 특히 칸트의 3대 이성비판은 이성의 본질을 파악할 수 있도록 해주었다. 한마디로 이성은 관념, 즉 감각과 분리된 격리영역이 아니라 감각과 이성은 일체다. 사실 이는 아리스토텔레스의 감각 · 이성 개념에 대한 과학적 · 학문적 (재)확인이었다고 할 수 있다. 결국 인간의 교육은 고립된 관념교육으로 가능한 것이 아니라 감각을 통한 경험교육을 통해 이루어질 때 가능하다. 특히 전인교육은 감각 · 경험의 토대 위에서 이루어지는 이성교육, 관념교육이다.

지금 우리의 학교에서는 교과서를 외우게 하는 것으로 교육을 종료

---

* 계몽주의 교육의 구체적인 역사 전개과정에 대해서는 이상오, 『계몽주의 교육: 이론과 실제』 참조.

하고 있다. 일종의 이성교육이며 관념교육이다. 그러나 감각 · 경험의 세계를 삭제하고 이루어지는 교육은 완전하지도 않고 가능하지도 않다는 사실을 이미 200~300여 년 전 계몽주의 교육은 알려주고 있다. 물론 당시에도 로크나 칸트의 교육론이 현실화된 것은 아니다. 사실 당시 대부분의 학교에서는 지식 암기 중심으로 교육이 이루어지고 있었으며, 심지어 자연과학의 발달은 계몽주의자들에게 자연을 활용하는 것을 넘어서 자연을 정복하고자 하는 야망을 불태우게 하기도 했다. 현실이 사상을 쫓아가지 못했으며, 심지어 왜곡으로까지 가는 결과를 초래하기도 했다.

하여간 그렇다면 지금 우리의 교육은 어떤가? 계몽교육 사상은 근 300년이 지난 지금도 여전히 실현되고 있지 않다. 지금도 여전히 우리는 칸트와 로크 등을 운운한다. 이러한 사실은 그때 나온 교육사상이 지금도 현실에서는 구현되지 않고 있다는 증거다. 그래서 학교교육이 300여 년이 지난 지금도 여전히 비판받고 있는 이유다.

20
'공교육(公教育)'은 어떻게 시작되었을까?

프랑스의 계몽교육은 대혁명이 발발하기 이전의 구제도, 즉 앙시앙레짐(Ancient Régime) 하에서 이루어진 교육활동과 교육사업으로 간주된다. 앙시앙레짐의 교육은 당시 국민의 주권을 위임했던 절대왕정 국가와 당시 종교적 권력자였던 로마 국왕 및 로마 가톨릭교회와의 결탁과 조정에 의해 이루어질 수 있었다. 그러나 앙시앙레짐 시대에는 궁정교육과 일반 시민을 대상으로 하는 계몽교육이 완전히 판이했다. 아예 계몽시대에는 일반 백성을 위한 교육이 궁정교육에 비한다면 교육이라고 볼 수 없을 정도로 체계적이지도 조직적이지도 못했다.

17세기 그나마 프랑스에서 학교다운 모습을 갖춘 대표적인 학교는 제주이트(Jesuit)교단, 즉 예수회에서 운영한 '기독교 동포학교(또는 기독교 학교동포단)'였다. 이 학교는 매우 보수적이었으며 앙시앙레짐의 스콜라 학풍을 고집하고 있었다. 그러나 18세기 들면서 상황은 달라지기 시작했다. 생피에르(Chales Irenes Caste de Saint Pierre, 1659~1743)가 행정부에 제출한 교육개혁안(Project Pour Perfectionner, l'Education)은 프랑스 최초로 공교육기관으로서의 초등학교 설립에 대한 논의였다. 이를 기점으로 시작된 프랑스 교육 개혁 과정에서 맹활약한 사람은 라샬로테(La Chalotais, Louis-Rene de Caradeuc de, 1701~1785)와 롤랑(Rolland d'Erceville, 1734~1793)이 대표적이다.

라샬로테는 청소년을 위한 교육개혁안으로 「국가교육론(Essaid' education Nationale, ou Plan-d'etudes Pours ia Jeunesse, 1763, 일명: 청소년을 위한 교육계획)」이라는 논문을 발표함으로써 프랑스 최초로 공교육(公敎育)의 정당성을 제시했다. 이는 1762년 루소의 『에밀』이 출간된 이듬해였는데, 두 글의 사회적 파장은 쌍벽을 이룰 정도로 컸다. 그러나 라샬로테의 「국가교육론」이 '이상적인 교육소설' 『에밀』보다 국가적 차원에서 실용적으로 채택될 수 있는 이점을 더 가지고 있었다(이상오, 2005: 229).

라샬로테는 국가의 세력이 강대해지는 시대에 국왕 치하에서보다 아직도 청소년들이 로마 가톨릭교회에서 파견된 사원의 수사들(제주이트교단)에게 교육을 받아야 한다는 사실은 마치 외국인을 주인으로 모시는 꼴과 다르지 않다고 비난했다(이상오, 2005: 228). 즉, 프랑스의 새로운 교육은 '교황지상주의'에서 벗어나 국가에 의한, 국민을 위한 교육이어야 한다고 주장했다. 그가 국민교육론을 주창한 결과 프랑스에서 예수회(제주이트교단) 중심의 교육을 추방하는 결과를 얻어냈으며, 이로써 국가교육체제로 전환하는 이론적 기틀을 마련했다.

18세기 프랑스의 계몽주의자들은 정치사회혁명과 교육혁명을 동시에 수행하려고 했다. 이러한 과정에서 프랑스에서는 어떻게든 근대 국가 교육제도가 제창되고 있었다고 할 수 있다. 이를 주도한 대표적인 사람이 콩도르세(Condorcet, Marie-Jean-Antoine-Nicolas de Caritat, marquis de, 1743~1794)였다. 콩도르세는 프랑스 혁명의 발발과 함께 정치전선(지롱드 당원)에 뛰어든 계몽주의 철학자이자 교육개혁운동가였다. 그는 국민교육을 옹호했으며, 이를 국가의 당연한 책무로 간주했다.

> "그는 '공교육에 관한 5개 각서(Cinq M'emoire sur l'instruction Publique, 1790~1791)'를 발표했다. 그 각서는 첫째, 공교육의 본질 및 목적, 둘째, 아동교육론, 셋째, 성인교육론, 넷째, 직업교육론, 다섯째, 과학교육론으로 구성되어 있다. 오늘날 이 각서는 — 비록 실현되지 못했지만 — 프랑스 공교육제도의 이론적 근거를 명백히 했던 교육제도개혁론의 결정판으로 평가되고 있다."(이상오, 2005: 238)

콩도르세가 이러한 사상을 가지게 된 계기는 라샬로테(1701~1785)의 「국가교육론」이 나온 이후다. 여기서 그는 교회와 학교의 분리, 국왕에 의한 교육의 통제를 주장했다. 그는 국정교과서와 국정 교수법의 도입을 주장하면서 교육을 국가발전의 수단으로 간주했다. 또한 그는 보편적 자유와 권리, 평등사상 그리고 교육행정권은 의회의 권리임을 주장하면서, 초등학교, 중등학고, 전문학교, 국립학사원(대학교)으로 이어지는 단선형 학제를 주장했다. 이는 그의 지론인 '기회균등의 원칙'에 입각한 생각이었다.

또한 그는 무상공교육제도, 장학제도, 인구비례에 따른 학교의 공정한 배치, 공교육으로서의 성인교육 및 평생교육을 주장했다. 그러나 이러한 콩도르세의 공교육을 실천하기 위한 교육개혁안을 담은 헌법 초안은 당시 로베스피에르(Maximilien-François-Marie-Isadore de Robespierre, 1758~1794, 자코뱅당)가 이끌던 혁명정부에서 거부했다. 이로써 프랑스의 공교육에 대한 기초는 프랑스 대혁명기에 콩도르세(1743~1794)에 의해 만들어졌다고 할 수 있다. 여기서 교육의 목적은 복지, 평등, 기쁨이었다. 아울러 그는 성인교육, 평생교육의 최초 주창자이기도 하다.

한편, 나폴레옹의 제정 시기(1804~1814)에 프랑스에서는 드디어 국가가 관장하는 중앙집권적인 공교육제도가 수립되었다. 이는 나중에 프랑스 학제의 근간이 되었다. 또한 이는 근대국가에 의한 공교육으로서 학교교육의 효시이기도 하다. 따라서 학교 체제는 초등-중등-전문학교 체제로 결정되었으며 공립, 의무, 무상교육제도가 점차 체계적으로 자리매김하게 되었다. 이러한 공교육의 실천은 콩도르세가 제시한 '자유, 평등, 박애'라는 공교육의 이론적 토대 위에서 이루어졌다. 그러나 나폴레옹 제국주의 총통체제에서 현실화된 공교육제도는 당시의 독선적 국가체제에 봉사하는 '교육의 수단화'라는 꼬리표를 달고 시작했다.

> "결국 공교육(公敎育) 기관으로서의 근대학교는 프랑스 대혁명을 계기로 세상에 모습을 드러내게 되었다. 공교육이란 국가가 모든 아동에게 무상으로 교육의 기회를 동등하게 제공하고 이를 국가가 책임지고 관리하는 것이다. 이때부터 교육은 '공공재(公共財)'의 개념에 속하게 된다. 한마디로 '모든 사람을 위한 교육(education for all)', 즉 공교육이 시작된 것이다. 그러나 시간이 지나면서 공교육의 개념은 변질되기 시작했다. 즉, 모든 아동이 적절한 나이가 되면 의무적으로 입학해야 하는 학교는 '나폴레옹의 친위대를 양성하는 것'이 공교육의 목표로 변질되었다. 이로써 근대국가가 주도하는 근대교육은 태생부터 기형적으로 출발했던 셈이다."(이상오, 2017: 26)

결국 프랑스 대혁명을 계기로 마음속에 독재적인 정신이 싹튼 사람들은 아동은 부모에게 속하는 것이 아니라 국가에 속한다고 역설하고, 국가에 대한 충성을 주된 관심사로 하지 않는 교육은 일체 용납하려고 하지 않았다(윌리암 보이드, 1921/이홍우 외 역, 1996: 469).

오늘날 우리는 공교육을 살려야 한다고 외치고 있다. 그런데 언제 공교육이 죽기나 했나? 다시 살려야 한다니. 그런데 여러분은 공교육을 왜 살려야 하는지에 대해 한 번쯤 생각해본 적 있는가? 물론 생각하지 않아도 되지만. 생각은 자유니까, 특히 교육정책을 하는 사람이 아니라면.

공교육이란 말 그대로 교육을 공적(公的)으로 관리하겠다는 말이다. 쉽게 말하면 국가가 교육을 관장하겠다는 뜻이다. 아니, 더 정확히 말하면 국가가 학교를 책임지고 관리하겠다는 말이다. 좋은 말이다. 그전부터 학교는 있었지만 국가가 일괄적으로 관리한 적은 없었다. 그걸 학교가 모두 책임지고 관리 · 운영하고 심지어는 통제하겠다는 것이다. 그게 공교육의 시작인데, 그때가 대략 근대국가가 탄생하던 시대와 맞물린다. 그전까지 교회가 관리하던 학교를 국가가 인수한 것이다. 나라별로 좀 차이는 있지만 가장 확실한 것은 프랑스 시민대혁명 시기다. 혁명기의 리더 중 한 사람인 콩도르세가 '공교육'이라는 말을 혁명 초안에 명시하면서 공교육제도가 최초로 명문화되었다.

그러나 콩도르세의 공교육 초안은 구현되지 못했으며, 프랑스 대혁명도 3일천하로 마무리되면서 공교육제도 역시 흐지부지되었다. 그러다가 혼란을 틈타 등장한 나폴레옹 1세에 의해 프랑스는 제국으로 출발하게 되었으며 이때부터 공교육제도가 현실화될 수 있었다. 그러니 제국이 인수한 공교육제도의 실현은 불 보듯 뻔한 것. 즉, 공교육제도는 처음부터 제국주의자들의 손아귀에서 왜곡되어 출발했다.

한마디로 '자유, 평등, 박애'의 기치하에 초안된 콩도르세의 공교육안은 사라지고 제국의 입맛에 맞추어져 공교육은 애초부터 기형아로 출발했다. 즉, 제국의 후예들을 만들기 위해 국가가 모든 학교를 장악하여 엄격하게 관리 · 통제하면서 군대식으로 조직했다. 자유, 평등, 박애의 인재양성 대신 나폴레옹 제국의 똘마니를 키우는 방향으로 공교육이 이용되면서 근대국가 형성의 정당성을 확보할 수 있는 수단이 된 것이다.

이러한 역사를 좀 안다면 공교육을 살려야 한다는 구호가 이렇게 자연스럽게 나올 수는 없을 것이다. 물론 공교육이 그동안 해온 기여도 있다. 그중 가장 훌륭한 것은 교육의 기회균등이다. 모든 사람에게 교육을 받을 기회를 공평하게 부여한다는 것이다. 그러나 모두에게 제국주의의 앞잡이가 되도록 세뇌시키는 교육이었다는 사실을 안다면, 공교육을 살리자는 구호는 지금부터 제국주의를 다시 하자고 말하는 것인가?

아마도 그것은 아닌 것 같다. 우리는 그저 사교육을 죽여야 한다는 반대 논리로만 공교육 살리기를 주장하고 있기 때문이다. 그런데 만약 우리가 공교육을 살리면 사교육은 죽어 없어질까? 또한 사교육은 정말 없어질 수 있을까? 약삭빠른 정치가들은 뻔히 알고 있지만, 그냥 사교육을 죽이는 시늉을 한다면 사교육비 부담에 허덕이는 대다수 학부모의 가려운 등을 긁어줌으로써 선거날 한 표를 받아내는 데 문제가 없다는 얄팍한 속셈일 뿐인데. 그래서 진보건 보수건 정권이 바뀌어도 사교육 정책은 변함이 없다.

그럼에도 사교육은 여전하며, 공교육은 살아나지도 죽지도 않는다. 물론 우리는 제국주의와 공교육의 역사에 대한 무지를 드러낸 채 맹목적인 정치 술수에 놀아나고만 있는 셈이다. 이래서 우리는 늘 정치가들의 놀잇감이다. 들러리 인생이 따로 있는 것은 아니다. 이것도 학교의 음모라면 음모라고 할 수 있지 않을까? 아니면 공교육의 음모? 하여간 우리의 일그러진 영웅으로 시작된 공교육제도. 애초에 인간이 설계했지만, 인간의 끝없는 욕심이 이를 철저히 왜곡시킨 셈이다.

한편, 학교 출현의 동기는 첫째, 문화의 내용이 복잡해졌기 때문이다. 교육은 문화를 전달 · 계승 · 발전시키는 역할과 기능을 한다. 교육의 전당으로 간주되는 학교는 이를 의도적이고 체계적으로 수행했다. 둘째, 전문인력의 필요가 급증했기 때문이다. 서기, 관리인 등을 육성해내는 기관이 요청되었다. 이를테면, 기원전 3000년경 메소포타미아 시대에 '서판의 집'에서 행정서기와 관리가 양성되었다는 기록이 있다. 셋째, 문자의 발명이다. 즉, 글을 읽고 쓰는 일은 전문가들이 가르칠 수밖에 없었다. 이러한 학교는 개인, 공동체, 교회, 조합 등에 의해 지엽적으로 운영되다가 18세기 이후 — 특히 프랑스 대혁명을 기점으로 — 국가관리체제로 들어가면서 모든 국민을 대상으로 하는 공교육제도의 핵심에 서게 된다.

고대 그리스 시대에 학교는 이성을 훈련하는 곳이었다. 아테네인은 주로 체육학교와 음악학교에 다녔다. 물론 체육과 음악을 함께 배우는 곳도 있었다. 오늘날 '교사'로 번역되는 파이다고고스(Paidagogos)는 감옥에서 죄수를 감독하는 간수(看守)로서 신분상으로는 최하위 수준이었다. 이들의 임무는 죄수들의 사회화와 재활을 위한 교육을 책임지는 것이었다. 아테네에 비해 무사 양성을 최우선시하는 스파르타의 교육은 엄밀히 말하면 학교라기보다 병영공동체에서의 집체생활이었다. 중세유럽의 학교는 소위 미션스쿨(mission school)로서 교회에 부속되어 운영되었다. 이때부터 학교의 공용어로 라틴어를 가르쳤는데, 이는 당시 교회의 공식어(성서어)가 라틴어였기 때문이다.

중세 말 십자군전쟁과 르네상스 그리고 종교개혁은 시장과 도시의 활성화를 통한 상공시민계층을 탄생시켰다. 많은 상업자본으로 부(富)를 획득하여 세력을 얻은 시민계층은 새로운 교육적 요구를 하게 된다. 즉, 상공업 활동에 필요한 읽기와 셈하기 전용 학교가 탄생한다. 상공시민은 수공업자들이 자신의 후계자를 길러내기 위해 공장 부설 학교를 운영했던 전통을 이어받아 동업조합의 관리체제로 지역학교를 운영했으며, 선교와 포교의 목표를 달성하기 위해 설립 · 운영되는 교회 부설 학교는 기하급수적으로 늘어났다.

이로써 미션스쿨과 르네상스 이후의 인문주의 고전어학교(Gymnasium)을 기반으로 하는 귀족교육, 그리고 시민교육은 주로 읽기, 셈하기, 말하기를 가르쳐 상공업자들의 후계자를 양성하는 실과학교로 양분되면서 유럽 복선형 학교 제도로 정착되기에 이르렀다.

17~18세기 갈릴레이에서 뉴턴으로 이어진 근대 과학혁명 시대에는 계몽과 교육이 동일시되면서 학교는 더욱 체계적으로 교육의 전당으로 등장하게 되었다. 학교에서의 계몽교육은 인간의 이성을 종교적 지배로부터 해방시키는 데 중점을 두었다. 코메니우스, 로크, 루소의 계몽교육사상은 교육내용을 종교로부터 해방시켜 세속적 관점으로 전환시키는 데 앞장섰다. 특히 루소의 교육사상은 그의 계승자들인 바제도우, 잘츠만, 구츠무츠 등의 박애주의자들에 의해 새로운 학교 개혁운동으로 실천되었다. 가장 커다란 특징은 놀이 중심의 학교 건설이었다.

19세기 들면서 유럽에서는 본격적인 교육 개혁운동이 시작되었다.

교육사상 및 교육실천은 사회 개혁운동과 병행되었다. 페스탈로치, 훔볼트, 헤르바르트, 프뢰벨(신인문주의자)이 주축이 된 교육 개혁운동은 20세기 초에 덴마크의 그룬트비히와 그의 제자들에 의해 시작된 전원기숙사학교, 통합학교, 노작학교(케르셴슈타인) 등 특수한 형태의 사립학교들이 탄생하는 계기가 되었다.

결국 학교는 체계적 · 합리적 · 조직적으로 배우는 곳이며, 자격을 갖춘 전문교사가 가르치는 곳이다. 또한 학교는 학생의 생활공간이며 축소된 사회로서 장래의 사회생활과 직업생활을 준비하는 곳이기도 하다. 과거에 학교가 없었을 때 교육은 가정과 사회에서 이루어졌다. 그러나 점차 분업과 전문화의 시대가 도래하면서 교육은 학교에 위임되었다. 교육의 세계에서도 분업이 이루어진 것이다. 그러나 철학적으로 볼 때 학교에 교육이 위임된 것에 대한 이해는 상이하다. 왜냐하면 학교는 처음에 자연적으로 발생했을지도 모르지만, 시간이 흐르면서 인위적 · 유목적적으로 제도화되었기 때문이다.

학교가 없던 시절에 교육은 어디서 이루어졌을까? 사실 '교육'이라는 용어가 생기기 이전부터 교육은 있어왔다. 인간은 교육을 통하지 않고는 단 한순간도 성장 · 성숙할 수 없다. 아버지가 아들에게 화살 만드는 법과 활 쏘는 법을 가르쳐주었을 것이며, 어머니가 딸에게 밥하고 빨래하고 아기 다루는 법을 가르쳤을 것이다. 이러한 맥락에서 독일의 계몽주의 철학자 칸트는 "인간은 교육을 받아야 하는 유일한 피조물"(Kant, 교육학 강의 [1]//A 1//, 김영래, 2003: 199 재인용)이라고 했다.

물론 인간은 교육을 받았음에도 결과적으로 '잘못 성장'할 수 있다. 그러나 그럴 경우는 '제대로 된 교육'이 이루어진 것이 아니다. 교육은 반드시 (바람직하게) 성장하고 성숙하는 것을 전제한다. 그렇지 못한 경우는 교육이 아니다. 따라서 교육은 본질상 가치지향적이다.

원칙적으로 교육은 '가르침(teaching, instruction)'에 기반을 두고 있다. 애초에 인간은 '시행착오'를 통해 후손에게 교육했을 것이다. 따라서 먼저 시행착오를 할 수 있었던 성인에 의해 아직 시행착오의 기회가 많지 않은 아이들에게 가르침이 이루어졌을 뿐이다. 물론 아이들도 모르는 것을 질문했을 것이다. 그러나 성인은 시행착오를 하지 못한 주제에 대해서는 대답할 수 없다. 따라서 자신의 시행착오를 거쳐 얻은 지식만 가르치게 된다. 아니면 공동체에서 전해지는 시행착오를 통한 지식을 가르친다. 시행착오를 거치지 않은 지식은 공식적으로 가르치지 않는다. 이렇게 하면서 교재, 즉 가르치는 도구인 교과서(敎科書)가 생겨나는 것이다.

교과서에는 자신들의 경험, 즉 시행착오로 얻은 지식들이 나열된다. 오늘날 교과서에는 과학적으로 입증된 지식만이 쓰여 있다. 과거 시행착오의 경험을 통해 얻은 선조들의 지식이 과학적으로 입증되고 검증되면서 교과서의 지식은 교육지식으로 공식화된다. 이러한 공식화된 교육지식을 교육과정을 통해 가르치면서 '공식교육' 또는 '형식교육(formal education)'이 발생한다. 17~18세기 절대국가(絶對國家)의 형성과 함께 국가의 관리체제에 들어가면서 공교육(公敎育)의 개념이 발생한다. 계몽주의 시대와 함께 공교육의 개념은 확고하게 자리매김하게 되었으며, 프랑스 대혁명을 기점으로 나폴레옹 시대에 국가가 교육을 관장하는 '공교육제도'가 탄생한다.

한편, '노동의 분업(division of labor)'을 기반으로 하는 분업사회와 전문가사회를 촉발시킨 1차 산업혁명 시대의 교육은 '학교'라는 특정한 사회제도(기관)에 전적으로 위임되었다. '교육 분업'이 현실화된 것이다. 이로써 학교는 — 형식상 — 모든 교육을 위임한 유일한 기관이 되었다. 즉, 산업사회에서 '학교=교육'이라는 등식이 성립했다.

그런데 학교는 교육기관인 동시에 사회제도의 하나다. 당시 학교의 임무는 가르치고 배우는 것 이외에도 '학생(인재)의 공정한 선발과 배분'이라는 중요한 사회적 기능을 떠맡게 되었다. 유럽에서 벌어진 몇몇 시민혁명과 프롤레타리아 혁명을 통해 봉건 혈통 신분사회가 무너지면서, 그 대신 사람들이 사회이동 및 사회상승을 할 수 있도록 해주는 합리적인 사회적 기제가 요청되었는데, 그러한 사명이 바로 '학교'라는 교육기관에 맡겨진 것이다. 이제 학교는 '교육'을 도맡아야 했으며, 동시에 "사회적 선발과 배분"(Morrow and Torres, 1995: 53)이라는 사회제도로서의 역할도 함께 수행해야 하는 운명을 떠안게 되었다.

그런데 문제는 과연 학교에서 무엇이 합리적 선발과 배분을 위한 공정한 기준인가? 만약 수치적 · 계량적으로 성적평가가 이루어질 수 없다면 학교는 그에게 부여된 (공정한) 선발과 배분이라는 기능을 수행해낼 수 없을 것이다. 결국 학교에서는 수치적 · 계량적 성적평가가 가능한 영역에서부터 교육 수행에 집중할 수밖에 없다. 급기야 성적산출이 어렵거나 곤란한 교육 영역들은 해도 그만 안 해도 그만인 소위 잉여교육(剩餘敎育) 영역으로 전락하게 된다.*

---

* 원칙적으로 사회화란 본질적으로 지식과 기술학습의 측면이 있고, 다른 한편으로 규범과 가치학습이라는 인성 측면이 있다. 그러나 현실적으로 오늘날 우리의 학교현장에서는 성적지향의 수업을 하다 보니, 인성 측면의 수업이 도외시되는 현상이 벌어지고 있는 것이 사실이다.

바로 여기서 우리에게 지금까지 유산으로 남아 있는 항구적이고 고질적인 교육의 문제가 잉태된다. 달리 말하면, 이러한 사실로부터 학교와 교육 본질 간에 어쩔 수 없는 간극이 발생하게 된 것이다. 그러나 학교는 이러한 간극을 메우고 두 가지 기능, 즉 교육기관이면서 동시에 사회제도로서의 역할과 기능을 함께 수행하려다 보니 결국 성적평가가 가능한 영역만 교육의 대상으로 하게 된다.

그러나 이러한 학교교육은 심각하게 비판받고 있다. 왜냐하면 소위 성적평가의 대상은 아니지만 교육적으로 중요한 부분이 학교교육에서 소실되고 있기 때문이다. 이를테면 인성교육 영역을 비롯하여 감성, 상상력, 창의력, 감정, 의지, 태도, 신념, 도덕, 가치교육 등은 원칙적으로 산술적 평가가 어려운 영역들이다. 과연 가장 높은 상상력의 기준은 무엇인가? 훌륭한 신념은 기준이 무엇인가? 어떤 가치가 과연 100점짜리 가치인가? 결국 이들은 계량적인 성적산출이 어렵다는 이유로 인해 — 분명히 교육 본질적으로는 매우 중요하고 없어서는 안 될 삶의 영역이지만 — 학교교육에서 점차 자취를 감추게 된 영역들이다.

오늘날 우리는 '공교육의 위기'를 거론하고 있다.* 심지어 학교가 붕괴하고 있다는 우려의 목소리도 나온 지 오래다. "몇 년 전부터 급속히 확산되는 학교붕괴 담론은 어느 정도의 과장된 선정성을 전제하더라도 우리의 교육의 정곡을 드러내는 측면이 있다."(추병식, 2003: 63)

그렇다면 도대체 무엇이 위기이고 무엇이 붕괴하고 있다는 말인가?

---

* 물론 소위 '공교육위기론'이나 '학교붕괴론'에 동의하지 않는 목소리도 있다. 사실 공교육의 위기인지 아닌지 기준이 모호하기 때문에 단정적으로 말할 수는 없다. 그러나 이 글은 소위 '공교육위기론'이나 '학교붕괴론'을 가정한다.

이미 언급한 대로 학교는 본질상 자체적으로 한계점을 가지고 있지만, 성적평가지향의 교육을 함으로써 교육기관인 동시에 사회제도로서의 역할을 충실히 수행하고 있다고도 볼 수 있다. 물론 성적평가가 수치적 · 계량적인 차원에 집중되고 있다는 사실은 또 다른 한계임이 분명하다. 그러나 오늘날 수행평가라든지 아니면 진단평가 등을 도입함으로써 평가영역을 좀 더 확장시켜보려는 의지도 엿보이고 있다. 이렇게 본다면 학교는 그 한도 내에서는 오히려 정상적으로 진화하는 것이 아닌가? 심지어 자체적으로 이미 한계를 안고 있는 학교에 더 이상의 요구, 이를테면 산술적 · 계량적 성적평가를 하지 못하는 영역도 교육해달라고 하는 것이 어쩌면 무리한 요구 또는 실현 불가능한 요구가 아닐까? 아니면 애초부터 기형아로 출발한 지금의 공교육 제도를 완전히 폐지하고 처음부터 교육의 본질을 찾아 나서는 새로운 학교 제도를 다시 시작해야 하는 거 아닐까? 아니면 정말 현실을 인정해야 하지 않을까? 현실은 이미 지식교육의 전당은 학원이 되었고, 학교는 학원에서 공부한 것을 시험 보면서 테스트만 하고 있는 게 사실이니까…. 그냥 이런 방식으로 공교육과 사교육의 협력체제를 더욱 체계적으로 구축하든지…. ㅎㅎㅎ 어차피 용불용설. 지금 학교에서 어쩔 수 없이 인성교육을 한다고 해도 교사도 학생들도 모두 뭘 해야 할지 어리둥절하고 어색할 것이니까…. ㅎㅎㅎ

21
자연주의 교육이란 무엇일까?

“자연으로 돌아가라!” 프랑스의 사회사상가 루소가 직접 한 말은 아니지만 그의 이미지를 가장 잘 요약할 수 있었던 구호였다. 계몽주의가 인간의 권위와 편리성을 추구하기 위해 자연을 개척하고 정복하는 것을 목표로 했다면, 자연주의는 반(反)계몽주의로서 친자연동화를 목표로 했다. 자연주의의 목표는 자연법칙, 자연성 회복, 자연주의 인간관의 실천이다. 따라서 교육 역시 권위적 · 인위적 환경에서 벗어나야 한다. 이는 17세기 감각적 실학주의로부터 큰 영향을 받았다. 자연적 사회는 자유, 평등, 박애를 추구한다. 이는 교육의 이상화를 추구하면서 19세기 신인본주의(New Humanism)의 심리적 계발주의에 영향을 미쳤다.

자연주의 교육의 특징은 ‘자연에 일치하는 교육’으로서 교육과정에 숨은 자연법칙을 발견하고 이를 응용하는 것이다. 즉 인간의 발달과정과 자연발달법칙을 일치시키는 교육으로서, 인위적인 것을 거부하고 자연으로 돌아가게 하는 교육이다. 개인적 차원에서 ‘자연성’은 본성으로서 인간의 선한 본성과 덕성을 계발하는 것을 말하고, 사회적 차원에서는 개인의 권리를 인정하는 사회를 목표로 누구에게나 자유, 평등, 박애가 동등하게 주어질 수 있는 이상적 사회건설을 추구한다. 즉 교육은 미래 생활을 준비하는 것이 아니라 현재의 생활 자체를 위한 것이며, 외부에서 강제적 · 인위적으로 하는 것이 아니라 자발적이고도 자연스럽게 성장하도록 하는 것이다.

특히 이들은 아동 단계에서는 실물교육이 중요하다고 하면서 감각경험을 활용하는 경험주의 교육을 중시한다. 또한 학습자의 능력 또는 개인차에 따른 교수 방법을 사용해야 하며, 학습자의 흥미 중심 교육을 통해 자발적 탐구학습을 유도해야 한다. 이들이 추구하는 개성 존중의 교육은 학습자(아동) 중심의 교육관을 형성하게 한다. 대표적인 자연주의 교육사상가로는 루소와 실제로 학교를 세워 운영하면서 그의 사상을 충실히 실천한 바제도우(Johann Bernhard Basedow, 1724~1790)와 잘츠만(Christian Gotthilf Salzmann, 1744~1811), 구츠무츠(Johann Christoph Friedrich Guts Muths, 1759~1839) 등이 있다.

루소는 자신의 대표 저서인 『에밀(Emile ou de l'education, 1762)』*에서 "인간은 조물주의 손에서 나오는 순간은 선(善)하지만, 인간의 손에 옮겨지는 순간 모든 것은 악으로 변한다"고 주장했다. 사생아로 태어난 그의 유년기는 너무 가난하여 호구지책(糊口之策) 때문에 칼뱅파에서 가톨릭으로 개종했다가 1754년 다시 칼뱅파로 개종했다. 그는 기성 사회와 기성 문

* 프랑스의 작가이며 사회사상가인 장 자크 루소의 교육론("교육에 관하여")으로 주제는 교육이지만 루소의 인간론이며 종교론이다. 1762년 5월 간행된 직후 구체제를 비판했다는 이유로 교회와 정부의 비판을 받았다. 이 글은 루소가 만년에 방랑 생활을 하게 된 원인이기도 했다.

화를 악(evil, 惡)의 근원으로 보았는데, 특히 그에게 '사유재산'을 인정하는 사회는 악의 원흉이며 인간 불평등의 기원이다.

『에밀』과 같은 해에 발행된 『사회계약설(1762)』에서 루소는 '자연법사상' 전반을 다루고 있다. 여기서 그는 입법, 사법, 행정 중 입법권이 가장 우위임을 천명한다. 이로써 루소는 인민주권사상의 주창자가 되었으며, 사회계약, 법치주의 등을 중요시했다. 그는 정치체제로서는 이상적 공화제가 인간을 해방시킨다고 주장했다. 시민사회는 일반의지(개인-사회, general will)에 의해 통합된 인위적 존재이며, 공화국은 일반의지의 창조물로서 공적 · 국가적 이익을 지향하는 의지의 집합체다.

루소의 교육은 자연주의, 합리주의, 자유주의에 기초하고 있다. 이러한 루소의 교육사상은 인간과 인간의 의존 관계를 내포하면서 자유가 보장될 수 있는 질서 창조를 목표로 한다. 이는 몽테스키외가 법의 지배를 주장한 것과 비교된다. 루소는 시민교육에 대해서는 부정적인 입장이었다. 왜냐하면 국가는 부패의 온상이고 그러한 국가에서 시민교육을 주도하기 때문이다.

그러나 그는 『고백록』에서 자신은 늘 다시 제네바 시민이 되는 것을 갈구했다고 적고 있다. 『에밀』 마지막 장에서도 에밀이 결혼한 후 시민(市民)사회에 나가서 건전한 시민이 되기를 바란다. 이렇게 본다면 그가 시민교육을 거부했다고 주장하는 것은 너무 이른 판단이다. 그는 『사회계약설』에서 시민사회의 덕목은 일반의지(一般意志)임을 밝히면서 일반의지를 시민교육의 목표로 간주하고 있다.

물론 그의 교육론은 『에밀』이라는 제목의 교육소설이 전부다. 그러나 그는 『고백록』에서 자신의 대표 저서는 『에밀』이며, 그 책에 자신의 모든 사상이 집약되어 있다고 고백하고 있다. 그렇다면 『에밀』에서 보여준 그의 교육관은 그의 모든 사상의 결집이라고 할 수 있다. 그가 『에밀』에서 주장하는 교육의 목표는 때가 묻지 않은 자연인, 즉 '새로운 성인'을 길러냄으로써 이들이 사회개혁의 주역이 되기를 기대하는 것이었다. 성인들은 아이들에게 무엇을 가르칠 것인가에 대해서만 관심이 있지, '아동'이 무엇을 배워야 하는지에 대해서는 관심이 없다.

루소는 말한다. "사람들은 어린이에 대해 전혀 모르고 있다. 교육에 대한 고찰은 어린이가 무엇인가를 연구하는 데서 시작해야 한다." 이것이 루소가 『에밀』을 집필하게 된 동기다. 『에밀』을 통해 그는 아동을 '발견'했다. 그에게 자연의 원리는 아동의 발달원리이며 자연성의 발현이다. 한마디로 그의 교육은 아동 중심 교육, 실물교육, 직관교육, 소극적 교육, 체벌 반대 교육으로 정리된다.

루소의 유일한 교육소설인 『에밀』의 내용을 살펴보면 다음과 같다.

제1기(출생~5세): 이때의 교육은 자유방임교육으로 놀이 세계가 교실이다. 어머니는 인류 최초의 교사다. 루소는 유모교육을 반대하고 자연치유를 겸한 교육을 제시했다.

제2기(5~12세): 이때는 소극적 교육 시기로서 교사나 부모의 소극적 개입을 주장한다. 교육은 오관의 연습과 경험을 통한 내용으로 이루어진다. 또한 교육에서는 탈권위 · 탈서적이 중요하며, 교과서는 필요하지 않다. 루소가 유일한 교과서로 간주한 책은 디포(Defoe)가 쓴 『로빈슨 크루소(Robinson Cruso)』다. 아직은 이성교육이 필요하지 않다.

제3기(12~15세): 이때는 자연과학과 수공을 연마하면서 발견적 과학 수업을 실시할 때다. 이때부터 이성교육을 시작하면 된다. 또한 학행일치의 교육이 중요하지만, 도덕교육에는 비중을 두지 않았다.

제4기(15~20세): 교육에서 중요한 것은 인간관계를 함양시키는 일이다. 이때는 사회제도에 대한 수업이 시작되어야 하며, 본능에만 치우친 성 충동 억제 등 이성적인 삶, 사회학, 심리학, 윤리학, 정치학, 도덕교육과 종교교육의 시기다. 교과목으로서는 도덕, 미술, 종교, 철학이 요청된다.

제5기(결혼기, 여자교육론): 결혼한 에밀의 처 소피(Sophy)에 대한 교육은 정숙, 정절, 정열(貞烈), 순종, 자애를 목표로 한다. 이는 마치 유교의 가르침과 유사하다고 비판된다. 즉, 소피에게 지나치게 정숙, 정절, 순종을 강요하고 있다는 해석이다. 그러나 제5기인 결혼기는 꼭 그렇게 해석하는 것만이 답은 아니다. 『에밀』은 실제 인물도 사건도 아닌 단지 이야기일 뿐이고 소설(fiction)이기 때문에 독자의 '해석(解釋)'을 요구한다. 즉, 결혼의 개념은 동양과 서양이 좀 다르다. 소위 '부창부수(夫唱婦隨)' 개념을 중심으로 하는 동양의 결혼관과 결혼이란 남성이라는 반쪽과 여성이라는 반쪽이 온전성을 향해 결합하는 것이라는 서양의 결혼관 사이에는 명백한 차이가 존재한다.

루소는 에밀과 소피를 남성과 여성을 대표적으로 상징함으로써 인간은 반쪽과 반쪽이 합해져야만 비로소 온전한 인간이 된다는 점을 알려주고 있다. 즉, 진정한 사랑이 아닌 정욕(情欲)에만 지나치게 치우쳐 있는 남성성을 가진 에밀과 소피의 여성성은 결코 동일할 수 없으며 또한 동일해서도 안 된다. 이는 전적으로 생리물리적인 호르몬의 차이 때문에 선천적으로 발생하는 생리적 · 육체적인 성별의 차이(差異)다. 이러한 생리학적 사실(fact)은 부인될 수 없는 진실이다.

따라서 결혼을 통해 온전한 인간이 되기 위해 소피는 정욕의 화신인 남성을 포용할 수 있어야 한다. 조물주의 손에서 정욕의 화신으로 태어나는 남성들처럼 여성들도 정욕의 화신으로 동등하게 살아야 한다고 주장한다면, 남녀 간의 결혼은 더 이상 의미가 없게 된다. 따라서 남성과 여성의 본질적인 차이점을 부각시킴으로써 인간은 서로 조화를 통해서만 온전성이 보장된다는 사실을 알려주고 있다.

그럼에도 본질적인 남녀 간의 차이를 인정하지 않고 남성과 여성을 오로지 '다 같은 인간'이라는 동일범주로 얼버무리려고 하면서 남녀차별을 운운하는 처사나, 남녀 간의 본질적인 차이를 '차별(差別)'로 둔갑시켜 작품의 뜻을 폄하 해석하려는 논리는 모두 인간의 온전성에 대해 무지한 소치라고 할 수 있다.

에밀과 소피의 결혼은 완전함과 완전함의 결합이 아니다. 인간은 누구나 완전하지 않다. 따라서 완전한 남성과 완전한 여성이 결합하는 것이 결혼이라는 것은 어불성설이다. 결혼은 온전함을 위해 남녀 간의 불완전성을 메꾸어나가는 것이다. 즉, 인간은 어느 순간 결혼을 통해 온전함을 추구해보려는 것이다. 루소는 지나친 정념을 사랑으로 오판하고 있던 사춘기 청년 에밀을 2년 동안 소피와 만나지 못하게 한다. 그러고는 에밀을 데리고 여행을 떠난다. 에밀이 스스로 마음을 다스리게 함이었다. 그리고 인간의 이성(理性)에 대해 에밀과 허심탄회하게 대화를 시작한다. 그리고 때로는 일방적인 설교도 한다. 2년간의 긴 여행에서 돌아온 이후 에밀을 소피와 결혼시킨다.

이렇게 그는 소설 『에밀』의 마지막 장을 끝내고 있다. 그리고 결혼을 통해 온전한 인간으로서 성장할 에밀과 소피가 시민사회의 온전한 일원이 되기를 기원한다. 온전한 인간이 되기 위해서는 음과 양이 잘 맞아떨어져야 한다. 남성이 정념과 정욕에 지나치게 의존하는 존재라면 여성은 이를 감싸주고 보듬어줄 수 있는 조건을 가질 수 있어야 한다. 소피에게 요구되는 여성성으로서의 정숙, 정절, 순종의 미는 여전히 거친 에밀이라는 남성성의 정념, 정욕을 조화롭게 수용하게 함으로써 온전한 사람됨으로 나아가는 길을 열어줄 것이다.

오늘날 루소의 『에밀』은 여전히 중요한 교육고전으로 꼽힌다. 왜냐하면 그의 교육사상이 현실에서 여전히 구현되지 못했기 때문이다. 실제로 오늘날 우리가 하는 교육 비판의 배경에는 반드시 루소의 사상이 뿌리를 내리고 있다. 계몽주의 시대에 태어나 계몽주의의 대표주자로 군림하다가 계몽주의를 전면에서 비판함으로써 시대의 이단아로 쫓기며 살다가 우울하게 생을 마감한 루소. 그의 자연주의 교육사상은 여전히 지금도 비현실적인 것으로 간주되고 있다. 주로 대안학교의 교육철학이 되어버린 루소의 교육사상은 지금도 여전히 제도권 교육에 대한 비판 논리로서 가장 큰 영향력을 가지고 있다.

그런데 루소의 생각은 계몽주의를 견인한 로크의 경험중심 교육사상의 계승이며 확장이었다. 즉, 루소는 감각을 기반으로 하는 경험중심 교육사상에 자연적 삶을 가능하게 하는 자연성을 결부시킴으로써 경험중심 교육사상을 확고히 한 것이다. 그런데 오해하면 안 되는 사실은 경험중심교육이 이성중심교육을 거부하는 것이 아니라 보완한다는 점이다. 이성교육은 감각경험교육을 통할 때 진정한 이성교육이 된다. 그것이 루소의 『에밀』에 들어있는 핵심 사상이다.

오늘날 많은 사람이 루소의 생각에 동의함에도 현실에서는 불가능하다. 그래서 이상적이고 비현실적인 이론으로 치부하곤 한다. 왜 그런가? 답은 간단하다. 감각, 경험은 과정이며 그 과정을 평가하기 어렵기 때문이다. 즉, 로크나 루소의 이론이 잘못되었거나 비현실적인 것이 아니라 평가중심의 교육체제에서는 맞지 않는다는 이야기다. 평가중심의 교육체제가 현실이 된 이상, 이론이 틀린 것이 아니라 체제가 잘못되었다는 사실을 인식하는 것이 시급하다.

22
루소의 교육은 계승되었을까?

루소의 교육사상에 강한 영향을 받은 바제도우(Johann Bernhard Basedow, 1724~1790)는 1774년 데사우(Dessau)에 오래가지는 않았지만 강한 인상을 남긴 박애주의 학교(Philanthropinum)를 설립했다. 이 학교는 기숙학교로서 최초로 기부금을 받아 운영한 학교이기도 하다.

> "그들이 동원한 형식과 방법은 호소문, 학생 모집 광고, 학부모의 학교 방문 및 견학 프로그램, 교과서를 비롯한 교육 관련 서적과 정기간행물 출판, 편지, 현상 논문, 여행, 모델학교 설립, 출판사와 서점 설립 등이었다. 그들은 이러한 활동으로 많은 동조자를 얻었다. 운동 초기에 거둔 성과는 놀라운 것이었다. 독일에서 역사상 유례가 없는, 순수한 교육운동을 위해 자발적으로 모금된 성금이 15,000달러에 달했다."(오인탁, 2016: 38)

이는 루소의 사상을 실현한 최초의 학교로서 일종의 '실험학교'라고 할 수 있다.

“박애주의는 루소의 교육사상이 독일이라는 땅 위에서 새롭게 싹트고 성장한 나무다. 자연인이 사회인에 선행한다는, 사회나 국가 또는 문화보다는 자연이 더 위대하며 본래적이라는 루소의 문제의식은 인간의 이성에 깃들어 있는 순수한 정신에 대한 신념과 더불어 박애주의 교육의 주제가 되었다.”(오인탁, 2016: 23)

이 학교는 아동중심주의를 기반으로 하지만, 엄격한 규율에 따른 훈육(discipline)도 중요한 교육 방법으로 사용했다. 심지어 그는 훈육으로 교육목적을 달성할 수 있다고 주장하기도 했다. 바제도우에 의하면, 12세는 절대복종의 시기다. 그러나 교실에서는 체벌 금지, 보상의 권장, 선행이 장려되어야 했다. 이러한 그의 교육관은 감각적 실재주의에 영향을 받았다. 또한 이 학교는 기숙학교로서 자치제도를 중요시했다. 박애주의 학교의 창시자인 바제도우에게 개인의 행복은 곧 국가의 공익으로서 복지국가와 애국심은 교육의 중요한 목표이기도 했다.

“18세기의 계몽정신이 인간에게 교육을 통해 추구해야 할 최고의 목표로 강조했던 개념은 지복성(至福性, Glückseligkeit)이다. 지복성을 실현하는 자는 신체적이고 정신적인 잠재력을 외부로부터 아무런 강제적 압력이나 통제도 받지 않고 계발하는 자다. 박애주의가 추구했던 이상적 인간상은, 바제도우의 표현을 빌리면, 공익적 · 애국적 · 지복적 생활의 인간이다. 박애주의적 인간은 개성 있게 자아를 실현한 결과 국가를 사랑하며 사회에 유익한 삶을 살되, 이러한 삶이 동시에 자기 자신의 삶의 행복으로 확인되는 인간이다."(오인탁, 2016: 44)

바제도우의 교육사상은 볼케(Wolke), 잘츠만(Salzman), 트랍(Trapp), 캄페(Campe) 등으로 계승된다. 그의 종파는 중립이었으며, 궁극적으로는 국가의 공교육관리제도를 원했는데, 이를 위해 국가교육평의회의 필요성을 주창하기도 했다. 이는 공립학교제도의 형성에 깊은 영향을 주었다. 결국 말년에 바제도우는 자신이 설립 운영하던 기숙학교를 국가에 헌납한다.

한편, 바제도우가 설립한 학교의 교육내용은 다음과 같았다.

유아기: 수면, 식사, 의복, 놀이, 간단한 도구 사용법, 말하는 법, 기초적 몸가짐

소년기: 도덕의 기초, 산술, 지리, 기하, 역사, 박물, 해부, 물리, 목공, 체조

청년기: 문법, 수사학, 수학, 박물, 체육(중세 기사도 훈련방식)

그러나 전반적으로 바제도우는 실과교육을 중시했으며, 실습 및 교과서 중심 교육을 실천했다. 왜냐하면 당시 사회는 아동들에게 살아갈 수 있는 자립 능력을 길러주는 것을 가장 중요한 교육의 목표로 간주하고 있었기 때문이다. 이는 루소의 교육사상에 사회교육을 접목한 페스탈로치의 교육관과 통한다.

> "루소의 자연주의에선 학교나 교실의 개념이 없다. 그래서 박애주의는 루소가 주장하는 자연의 개념을 그대로 수용하지 않고 페스탈로치(Johann Heinrich Pestalozzi, 1746~1827)가 주장하는 사회적 자연주의의 개념으로 보완했다."(오인탁, 2016: 23)

자립 능력을 길러주는 것이야말로 박애(博愛), 즉 '인간을 진정 사랑하는 길'이라고 여겼다. 또한 그는 아동이 잘 알고 있는 것부터 교육이 시작되어야 한다고 주장했으며, 양보다는 기쁨을, 방법적 질서를 소중히 여겼다.

박애주의 교육사상의 잉태는 사실 프랑스 대혁명이다. 대혁명의 가치를 보면, 자유, 평등, 박애다. 자유, 평등에 대한 논의는 인류의 초기부터 이루어져왔지만, 박애에 대한 논의는 바로 대혁명을 기점으로 시작되었다. 물론 박애는 자유와 평등이라는 가치와 무관한 것이 아니라 연장선이라고 할 수 있다. 하여간 남에게 자비를 베풀고 사랑함으로써 평등사회를 만들고 모두가 자유롭게 살 수 있도록 하자는 것이다. 이는 인권존중의 의미와도 통한다. 이런 의미에서 프랑스 대혁명의 세 가지 원칙은 인류 최대의 고안이라고 할 수 있다.

고대 그리스 시대부터 사람들은 자유민으로 살기를 원했다. 그래서 공동체 사수를 위해 모든 것을 동원했다. 공동체 안에서는 모두 평등하게 살기를 원했다. 물론 이 두 가지는 신분계급사회에 대한 저항이었다. 박애는 "네 이웃을 사랑하라", "모든 이에게 자비로워라"라는 종교적 차원에서 비롯되었지만 신분계급사회를 거부하는 마지막 보루였다. "서로 사랑하라", "자비를 베풀라"는 그런 교육이 세상을 바꾼다. 바로 이것이 박애주의 사상의 핵심이다.

박애주의 학교는 특수한 학교가 아니다. 학교 공동체 안에서 아이들이 서로 사랑하고 서로 배려하고 서로 자비를 베풀도록 하자는 것이 그렇게 잘못된 것일까? 그런데 정말 지금의 학교에서는 불가능한 일이 되고 말았다. 학교에서는 친구도 모두 적이 되어야 하는 치열한 경쟁교육체제. 박애주의 교육사상을 대안학교에서나 가능한 아주 비현실적인 사상으로 몰아붙이는 것이 과연 정상인가? 과도한 경쟁체제 속에서 박애사상을 비현실적이라고 보는 논리 자체가 비논리 아닌가? 우리는 비정상적이고 비논리적인 사회체제 속에서 극히 당연한 삶의 원리조차 내팽개치고 태연해하는 저능아 수준에서 살고 있는 것은 아닐까?

23
서구의 근대 교육은?

19세기 서구의 교육은 국가주의 교육과 신인문주의(New Humanism)에 기반을 둔 계발주의 교육으로 구분된다. 국가주의 교육은 교육제도에 영향을 준 반면, 계발주의는 아동의 학교교육 방식에 영향을 주었다.

우선 국가주의는 국가중심주의, 국가우월주의, 국가종교주의와 동일시된다. 국가주의는 진보적 차원에서 국민주의, 민족주의, 국제주의와 연계된다. 그러나 보수적 차원에서는 전체주의, 국수주의(Chauvinism), 배타주의와도 연계된다. 국가주의 교육은 '교육의 국가 관리'를 말한다. 이는 국가교육제도, 의무교육제도(공교육제도)로서 교육을 통해 국가적 이상을 달성하는 것을 목표로 한다.

유럽의 국가주의 교육관은 19세기 나폴레옹의 침략주의에 저항하면서 공고해지기 시작했다. 이는 공화주의 윤리학에 기초하고 있다. 유럽 전역에서 벌어진 나폴레옹의 무차별적 침공에 자극을 받아 시작된 유럽의 국민교육운동은 문화적 국가주의의 탄생이기도 했다. 특히 외부 강대국의 침략에 저항하는 애국주의(愛國主義, patriotism)가 곧 자국(自國)을 공고히 해야 한다는 민족주의(民族主義, nationalism)의 발판이 되었다. 이렇게 시작된 애국주의와 민족주의는 마침내 국가주의(國家主義)가 된다.

결과적으로는 아이러니하게 나폴레옹 군대의 침략주의를 토대로 하는 프랑스도, 나폴레옹 군대의 침공을 방어하고 저항하는 유럽의 이웃 나라에서도 국가주의가 탄생한다. 이를테면, 덴마크의 그룬트비히 목사는 향토기숙학교로 운영된 국민고등학교를 설립하여 덴마크의 성인교육을 주도하면서 침략주의에 항거하고자 했다. 목사였던 그는 덴마크를 사랑하는 것이 궁극적으로 신을 사랑하는 것이라고 국민을 계몽했다.

국가주의 교육사상가로는 프랑스의 롤랑(Roland), 라샬로테(La Chalotais), 콩도르세(Condorcet), 독일의 피히테(Fichte), 슐라이어마허(Schleiermacher), 영국의 랭커스터(Lancaster), 오웬(Owen), 미국의 제퍼슨(Jefferson), 맨(Mann)을 꼽는다. 특히 오웬과 맨은 노동자 교육의 공립화를 주장했다.

대표적으로 독일에서는 피히테(Friedrich Fichte, 1762~1814)에 의해 국가주의 교육이 시작되었다. 이는 애국주의의 발로였다. 즉, 독일 국민은 모두 힘을 합쳐서 나폴레옹의 독일 침공을 막아야 한다는 취지였다. 피히테는 칸트의 제자로서 독일 이상주의 철학의 주창자이기도 하다. 그는 「독일 국민에게 고함」이라는 지방 순회 연설을 통해 독일 민족이 하나로 결집할 수 있는 계기를 마련했으며, 이로부터 국가주의 교육은 성과를 얻게 되었다. 이러한 그의 사상은 헤겔(Friedrich Hegel, 1770~1831)에 의해 집대성되는데, '국가는 개인의 절대목적'이라는 헤겔의 사상은 플라톤 사상의 계승이기도 하다.

피히테는 국민에게 청렴한 과학정신과 경건한 도덕 감정, 힘찬 의지적 감정을 교육했다. 그의 시대는 질풍과 노도(Sturm und Drang)의 시대로서

1810년 훔볼트(Wilhelm von Humboldt, 1767~1835), 슐라이어마허(Friedrich Daniel Ernst Schleiermacher, 1768~1834)와 함께 베를린대학을 창설하면서 초대 총장이 되었다. 당시 독일은 나폴레옹군이 점령한 상태였다. 그는 대국민을 위한 14회 강연집인 『독일 국민에게 고함(1808)』을 통해 국민교육자로 나섰다. 그는 이 책에서 개인주의적 이기심, 진리에 대한 냉담과 무관심, 도덕적 파멸을 독일인의 문제로 들었다. 그는 페스탈로치와 교류하면서 교육개혁을 요청했다. 이를 '국민교육개조론'이라고 한다.

또한 피히테는 민족공동체 의식 개발, 도덕적 심정의 함양, 개인주의적 이해관계의 경쟁 지양을 제시했다. 한마디로, 독일인은 개인적 자아를 초월하여 '사회적 자아'로 거듭나야 했다. 따라서 독일의 교육은 정의와 덕망에 의해서만 움직이는 사람, 선을 인식하는 힘을 갖춘 사람, 결심한 일을 관철할 수 있는 사람을 만들어내야 했다.

그는 교육적 인간상을 칸트의 사상으로부터 얻었고, 교육 방법은 직관교육과 노작교육을 실천한 페스탈로치에게서 받았다. 독일은 개인을 조국공동체(조국애)의 일원으로 교육해야 했다. 또한 교육에서는 이성보다 감성과 의지가 우선이며, 독일어 교육을 강화하고, 독일민족의 우수성을 강조함으로써 강력한 권력국가 수립을 교육의 목표로 삼았다. 피히테에게 종교는 바로 국가였다. 이러한 그의 노력은 나폴레옹 정권에 지배된 지 60년 만에 1870년 보불전쟁에서 승리하는 결과를 얻게 되었다. 알퐁스 도데의 작품 『마지막 수업』은 당시 이러한 역사적 스토리를 담은 것으로 유명하다.

한편, 미국의 국가주의 교육은 미국독립선언의 주역인 제퍼슨(Thomas Jefferson, 1734~1826)의 사상에서 연유한다.

"그는 '모든 사람은 평등하게 창조되었다'는 명구를 남겼다. 따라서 모든 아동은 교육을 받을 수 있는 평등한 권리가 있다. 국가는 아동에게 평등한 교육의 권리를 박탈해서는 안 된다. 모든 아동이 동등한 교육 기회를 얻고 평등한 교육을 받는 것은 국가와 사회의 책임이다. 또한 모든 아동에 대한 평등한 교육은 국가 사회의 발전을 위한 일이기도 하다."(이상오, 2005: 287)

제퍼슨은 "모든 부모는 자녀들을 3년간 어떠한 학비 부담도 없이 초등학교에 보낼 권리를 가진다"는 선언도 했다. 그러나 그의 제안은 실현되지 못했다. 당시 극히 보수적인 교회단체들의 반대가 심했기 때문이다. 그럼에도 이러한 제퍼슨의 생각은 당시로서는 획기적인 것이었다. 왜냐하면 대영제국을 창조한 영국에서조차 교육은 극히 사사로운 일로 치부되고 있었던 시절이기 때문이다. 하여간 오늘날 미국 연방정부가 아동의 교육에 대한 국가책임의 의식을 갖고 주정부에 모든 교육을 일임하는 전통은 이때부터 싹트기 시작했다고 할 수 있다.

교육의 국가주의는 양면의 칼날이다. 잘 쓰면 이상적 국가주의 건설에 기여하게 되고, 잘못 쓰면 타락한 국가주의의 앞잡이가 된다. 전체주의 국가, 파쇼 독재주의 국가, 공산독재 국가, 유신 독재국가에서 교육은 잘못된 국가주의의 수단이 되어왔다. 지금까지 세상에 이상적인 국가는 존재하지 않았다. 2,500여 년 전 플라톤의 머릿속에서 구상된 이상국가가 유일하다. 이때 나온 플라톤의 교육사상이 이상적일 수밖에 없는 이유이기도 하다.

결국 국가주의 교육사상은 현실적인 국가가 이상국가가 아닌 이상

교육사상은 항상 불안하다. 피히테의 국가주의가 나폴레옹 독재에 항거하면서 이루어졌다고 해도 결국 국가주의와 국가주의의 대결이었으며 국가주의 교육사상의 충돌이었다. 따라서 국가주의 교육사상은 항상 반성과 성찰 과정을 거쳐야 한다. 왜냐하면 잘못하면 전체주의, 독재주의의 하수인으로 전락할 가능성이 농후하기 때문이다. 지금의 공교육체제는 — 가해자인 프랑스든 피해자인 독일이든 — 국가주의 교육사상을 기반으로 하고 있다.

따라서 공교육체제와 함께하는 교육사상은 늘 반성과 성찰 과정과 함께 가야 한다. 그렇게 본다면 지금의 공교육체제는 불안하고 불완전한 체제임을 고백하고 항상 비판의 목소리를 겸허하게 수용할 수 있어야 한다. 그러나 실상은 그렇지 않다. 마치 우리는 공교육체제를 지상 최대의 작품인 양 떠들고 있다. 이를테면 무조건 "공교육을 살리자"는 구호는 대표적인 무지의 소치에 불과하다고 할 수 있다.

24
아동중심교육은 정말 가능한 걸까?

교육은 인간발달의 법칙에 따라 개인을 계발(啓發, Entfaltung)하는 것이다. 19세기 신(新)인문주의 시대에는 심리학적 운동이 일어나면서 교육학 영역에서는 교육심리학이 태동했다. 신인문주의자들은 외부로부터 성인의 표준을 강제하는 것이 아니라, 내부로부터 아동의 발달을 조장하는 것을 본성으로서의 자연성 계발로 간주했다. 이들이 추구한 아동중심교육관은 루소를 계승한 것이다. 이들은 형식도야주의와 자연주의 교육사상의 합일을 추구했다. 여기서는 활동중심 교육과정, 흥미 원칙, 창작활동 원칙이 중요하다. 교육의 원칙은 코메니우스주의와 루소주의이며, 유아 아동교육 또는 초등교육 중심이다.

여기서도 아동은 성인의 축소판이 아니었다. 심의(心意) 교육, 자연주의 원리, 흥미 중심의 교육은 개인의 인성계발에도 매우 중요한 요소다. 이러한 생각은 훗날 진보주의 교육관에 지대한 영향을 미친다. 대표적인 교육사상가로는 페스탈로치(Johann Heinrich Pestalozzi, 1746~1827), 헤르바르트(Johann Friedrich Herbart, 1776~1841), 프뢰벨(Friedrich Wilhelm August Froebel,

1782~1852) 등을 들 수 있다.

우선 페스탈로치는 루소의 『에밀』에 감동하여 루소, 칸트, 피히테의 사상을 합일시키는 작업을 했다. 따라서 그의 교육사상은 자연주의와 사회주의를 조화롭게 합일함으로써 사회적 자아 양성을 목표로 한다. 그의 교육 생애는 크게 세 시기로 구분된다.

첫째, 노이호프 시대에는 4년 동안 자신의 아들인 야콥(Jacob)의 육아일기를 집필했다. 이는 루소의 『에밀』을 본뜬 것이지만, 루소의 에밀은 가상의 인물이었고 야콥은 실제 인물이었다. 여기서 그는 루소의 직관교육을 그대로 모방한다. 또한 빈민아동과 고아를 데리고 방적, 베 짜기 등 노작교육(Arbeitsbildung)을 실시함으로써 사회적 자아로 육성하고자 했다.

둘째, 슈탄츠 시대에는 1798년부터 6개월 동안 슈탄츠고아원을 운영했다.

셋째, 부르크도르프 시대에는 1800년 부르크도르프성에 유아아동학교를 설립했다.

넷째, 1804년부터 시작된 이페르펜 시대에는 교수법을 연구했다. 이때 프뢰벨이 그를 방문했다.

그는 만년에 『게르트루트는 어떻게 그의 자녀를 가르치는가?』라는 교육소설을 집필했다. 여기서 그는 관찰을 통한 이해학습을 제시함으로써 교육에서는 사고 과정이 중요함을 주장했다.

페스탈로치의 교육목표는 머리, 가슴, 손의 조화로운 성장을 위한 3H 조화교육, 사회적 갱생을 통한 사회개혁, 평등한 인간의 육성으로 궁극적으로는 사회교육을 달성하고자 하는 목표를 가지고 있었다. 페스탈로치의 교육 원리는 다섯 가지로 구성된다.

첫째, 자발성의 원리다. 그는 『백조의 노래』에서 "인생은 스스로 가르친다"고 하면서 자기학습을 강조했다. 이는 주입식 교육을 배척하면서 인간성 계발을 목표로 한다.

둘째, 조화의 원리다. 지력, 심력, 기능의 삼위일체를 바탕으로 한 조화교육이 중요하다.

셋째, 방법의 원리다. 수(數), 형(形), 어(語) 교육은 직관을 강화시킨다.

넷째, 직관의 원리다. 교육은 감각기관을 활용하여 직접관찰, 직접체험을 통한 노작교육이어야 한다.

다섯째, 사회의 원리다. 그에 의하면, 환경은 사람을 만들고, 사람은 환경을 만든다.

결국 페스탈로치 교육 방법의 일반원리는 아동의 발달단계 원리에 맞추어서 눈높이 교육을 하는 것이었다. 이를 위해 자연의 방법, 관찰(즉, 감각적 직관), 언어와 실물의 연계, 단순한 것에서 복잡한 것으로, 아동의 개성 존중, 훈육은 사랑으로, 직관에서 개념으로, 점진적 목표 상승, 익숙한 것에서 새로운 것으로, 가까운 곳에서 먼 곳으로 등의 방식으로 진행된다. 페스탈로치는 특히 독일 학교(초등학교 및 대학)의 개혁에 지대한 영향을 주었다. 한마디로 그의 교육 신조는 신앙과 사랑이었다.

한편, 헤르바르트(Johann Friedrich Herbart, 1776~1841)는 피히테의 제자이자 헤겔의 동료이며, 페스탈로치(Pesstalozzi)에게 사사했다. 그는 교육을 과학적으로 연구한 교육과학(Erziehungswissenschaft, science of education)의 창시자다. 그에 의하면, 아동은 다양한 흥미 덩어리다. 흥미란 환경과의 접촉, 인간 간의 접촉으로 발생한다. 또한 그는 규범교육학(Normative Pädagogik)의 종결자이기도 하다. 그의 규범교육학은 윤리학에 목표를 두고, 심리학 방법을 차용하고 있다. 따라서 그의 규범교육학에서는 덕성도야가 최후의 교육 목표다. 특히 헤르바르트는 '흥미(Interesse, 興味)'를 여섯 가지로 구분했다.

첫째, 경험적 흥미. 이는 경험과 사물에 대한 흥미다.
둘째, 사변적 흥미. 이는 사물의 법칙에 대한 흥미다.
셋째, 미적 흥미. 이는 심미에 대한 흥미다.
넷째, 동정적 흥미. 이는 동정과 공감에 대한 흥미다.
다섯째, 사회적 흥미. 이는 사회에 대한 흥미다.
여섯째, 종교적 흥미. 이는 종교와 신에 대한 흥미다.

교수자는 아동에게 다방면의 흥미를 불러일으켜야 한다. 이를 가능하게 하는 4단계설은 "명료화, 연합, 조직, 방법(적용)"이다. 이를 위해 "교수, 관리, 훈육"이 필요하다. 그가 주장하는 교수 4단계설은 다음과 같다.

첫째, 교수자는 구체적 또는 설명적(직관적)으로 가르쳐야 한다.
둘째, 계속적 또는 일관되게 가르쳐야 한다.

셋째, 지향적 또는 향상되는 방향으로 가르쳐야 한다.

넷째, 장래 목적에 응용하여 새로운 지식을 창출할 수 있도록 가르쳐야 한다.

이러한 교수 4단계설은 신(新)헤르바르트 학자들에 의해 다음과 같이 수정 · 보완되었다. 즉 예비(준비), 제시(자료화), 비교(연합), 총괄(일반화), 응용(해석)이 그것이다.

마지막으로 프뢰벨(Friedrich Wilhelm August Froebel, 1782~1852)은 유치원교육의 창시자다. 1840년 유아들과 고아들을 모아놓고 가르치다가 6개월간의 고민 끝에 자신이 가르치는 교육기관을 '어린이의 동산'이라는 뜻을 가진 '킨더가르텐(Kindergarten)'이라고 명명했으며, 아이들이 동산에서 뛰어노는 놀이를 가장 훌륭한 교육 방법으로 간주했다.

프뢰벨은 생후 9개월에 어머니를 잃고 계모의 학대 속에서 자랐다. 그는 페스탈로치를 방문하면서 교육을 생애 사업으로 굳혔다. 그는 인간의 교육에 대해 고민했다. 특히 어머니로부터의 교육이 그의 관심사였다. 따라서 그의 교육관은 페스탈로치처럼 아동의 심리적 측면과 사회적 측면을 조화롭게 성장시키는 것이었다. 한마디로 프뢰벨의 교육은 페스탈로치에게서 자연발달의 원리를, 피히테에게서 행동의 원리를 계승했다. 따라서 교육은 아동의 자연성, 아동의 선천적 능력, 즉 개인의 잠재력을 계발하는 것이다. 또한 그는 인간을 식물에 비유하면서 원예가로서의 교사상을 제시했다.

그에 의하면, 아동의 시기는 놀이의 시기이며 자유가 최대한 주어지는 시간이다. 따라서 아동교육은 율동과 유희 등을 통해 자기표현 활동을 강화해주어야 한다. 프뢰벨의 교육 방법은 노작교육이었으며, 이는 놀이와 작업 중심으로 이루어졌다. 그에게서 놀이는 곧 아이들에게 작업이었으며, 교육은 노작 활동을 통한 자기발전 과정이었다. 그의 '행동교육론', 즉 "일하면서 배우자"라는 구호는 훗날 듀이의 교육관인 '행위교육(Learning by Doing)'에 영향을 주었다. 또한 그는 교육을 통한 사회화(社會化, socialization) 역시 놀이, 특히 '역할놀이(Rollenspiel, role play)'를 통해 완수된다고 주장했다.

놀이를 통한 통일성은 마음과 의지, 신체, 정신의 조화를 가능하게 한다. 그의 교육적 공헌은 보모교육의 중시, 어머니의 진정한 본성 발휘 교육 강조, 심의(心意) · 신체 · 정신의 조화교육을 통한 전인교육, 놀이와 게임 중심 교육, 아동의 활동성 · 욕구 · 흥미에 입각한 자발적인 성장을 중시함으로써 내부로부터의 개발을 목표로 했다.

특히 그는 유치원교육이 성공하기 위해서는 당시 유아 · 아동을 돌보는 보모 또는 부모 교육이 잘되어야 한다고 생각했다. 이렇게 본다면, 그는 보모 및 부모 교육의 창시자이기도 하다. 또한 교육은 자연적 과정에 따라야 하고 행함으로써 배워야 한다는 원칙을 고수했다. 따라서 교육은 자기활동, 연속발전, 개성화, 사회화, 직관훈련, 노작경험, 생활경험을 보장해야 한다. 또한 그는 유치원 여교사 양성을 위한 보모양성교육도 시작했다.

이렇게 19세기 들어 구현된 아동중심교육은 루소의 교육사상을 토대로 하여 실현된 것이었다. 그럼에도 지금도 여전히 아동중심교육은 구호성의 수준에 머물고 있다. 말이 아동 중심이지 공교육 현장에서는 사실상 어른 중심이고 교사 중심이다. 그래서 학생인권조례가 제정되었을 때도 난리가 났다. 물론 지나치게 극단적인 면도 없지 않았지만, 우리 사회에서 아동의 권리를 학교 현장에서 내세운다는 것은 아직 어림없는 처사다.

지금까지 학교는 사실상 일그러진 운동장이었다. 즉, 수천 년 동안 학교는 교사중심교육의 현장을 고수해왔다. 일그러진 운동장을 좀 펴보자는 의미에서 루소의 아동중심교육 사상이 도입된 지도 300여 년이 지났고 이후 그의 제자들인 바제도우, 잘츠만, 구츠무츠를 위시하여 페스탈로치, 헤르바르트, 프뢰벨에 의해 계승 · 발전되었지만 그게 전부였다. 물론 엘렌 키, 몬테소리를 거쳐 미국에서 듀이에 의해 계승 · 발전되어 전 세계에 보급되기는 했지만, 여전히 이들은 소수 학자군에 속한다.

그런데 놀라운 것은 아동중심교육을 주창한 사람들은 인류 역사상 최고의 교육사상가로 꼽히고 있다. 그만큼 우리가 고민해보아야 할 대목이다. 교육을 걱정하고 개선해보고자 하는 사람들은 이미 아동중심교육에 좀 더 비중을 두고 생각해야만 최소한 일그러진 운동장을 펼 기회가 생길 수 있다는 생각에 동의하고 있다고 할 수 있다. 전 세계의 교육 현장에서는 언젠가부터 학습자중심의 교육을 주창하고 있다.

이미 우리도 1997년 제7차 교육과정에서 학습자중심교육을 토대로 모든 교육과정을 개편한 바 있다. 그동안 이를 구현하기 위한 시도도 많았지만, 20여 년이 지난 지금도 여전히 학습자중심교육은 그다지 진전을 보이고 있지 않다. 핵심은 아동의 요구나 흥미가 교과과정에 반영되어야 하는데, 그게 말처럼 쉽지는 않은 모양이다. 그러나 아동의 요구나 흥미가 배제된 학교에서 교육은 없는 것이나 마찬가지다. 아동의 요구나 흥미가 반영되지 못하는 한 학교에서는 교육현상이 발생하지 않을 것이다. 그러니까 아이들은 학교에 가는 순서대로 책상에 엎어져서 자는 거다.

25
현대의 교육은?

20세기 서구의 교육은 자유주의 교육, 실험주의 교육, 사회주의 교육, 실용주의 교육, 실존주의 교육, 문화주의 교육, 진보주의 교육, 비판주의 교육, 항존주의 교육, 본질주의 교육, 문화재건주의 교육 등으로 다양하게 발전했다.

우선 자유주의 교육철학은 루소 교육의 영향이다. 여기서는 개인의 자발성과 개성이 존중되며, 자유는 보편적 가치다. 이를 위해 교육은 아동의 소질과 흥미를 중시해야 하며, 이는 당시 지배적이었던 획일적 주지주의에 대한 반동이다. 대표적인 교육사상가는 엘렌 키(Ellen Key, 1849~1926), 그루리트(Ludwig Grulitt), 몬테소리(Maria Montessori, 1870~1952) 등을 꼽을 수 있다.

우선 엘렌 키는 남녀 평등주의를 주장하면서 사회개혁의 방법은 아동교육에 있다고 했다. 그의 저술 『아동의 세기(1903)』는 루소의 자유주의와 다윈의 생물학적 원리를 적용하고 있다. 그에게 교육의 사명은 아동의 생명에 대한 자연적인 발전을 조성하는 것, 부모의 애정, 보호자와 성인의 억압 및 강요 금지다. 아동은 의식적이든 무의식적이든 성인, 특히 부모를 모범으로 모델링하고 모방한다. 교육은 아동의 진실 이해를 기반으로 한다.

엘렌 키는 자유로운 삶의 분위기를 교육의 기본으로 간주했다. 그에 의하면, 회초리는 노예의 습관만을 키워준다. 그는 교육에서 무학급, 무교과서, 무시험, 무증서, 무훈계를 강조했다.

또 다른 대표적인 자유주의 교육철학은 몬테소리로부터 나온다. 그는 1907년 아동의 집을 개설했다. 실생활 훈련, 감각 훈련, 기초적 배움은 교육의 기본이었으며, 식사 준비, 단추 달기를 훈육 방법으로 도입했다. 감각 훈련은 손가락, 발음 등을 강화하고 글쓰기 방법, 카드로 언어 익히기는 중요한 교육덕목이었다.

실험주의 교육학자 모이만(Ernst Meumann, 1862~1915)은 교육 사실에 대한 과학적 실험 연구를 기초로 했다. 교육을 위해 생물학, 인류학, 생리학, 아동심리학, 사회통계학에 의존했다. 아동의 신체 및 정신적 발달, 아동 개인의 성격, 지능 및 소질이 중요하다고 보고 교육 및 교수 방법의 규칙을 설정하고 학교조직을 체계화했다. 또 다른 실험주의 교육학자로는 레이(W. A. Ray), 러스크(R. Rusk), 비네(Binet) 등을 꼽을 수 있다.

한편, 대표적인 미국의 사회교육자 듀이(John Dewey, 1859~1952)는 개인은 사멸해도 사회는 영속된다고 주장했다. 그에게 사회적 인간은 경험적 인간으로 사회적 자아육성이 교육의 목표다. 베르그만(Paul Bergemann, 1862~1946) 역시 사회적 개인은 도야(Bildung)를 통해 이뤄진다고 주장했다. 여기서 도야는 사회작용, 생활교육, 살아 있는 교재를 통한 현재 사회 · 문화와의 교섭작용에서 비롯된다. 도야의 목표는 행동하는 인간이며 사회적 인간이고, 개인은 사회의 수단이다. 가정은 사회와 협력하여 아동을 교육해야 하며, 사회를 위해 개인의 자유를 억제할 필요가 있다.

인격주의 교육은 의식성, 자기결정성, 목적지향성, 불변적 자기동일성, 가치보전성을 목표로 한다. 대표적인 인격주의 교육학자 부데(Gerhard Budde, 1865~1944)는 자신의 저서 『정신적 교육』에서 정신생활의 중요성, 심정 및 의지의 도야를 주장했다. 부데의 교육 방법은 주입식 지적 훈련에 반대하고, 권위교육 대신 신뢰의 교육을 강조했다. 『인격적 교육학』의 저자인 린데(Ernst Linde, 1864~1943)의 인격교육은 실존주의 교육에 뿌리를 두고 있다.

대표적인 실존주의자 부버(M. Buber)는 만남의 철학, 만남의 교육학으로 유명하다. 그는 『나와 너(Ich und Du)』라는 저서에서 '나와 너'로 만날 것인가, 아니면 '나와 그것'으로 만날 것인가 하는 화두를 통해 나와 너가 인격적으로 만나는 것이 곧 삶이라고 주장한다. 나와 너는 원래 쌍(雙)으로 존재하며, 나와 너가 떨어지는 순간 인간의 삶은 파괴된다. 따라서 교육은 나와 너의 관계를 회복시켜주는 것이다.

이 밖에도 비판주의 교육학자 나토르프(Paul Natorp, 1854~1924)는 학교 비판을 통해 사회교육(social education)을 주창했다. 즉, 학교는 사회 중심의 교육학을 수행해야 한다. 콘(Janas Cohn) 역시 사회교육으로서 학교교육이 재편되기를 희망했다.

문화주의 교육(Kulturalle Bildung)은 문화철학을 기반으로 하는데, 대표자는 딜타이(Wilhelm Dilthey, 1833~1911), 리트(Theodor Litt, 1880~1962), 슈프랑거(Eduard Spranger, 1882~1963) 등이다. 특히 딜타이는 정신과학적 심리학, 정신과학적 교육학의 창시자로서 '객관적 정신'을 찾고자 했다. 이는 역사주의 교육학에 뿌리를 두고 있는데, 문화의 절대성을 인정한다. 인간은 문화를 창조하고, 다시 문화에 구속된다. 리트는 헤겔의 변증법을 응용하여 변증법적 교육학을 창시했다. 슈프랑거는 『문화와 교육』에서 주관적 정신과 객관적 정신 그리고 절대정신을 구분했다. 객관적 정신은 문화이고, 절대정신은 문화책임, 문화양심을 통해 이루어지는 규범정신이다.

20세기 들어 두 차례의 세계대전을 통해 세상은 국가주의와 개인주의의 대결이라는 이분법적 구도를 벗어나 점점 다양한 사회로 분화되기 시작했다. 그만큼 교육에 대한 관심도 다양하게 발전했다. 포스트모던의 시작이었다. 심지어 20세기 초에는 무정부주의도 등장했다. 20세기 중반부터 포스트모던의 풍조가 더욱 본격화되면서 이질성과 다양성의 사회, 교육에 대한 다양하고도 특별한 관심이 폭발적으로 늘어나게 되면서 다양한 학자들의 관점에서 다양한 교육이론도 창출될 수 있었다. 이질성과 다양성은 이제 사회에서 거역할 수 없는 사실이 되었다. 그만큼 교육 역시 다양한 관점에서 이루어지는 것이 당연하다. 그럼에도 우리의 교육은 지금도 획일적이고 폐쇄적이라는 지적을 받고 있다. 그 이유는 무엇일까? 세상의 급격한 변화와 혁신의 바람을 고려하지 않고 오로지 '학교는 무조건 획일적으로 교과서만 가르치면 된다'는 식으로 과거에 멈추어선 채 추억에만 사로잡혀 있는 우리의 교육 현실이 비판받는 이유다.

26

'듀이 교육'의 본질은 무엇일까?

존 듀이(John Dewey, 1859~1952)는 미국의 행동적 휴머니즘 및 실용주의 교육의 창시자다. 듀이의 실용주의 교육사상의 배경으로는 퍼스(C. S. Pierce), 제임스(W. James), 미드(G. H. Mead)의 사상을 들 수 있다. 당시에는 교육 현장에서도 콩트의 실증주의를 위시하여 베르그송의 생철학 그리고 자연과학과 실험적 논리학이 대세였다. 그러나 1894년 시카고대학 부설 실험학교를 설립 · 운영하면서 듀이의 교육사상은 하나의 독자적인 교육세계를 그려나가기 시작했다.

그는 이어서 『학교와 사회(1899)』, 『민주주의와 교육(1916)』을 출간하면서 진보주의 교육관을 토대로 실용주의 교육철학을 완성해나갔다. 당시 듀이에게 가장 중요한 것은 민주주의 공동체의 생활방식이었다. 또한 진보주의 교육을 주창했던 당시부터 그의 교육사상은 아동중심교육, 흥미중심교육, 경험중심교육, 상호작용중심, 안내자로서의 교사, 학생의 동료로서의 교사상, 커뮤니케이션, 토론, 대담방식 수업, 관심의 다양성 등의 개념으로 이루어져 있었다. 특히 듀이의 경험중심 교육과정은 아동에게 경험의 재구성과 재구조화를 돕는 것으로 구성된다. 이를 통해 그는 교육 현장에서 아동의 자발적 활동을 촉진시킴으로써 아동활동중심의 교육으로 바꾸어야 한다고 하면서 지적 활동과 유희 작업의 조화 그리고 일상생활, 아동의 성장, 아동의 경험, 사회적 과정 중시, 능동성을 교육의 핵심요소로 간주하고 당시 지배적이던 암기식 교육의 폐기를 주장했다. 한마디로 듀이에게 교육은 아동의 자아실현이자 능력과 의욕의 성장이며, 자기갱신 과정을 통한 끊임없는 성장이다. 여기서 성장은 아동의 경험을 계속적으로 개조시키고 재구조화하고 재구성하게 함으로써 가능하다.

한편, 감각, 즉 오감(五感)을 통한 듀이의 경험교육은 로크와 루소의 영향을 받았다. 이들은 활동을 교육의 시작으로 보았으며, 아동에게 경험 속의 사고를 유도하여 반성적 사고(reflective thinking) 작용을 할 수 있도록 하는 것을 교육이라고 보았다. 즉 이들에게 교육이란 경험의, 경험에 의한, 경험을 위한 교육이다. 특히 듀이에게는 경험을 통한 지식이 진정한 지식이며, 경험적 지식이 바로 모든 지식의 토대다.

> "경험적 지식과 더 높은 합리적(또는 이성적) 지식의 대립이 있다. 전자는 항상 다반사와 관련되는 것으로서, 특별히 전문적인 지적 활동에 종사하지 않는 보통 사람들의 목적에 봉사하며 그들의 욕구를 즉각적인 환경에 조화롭게 관련짓는 일을 한다. 이러한 종류의 지식은 교양적인 의미가 결여된, 순전히 실용적인 것으로서, 경멸까지는 아니라 하더라도 경시되고 있다. 합리적 지식은 실재를 궁극적으로 또 이성에 의해 직접 파악하는 것이라고 생각된다. 이 지

식은 그것을 추구하는 것 자체가 목적으로서 이론적 통찰을 얻는 것으로 끝나야 하며, 행동에 적응된다든지 하는 식으로 비하되어서는 안 된다.

사회적인 면에서 보면, 이 두 가지 지식은 각각 노동계층이 사용하는 지능과 생활수단에 대한 관심과는 거리가 먼 유식계층이 사용하는 지능에 상응한다. … 이 구분이 교육에 적용될 때, 학생들은 한편으로는 수많은 구체적인 정보들을 따로따로 배워야 하며, 또 한편으로 몇 가지 법칙이나 일반적 관계를 배우지 않으면 안 된다."(존 듀이, 1916/이홍우, 1996: 501-502)

그런데 중요한 것은 듀이의 경험교육은 반성적 사고를 동반하는 반성과 성찰의 교육이라는 점이다. 즉, 아동은 시행착오의 경험을 거듭하면서 반성과 성찰을 통해 진정한 (산) 지식을 습득한다. 또한 듀이에게 교육은 사회생활의 유지 · 존속 수단이며 사회개량 과정이다. 이런 의미에서 듀이에게 학교는 '작은 사회'이며, 사회화(社會化)는 교육이 추구해야 할 목표가 된다. 그러나 듀이의 사회화는 단순한 사회적응이나 사회순응을 의미하는 것이 아니다.

듀이의 교육은 지식을 가지고 사회생활에서 규율을 지킬 수 있는 사회화된 사람이면서 동시에 현재의 사회제도를 개혁 · 수정하여 사회발전에 기여하는 사람을 양성하는 것이다. 즉, 교육은 인간개조를 통해 사회개조를 할 수 있도록 하여 궁극적으로는 올바른 민주주의 사회를 건설하는 데 기여할 수 있는 인재를 육성하는 것이다.

듀이가 창안한 교육 방법은 재래식 암기교육을 버리고 능동적 탐구학습 방법으로서 문제해결 과정을 의미한다. 그가 제시하는 문제해결 단계는 다음과 같다.

1단계: 문제에 직면한다.
2단계: 문제를 명확하게 확인한다.
3단계: 문제해결의 계획을 세운다.
4단계: 자료를 수집하고 예정된 계획을 전개한다.
5단계: 결과를 검증하여 확실한 해결에 도달케 한다.

이미 언급한 것처럼 듀이 교육의 최종 목표는 아동의 성장(growth)이다. 아동이 문제를 해결하면 그것은 바로 성장했다는 증거다. 따라서 문제해결은 듀이 교육에서 과정이며 목표이며 성장의 징표가 된다. 이를 위해 듀이가 추구한 교육 방법은 아동의 흥미와 관심을 중심으로 경험하게 하고 반성적 사고를 통해 경험을 재구성하도록 한다. 이 과정에서 아동은 자신의 경험을 토대로 무엇인가를 탐구하게 된다. 이를 우리는 '듀이의 실험적 방법'이라고 한다.

아동이 스스로 흥미와 관심을 가진 영역을 직접 경험하고 실험하고 탐구하게 함으로써 마침내 반성적 사고를 통한 반성적 실천을 함으로써 끊임없이 성장하게 된다. 성장의 증거는 문제해결이다. 즉, 교육과정에서 문제해결이 이루어지면 아동은 한 단계 성장한 것이다. 계속적인 문제해결을 통해 아동은 지속적으로 성장한다. 참고로 듀이가 가장 중시한 아동의 네 가지 흥미는 그림과 교재에 대한 흥미, 사물을 탐구하고 발견하는 흥미, 물건을 제작하고 구성하는 흥미, 예술적 표현의 흥미로 구분된다.

27
한국의 교육 전통은 알 필요가 없을까?

물론 아니다. 그러나 이미 오래전부터 서구의 교육이 들어와 점령하여 발달한 상황이며, 지금 우리의 교실은 서구의 교실 그대로다. 따라서 사실 고유한 교육역사와 교육적 전통을 가지고 있으면서도 우리의 교실은 서구 제국주의자들과 손을 잡고 아시아에 제국주의를 전파한 일본 군국주의의 유물로 장식되어 있다. 우리의 좋은 전통과 교육정신은 어느 학교 어느 교실에서도 전혀 찾아볼 수 없다.

물론 우리의 교육 전통에서 허점과 병폐도 있을 것이다. 이런 것은 계승되지 않은 것이 오히려 약일 수도 있다. 그럼에도 동양의 교육사상, 한국의 교육 전통이 우리의 현재 학교 현장에 전혀 반영되지 못하고 있다는 점은 안타까운 노릇이다. 한마디로 갓 쓰고 양복 입고 다니는 꼴이다.

어디 이런 것이 교육뿐만은 아니겠지만, 교육은 특히 제국주의 유물을 그대로 가지고 있다. 우리의 멋진 교육 전통과 동양적인 사상이 아쉬운 대목이다. 이를테면 주입식 지식암기 방식의 교육은 제국주의자들이 남긴 가장 커다란 상흔이다. 이들은 제국의 우월성을 세뇌시키기 위해 교육의 방식을 의도적으로 바꾸어놓았다. 과거 우리의 서당에서는 아이들을 세뇌시킬 필요가 없었기에 자연스럽게 교육방식도 발전했다. 이는 이스라엘의 대표적인 교육 전통인 하브루타와 유사하다. 결코 인위적인 교육방식이 아니라 매우 자연스럽고 자발적이며 합리적인 교육방식이었다.

한국의 서당에서나 이스라엘에서도 아이들은 일단 무조건 교과서를 외웠다. 물론 뜻도 의미도 이유도 모르고 소리 높여 읽었다. 여기까지는 세뇌교육을 시켰던 서구 제국주의나 일제 군국주의에서 강요한 암기식 수업과 같다. 그러나 그다음이 다르다. 즉 한국의 전통적 교수법으로는 강독(講讀), 습자(習字), 제술(製述)을 꼽을 수 있다. '강(講)'이란 배운 글을 큰 소리로 읽으면서 무조건 암기하고 나서(암송), 나중에 훈장이나 부모님 등 누군가에게 뜻과 이치를 물어보면서 깨치는 방식이다. 『천자문』, 『동몽선습』 등의 학습이 대표적이다.

하늘 천, 땅 지, 검을 현, 누를 황… 일단 무조건 암기한다. 그러고 나서 질문을 통해 문리(文理)를 터득한다. 그런데 강은 1:1 면대면 학습이어서 개인차에 따른 학습진도나 학습의 양을 조절할 수 있기 때문에 오늘날에 비유하면 수준별 학습이라고 할 수 있으며, 가르치는 사람과 배우는 사람 사이의 인간적 교제나 감화도 일어날 수 있다. 이상수(李象秀)가 「발몽정궤(發蒙正軌)」에서 서당에서의 교수법으로 제시한 '갱신고(更辛苦)'와 '순승척(循繩尺)', 그리고 이덕무(李德懋)가 『사소절(士小節)』에서 제시한 아동 교수법이 대표적이다. 습자(習字)는 말 그대로 글씨를 쓰는 것으로, 처음에는 글자를 익히는 것이 목표가 되지만 점차 서체를 의식해서 남의 서체를 본뜨기도 하고, 유명 서체를 익히기도 하면서 마침내 자신만의 독특한

필체를 완성하는 경지에 도달하기도 한다. 제술(製述)은 강독과 습자의 능력을 바탕으로 시나 글을 짓는 것을 말한다. 이는 단순한 기초학습을 넘어 고차원의 학습으로 이어지는 것인데, 과거(科擧)시험에 응시할 수 있는 능력까지 가능하다. 그런데 이러한 강독, 습자, 제술은 주로 개인지도에 해당한다고 할 수 있다. 즉, 교수자인 훈장이 학동에게 과제나 문제를 내주고 이를 점검하는 방식이었다.

정리하자면 『천자문』, 『명심보감』, 『소학』, 『예기』, 『춘추』, 『논어』 그리고 경전 코라(Kora)를 암기한 아이들은 이제 쌍을 지어 친구나 동료들과 토론하기 시작한다. 자기가 읽은 내용을 설명하다가 모르는 개념이 나오면 상대방에게 물어본다. 이렇게 하면서 이들은 자연스럽게 뜻도 모르고 외운 글을 어슴푸레 이해하게 된다. 모르는 것을 서로 질문하면서 무조건 외운 교과서 내용의 뜻이 파악되기 시작한다. 서로 물어보아도 해결이 안 되는 부분은 마지막으로 훈장님과 랍비를 찾아가서 묻는다. 여기서도 토론이 계속될 수 있다. 이렇게 하여 아이들은 진정한 자기학습을 하는 것이다. 실제로 우리의 성균관에서도 유생들이 강독(講讀), 즉 사서오경을 읽고 이에 대해 갑론을박을 통한 토론의 방식으로 수업이 전개되기도 했다. 물론 이러한 유생들 간의 지식논쟁은 정치적 차원에서 사색당파의 대립으로까지 확대됨으로써 우리의 교육유산으로 기록되지는 못했다.

오늘날 이스라엘의 하브루타는 계승되어 전 세계적으로 독특한 교육방식으로 벤치마킹되고 있다. 반면 우리의 서당교육은 자취를 감춘 지 오래다. 서당의 역사는 일제가 삭제한 역사 중의 하나이기도 하다. 자료가 거의 없다. 물론 왕정 시대에 주로 서민을 대상으로 했던 서당은 축에도 들지 못한 교육기관이었기 때문이기도 하다. 이렇게 하여 우리나라의 전통적 교수법은 해방 후 서구로부터 근대학교가 도입되면서 완전히 끊겼고 서양의 교수법으로 대체되고 말았다. 오늘날 전 세계를 지배하고 있는 서양의 교수법은 근대 이후에 체계화되었다. 특히 36년간 우리를 강압적으로 지배한 일제가 남긴 제국주의의 세뇌교육 방식은 우리의 전통적 교육방식을 사라지게 하는 결정적인 변수로 작용했다. 세뇌교육은 일제가 강화한 소위 '우민화교육'으로서, 즉 바보를 만드는 교육이다.

따라서 지금 제국주의가 남긴 흔적을 그대로 안고 있는 우리의 교육 현장을 우리의 멋진 교육 전통으로 대체하면서 교육 현장을 혁신하는 것도 하나의 방법이다. 고조선 때부터 내려온 홍익인간의 이념, 인내천 사상, 깨우침, 인성 함양, 심신수련, 자기수양, 자기도야, 수신제가치국평천하, 마음공부, 성인군자, 이용후생, 실사구시 등을 기반으로 하는 우리의 교육 전통이 대표적이다. 그럼에도 이러한 생각은 현실감이 없다. 왜냐하면 우리 사회는 일제가 남긴 유산을 더욱 강화시키는 데 앞장서고 있다.

주입식 암기교육의 병폐는 해방 이후 지금까지 무려 70년 이상 지속적으로 비판되어왔지만, 여전히 변하지 않으며 오히려 교묘한 방식으로 더욱 세련되게 발전하고 있다. 즉, 오늘날도 학부모들은 주입식 암기교육만이 일류 대학에 진학하는 지름길이라고 믿고 있다. 이는 우민화 교육, 즉 바보를 만드는 교육인데도 말이다.

따라서 지금 우리 학자들이 어떤 훌륭한 교육이론을 들이대어도 우리의 교육 현장은 절대 변할 수 없다. 주입식 암기교육은 결국 세뇌교육이며, 이로써 손실되는 교육의 영역이 무척 많은데도 말이다. 일단 아이들의 상상력과 창의력은 교과서를 암기하는 동안 멈추고 심지어 거세된다. 오늘날은 창의력의 시대이고 창의인재를 키워야 한다는 대목에서는 정치가든 경제인이든 학부모든 모두 부정하지는 않지만, 실제로는 교과서를 무조건 암기하는 데 전력 질주해야 한다. 왜냐하면 그것이 시험에 나오니까.

그러나 지식암기교육으로 우리의 아이들을 상상력과 창의력이 거세된 바보, 즉 우민(愚民)으로 만들고 있다. 이게 바로 대한민국의 현실이다. 우리의 교육은 시험에 나오는 것만 가르치고 배우면 끝이다. 창의력과 상상력이 풍부한 아이들은 대입시험에서 결코 성공할 수 없다. 왜냐하면 시험문제를 풀어야 하는데 이들은 오히려 시험문제에 의문을 갖기 때문이다. 이것이 바로 이 지면을 통해 한국의 멋진 교육 전통이나 동양의 훌륭한 교육사상을 소개하지 못하는 변명거리이기도 하다. 아울러 이미 우리의 교실이 서구의 교실이라면 결자해지(結者解之), 즉 서구의 교실은 서구식으로 해법을 찾아야 하는 것이 맞다. 따라서 이 지면에서는 서구의 (훌륭한 또는 반면교사가 될 수 있는) 교육 전통을 소개하는 것으로 대신한다.

28

그런데 정말 학교는 '지식교육'이라도 제대로 할 수 있을까?

이건 분명히 우문(愚問)이다. 아니 지식을 가르칠 수 없다면 교육은 뭐고, 학교는 다 뭔가? 그렇다. 당연히 학교에서 지식은 가르칠 수 있다. 그리고 지금도 학교는 지식을 가르치고 있다. 그래서 우리는 '지식교육'이라고도 한다. 물론 지식교육이 문제라고 주장하는 사람들도 많다. 그러나 지식을 교육하지 못한다면 그게 학교 맞는가? 그런데 지식교육이 문제라는 비판의 이면에는 인성교육, 인격교육 같은 전인교육이 부재하다는 것을 말하는 것이다.

그렇다면 정말 지식교육은 필요치 않은 것인가? 학교에서는 모든 지식교육을 포기하고 인성교육, 인격교육만 해야 한다는 것인가? 그런 논리는 아닐 거다. 아마도 학교가 지식교육만 하지 말고 인성교육도 해야 한다는 의미일 것이다. 즉, 지식만 가르치지 말고 인성도 적절하게 교육해야 한다는 것일 게다. 이러한 비판과 주장은 과거 지존파 사건이라든지 사회에 끔찍한 사건이 날 때마다 더욱 거세진다. 즉, 이러한 주장과 논리에는 지식교육뿐 아니라 인성교육도 해야 한다는 의미가 더 클 것이다.

그런데 사실 학교에서 인성교육을 맡아서 해야 한다는 주장은 여전히 현장에 도입되지 않고 있다. 물론 조금씩 인성을 육성하는 커리큘럼과 프로그램들이 도입되고는 있지만, 학교 하면 여전히 지식교육이 중심이다. 아마도 아직은 태부족이지만 교과과정에 수행평가, 체험학습, 봉사활동, 자유학기제 등을 도입한 것이 대표적일 것이다. 그러나 학교에서 본격적으로 인성교육을 하지 못하는 이유는 의외로 간단하다. 한마디로 인성 또는 인성교육은 시험에 안 나오기 때문이다. 인성을 위한 학교의 오랜 전통이 도덕교육이다. 그러나 도덕도 시험에 나오기 때문에 수업을 한다. 학교는 도덕, 인성도 시험에 나오면 가르친다. 그러나 점수도덕이고 점수인성이다.

한편, 한동안 우리 사회에서 학교가 인성교육도 떠맡아야 한다는 주장에 대한 논쟁이 뜨거웠던 적이 있다. 이의를 제기하는 측의 주장은 인성은 가정의 몫이고 인성교육은 가정에서 이루어져야 한다는 논리였다. 이런 논쟁은 결국 인성의 영역을 가정과 학교 사이에 붕 뜨게 하는 결과를 초래하기도 했다. 이를테면 핵가족, 가족해체현상이 급격하게 늘어나는 세상에 인성을 가정에 내맡긴다는 것도 무책임한 처사이며 소위 '어쩌다 부모'도 많은데 이들에게 인성이라는 전문영역을 맡긴다는 것도 문제라는 지적이다.

또한 이들은 학교가 인성까지 맡아 할 시간과 여지도 없다는 것이다. 입시를 대비하기 위한 지식교육도 쫓아가기 바쁜데 인성교육까지 요구한다는 것은 어불성설이라는 것이었다. 결국 한동안 우리 사회를 떠들썩하게 했던 인성교육에 대한 논쟁은 단지 '책임공방'으로 끝나버린 느낌이다.

그러나 '학교는 지식을 가르칠 수 있는가?'라는 질문은 또 다른 측면이 있다. 여기서 학교에서의 지식은 교과서 지식을 말한다. 물론 학교에서는 교과서 외의 지식도 가르친다. 그러나 시험에 나오는 지식은 교과서 지식이다. 교과서 밖에서 시험문제를 출제하면 선행학습금지법에 걸린다. 따라서 학교는 반드시 교과서의 지식만을 가르치게 되어 있다.

그런데 여전히 학교는 지식을 가르칠 수 있는가에 대한 의문은 중단되지 않는다. 그 이유는 지식이란 항상 변할 수 있기 때문이다. 오늘날 21세기는 테크놀로지의 발달 속도에 맞추어 지식의 수명이 짧아지고 있다. 이를 '지식의 반감기'라고 하는데, 오늘의 지식이 내일의 지식이 될 확률은 50% 이하라고 한다. 과거 중세시대에는 지식의 반감기가 500년 걸렸는데, 오늘날은 11시간이라는 말도 있다. 그만큼 지식의 수명이 짧아지고 있다. 자고 일어나면 내가 알고 있는 지식의 절반은 쓰레기통에 버려야 한다.

그렇다면 위의 질문은 '정말 학교는 이렇게 급변하는 지식의 반감기 속에서 과연 지식다운 지식을 가르칠 수 있다는 것인가?'라는 질문으로 비약될 수 있을 것이다. 왜냐하면 학교에서 가르치는 지식이 쓸모없다면 가르치고 배울 필요도 없는 것이라는 생각 때문이다. 이미 학교에서 가르치는 지식은 죽은 지식이라고까지 비아냥을 받는 시대가 되었다. 그러나 학교는 항변할 것이다. 죽은 지식이라고? 설령 학교 교과서의 지식이 사회적으로는 더 이상 써먹을 수 없을지라도 대학입학을 위해서는 가장 중요한 지식이다. '대학입학용으로 가장 유용한 지식을 가르치는데 학교가 뭔 문제인가?'라고 반문할 수 있다. 그렇다. 그런 면에서 학교 지식은 유용한 지식이다. 단, 대학입시까지만. 그다음은? 바로 그거다.

학교는 아이들의 미래를 위해 존재한다. 학교 지식은 학생들에게 미래의 삶을 유용하게 해주기 위해 필요하다. 그렇다면 입시 이후의 학생들은? 무슨 지식이 이들에게 미래를 준비하게 하는가? 이렇게 본다면 학교는 대입까지만 책임을 지는 거다. 과연 이러한 상황에서 학교가 그렇게 우리의 삶에서 비중 있게 다루어질 필요가 있을까? 심지어 오늘날처럼 대학을 졸업한다고 해도 취직하지 못하는 세상에서 과연 학교가 뭔가를 가르친다고 할 수 있을까?

29
지식이란?

지식의 본질은 크게 '절대적 지식'과 '상대적 지식'으로 구분된다. 전자는 지식을 시간의 흐름 속에서도 항구적인 고정불변의 절대 진리와 동일하다고 보는 입장이며, 후자는 지식이 시시각각으로 변하는 속성을 가지고 있기 때문에 세상에 소위 '절대 불변의 진리'는 존재하지 않는다고 보는 입장이다. 그런데 절대적 지식관과 상대적 지식관에 따라 교육의 원리, 내용, 방법 그리고 결과가 완전히 달라진다. 즉 교육이 절대적 지식관에 입각하여 이루어진다면, 교육은 지식을 전달 · 계승 · 발전시키면 된다. 그러나 교육이 상대적 지식관에 의존하여 이루어진다면, 교육은 지식을 새롭게 구성하고 재구성하거나 새로운 지식을 창조하는 것으로부터 시작된다.

우리 인류가 절대적 지식관을 가진 역사는 무척 오래다. 어쩌면 지금까지 인류가 탄생한 이래로 성립된 대부분의 지식은 절대 지식으로 간주되어왔다 해도 과언이 아니다. 고대 그리스의 플라톤은 그것을 지혜로운 자의 지식, 즉 '참지식(epistēme)'이라 했고, 동양에서는 득도(得道)하면 얻을 수 있는 혜안의 지식을 의미했다. 특히 인류가 오랫동안 강화시켜온 가부장제(家父長制)의 역사와 절대적 지식관의 역사는 거의 동일하다. 절대적인 권력을 가진 사람들의 지식은 절대적인 것으로 변하지 않는다. 집에서는 가장(家長)인 아버지의 말씀이 진리다. 국가에서는 왕의 말씀이 곧 진리다. 지금도 권력은 지식을 결정한다. 이러한 의미에서 푸코(Michel Foucault, 1926~1984)는 권력과 지식을 동일한 것으로 보았다.

이러한 지식관은 세상에 절대자로서 신(神)이 등장하면서 확고해졌다. 기독교에서는 성경(聖經)이 진리다. 이슬람에서는 코란, 유대교에서는 코라, 불교에서는 불경, 유교에서는 논어 그리고 맹자 등 위대한 고전으로 통하는 지식들이 진리의 말씀들이다. 진리의 말씀은 곧 절대적 진리관의 모태다. 즉, 전지전능한 신이 지배하던 시대의 지식관이 대표적이다. 따라서 절대적 진리관은 지식과 진리를 동일시한다. 오랜 시간 동안 인류는 진리 또는 절대적 지식에 의존해왔다. 즉, 절대 지식은 절대 불변이다.

교육의 역사에서 볼 때도 항존주의(恒存主義)와 본질주의(本質主義)는 절대적 지식관에 근거하고 있다. 이들에 의하면, 세상에는 항구적으로 고정불변하는 지식이 존재하며 지식의 본질적인 차원은 절대 변하지 않는다. 이러한 절대적 지식관을 가진 사람들의 교육은 고정불변의 지식 또는 진리를 그대로 전달 · 계승 · 발전시키는 것이다. 이는 객관적인 지식관을 형성한다. 즉, 지식은 반드시 객관적이며 객관적인 지식은 절대적일 수밖에 없다.

결국 인류의 발생부터 최소한 중세시대까지 '지식(知識)'은 '진리(眞理)'와 동일시되었다. 계몽시대에도 칸트, 헤겔 등 철학자들에게는 (절대) 지식과 진리는 동일한 개념이었다. 그러나 계몽의 시대에 자연과학(自然

科學)이 확장되면서 과학은 새로운 지식을 만들어냈고, 그 새로운 지식과 진리는 일치하지 않을 수도 있다는 사실이 인지되기 시작했다. 이를테면, 아리스토텔레스 시대의 사람들은 천동설(天動說)을 진리로 믿고 있었지만, 코페르니쿠스에 의해 지동설(地動說)로 진리가 바뀌었다.

물론 자연과학에서의 지식은 '조건의 지식'일 뿐이다. 즉, 특정한 조건하에서 실험을 통해 만들어진 지식들이다. 그럼에도 이러한 지식들은 다시 새로운 지식에 의해 교체될 수도 있다. 즉, 과학적 지식은 반드시 진리와 일치하지 않을 수도 있다. 심지어 변할 수도 있다. 이러한 의미에서 과학철학자 포퍼(Karl Popper, 1902~1994)는 "지식이란 반증(反證)이 없을 때까지만 지식이며, 만약 반증이 생기면 지식은 바뀐다"라고 하는 소위 '지식 반증설'을 주장했다. 이러한 주장은 절대적 지식관을 거부하고 상대적 지식관을 지지한다. 따라서 일단 창출된 지식은 끊임없이 반증되면서 자연과학(자연과학적 지식)도 발전한다.

상대적 지식관은 절대적 지식관에 대립하는 개념이다. 즉, 지식은 고정불변한 것이 아니라 상황에 따라 상대적으로 바뀔 수 있다. 상대적 지식관은 아래에 제시되는 다양한 과정을 통해 확인된다. 이러한 상대적 지식관은 '구성주의 지식관'의 토대가 된다. 구성주의 지식관은 말 그대로 지식은 구성되고 재구성되는 속성을 가지고 있다. 이는 객관주의 지식관과 대치된다.

우선 지식의 역사는 변증법(철학 하는 방법)의 역사와 맥을 같이한다.*

* 변증법의 창시자라고 하는 엘리아학파의 제논으로부터 시작하여 플라톤, 칸트, 헤겔, 슐라이어마허, 마르크스 등에게서 변증법은 최고의 위상을 정립하게 되며, 심지어 실존주의 철학자들 및 일부 포스트모던 철학에 의해서도 그 성격과 방식에서 약간의 차이를 보이면서 보

일반적으로 변증법은 그리스어로 'dialektikē'이라고 하여 '대화술' 또는 '문답법'이라고 한다. 일단 우리에게 알려진 지식은 자체 모순이 — 자발적으로 또는 타의적 · 강제적으로 — '지양됨으로써(aufheben)' 새롭게 극복되어 궁극적인 합일에 도달한다. 즉, 지식은 시간의 흐름 속에서 변증법적 과정을 거치면서 점점 참지식으로 거듭난다. 2천 수백 년 전에 이미 소크라테스는 참지식에 도달할 때까지 주변 사람들과 '끊임없이 묻고 답하며(elenchos)' 대화(dialogue, communication)를 시도했다.

물론 무모한 대화와 의사소통은 참지식을 방해할 수 있다. 그러나 지식이란 속성상 계속 비판되고 반성되면서 객관적 지식으로 거듭난다. 이러한 과정이 변증법적이다. 물론 영원히 인정되지 못하는 지식도 있다. 따라서 (현존) 지식에 대한 지속적인 비판과 반성 작업은 반드시 필요한 일이다.* 한마디로 지식은 앎이 '객관적 지식'으로 탄생하는 순간부터 '지식'이라는 이름을 가질 수 있는 변증법적 지식화 과정을 경험한다.

그렇다면 왜 인간은 궁극적으로 객관적 지식을 요청하는 것일까? 이는 가능한 한 시행착오를 덜하기 위함이다. 이때 동원되는 것이 바로 이성(理性)의 능력이라고 가정하는 것이다. 인간의 이성은 지식형성에 결정적이다. 즉, 앎을 지식으로 가게 하는 중요한 매개체가 바로 이성이다.

완 · 계승 · 발전된다. 그러나 변증법은 소크라테스와 플라톤에 의해 비로소 진리(참다운 지식)를 인식하기 위한 사고방식으로 정립되었다. 물론 헤겔에 와서는 변증법이 인식뿐만 아니라 존재 자체까지를 밝혀내는 방법으로 발전한다.

* 일반적으로 소크라테스와 그를 계승하는 사상가들의 생각은 '우리가 지속적으로 대화하고 반성하다 보면 반드시 참지식(진리)에 도달할 것이라는 소박한 종교관을 가지고 있기 때문에 우리는 이를 성선설(性善說)에 입각한 지식이해의 관점'이라고 이해한다. 이 글도 이러한 관점을 배제하지 않는다는 점에서 글의 한계점이라고 할 수 있다.

그런데 이성은 주관적 이성과 객관적 이성으로 구분된다. 두 가지 이성 능력을 모두 갖추고 태어나는 인간에게 — 칸트에 의하면 — 지식은 결국 주관적 지식에서 멈추지 않고 객관적 지식까지를 포괄한다.

소크라테스는 "무지(無知, Nichtwissen)와 지(知, Wissen)의 과정에 서 있는 것이 인간"(Spranger, 1954: 21)이라고 설명했다. 지금은 잘 모르고 있을지도 모르지만 앞으로 계속 무엇인가를 알고자 하는 존재가 바로 인간이다. 그가 마침내 (객관적) 지식을 취득하는 것은 삶의 최종 목표가 된다. 그렇다면 인간의 지식은 고정된 것이 아니라, "계속 되어가는 것"을 의미하게 된다.

즉, 지식은 고정불변이 아니라 점차 (주관적) 지식이 (객관적) 지식으로 되어가는 것이다. 일단 알려진 것, 즉 (주관적) 앎이 점차 객관적이 되면서 (진정한 또는 확실한) 지식의 형태로 탈바꿈한다. 따라서 지식이란 사물과 사실에 대한 주관적 정신의 작용으로 알려지는 내용들이지만, 결국은 객관정신에 의해 — 심지어는 "절대정신"(Hegel)에 의해 — 완성되는 성격을 가진 소위 "변증법적 과정으로서의 지식"을 의미한다.

오늘날 우리는 다양성과 이질성 그리고 상대성으로 대변되는 포스트모던 지식의 홍수 속에 살고 있다. 이러한 포스트모던 지식은 지식이 유전한다는 전통적인 변증법적 지식에 뿌리를 두고 있다고 할 수 있다. 판타레이(panta rai). 2천 수백 년 전 헤라클레이토스의 지식관이다. "모든 것은 흐른다." 소위 만물유전론(萬物流轉論)으로 잘 알려져 있는 그의 '판타레이 지식관'은 포스트모던 지식관의 모태이며 아울러 변증법적 지식의 효시라고 할 수 있다. 이는 소위 지식의 절대성을 거부하는 지식의 상대적 생성과정을 설명하는 역사적 단초가 되기도 한다.

30
그럼 도대체 '학교철학'은 뭘까?

원칙적으로 학교란 아동을 유아의 세계(놀이의 세계)로부터 성인의 세계(사회적 역할)로 연착륙시킴을 목표로 한다. 여기서 유아의 세계는 놀이의 세계이며, 성인의 세계는 일과 직업의 세계다(Jeangros, 1951). 이는 학교철학이면서 학교의 사명이다. 이를 도식화하면 아래와 같다.

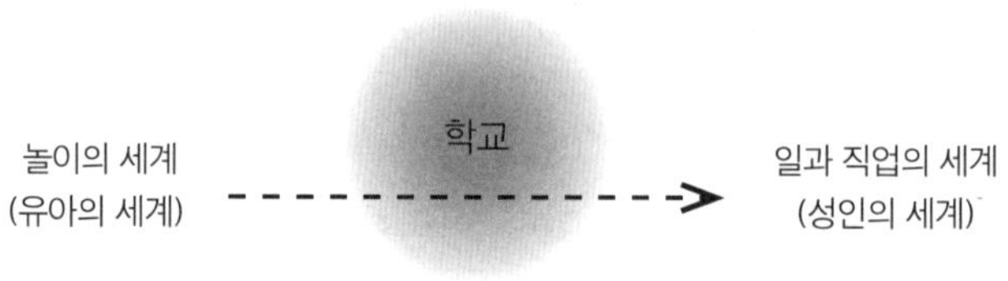

학교철학: 학교의 사명

따라서 학령 전 아동기, 즉 유아기에 유치원에서는 놀이교육이 교육의 핵심 역할을 할 수밖에 없다. 유치원의 이론적 창시자 격인 프뢰벨(J. Fröbel)이 '유치원'이라고 지칭한 킨더가르텐(Kindergarten)은 "어린이들이 뛰어노는 놀이동산"이라는 뜻을 가지고 있다. 즉 유아들은 놀이하면서 자라고, 놀이를 통해 배운다는 의미다(Scheuerl, 1959, 205; Becker, 1978: 21; Flitner, 1986: 120). 유르겐 울프는 말한다. "아이들이 갖고 있는 창의적인 상태로 돌아가기 위해선 아이들처럼 행동해야 한다. 그것은 바로 노는 것이다."(Wolff, 2015: 9) 이렇게 본다면, 유아들에게 놀이는 삶이라고 해도 무방하다(Elkonin, 1978: 462). 즉, 아이들은 놀이 속에서 자기를 실현한다(Zietz, 1965: 90). 결국 놀이 속에서 삶을 영위하고 놀이와 함께 살아가고 배우는 유아들이 점차 나이를 먹게 되면서 학교에 입학하게 된다. 이렇게 놀이에 익숙한 아이들에게 이제 성인의 세계(사회적 역할)를 향해 나아가도록 돕는 과제가 바로 '학교'에 위임됨으로써 교육은 일과 직업 지향으로 바뀌게 되었다.

그런데 바로 이 과정에서 문화적 쇼크가 발생하게 된다. 매일매일 마당이나 들판에서 뛰어만 놀던 아이가 갑자기 성인이 될 준비, 즉 일과 직업의 세계를 준비해야 한다는 사실은 삶의 과정 중에서 쇼크이고 중요한 전환점임이 분명하다. 따라서 원칙적으로 학교는 놀이의 세계로부터 일과 직업의 세계로 들어가야 하는 아이들에게 서서히 준비할 수 있도록, 즉 '연착륙'할 수 있도록 도와주어야 하는 과제를 부여받게 되는 것이다. 바로 이러한 논리가 19세기 독일의 박애주의 시대부터 학교의 기본 과제로 채택되었다. 오늘날 독일을 위시한 대부분의 교육 선진국들은 이러한 학교교육의 철학을 준수하는 교육제도를 운영하고 있다. 특히 놀이의 세계로부터 성인의 세계(일, 직업, 사회적 역할)로의 연착륙을 위한 학교의 단계 과정에서 볼 때, 초등학교는 유아의 세계(즉, 놀이의 세계)에 더욱 밀착될 것이며, 고등학교는 성인의 세계에 더욱 밀착될 것이다. 이를 이상적으로 도식화하면 다음과 같다.

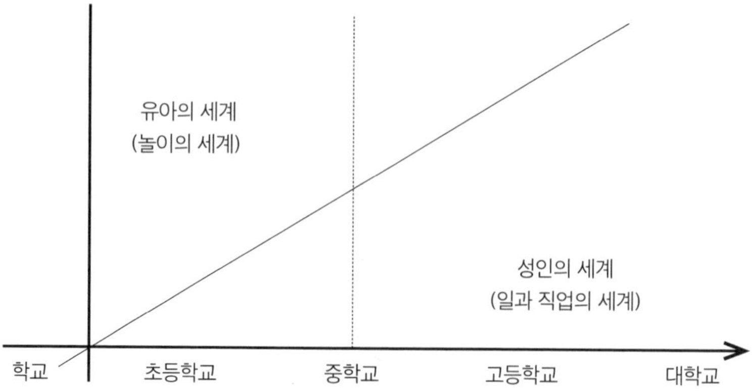

학교 단계별 과제 영역의 이상적 도식화

결국 위의 도식에서 보면, 한국의 중학교 교육은 말 그대로 중앙의 단계에 위치하게 된다. 즉, 중학교 교육단계에서는 유아의 세계에서 성인의 세계로 나아가는 중간 단계 학교로서의 위치에 걸맞게 역할과 기능을 해줄 필요가 있음을 알 수 있다. 이러한 연유에서 중학교 단계를 중심으로 교육이 개선되어야 한다는 필요성과 근거도 확보된다고 할 수 있다. 특히 이상적인 도식으로 본다면, 중학교는 학생들이 놀이의 세계로부터 성인의 세계 중간에 있게 되는 셈이다.

그렇다면 놀이만 하던 아이들을 직업 세계로 안내하기 위해 현실적으로 우리 교육이 할 수 있는 구체적인 것은 무엇일까? 사실 학생들은 학교를 졸업하고 진출하는 일(직업 포함)의 세계에서 '사회적 역할(social role)'을 하면서 사회인으로, 일상생활인으로 살아가게 된다. 따라서 학교는 학생들이 훗날 일의 세계에 진출하여 '사회적 역할'을 잘할 수 있도록 교육하는 곳이다. 결국 학교는 학생들에게 사회적 역할을 잘 수행할 수 있는 역량을 길러준다는 목표로 교육할 것이다. 물론 사회적 역할이 단순한 기능(function)으로만 그치지 않도록 하기 위해서는 전인격적 교육, 전인교육 등이 수반되어야 할 것이다. 사회적 역할이라고 한다면, 사회인으로서 할 수 있는 포괄적 역할이 될 것이다. 하여간 성인 세계에서 성인들의 삶은 사회적 역할이 중심이 된다.

한편, 유아들의 놀이 세계에서도 우리는 이들이 맡은 역할을 해내고 있다는 사실을 알 수 있다. 이를테면 병원놀이, 군대놀이, 아빠엄마놀이 등이 그것인데, 놀이 속에서 맡은 역할이 있다. 아빠 역할, 장교 역할, 졸병 역할, 의사 역할, 소방관 역할, 비행사 역할, 건축사 역할 등은 놀면서도 역할이 중심이라는 사실을 방증한다고 할 수 있다. 이렇게 본다면 중학교 단계는 놀이와 (사회적) 역할이 바로 교육의 핵심과제가 된다. 물론 중학교는 초등학교에서 고등학교로 이행하는 중간단계에 서서 연착륙을 도와야 하는 관계로 놀이로부터, 즉 사회 역할, 직업 역할이 아닌 역할놀이(role playing)에서 시작할 수밖에 없다. 그러나 사회적 역할을 수행하기 위해 우리는 역할을 학습하는, 즉 역할학습을 하게 된다.

결국 학교, 특히 놀이의 세계에서 일의 세계로 사회화를 위한 연착륙을 시켜주는 중학교 과정에서는 '역할놀이(role playing)'와 '역할학습(role learning)'이 중요한 사명이 되는 셈이다. 이를테면, 병원놀이를 할 때 병원에서 의사와 간호사 그리고 보조원과 환자의 역할을 하면서 학생들은 마침내 의사와 간호사로서 갖추어야 할 지식, 즉 '전문 지식'까지 터득하게 되면서 역할놀이는 역할학습으로 전환된다. 이때 역할놀이는 역할학습을 위한 '동기부여'를 하는 셈이다. 학교는 학생들이 앞으로 사회에 나가서 할 역할들(social role), 이를테면 직업인으로서의 역할, 어머니로서의 역할, 아버지로서의 역할, 민주시민으로서의 역할, 경제인으로서의 역할,

정치인으로서의 역할, 문화인으로서의 역할 등을 학습하게 함으로써 건전한 사회인으로 양성될 수 있도록 교육해야 한다.

Ⅱ

소크라테스의 질문법: '산파술'

產 婆 術

1
아, 근데 왜 갑자기 소크라테스란 말인가?

그렇네요. "지금 같은 인공지능이 판을 치는 첨단 테크놀로지 시대에 왜 갑자기 하필이면 소크라테스인가? 2,500여 년 전에 살았다고 하는 그분. 너무 낡은 거 아닌가? 과연 이렇게 바쁜 시대에 너무 한가한 거 아니야?" 하실지 모르겠네요. 아니면 "혹시 인문학이 어쩌고저쩌고 하는 거 아닌가? 인문학이 오늘날의 삶에도 도움이 된다고 하는 것 같은데…" 하시는 분들도 계실 것 같네요. 제가 사실 '인문학 5060'이라는 카페도 개설했잖아요. 근데 아직 단 한 분도 글을 읽은 분이 없더라고요. 벌써 한 달이 넘었는데. 햇수로는 1년이 지났네요. 달력이 바뀌었으니까요.

거기에 지구촌을 발칵 뒤집어놓고 사라진 스티브 잡스로 인해 인문학이 부활했다는 말씀도 올렸어요. 그리고 우리나라에서도 인문학 열풍이 분 적이 있었지만, '실패했다'고도 했어요. 좀 심한가요? 하여간 인문학이 우리 삶에 무슨 관계가 있는지 혹시 확실하게 체감하신 분 계시나요? 아마 더러 계실 겁니다. 단언하지만 그분들은 블루오션을 얻은 겁니다. 이제 인생대로가 창창한 거지요.

근데 아마도 많은 사람은 그렇지 못했을 겁니다. 그래서 '실패'라는 과격한 용어를 쓴 거네요. 그렇다면 하여간 지금까지 시간 낭비만 한 셈인데…. 왜냐고요? 이미 카페에서 말씀 다 드렸는데, 한마디로 우리나라에서 인문학이 실패한 이유는 '주입식 인문학'으로 끝났기 때문입니다. 주입식 인문학? '주입식 교육'… 어디서 많이 들어본 이야기잖아요. 그러니까 인문학도 주입식 교육으로 하면 되는 걸로 알았던 거지요. 공자 왈, 맹자 왈… 그냥 몇 줄 외우면 인문학의 도사가 된 것처럼. 도대체 이렇게 달달 외운 인문학이 일상에 어떤 도움을 줄 수 있을까요? 아, 맞네요. 치매 예방? 전문의에게 물어볼 일이지만, 만약 인문학 열풍으로 국민의 치매 예방이 되었다면, 그나마 다행이네요. ㅎㅎㅎ

사설이 좀 길었네요. '아르키메데스' 하면 떠오르는 게 뭐 없나요? "유레카! 유레카!" 맞다, 갑자기 목욕탕에서 맨 몸뚱아리로 뛰어나왔다는 그분. 기원전 2세기경에 살았던 분이니까 이분도 고전 중의 고전이네요. 앞으로 그분 이야기를 좀 하게 될 겁니다. 레오나르도 다빈치. 상상력과 창의력의 아이콘이라고 하지요. 근데 놀랍게도 그 유명한 '다빈치 노트'에 나오는 이야기들이 이미 아르키메데스의 일기장에 다 나온다는군요. 그럼 이건 다빈치의 모작이나 표절? 빌 게이츠가 77쪽의 다빈치 노트 대가로 무려 470억 원이 넘는 돈을 지불했다고 하던데. 그럼 모작품을 그렇게나 많이? 엥??

그런데 아르키메데스는 아리스토텔레스의 수제자 격인 프톨레마이오스 2세가 세운 무세이온이라는 학당에서 소크라테스식 산파술로 교육받은 사람이라는 사실. 그게 바로 우리가 소크라테스 학당을 복원해야 하는 이유랍니다. 스티브 잡스도 아마 이런 히스토리(그의 이야기)를 알았던 것일까요? 질문하는 학교 소크라테스 학당. 질문은 학생들에게 엄청난 상상을 하게 하지요. 상상력은 21세기형 창의인재가 되게 하는 필수 조건이랍니다. 이제 문제는 어떻게 무슨 질문을 하면 학생들의 상상력이 풍부해질 것인가 하는 거겠지요?

2

소크라테스는 생전에 단 한 번도 글을 쓰지 않았다

아마 웬만한 분들은 다 아시는 거잖아요. 소크라테스가 글을 쓰지 않았다는 건. 근데 놀랍게도 공자도 예수도 그리고 석가모니도 모두 스스로 글을 쓰지 않았다고 하잖아요? 인류의 4대 스승, 4대 성현(聖賢)이라고 하는 이분들. 혹시 글을 몰랐던 거 아닌가요? ㅋㅋㅋ 아니, 이들은 성자(聖者)라고 불리잖아요. 근데 한 분이 빠진 거 같네요? 도교의 창시자라는 노자(老子)라는 분. 태어날 때부터 겉늙어서 별명이 이름이 되었다고 하네요. ㅋㅋㅋ

하여간 이분은 『도덕경』이라는 책을 썼다고 하잖아요. 근데 고작 7천 자 정도? 그분이 직접 썼다는 말도 있기는 한데. 하여간 직접 글을 쓰면 더 많이 유명해지지는 않는 거 같아요. 그러지 않으면 5대 성현의 반열에 노자도 낄 만하잖아요. ㅎㅎㅎ

하여간 그냥 말씀만으로도 세상을 '깜놀'하게 하신 그분들. 도대체 무슨 일이 있었던 건가요? 그럼 살아생전 책을 많이 쓴 사람들은 도대체 뭔가요? 아, 그러네요. 누구처럼 책 많이 썼다고 자랑할 일도 아닌가 봐요. 하여간 문헌 기록상 인류의 스승들은 다 그랬나 봅니다.

"태초에 말씀이 있었다." 뭐 그런 거잖아요. 하여간 이유는 두 가지겠지요. 모두 문맹이었던지, 아니면 글을 쓴다는 것 자체가 귀찮았나 봅니다. 하여간 모두 제자들이 대신 써주는 바람에 인류 역사에 위대한 스승으로 남은 거네요. 만약 구전으로만 전달되었다면 지금까지 누가 알기나 했겠습니까? 그래서 옛말에 이런 말이 있어요. "제자들이 똑똑해야 그 스승이 빛이 난다"고. 아니면, 반대로 '청출어람'이라는 말도 있네요. 스승을 능가하는 제자라고.

소크라테스는 제자 플라톤이 쓴 『대화편』을 통해 세상에 각인된 분이지요. 똑똑한 제자 플라톤이 없었다면 아마 3~4대 내려오다가 끝났겠지요. 그러면 지금도 소크라테스가 누군지 알기나 할까요. 아마 소크라테스는 인류의 역사에 없는 존재가 되었을지도 모르겠지요. 그래서 사람들은 플라톤의 『대화편』에 나오는 소크라테스는 실제로 존재했던 사람인지 아닌지 모른다는 생각을 한 적도 있지요. 아니면 플라톤 자신을 대변하는 인물로 스승 소크라테스를 끌어온 게 아닌가 하기도 했잖아요.

사실 플라톤이 쓴 『대화편』은 대략 26~27권 정도라고 추측되는데(나머지는 아닐 수도 있다는 평가가 나오면서), 하여간 '소크라테스'라는 이름을 가진 사람이 대화의 주인공으로 등장한답니다. 그래서 실제로 대화의 주인공이 '진짜 소크라테스냐?' 아니면 '플라톤이 만들어낸 가공의 소크라테스냐?'에 대한 논쟁이 엄청 오래 지속되었거든요. 지금도 마찬가지이고, 아직 논쟁이 종결된 건 아니에요. 그냥 어정쩡하게 중단된 상태여서 불씨는 여전히 남아 있거든요.

실제로 플라톤의 책에 나오는 소크라테스가 '진짜 소크라테스가 맞나?' 하는 것은 20세기 초 수많은 유명한 학자들 간에 치열한 논쟁을 했던 기록이 있답니다. 지금은 세간의 관심사에서 좀 멀어졌지만. 모두 스승 소크라테스가 직접 글을 쓰지 않은 게 원인이었겠지요. 이건 공자, 석가, 예수의 경우도 다 마찬가지잖아요. 그래서 후세들이 이들의 의중을 좀 더 알고 싶으면 '해석(interpretatio, 解釋)'을 해보아야 한다고 주장하는 거랍니다. 그냥 글자 그대로는 의미를 제대로 알기 어려우니까 의미해석을 통해 좀 더 제대로 알아봐야겠지요. 우리가 '고전을 해석'하는 이유잖아요. 그래야만 그분들의 의중을 좀 더 잘 알게 되겠지요. 물론 완전히는 알 수 없겠지만, 그래도 근사치라도. 뭐, 그거잖아요.

3

소크라테스도 소피스트다?

소크라테스는 마지막 소피스트랍니다. 소피스트라고요? 네, 그렇습니다. 아닌데… 교과서에 보면 소크라테스는 소피스트가 아닌데. 이상하네. 그럼, 반은 맞고 반은 틀립니다. 되었나요? 그럼 반반치킨? 반은 프라이드, 반은 양념통닭? 엥? ㅋㅋㅋ

일단 소크라테스는 고르기아스 같은 소피스트들에게서 배웠는데, 나중에 소피스트들과 자신을 차별화하려고 했던 게 사실이잖아요. 누군가에게 배웠을 텐데… 윗분들이 모두 소피스트였거든요. 그리고 소크라테스가 사형 언도를 받은 죄목 역시 소피스트들과 결코 다르지 않았다는 거구요.

『소크라테스의 변명』이라는 대화집을 보면 소크라테스는 정말 처절할 정도로 '자기는 여느 소피스트들과 완전히 다르다'고 항변하고 있잖아요. 1차 판결에서는 근소한 차이로 지지만 2차 판결에서는 거의 반 토막 정도의 차이로 패하면서 결국 독배를 마시는 산세가 되고 말았지요. 하여간 멜렌토스라는 정체불명의 인간이 소크라테스를 고발했는데… 당시에는 누군가가 고발하면 무조건 수사에 들어갔던 터라. 잘 알지도 모르는 사람이 고소했더라도 졸지에 피의자가 되는 것이잖아요. 지금도 마찬가지지만. 고소하면 수사한다. 2,500년 전과 같네요. 하여간 멜렌토스라는 인간이 소크라테스를 고발한 죄명은 첫째, 두 개의 신을 모시고 사는 소크라테스는 신성모독을 했으며, 둘째, 아울러 청소년들에게 이상한 논리를 가지고 선동하면서 사회를 어지럽힌 당사자라는 거였잖아요.

바로 이건 당시 소피스트들에게 씌운 죄목과 같은 것이었지요. 다만 소피스트와 소크라테스가 다른 점은 소피스트들은 아테네 출신이 아니고 아테네의 외부 지역에서 유입된 소위 외국인 노동자 신분이었다는 사실. 일종의 불법체류자들? 그렇습니다. 그런데 소크라테스는 아테네 출신으로 아테네 사람이었다는 거, 그거 하나가 달랐다는 거였잖아요. 그래서 소크라테스도 법정에서 좀 구차하지만 자기는 아테네 사람이라는 사실을 몇 번 말했다구요. 살아나려고. 아, 좀 너무 나갔나요? 그럼 급죄송요.

4
소크라테스는 소피스트가 아니다?

엥? 방금 위에서 소크라테스가 독배를 마시게 된 이유가 여느 소피스트들과 같은 죄목이었다고 했잖아요? 일단 아폴론(Apolo)이라는 아테네에서 정한 유일신(唯一神)을 모셔야 하는데 아니었고, 다른 하나는 사람들에게 '궤변'을 늘어놓으면서 사회를 어지럽혔다는 건데. 하여간 판결이 이렇게 난 거 맞잖아요. 그래서 모두 헷갈려 한답니다. 그런데 소크라테스는 죽은 후 약 50년 만에 복권이 됩니다. 그러니까 당시 판결이 잘못되었다는 거네요. 달리 말하면 소크라테스는 소피스트가 아니라는 말씀. 하여간 성자들은 모두 그런가 봐요. 예수님은 장사한 지 3일 만에 부활했다고 하잖아요. 판결이 뒤바뀐 거지요.

정말 우습지 않나요? 사람을 죽이고 살리고 하는 판결이 이렇게 왔다 갔다 하다니. 근데 이건 지금도 마찬가지지요. 그러니까 예나 지금이나 재판이라는 게 똑같지 않나요? 시대에 따라 갈대처럼 왔다 갔다 하니까 말이에요. 하긴 판사도 사람이고 사람이 하는 일이니 어떻게 완벽하겠어요? 그러니까 정말 웃기는 거 아닌가요? ㅋㅋㅋ (그래서 나중에 철학자 칸트가 그랬잖아요. "너무 웃기지 않나요? 사람이 사람을 판결해서 죽이고 살리고 하니. 조물주가 보면 뭐라 고 할까요? 내가 만들어놓았는데 자기들끼리 죽이고 살리고 하니…")

하여간 죽은 소크라테스가 부활한 거네요. 그러니까 잘못 돌아가신 거라고. 역사의 아이러니는 바로 이렇게 시작된답니다. 그러니까 소크라테스는 소피스트들처럼 궤변을 늘어놓지 않았다는 평가가 내린 거잖아요.

이렇게 본다면 옛날 사람들도 참 대단했지요? 아니, 이미 죽은 소크라테스를 굳이 다시 평가하여 복권시킬 생각도 했다는 거잖아요. 먹고살기도 바쁜데. 어떻게 보면 지금 우리네보다 더 나았던 것 같기도 하고…. 솔직히 지금 우리는 남들에게 그리 신경을 쓰나요? 죽든 말든. 아, 좀 심했나요? 하여간 좀 돌아보아야 할 일인 것 같네요. 그렇다면 왜 소크라테스는 궤변론자가 아니라는 평가가 나왔을까요? 그게 규명되면 여러분은 진정한 논리(학)와 궤변 간의 차이를 아시게 되는 겁니다. 정론(正論)과 궤변(詭辯)의 차이? 뭐 그런 거잖아요. 아, 그냥 이왕 말이 나왔으니까 뜸 들일 필요가 있을까요? 그냥 해버리자고요. 그러니까 궤변과 정론의 차이는 의외로 간단하다고요. 엥? '기준'의 차이랍니다. 엥? 뭔 기준? 대화, 토론의 기준? ㅎㅎㅎ 보편적 기준? 공통의 기준? 엥? 점점 더 뭔 소리인가요? 그러니까 자기 기준에서만 자기 논리를 펴게 되면 그게 바로 궤변이 된다니깐요. 자기합리화의 궤변? 그들이 그랬잖아요. 엥? 누가요? 아, 소피스트들이요. 엥? 아테네 법정에서 그렇게 판단한 거잖아요. 그래서 추방령? 엥? 그러니까 말이 궤변이 아니고 정론이 되려면 보편적 기준, 공통의 기준에서 이루어져야 한다는 거잖아요? 엥? 모르겠다고요? 이를테면, 여당은 여당의 기준에서 야당은 야당의 기준에서 토론과 논쟁에 임하잖아요. 이게 어떻게 국가 문제를 해결할 수 있을까요? 논리의 기준이 서로 다른데…. 안 그런가요? 그러니까 늘 결과는 평행선? 잘된다고 해도 결국 둘 다 궤변이잖아요. 기준이 서로 다르니까…. 그러니까 그냥 항상 말싸움, 말장난으로만 끝나고 말잖아요…. 엥? 아닌가요? 그럼 아리스토텔레스한테 더 자세히 물어보시든지. ㅎㅎㅎ

5
소크라테스와 소피스트의 차이, 이제 감이 좀 잡히나요?

뭐 이미 교과서에 다 나와 있으니까. 소크라테스를 들어보신 분이라면 궤변과 정론의 간격, 뭐 그런 건가요? 지난주 목요일 첫 '라이브클래스'를 열어보았네요. 말 그대로 드디어. 좀 망설인 것도 사실이고요. 근데 어떠셨나요? 사실 저는 이런 질문을 하고 싶지는 않네요. 왜냐면 소크라테스도 그랬잖아요. 듣건 말건 그냥 고고. 좋았든 싫었든 그건 여러분의 몫이니까 굳이 피드백(?)이라는 이름으로 터치할 필요가 없다는 거지요. 아, 소크라테스가 그랬다는 말씀.

또 하나 여기는 ○○고등학교도 아니고 ○○대학교도 아니잖아요. 소크라테스 학당, 맞잖아요. 소크라테스가 재탄생하는. 그러니까 고객을 무시한 건 절대 아니라는 말씀. 사실 그럴 이유도 없고 그럴 필요도 없잖아요. 그리고 피드백이 불가능하잖아요. 왜냐고요? 아니 누가 '산파술'로 배운 분 계시나요? 엥? 갑자기 산파술? 소크라테스의 질문법?? 근데 좀 촌스럽지 않나요? 소크라테스의 산파술. 그러네요, 그 유명한. 근데 요즘

MZ세대는 모르더라고요. 관심은 더 없고요. ㅋㅋㅋ

하여간 첫 시간의 소감을 말하라고 하면, 아마 솔직히 아무 말도 나오지 않을 거 같아요. 그냥 담담. 그럼 우리 수업은 성공한 거네요. 그것도 대성공. 아포리아(Aporia). 난문(難問)이라고 했잖아요. 이건 또 뭔 소리? 아포리아? 난문? 하여간 대화가 어느 곳에서 난파선처럼 파괴되어 종적을 감춘다는 건데…. 나중에 좀 더 말씀드릴 기회가 있을 거예요.

미국 철학자 중에 와일즈라는 분이 있다고 했잖아요. 그분은 1944년 "우리가 소크라테스의 질문법, 즉 산파술로 교육했다면, 지금 우리는 전혀 다른 멋진 세상에 살고 있을 것"이라고 한탄한 바 있다니깐요. 아, 이미 앞에서 학술적으로 다루었잖아요? 엥? 아니 어떻게 기억을? 놀랍네요. 하… 그렇습니다. 하도 의미심장한 말 같아서….

하여간 소크라테스의 대화 방법, 즉 산파술이라는 질문법은 오늘날 우리의 교육 현장에서 더 이상 볼 수 없는 골동품이 된 거고요. 그러니까 소크라테스의 질문법(산파술)은 2,500년 전에 단절된 거랍니다. 소크라테스가 처음 고안하여 사용하다가 소크라테스가 돌아가시면서 끝난 사건? 그러니까 지금 세상에 어느 학교에서 소크라테스의 산파술로 가르치고 배운다는 말을 들어본 적 있나요? ㅎㅎㅎ

세상의 등에가 되겠다고 했던 소크라테스. 제가 소크라테스를 30여 년간 만난 죄(?)로 이걸 떠맡게 되었네요. 운명이다. 뭐 그런 거네요. "아, 테스 형! 세상이 왜 이래~" 나훈아 선생님께 여쭈어보면 답을 주실지 모르겠네요.

6

그럼 소크라테스가 말하는 진정한 교사는 누구일까요?

"나는 누군가를 가르쳐본 적이 없다." 누구의 말일까요? 그래요. 이제 감 좀 잡았지요? 아니라고요? ㅎㅎㅎ 바로 테스 형의 말씀이랍니다. 그리고 그는 또 한 번 더 말하지요. "세상에 교사는 없다. 나도 교사는 아니고." 당시 국민교사를 자칭하고 다녔던 소피스트들에 대한 비아냥이었답니다. 그런데 여기서 제 질문은 "소크라테스와 소피스트의 차이가 뭐였을까요?" 아마 많은 사람에게 남아 있는 생각은 이거 같아요. 소피스트는 돈을 받고 가르쳤고 소크라테스는 돈을 안 받고 가르쳤고. 뭐 그렇게 생각하시지 않나요?

근데 사실 이건 좀 어거지 같지 않나요? 돈을 받고 가르친 것하고 돈을 받지 않고 가르친 것. 가르친다는 건 같은 거 아닌가요? 돈을 받았느냐 아니냐의 차이만? 사실 실력 아닌가요? 실력이 있으면 돈을 낼 것이고 아니면 말 것이고. 아마 당시 소피스트들이 일타강사였나 보네요. 소크라테스의 가르침은 형편없어서 돈을 낼 이유가 없었는가 보지요??

ㅎㅎㅎ ㅋㅋㅋ

소크라테스는 자기는 평생 동안 "지(知)와 무지(無知)" 사이에 있었다는 고백도 했답니다. 그러니까 애매모호하네요. 맞네요. 돈을 지불할 정도로 족집게 일타강사가 아닌 거. 누가요? 테스 형이요. 엥? 하여간 그러니까 자기가 아직 완전한 교사라고 하기도 그렇다는 말씀. 맞네요. 그리고 하나 더. 테스 형은 "가르친 것이 없는데 어떻게 사람들에게 돈을 받을 수 있겠냐"고 반문하기도 했답니다. 엥? 실력 부족?? ㅋㅋㅋ

그러다가 악처(?) 크산티페한테 물벼락을 맞기도 했다네요. 가르친 것이 없으니 돈을 받을 수 없다. ㅎㅎㅎ 맞잖아요. 그러니 괜히 악처가 됐나요? 항간에는 40살 정도 나이 차이가 났다고 하기도 하고. 종일 밖에 나가서 돌아다니다가 들어올 때 땡전 한 푼 벌어오지도 못하는 늙은이를 과연 누가 좋아할까요? 그러니 악처가 될 수밖에. 심지어 애는 5명씩이나 있다고 하기도 하고…. 크산티페(Xanthipe). X세대의 원조랍니다. ㅋㅋㅋ

어느 날 소크라테스에게 제자가 물었지요. "그럼 선생님, (훌륭한) 교사는 어떤 사람인가요?" 소크라테스 왈, "사람들에게 훌륭한 질문을 하는 사람이다. 그리고 더 훌륭한 교사는 훌륭한 질문을 하는 제자를 길러내는 사람이다." 그러니까 지금과는 정반대잖아요. 교사나 학생에게 중요한 것은 '훌륭한 답'인데…. 아, 근데 여기서 훌륭한 답은 물론 교과서에 쓰여 있는 답을 말하겠지요.

근데 문제는 교과서가 바뀌면 답도 바뀔 거잖아요. 그럼 답을 찾은 거 맞나요? 그냥 아무것도 아니잖아요. 어제는 답이었다고 하지만, 오늘은 답이 아니고. 뭐 그런 거잖아요. 그럼 이게 도대체 뭔가요? 우리 아이들은 이렇게 아까운 청춘을 보내는 거잖아요. 어제의 답이 오늘은 답이 아닌 세상. 근데 모두 이미 무뎌졌잖아요. 그러니까 언젠가는 답이었다가 언젠가는 답이 아닌. 근데 지금 학교는 그냥 이렇게 통과의례가 되는 거잖아요.

그래서 "빨리 졸업이나 하자." 그게 우리네 인생 아닌가요? 졸업장 사회, 가방끈 사회? 대학을 가도 마찬가지. 그냥 졸업장 때문에 잠을 자더라도 학교에서 자야 하는 이유가 여기에 있잖아요. 어쩌면 아이들이 우리 기성세대들보다 더 현명하잖아요. 잠이 보약이라고. 그냥 세상에 졸업장 열병만 없으면 집에서 편하게 자알 잘 수 있는데…. 그게 한스럽지 않겠어요. 사실 우리 때도 그랬고 우리 윗세대도 그랬고 앞으로도 우리 세대에는 결코 변할 것 같지 않은 예감이 드는 건 그냥 기분 탓일까요?

7
근데 학교에서도 질문이 오가고 있지 않나요?

아, 그러네요. 학교에서도 선생님들이 아이들에게 질문도 하고. 그러면 소크라테스의 질문법은 뭐가 다른 게 있나요? 그렇군요. 테스 형 왈, 위에서 본 것처럼 훌륭한 질문을 하는 학생을 길러내는 교사가 가장 훌륭한 교사. 그리고 스스로에게도 훌륭한 질문을 할 줄 아는 교사가 가장 훌륭한 교사다. 근데 갑자기 질문?? 대화 이야기하다가 슬그머니 질문으로? 테마가 바뀐 거 아닌가요? ㅋㅋㅋ 아, 그러네요. 근데 대화에서 가장 중요한 건 질문이랍니다. 엥? 대화의 내용이 아닌가요? 그렇습니다. 사람들이 대부분 거기에서 대화의 길을 잃고 만답니다. 맞습니다. 맞고요. 대화는 내용, 즉 질이겠지요. 그래서 착각하는 게 있는데…. 그렇습니다. 모든 대화란? 질문으로 시작된다는 사실. 그러니까 질문이 없으면 대화도 없고…. 아, 이해되실까요? 따라서 질문이 허접하면 대화도 허접하다. 동의하실까요? 모르겠다구요? ㅎㅎㅎ 물어보지도 않았는데 답을 말한다. 안물? 누가 물어봤어? 이건 망령든 거라고 했잖아요. 누가요? 공자님이.

엥? 어… 요즘 아이들이 하는 말 아닌가요? ㅎㅎㅎ 그러네요. 공자님이 환생한 거 아닌가요? ㅋㅋㅋ '대화가 필요해' 동의하실까요? 하여간 어디서 많이 들었잖아요. 이젠 좀 퍼진 거 같아요. 근데 사람들이 대화에서 실패하는 이유는? 엥? 대화에서 실패한다? 그럼 성공한다는 것도 있을까요? 대화에서 성공과 실패? 잘 생각해보세요. 대화가 필요하다는 데는 어느 정도 공감. 근데 정말 대화를 하고 나면 뒷맛이 항상 개운한가요? 대화가 잘못되는 경우도 있지 않나요? 하여간 대화가 잘되기 위해서도 노력이 필요한 거 아닐까요?

그렇습니다. 그래서 여러분은 좋은 대화를 준비하기 위해 뭘 하실까요? 무슨 내용으로 대화를 할까? 뭐 그런 거잖아요. 그래서 자기가 원하는 내용. 아니면 좋은 테마를 생각하기도 해요. 물론 대부분은 그냥 대화에 나서지만. 수다. 엥? 친구들과 허심탄회한 대화? 목적 없이 그냥. 아니면 비즈니스를 성사시키기 위한 대화. 정말 중요하지 않나요?

하여간 우리는 좋은 대화 아니면 훌륭한 대화, 아니면 만족스러운 대화를 하기 위해 대화의 내용을 생각하잖아요? 왜냐고요? 대화의 질적 수준을 높이기 위함이고 목적 달성도 해야 하니까? 근데 사실 대화에서 내용도 중요하지만, 그보다 더 중요한 게 있다고 하잖아요? 누가요? 아, 테스 형이요. 엥? 하여간 그렇다고 하고. 그럼 그게 뭔데요? 그게 바로 '질문'이라니깐요.

플라톤의 『대화편』에 나오는 대화를 분석했답니다. 누가요? 아, 제가요. 크게 여섯 가지로 분류가 되었다고요. 엥? 그러니까 플라톤의 『대화편』에 나오는 질문들은 수준이 "저질부터 고질까지" 있다고요. 엥? 그래서 6위, 5위는 저질 대화에 속하고 4위부터 1위까지가 고질 대화를 가능하게 하는 질문법인데…. 엥? 테스 형이 권장하는 질문법이 되겠습니당~ 이에 대해서는 언젠가 좀 더 자세히 다룰 기회가 있지 않을까요?

그러니까 오늘은 맛보기만? 하여간 테스 형이 말하는 저질 질문(5위)은 "답을 정해놓고 하는 질문"이지요. 이미 답이 있는데 못 맞히면 바보? 학교에서의 질문은 대부분 그렇잖아요. 퀴즈쇼의 질문도 그렇고. 못 맞히면 바~보~? 답을 맞히는 사람만 우대하는 세상. 1등만 쳐주는 더러운 세상? 이거 예전에 「개콘」에 나왔던 거 같은데?? ㅋㅋㅋ

아, 그보다 더 저질 수준의 질문(6위)도 있네요. 그건 바로 "자기가 알고 있다는 걸 으스대고 싶어서 하는 질문"이랍니다. 그러니까 "너 이거 뭔지 알아?" 좀 유치하기도 하고. 하여간 자기를 과시하기 위해 하는 질문.

그러니까 지금 학교에서 선생님들은 이미 답을 알고 있다는 전제하에 하시는 질문이니까 둘 다 아니면 적어도 하나에 속하겠네요. 그러니까 죄송하지만 학교 선생님들이 하는 질문은 모두 저질에 속하겠네요. 교과서의 답을 맞히도록 하는 질문 아니면 자기가 좀 더 잘 알고 있다고 뻐기는 질문. 저질 질문을 하시는 선생님들에게 답을 해야 하는 아이들의 고통, 한번 생각해보셨나요? ㅋㅋㅋ 아, 근데 오해하지 마시고. 우리 선생님들이 모두 저질이라는 말씀은 결코 아니랍니다. 선생님들도 할 수 없잖아요. 교과서에 정답이 있고 어쩔 수 없이 답을 맞히도록 질문해야 하니까. 그렇지 않으면 아이들을 대학에 못 보내잖아요.

근데 이건 부모님들도 마찬가지잖아요. "너 오늘 숙제 다 했냐?" 답이 정해져 있다는 거잖아요.

아이들도 마찬가지네요. 아이들도 교과서 정답을 알기 위해 질문하겠지요. 지금은 그런 질문도 거의 안 하겠지만. 질문하는 아이가 바보잖아요. 왜냐하면 참고서에 정답이 다 있으니까. 심지어 괜히 질문 한번 하다가 '수업방해죄'로 비난받게 될 거고. 그래서 그나마도 어색해지고. 그러다가 아예 질문이 없어진 거잖아요. 그래서 학교에서는 질문하지 않는 걸로. 결국 그나마 저질 질문조차 사라져버린 우리의 학교네요.

'대화가 필요해' 오래전에 「개콘」에서 한동안 인기가 있었던 코너. 저도 그 프로만큼은 잘 보았지만. 하여간 대화가 필요하다고는 하지만 대화를 하면 할수록 더 꼬이잖아요. 어떤 개그맨이 한 말입니다. "저희는 부부싸움의 원인이 대화랍니다." ㅋㅋㅋ 대화가 없으면 부부싸움은 없다. 뭐 그런 거잖아요. 그러니까 대화의 방법이 잘못되었다는 건데. 방법을 잘 모르니 아예 묵비권을 지키며 사는 게 가정의 평화라고 했답니다. ㅎㅎㅎ

근데 모두 비슷한 경험을 하잖아요. 그렇지 않나요? 대화. 어쩌면 참 쉬운 거 같으면서도 막상 대화하다가 더 큰 싸움이…. 그럼 도대체 왜 그럴까요? 답은 나왔네요. 한마디로 '저질 질문'으로 시작하기 때문이네요. 대화는 질문으로 시작되잖아요. 저질 질문은 대화를 저질로 끌고 갑니다. 그럼 테스 형이 했다는 산파술의 대화는 최소한 '저질 질문'으로 시작하지는 않겠네요. ㅎㅎㅎ 그렇게 칭송을 하시니. 한마디로 소크라테스가 하는 질문은 "내가 정말 몰라서 묻는다"는 사실을 깔고 있는 거지요. 그러니까 내가 몰라서 묻는 거니까 네 생각은 뭐야? 뭐 그런 거잖아요.

8
그럼 소크라테스가 말하는 훌륭한 질문이란?

앞에서 저질 질문에 대해 좀 말씀드린 적이 있지요. 그러면 고질 질문이 훌륭한 질문이겠네요. 소크라테스가 알면서도 말꼬리(?)를 잡았건 아니면 정말 몰라서 물어본 건지 철학자들 간의 논쟁도 있었다고 했잖아요. 뭐 사실 우리한테 그런 건 그렇게 중요한 건 아니잖나요? 시간이 남는 철학자들이나 계속하시라고 하고. 잘 보자고요. 알면서도 물었건 정말 몰라서 물었건 사실 이건 양심의 문제이니까. 우리가 알 수 있는 건 아니지요. 양심. 양명학에서는 '일진무가(一眞無假)'라는 말이 있는데. 바로 그거와 비슷하지 않나요?

하여간 이건 자기만 아는 거잖아요. 중요한 건 '질문'이겠지요. 훌륭한 질문은 훌륭한 답을 찾아 나서게 한다. 뭐 그런 거잖아요. 교사가 훌륭한 질문을 하면 아이는 훌륭한 답을 내려고 애를 쓰겠지요. 허접한 질문을 하면 그냥 대충 허접하게 대답할 것이고. 고차원의 질문은 고차원의 답을 찾도록 할 것인데…. 질문은 결국 아이의 성장을 결정하는 거네요.

사실 과거에는 훌륭한 질문이 필요없었지요. 훌륭한 답은 교과서에 다 있었으니까요. 아니 지금도. 근데 반복하지만 지식의 반감기가 짧아지는 이 시대에 그리고 인공지능이 모든 지식을 까먹지도 않고 기억하고 있고 발 빠르게 새로 태어나는 지식들을 모두 그때그때 업데이트하고 있는 이 시대. 과연 3~5년 전에 만들어진 교과서 지식이 정말 훌륭한 답이라고 할 수 있을까요? 인터넷 세상은 교과서 지식대로 이루어진 게 아니며 스마트폰의 탄생도 교과서의 답과는 무관했고요. 달리 말하면, 세상을 살아가는 기준이 바뀐 거잖아요. 일단 바뀐 기준에서 벗어나면 부적응이라고 하고요.

그러면 교과서 지식으로 무장한 세대들은 이제 모두 사회부적응자가 되는 거 맞네요. 근데 아직은 피부에 와 닿지 않나 봅니다. 여전히 아이나 부모나 다 교과서의 답 외우기 경쟁에 매달리고 있으니까. 근데 어느 순간 자기도 모르는 사이에 무대에서 사라지게 되겠지요. 아니 교과서 지식을 기준으로 볼 때 가방끈도 무척 짧은 스티브 잡스 같은 사람이 세상을 이렇게 바꾸어놓을 거라고 누가 상상이나 했을까요?

아, 스티브 잡스 얘기를 꺼내다 보니 그가 한 유명한 말이 하나 생각나는 게 있네요. "소크라테스와 오후 반나절을 함께할 수 있다면, 내 모든 기술을 다 그에게 줄 수 있다." 이거 정말 놀라운 말 아닌가요? 소름이 끼친다고 하는 분도 계시던데. 혹시 이 말의 의미를 아는 분 계실까요? 나중에 좀 더 다루기로 하고. 하여간 여기서도 소크라테스와 스티브 잡스가 연결되잖아요. 어때요. 정말 흥미롭지 않나요? 근데 스티브 잡스는 왜 이런 말을 남기고 돌아가셨을까요? 이걸 해명할 수 있다면, 아마 소크라테스 학당에 들어오시는 게 너무 잘했다고 하실 겁니다. 우리가 곧 이걸 알게 될 거고요. 이미 눈치를 채신 분도 계실 것 같아요. 뻔하지 뭐. '훌륭한 질문' 뭐 그런 거 아니야? 그렇습니다. 그럼 훌륭한 질문은 어떻게 하는 건가요? 그게 바로 소크라테스 학당의 핵심이 되는 거네요.

9
플라톤은 스승 소크라테스를 그대로 계승했을까요?

이미 소크라테스의 교육은 단절되었다고 했잖아요. 누가요? 아, 제가요. 그럼 플라톤은 스승 소크라테스를 계승한 게 아니겠네요. '청출어람(靑出於藍)'이라는 말이 있잖아요. 사전에 보니까 "쪽에서 뽑아낸 푸른 물감이 쪽보다 더 푸르다"는 뜻으로, 제자가 스승보다 나음을 비유적으로 이르는 말이라고 하네요. 바로 그거네요. 아마 중 · 고등학교 때 한 번쯤은 들어보셨을 거 같아요. '이데아론'이라고.

플라톤의 트레이드마크잖아요. 바로 그거! 이데아(Idea)는 플라톤이 스승 소크라테스를 청출어람한 거지요. 왜냐하면 소크라테스는 이데아를 언급한 적이 없잖아요. 봤냐고요? 글쎄다~ 엥? 농담이고요. 하여간 테스 형은 그냥 "너 자신을 알라"고 하며 거리를 배회하시다가 돌아가셨잖아요? 너 자신을 알라. 알라. 알라. 또 하나 있네요. "나는 모른다는 사실만을 알고 있다." 이데아를 보라고 한 것은 제자 플라톤이었고요. 아, 그 전에 이걸 말해야 하겠네요. 소크라테스가 정말 몰랐을까요? 혹시 자기는 답을 다 알고 있으면서도 모른 척하고 지나가는 사람들에게 물어보는 척한 것은 아니었을까요? 그럼 소크라테스 역시 저질 질문꾼 맞잖아요. 엥? 그러네요.

당시에도 그 이후에도 모두 그게 의문이었어요. 왜냐하면 소크라테스는 살아생전에도 행색이 허접하여 조롱도 당하고 시비도 걸리곤 했지만, 반대로 최고의 지혜로운 자로 칭송을 받기도 했거든요. 심지어 델포이 신탁을 찾아간 카이레폰에게 사제 피티아는 신탁을 전하는데, "카이레폰, 내 말을 들어라. 아테네의 소크라테스보다 더 현명한 사람은 아무도 없다." 친구로부터 이 말을 전해 들은 소크라테스 자신도 매우 당황했다고 하네요. "뭐라고, 내가?"

만약 소크라테스가 알면서도 모른 척하고 사람들한테 질문을 해댔다면, 소크라테스는 매우 음흉한 인간이거나 짓궂은 인간 맞겠네요. 그리고 말씀드린 대로 저질 질문가? 그런데 정말 자기가 말하는 것처럼 잘 모르니까 물어보았다고 하면, 소크라테스는… 글쎄 바보 멍청이가 아니었을까요? 세상에 아무것도 모르니. 그래서 훗날 이 에피소드는 많은 철학자들에게 심심풀이 테마가 되었다고 하네요. 몰라서 묻는다면 그는 정말 바보 천치였을 건데. 근데 신탁에서도 그가 가장 지혜로운 사람이라고 하니. 도대체 뭐가 맞는 건지. ㅎㅎㅎ

그러다가 정말 사건 아닌 사건이 터지는데. 그건 바로 근대철학의 최고봉이라고 하던 헤겔이었지요. "소크라테스는 자기가 답을 다 알고 있으면서도 유도신문을 하면서 쓸데없이 사람들을 괴롭혔다"고. 그러니까 자기가 알고 있는 답을 상대방이 말할 때까지 유도하면서 말꼬리를 잡았다는 거네요. 그럼 소크라테스는 세상에 '말꼬리 잡기 1호'가 되는 거네요.

결과만 말하면, 헤겔은 소크라테스를 이렇게 해석하는 바람에 결국 철학의 거봉에서 나락으로 떨어지게 되었다고 하네요. 거스리, 예거, 슈프랑거 같은 사람들이 맹공한 결과라고 하기도 하고요. 헤겔의 소크라테스 해석이 잘못되었다는 사실을 논리적으로 규명해낸 이분들. 세계적인 스타가 되는 순간이었지요. 소크라테스가 답을 알면서 그랬다고 하는 데는 그 유명한 철학자 니체도 동조했다고 하지요. 아이러니가 아닐 수 없어요.

근데 니체는 오늘날 다시 살아나고 있잖아요. 그 이야기는 나중에 더 할 시간이 있을 겁니다. 반대로 그 잘나가던 헤겔은 사변철학의 대명사가 되어버리고. 아, 이데아론 이야기하다가 삼천포로 빠졌네요. 그렇지요. 삶의 진리이며 정답인 이데아의 세계가 존재하며 이데아의 세계를 알아야 한다고 한 제자 플라톤. "너 자신을 알라"는 말만 중얼대고 종일 시장바닥을 뛰어다닌 스승 소크라테스. 청출어람의 이데아론. 그런데 중요한 건 이데아가 소크라테스와 아무 상관이 없다는 사실. 엥??

그러니까 이데아는 플라톤의 상상 속 작품인 거지요. 오늘날 우리가 답을 맞히는 사회에 살고 있다고 했잖아요. 이데아의 세계. 그게 바로 답이네요. 그러니까 우리는 지금 플라톤의 이데아를 흠모하면서 살고 있는 거나 다름이 없잖아요. 그래서 화이트헤드라는 현대철학자는 "세상의 모든 사상은 플라톤의 각주에 불과하다"고 했답니다. 그러네요.

근데 정말 여러분은 이데아를 보았나요? 이데아가 어딘지 알고 계신가요? 아, 물론 이데아에 대해 언급하는 시간은 아니니까 나중에 더 다루도록 하고. 하여간 이데아? 그래요. 가장 이상적인 곳. 맞아요. 최고의 선. 그러니까 삶의 목표가 되어야 하는 것도 맞네요. 그래서 그게 삶의 희망이고 종착역이 되니까. 무엇보다 삶의 방향을 주는 거잖아요. 얼마나 고마워요. 근데 이데아가 희망고문이라고 한다면? 지금 혹시 그런 건 아닌가요?

이데아의 세계를 가야 하니까 지금 고문쯤은. 그런데 이데아를 본 사람은 얼마나 계시나요? 그래도 삶에서 희망이 빠지면 또 이상하네요. 그래서 이데아는 반드시 있어야 하는 거 아닌가요? 희망 없는 삶. 그런 삶을 원하시는 건 아니잖아요. 아, 헷갈리네요. 오늘은 이만 쓰는 게 좋겠어요. 머리가 좀. 근데 한마디만. 이데아론. 과연 플라톤의 청출어람이 맞다고 생각하시나요?

10
그럼 '상기론'은 소크라테스의 업적 맞나요?

우선 대답에 앞서서 질문을 하시면서 제게 테마를 '상기'시켜주신 백○○ 선생님께 깊은 감사의 말씀을 전하고. 근데 칸트 시간은 아니니까. 그렇습니다. 그래도 매우 좋은 거 같아요. 제가 쓸 제목이 생각날 때마다 블로그를 쓰자고 생각을 했는데, 사실 지식이 머릿속에 완전히 엉켜 있다 보니까 끌어내기도 쉽지 않고. 하여간 이렇게 감사하네요. 질문하면 나오잖아요. 이렇게. 안물안궁. 요즘 세대들이 쓰는 말이더군요. "누가 물어봤어? 안 궁금해."

정말 훌륭한 MZ세대인 거 같아요. 공자와 묵자가 환생한 거 같아요. 2,500년 전 이분들도 누군가가 궁금하지도 않고 묻지도 않는데 답을 말하는 건 '망령이 난 거'라고 했잖아요. 아니면 '정신이 이상하다'고. 다른 분들도 분발(?)하세요. ㅋㅋㅋ 농담이고요. 누군가 물어봐야 대답한다. 안 물으면 대답 안 함. ㅎㅎㅎ 근데 강제적인 질문 동원은 아니라는 사실. 아시지요? 강제로 공부하는 건 공부가 아니랍니다. 이 역시 묵자와 공자의 말씀이잖아요.

사실 테스 형도 이렇게 했잖아요. 질문, 또 질문. 끊임없이 계속 질문. 짓궂은 질문은 더 좋고… 맞아요. 바로 이 길이 소크라테스 학당이 가야 하는 길 맞네요. 아, 그전에 "행복한 세상이 되는 데는 어떤 방법이 있나요?"라고 질문하신 한○○ 선생님의 궁금증은 너무 크고 항구적인 과제(?)니까 수업 시간에 조금씩 잘근잘근 다루기로 하고. 그냥 다음 시간에 화두로 올리셔도 좋겠네요. 아, 그러고 보니까 다루어도 되겠네요. 너무 방대하긴 하지만. 사실 소크라테스, 플라톤, 아리스토텔레스로 내려가면서 '행복론'이라는 게 완성되었잖아요.

그리고 소(小)소크라테스학파 중 에피쿠로스학파에 의해 행복론이 집중적으로 계승되기도 하고. 아, 그러네요. 근데 사실 우리 수업에서 아님 블로그에서 동서양의 전체 철학을 다 다룰 수도 있겠지만. 그냥 우린 소크라테스 학당이니까 소크라테스에게 좀 밀착되면 좋을 거 같기는 하네요. 하여간 말씀드리다가 그만. 잘 알려지지 않았지만 말씀드리다 보니 제 박사학위논문에도 좀 있는 게 나왔네요. 다시 돌아가서… 위 질문의 답은? … 반은 맞고 반은 틀리네요. 감 잡으셨나요? 그렇습니다. 늘 이 모양이지요. 반반치킨? ㅋㅋㅋ

사실 시중에 나와 있는 책들을 보면 유튜브를 보아도 마찬가지고 네이버나 다음을 봐도 마찬가지고… 구글은 어떨지 모르겠네요. 하여간 상기론(recall)은 플라톤의 창안으로 되어 있네요. 물론 다 그런 건 아니고. 이것도 반은 맞고 반은 틀리고?? 하여간 이제 대충 알겠지요? 사실 플라톤의 『대화편』은 '픽션'이라고 했잖아요. 픽션? 그럼 소설?? 1% 픽션부터 99% 픽션이라고. 아니면 100%. 일단 그렇게 전제하자고요. 더 쉽게 말하면 '이데아론'은 플라톤의 독창적인 소설이랍니다. 아마 이러한 해석은 이제 세상에 공유된 거 같아요. 제가 귀국했을 때만 해도 이런 말은 쉽지 않았네요. 그래도 좀 석연치 않아요. 하여간 그냥 이걸 우리 논제의 '전제 조건'이라고 하자고요. 그 근거는 소크라테스가 "나는 내가 모른다는 사실만은 알고 있다"고 했잖아요. 델포이 신탁에서도 "자기가 모른다는 사실을 고백하는 소크라테스가 가장 지혜로운 자"라고 했고. 아무리 플라톤의 각색이라고 해도 이는 좀 근거가 될 만하잖아요. 그런 전제하에서 이야기한다고 생각하시면 좀 편할 것 같기도 하고. 어차피 모든 학문은 '조건의 학문'이니까. 그 '조건'에 한하여 맞는 거지요. 자연과학은 특히 그렇고.

플라톤의 『대화편』 중 「메논」에 보면 소크라테스가 노예 소년에게 정사각형의 면적을 구하게 하면서 메논에게 자신의 논리를 설명하는 부분이 나오잖아요. 그게 소크라테스가 시작한 '상기론'이고요. 그러니까 산파술에는 상기론이 들어갑니다. 근데 소크라테스의 산파술에 따라 대답을 잘 해나가면서 그림까지 잘 그려내던 소년이 갑자기 어느 지점에 가서 "모르겠다"고 하잖아요. 합해서 8이 되는 정사각형을 그려야 하는 대목에서. 그러니까 소크라테스가 메논을 보고 "거봐 모른다고 하잖아"라고 하잖아요. 거기까지가 바로 소크라테스의 상기술이지요. 잘 해나간다는 건 무의식적으로, 즉 감각적으로, 좀 더 어렵게 말하면 영혼적으로 알고 있는 기하학적 원리를 그대로 끄집어내니까 막 따라왔는데. 그만 나중에 무리수 영역에서는 그 아이가 모르겠다고 자빠지는 거잖아요.

거의 모든 우리나라 문헌에서는 이 부분이 생략되어 있네요. 결론적으로 말하면, 스승 소크라테스를 계승했다고 하는 제자 플라톤은 '스승의 상기론'을 미완성으로 보고 마무리를 지어보려고 했던 거네요. 그러니까 상기론은 플라톤 거 맞는 거잖아요. 근데 시작은 스승 소크라테스가 했으니 뿌리는 소크라테스가 되는 거고요. ㅎㅎㅎ 근데 여기서 제 질문은 "왜 굳이 플라톤은 '이데아론'으로 이를 마무리했을까?" 하는 거랍니다.

11
소크라테스 '산파술'의 매력은 뭔가요?

아, 좀 전에 '상기론'을 쓰다 보니까 이런 제목이 또 생각나네요. 우리 수업 시간에 하기는 좀 어렵고. 좀 이론적이니까. 근데 이 말을 꼭 해야 할 것 같네요. 시간도 별로 없고 하여. 공자에 의하면, 망령이 난 거지요. '안물!' 물어보지도 않았는데. 하여간 그래요. 근데 이걸 일단 아시면 다음 시간 수업이 좀 더 수월해질 거 같기도 하고. 하긴 이제 1시간 했는데. 뭐 한술에 배부를 수 있냐고 하겠지만, 그래도 이걸 말씀드리면 더 좋을 거 같네요. 물론 제 생각이네요. 골치가 아프시면 그냥 질문거리만 가지고 오셔도 되네요. 내 앞에 닥친 질문거리, 아니면 사회문제거리.

아, 근데 위 제목을 잡는 데 좀 시간이 걸렸네요. 그리고 좀 찝찝하기도 하고요. 나중에 수정하면 되겠지요, 뭐. 일단 저질러 보자고요. ㅎㅎㅎ 플라톤의 『대화편』을 보면 산파술은 크게 네 가지 방식으로 진행되네요. 첫째는 그야말로 '문답법' 방식입니다. 그러니까 그냥 테마도 딱히 정하지 않고 묻고 답하다가 어떤 테마가 나오면 그에 대해 대화하고 심지어 토론하고 논쟁하는 방식이겠지요. 이건 오랜 전통이니까. 플라톤의 『대화편』에 보면 사실 소크라테스가 주인공인 대화에서는 거의 전부 조금씩 녹아 있다고 보면 되겠지요.

그런데 중요한 건 열린 대화, 열린 토론이라는 점. 폐쇄형 질문이 아니라는 게 소크라테스 방식의 특징이지요. 그러니까 열린 대화란 "장님 코끼리 만지듯"을 전제하고 하는 대화를 말하네요. 요즘은 장님이라고 하지 않고 뭐라더라? 아, 시각장애인이라고 하네요. 코끼리가 기둥처럼 생겼다는 것도 맞고, 부채처럼 생겼다는 것도 맞고. 우리도 알고 보면 모두 시각장애인 같아요. 크세노폰이라는 소크라테스의 제자가 쓴 『소크라테스 회상(메모라빌리아)』이라는 책에 나오는 말이랍니다. 부분을 보고 전체를 말하는 맹인들. 하여간 한자어로는 군맹무상(群盲撫象). 우리 모두의 자화상이라는 거잖아요. 아는 만큼 보인다. 보이는 것만큼 안다. 우리 인간은 부분만 보고 부분만 알지만, 마치 자기가 아는 게, 자기가 보는 게 전부인 것처럼 행세하잖아요. 좀 있어 보이는 말로는 '일반화의 오류' 바로 그게 무섭다는 거잖아요.

우리 인간의 시각이 완벽하다면 자기 뒤통수를 스스로 볼 수 있어야 하지 않나요? 지구가 둥그니까. 둥근 지구에 서서 보면 뺑 돌아서 뒤통수를 볼 수 있어야 하잖아요? 그런데 혹시 그런 분 계세요? 하긴 몽골 사람들은 평균 6.0의 시력을 가졌다고 하던데. 그래도 뒤통수는 볼 수 없다고 하네요. 그러니 거기서 거기. 거의 대동소이하네요. 시각장애인이라고 하는 분들과도 정도 차가 있을 뿐. 하여간 그런데 플라톤은 이걸 별로 중요하게 여기진 않은 거 같아요. 길거리가 아니고 법정, 감옥, 향연장 등 특정한 장소, 특정한 인물, 특정한 테마를 가지고 하는 대화만 모아놓았지만.

사실 테스 형은 길거리에서 이름도 모르는 갑남을녀들과 늘 열린 대화를 했을 거 아닌가요? 그건 플라톤의 관심은 아니었고. 그런데 그런 대화는 소피스트들도 했다구요. 사실 소크라테스가 "너 자신을 알라"는 델포이 신전에 걸린 신탁을 발견하고 나서 "유레카, 유레카"를 외치기 전에도 여느 소피스트들처럼 오가는 사람들과 대화를 했던 거구요. 중요한 건 답이 없는 열린 대화로 문답을 시작했다는 거. 그런데 더 중요한 건 말꼬리 잡는 건 소피스트나 소크라테스나 마찬가지였다는 사실도. 하여간 이게 소크라테스의 산파술에도 뿌리가 되었던 건 사실인데.

근데 사실 소크라테스의 철학은 너무 간단하잖아요. "너 자신을 알라." 너 자신의 뭘 알라는 건가요? 그렇습니다. "너는 지금 부분을 보고서 마치 전체를 아는 것처럼 말하고 있는 거야. 이놈아~" ㅋㅋㅋ

그럼, 그러니까 어쩌라는 건데? 그렇습니다. 그래서 부분을 보고 전체를 말하는 오류를 범하는 인간에게 자기가 도와줄 수 있는 것은 전체를 볼 수 있도록 하는 거였답니다. 사실 그렇잖아요. 생각의 각도를 1도씩만 틀어서 부분에서 전체로. 전체를 다 볼 수 있도록 해야 하는데, 어디 이걸 혼자 할 수 없잖아요? 그래서 누군가가 도와주어야 한답니다. 그게 바로 테스 형은 아폴론 신이 자신에게 내린 미션으로 여겼고. 그래서 돈도 받지 않고 무상으로 사람들과 열린 대화를 했는데…. 그게 바로 산파술이라는 거잖아요. 질문을 통해 상대방이 생각의 각도를 1도씩 바꾸도록 자극하는 뭐 그런 거. 예리한 질문이 바로 자극제가 되는 거잖아요.

산파술은 크게 '느슨한 산파술(Moderate Maeeutik)'과 '급진적 산파술(Radical Maeeutik)'로 구분되지요. 전자는 그냥 "마음 깊은 곳에서 그냥 끄집어내는 대화"로서 그야말로 산파술의 중심이지요. 달리 말하면 무의식(영혼)을 의식으로 끄집어내는. 그게 바로 「메논」에 나오는 노예 소년과의 대화방식이겠네요. 후자, 즉 급진적 대화는 '엘렝코스(Elenchos)'라고 하는데, 우리말로 하면 '논박법'이라고 하더군요. 근데 이 말은 사실 좀 안 맞는다고요. 일본 사람들이 그렇게 번역한 것을 또 우리 학자들이 그렇게 하고…. 하여간 엘렝코스란 어의적으로 '검토'라는 뜻인데…. "자, 그러니까 지금 네 말을 검토해보자~" 뭐 그런 뜻이잖아요. 그러니까 상대방이 한 말의 오류를 서로 검토하고 지적하면서 때로는 논박도 하고…. 하여간 오류 검토에 대한 상호공감을 통해 스스로 오류를 깨우치게 하는 그런 거. 뭐 그런 뜻이랍니다. 하여간 말 그대로 상대방의 논리적 오류나 모순을 근거를 내세워 반박하는 방식인데…. 그렇다면 이 역시 반반치킨? 반은 맞고…. ㅎㅎㅎ 그러니까 항상 그러는 것은 아니고 때로는 이런저런 매서운 질문으로 '전기적 자극' 같은, 또는 독사가 심장을 무는 것 같은, 그리고 '메기'가 작은 물고기를 매섭게 물어대는 것처럼 냉혹한 논박을 통해 숨은 진실을 끄집어내려고 하는 거지요. 즉, 온건한 방법으로 안 통할 때 이런 자극적인 방법을 동원해서 깨닫게 하고자 하는 건데. 에우튀프론, 프로타고라스, 소피스테스, 라케스, 크리톤 등의 대화가 이에 해당하겠네요.

결국 소크라테스 산파술의 궁극적인 목적은 "너 자신을 알라." 부분을 보고 전체로 착각하는 너 자신의 무지를 각성하라는 거잖아요. 테스 형은 바로 이러한 무지 각성, 무지 자각을 하기 위해 온갖 수단과 방법으로 질문이라는 것을 생각해낸 거고요. 그러다가 쓸데없는 질문으로 세상을 어지럽힌다는 오해를 받아서 결국은 돌아가시게 된. 아, 참으로 원통한? 엥??

하여간 이런 대화를 소크라테스는 무리 없이 하려고 무척 애쓴 거잖아요. 그게 바로 '아이러니 방식'이고요. '반어법'이라고 번역하는데…. 근데 반어법은 산파술과 또 다른 방법이 아니라 오래전부터 고대 그리스 사람들이 종종 했던 대화방식이거든요. 특히 아리스토파네스 희극의 등장인물인 '에이런'이라는 사람의 행동방식에서 유래되었다고 하잖아요. 그걸 소크라테스도 자기의 산파술을 행할 때 전통의 방식을 적용한 거지요.

그러니까 아이러니란 전혀 예상하지 못했던 일이지만 현실적으로 벌어진 걸 보면서 하는 말이잖아요. "아니 학교 다닐 때 공부도 잘 못했던 저 인간이 교사가 되다니. 이건 좀 아이러니 아니야?" 그러니까 논리적으로 보면 당연한 게 공부 못하던 아이는 교사가 될 수 없는 건데. "말도 안 돼!" 근데 엄연한 사실이잖아요.

그러니까 내 논리의 오류가 있었던 거구요. 심지어 논리적 모순도 있었네요. 이를 풍자하듯이 유유자적하면서 마치 노는 것처럼 대화하는 게 반어법이지요. 이제 결론을 말해야 할 시간이네요. 그러니까 여기서 정말 중요한 건 테스 형의 산파술은 '비판'이 절대 아니라는 사실. 정확하게 말하면 오류의 지적? 뭐 그런 정도? 엥? ㅎㅎㅎ 하여간 중요한 건… 테스 형은 평생 누군가를 단 한 번도 비판한 적이 없다구요. 다만 그냥 상대방의 말을 검토하면서 오류를 지적하고 이에 공감할 때까지 질문하면서 결국은 상대방이 오류를 저질렀다는 것을 스스로 깨우치게 하고자 했던 뭐 그런 거? 엥? 좀 길었나요? ㅎㅎㅎ

이해가 되실까요, 안 되실까요? 그냥 말의 오류를 검토하여 지적하면서 생각의 각도를 1도씩 틀어주다 보면 결국 언젠가는 360도 뺑 돌아서 '전체'를 다 볼 수 있도록 도와주는 거랍니다. 엥? 예리한 질문을 통해. "자, 그렇다면 이렇게 생각하면 어떨까? 자네는 지금 이런 전제하에 말하는 거 아니야?" 뭐 그런 거. 우리말에 "나무는 보는데 숲은 못 본다"는 말이 있잖아요. 부분만 보지 말고 전체를 말해야 하는데… 결국 부분을 가지고 전체라고 박박 우기는 게 지금 우리네 삶이잖아요. 가정에서부터 사회, 국가, 정치인들…. 동의하시지 않나요? 아니라고요? 와우~ 테스 형이 재림했나 보네요~

하여간 우리의 교육 현장에도 새롭게 적용될 수 있다는 거지요. 여러분, 남을 비판하는 거 어떻게 생각하시나요? 그게 정당하든 아니든. "너 왜 숙제 안 해왔어?", "너 내가 숙제하고 놀라고 했지?" 등등. 모두 비판 아닌가요? 그러고는 "너 잘되라고 하는 거다"라고 한마디 더 하잖아요.

물론 그걸 감사하게 생각하는 아이들도 있지요. 그런 아이는 우등생 맞고요. 부모 말씀, 선생님 말씀 잘 듣는 아이. 경쟁교육에서 그게 가장 특효약이라는 사실을 알고 있는 아이? 심지어 예전에 매가 있을 때는 선생님들이 말씀하시잖아요. "때리면 정말 반 평균이 올라간다니깐요." 근데 이게 정말 교육 맞나요? 이런 치열한 경쟁사회에서 누군가를 이기려면 할 수 없다고요? 묻고 싶은 건 그렇게 경쟁에서 이기기 위해 교육한다면, 지금쯤 노벨과학상 하나 받아야 하는 거 아닌가요? 갑자기 흥분?? 엥, 급 죄송.

우리나라도 이제 건국 70년이 넘었으면 노벨상 하나 정도는 나와야 하지 않나요? 우리가 그렇게 무시하는 일본은 이제 곧 20명에 육박한다고 하던데. 이거 무의미한 경쟁 아닌가요? 그 안에서 우리 아이들은 뭐고… 하여간 슬프니까 그만하자고요. 다 아시는 이야기라고요. 화딱지 나는 김에 대리만족(?)으로 한마디 했네요. 아니, 흥분거리가 아닌데 왜 그러냐고요? 그냥 내 아이만 의전원에 보내서 의사 시키면 된다고요? 아,

그러네요.

이제 우리의 교육은 두 가지로 결정 났잖아요. 문과 출신은 일단 아무 전공이나 성적 나오는 대로 들어가서 첫날부터 법전원을 목표로 공부 시작하고, 이과 출신은 마찬가지로 성적 나오는 대로 대학에 들어가서 의전원을 목표로 들이파면 되는. 반수, 재수, 삼수 학원만 살판난 거잖아. 예전에는 대학입시에 떨어지면 재수, 삼수하는 건데. 이제는 대학에 적만 걸어두고 대학은 의전원고시와 법전원고시를 하기 위한 조건이 되었고. 공부는 학원에서. 대학생도 이제는 내용적으로는 재수생, 삼수생??

아, 쏘리. 다시 돌아가자고요. 비판 이야기하다가 잠시 삼천포로 갔네요. 비판이란 그게 정말 정당해도 비판을 당하는 입장에서는 정말 싫은 거 아닌가요? 그래서 우리 아이들은 어느 누구에게도 질문하지 않잖아요. 비판받을 확률이 적어도 50%니까요. 그게 무서워서. 얼마나 영특한가요? 전 요즘 세대들에게 놀라는 일이 많아요. 정말 똑똑해요. 살아남는 처세술. 대단하지 않나요? 우린 좀 엉성했던 거 같아요. 아, 근데 세상에 정당한 비판은 없답니다. 엥? 뭔 소린가요?

한번 생각해보자고요. 정당한 비판의 조건? 비판은 하는 순간 비난이 되고 비방이 되잖아요. 엥? 그래서 우리가 잔소리를 듣는 순간 바로 기분이 잡치는 거고요. 비판이 아무리 정당해도. 왜 그럴까요? 이거야말로 칸트를 좀 알아야겠네요. 삶은 시공간인데 그게 매 순간 변하거든요. 상황이 변하니까 비판은 금방 비방이 되는 거지요. "도가도비상도(道可道非常道)". 맞잖아요. 아, 너무 나갔나요?

근데 왜냐고요? 궁금하지 않나요? 사실 비판은 학문을 하는 데는 필요하겠지만. 그것도 반 정도. 성경에 보면 "이 여자에게 누가 돌을 던질 수 있는가?"라는 대목이 있잖아요. 삶과 학문은 같은 건가요? 모두 비판 잘해야 먹고사는 학자로 살 필요는 없는 거잖아요. 하여간 근데 우리는 자고 일어나면 서로 비판하느라고 야단들이잖아요. 특히 정치가들은 남 비판 잘하면 출셋길이 열리잖아요. 정치가들이 학자들인가요? 이거 2,500년 전 소피스트를 닮지 않았나요? 소피스트들은 나중에 아테네에서 추방되고 처형되었는데….

정치 이야기를 금지한다고 해놓고 '내로남불'했네요. 하여간 다 아는 이야기니까. 근데 중요한 건 사람이 사람을 비판할 수 없다는 사실은 꼭 잊지 않으셨으면 해요. '산파술'의 매력은 바로 여기에 있답니다. 특히 우리 교육 현장에서, 가정에서 후세대들을 잘 키워야 하는 운명. 비판하는 대신 산파술로 한다면. 더군다나 산파술은 판단력을 갖게 해주고 메타인지 능력, 문제해결 능력을 갖추도록 해주고 심지어는 창의적인 아이들을 만들어주죠. 지금 세상에 꼭 필요한 걸 다 해주는데. 이걸 알아야 하는 거 아닌가요? 하여간 비판이든 비난이든 비방이든, 누구든지 듣는 순간 일단 기분이 잡치니까요. 기분이 잡친 상태에서 과연 애들이 뭐를 더 할 수 있을까요?

"아, 짜증 나" 요즘 아이들이 가장 많이 하는 말이라잖아요. 부모와 아이들이 아침부터 옥신각신. "그건 엄마 기준이잖아." 그렇게 티격태격 하다가 어느 날 갑자기 "아듀~" 하고는 출가(?)도 하시잖아요. 학교에서는 부적응아로, 심지어 자퇴, 퇴학까지. 반대로 지금은 말을 잘 듣는 아이들. 그들도 반드시 언젠가는 터지겠지만. '에너지 보존의 법칙'에 따르면 그래요. 열린 대화를 통해 무의식을 의식의 세계로 끄집어내주는 온건한 산파술, 예리한 질문으로 논리적 오류와 모순을 스스로 깨우치게 하는 급진적 산파술. 근데 하는 순간 비난과 비방으로 갈 수밖에 없는 운명을 지닌 비판이라는 도구.

산파술은 비판, 비방, 비난이라는 자극 대신 반어법으로 진행되네요. 반어법은 공공연한 칭찬도 비판도 비난도 아닌 간접적인 표현방식이랍니다. 일종의 풍자방식?? 하여간 아이러니 방식으로 진행되는 산파술. 과연 그렇게 기분이 잡칠까요? 물론 격할 때도 있지만 플라톤의 『대화편』에 보면 크게 싸우지도 않는 거잖아요. 그러니까 기분이 그렇게 잡치지도 않고, 그냥 대화 막판에는 더 이상 할 말을 잃게 하는 정도잖아요. 아포리아, 난문, 더 이상 진전되지 못하는 대화. 그리고 서로 헤어지면 그만. 그리고 혼자 성찰하고 반성하는 시간을 주는 거잖아요.

반대로 소피스트들은 스스로 안다고 자부하는 자들 간의 논리 대결을 목표로 하니까. 내가 너보다 좀 더 알고 있다는 걸 보여주기 위해서는 치열한 논쟁도 불사하고. 그래서 상대 논리의 약점을 파고드는 비판이 주무기가 되고. 근데 결국은 부분만 보면서 그걸 전체라고 우기는 거잖아요. 그래서 모두 궤변이 되는 거랍니다.

소크라테스의 산파술은 일단 무지 각성, 무지 고백을 목표로 하니까 굳이 상대를 비판하고 비난하고 비방할 이유가 없답니다. 그 대신 반성과 성찰을 하도록 하고 이렇게 하여 뭔가를 깨닫게 하고자 하는 거랍니다. 근데 반성과 성찰. 어디서 많이 들어보지 않았나요? 맞습니다. 인문학의 목표? 그래요. 그래서 산파술은 인문학의 목표인 반성과 성찰을 하게 하는 거 맞잖아요.

그리고 너도 나도 무지 각성, 무지 고백이 되고 나면 비로소 함께 지식여행을 할 수 있다는 거니까. 허심탄회한 열린 대화를 통해 변증법적으로. 아이들과 열린 대화는 교육 말고도 엄청 많은 다른 파급효과도 있지 않을까요? 지면상 줄여야 하겠지만. 자, 이제 과연 어떤 방식으로 교육 성과를 낼 건가는 여러분의 선택이겠네요. 그래도 난 우리 아이를 계속 푸시할 거야? 잔소리가 일단 성적을 올려준다니까?

12
플라톤과 소크라테스의 차이점, 팩트체크할 수 있을까요?

이번 글을 쓰려고 노트북을 열다가 좀 망설였네요. 갑자기 생각나서 쓰려고 했는데, 이번 주 수업 제목이 '단절된 소크라테스의 질문법'이라서. 잠시 생각하다가 그냥 내지르기로 했네요. 좀 겹치면 어떤가요? 특히 소크라테스 학당에서는 질문이 단답형도 아니고 설령 제목의 답(잠정적 답)이 된다고 해도 질문은 꼬리에 꼬리를 물어야 하잖아요(정-반-합-정… 변증법의 원리). 물론 우리 소학당(소크라테스 학당의 줄임말)이 궤도에 들어선다면. 언젠가 그렇게 될까요? 10년? 아, 이건 좀 심했네요. (사실 전 30년간 했는데도 효과는 아주 미미했다고 이실직고합니다.) 하여간 그렇다는 말씀. 가능할까요? 여러분의 지력을 믿잖아요, 제가.

결론부터 말할게요. 플라톤은 '영혼 정화'를 목표로 했고, 소크라테스는 '영혼 염려'를 목표로 했답니다. 도대체 이게 뭔 소린가요? 근데 이건 팩트(사실)랍니다. 플라톤의 『대화편』에서 팩트를 찾기는 무척 어렵다고 했잖아요. 도대체 어디까지가 소크라테스이고 어디까지가 플라톤인지. 특히 『파이돈』이라는 책에서. 아, 그런데 물론 이게 유일한 건 아니고요.

그런데 생뚱맞게 갑자기 무슨 '영혼'이냐고요? 웬 귀신 씻나락 까먹는 소리? 너무 낡은 단어잖아요. 영혼? 도대체 지금 그걸 우리가 알아서 뭐 하게. 지금 쓰는 말도 아니고. 아, 아니네요. 지금도 쓰는데요? '영끌족'? 영혼을 모두 끌어다가 집을 샀다고 하던가요? 영혼을 모두 끌어다가 코인에 투자한 사람들도 그렇게 부르더라고요. 오히려 젊은 세대들이 영혼을 끌어다가…. 어떻게 영혼을 끌어오는지는 잘 모르겠지만 하여간. 그러네요. 아, 또 있네요. '영혼 없는 대답.' 한동안 뭐 그런 거 많이 말했던 거 같아요. 영화에 나오는 대사 같던데. 근데 정확한 뜻은 없는 거 같기도 하지만. 지금도 영혼이 누군가에게는 있는가 보네요.

하여간 더 가보자고요. 그럼 지금부터 팩트체크 들어갑니다. 스승 소크라테스가 독배를 마시고 만 그날. 플라톤은 바로 절필하고 잠수 타기로 결정했잖아요. 너무 어처구니가 없었던 거지요. 이참에 평소 늘 동경하던 지중해 남쪽 아름다운 시칠리아 섬들로 유랑을 떠난 거잖아요. 유랑이 아니라 방황이라고 해야겠네요. 피폐해진 심신도 추스를 겸 휴식이자 도피. 근데 그냥 모든 걸 잊고 떠난 그곳에서 우연히 대형 사건이 터지고 말았지요.

피타고라스학파를 자칭하는 이상한 일당을 만난 거네요. 이들은 아침부터 200명 정도가 새하얀 망토를 걸치고 별말도 없이 그냥 열을 지어 죽 길거리를 따라 어디론가 움직이는 사람들. 마치 유령같이 신비한 베일에 가려진 사람들처럼. 간혹 지나가는 사람들에게 "혹시 피타고라스를 믿습니까?" 하면서. 지금은 많이 없어졌지만 길 가다가 "혹시 도를 아십니까?" 하는 것과 거의 같지 않나요? 2,500년 전이나 지금이나. 글쎄 역사는 크게 변한 게 없는 거 같기도 하네요. 왜 "사람은 잘 변하지 않는다"는 말도 있잖아요. 그런 건가요?

사실 이들은 사이비 종교단의 원조(?). 그럼 피타고라스가 교주? 그렇습니다. 그냥 2,500년 전 사람들이니까. 아, 본론으로 다시 돌아가 보자고요. 이들은 등짝에 글을 쓰고 다녔는데, 두 개의 단어였지요. '영혼 불멸, 영혼 정화' 딱 두 단어. 플라톤은 갑자기 눈이 번뜩했겠지요. 일종의 직업병이 도진 거잖아요. 이야기들이 더 숨어 있지만, 포인트를 놓칠 것 같아 이 정도로 하고.

'영혼 불멸'은 호모사피엔스가 이 땅에 왔을 때부터 있었던 거니까 그냥 건너뛰자고요. 애니미즘, 토테미즘의 연장선으로 호모사피엔스는 이미 5만 년 전부터 '영혼은 불멸한다'고 믿었던 거지요. 그래서 매장의 풍습도 생겨났다고 하고. 하여간 '몸은 죽어 없어져도 영혼은 구천에 떠돌다가 다른 새로운 육체로 들어가니까 결국 불멸 영생이다.' 뭐 그런 거잖아요. 동양의 윤회설 같기도 하고.

근데 '영혼 정화'는 좀 다르잖아요. 말 그대로 영혼을 깨끗이 한다는 건데. 그걸 어떻게? 한순간에 '인간은 이성적 동물'이라는 명제가 확 풀리는 순간이잖아요. 영혼을 정화하면 마지막에 남는 건 뭔가? 그렇지요. 바로 '수(number)'잖아요. 그래서 7~8년의 잠수를 마치면서 플라톤이 아테네의 변두리 아카데메이아라는 지역에 돌아와 정착하면서 차린 게 바로 '아카데메이아'라는 학당이었잖아요. 거기서 집필한 교과서가 바로 『메논』이었고요.

그리고 학당 문 입구에 교훈 같은 간판을 하나 달잖아요. "기하학을 모르는 자는 들어오지도 말라" 여기는 기하학을 하는 곳이 아니라 '대수학'(엄밀히 말하면 수로 상징되는 이데아의 철학)을 하는 곳이라는 거였잖아요. 지금으로 말하면 교훈??

하여간 기하학까지는 인간의 오감으로 어떻게든 이해가 가능해요. 마치 『메논』에 나오는 노예 소년처럼. 근데 대수학은 오감으로 만들면 안 되잖아요. 머리를 써야 하잖아요. 좀 어려운 말로는 '추상화 능력'이라고 해요. 그러니까 숫자가 추상화 능력의 끝판이 되는 거잖아요. 결국 기원전 3000년경 메소포타미아 지역에서 발견(또는 발명)된 수. 그걸 가지고 신비주의 사이비 교단(?) 같은 것을 꾸리고 제자라는 사람들을 데리고 다녔던 피타고라스. 수의 발견은 곧 영혼 정화의 산물이었던 거지요. 이건 모두 역사적 팩트라고 하잖아요. 연대는 좀 왔다 갔다 해도. 그래서 플라톤의 철학은 파르메니데스, 헤라클레이토스 그리고 피타고라스의 영향을 받았다고 뭐 그러잖아요.

한편, 소크라테스의 팩트는? 말씀드린 대로 '영혼 보호'였다잖아요. 그러니까 '영혼 정화'는 어쨌건 플라톤의 트레이드마크가 된 건데. 그럼 소크라테스의 '영혼 보호' 역시 팩트가 맞는가 하겠지요? 그렇습니다. 이는 문헌상 소크라테스 전문가들에 의해 이미 학문적으로도 많이 인용된 거라서 여기서 간단히 말씀드리는 건 좀 언어도단이 되겠네요. 그래도 간단히 해야 한다면, 이렇게 설명해보자고요.

델포이 신전에 오라클(경구)이 두 개 붙어 있었다고 했지요. 근데 "너 자신을 알라"는 경구를 보고 소스라치게 놀란 소크라테스가 "맞다. 저거다!"라고 하면서 기뻐 날뛰면서 어느 날부터 자기 철학의 모토로 삼았다고 했잖아요. 바로 그거지요. 신탁에 걸린 글의 진짜 내용은 이거였잖아요. "여기는 엄숙한 신전이고, 여기는 너희보다 전지전능한 절대적인 능력을 갖춘 신이 거하시는 곳이고, 너희들은 신에 의해 창조된 피조물들이니 머리를 조아리고 경건하게 너희 인간의 위치를 알고 잘 행동하라." 뭐 그런 뜻이었겠지요. 그러니까 "너 자신을 알라"고 할 때, 이는 신과 인간은 엄연한 간극이 있다는 거였잖아요. 유한자와 무한자. 뭐 그런 거잖아요.

근데 소크라테스에 와서는 그게 우리 인간 개개인의 입장으로 전환된 거지요. 그리고 신탁에서도 "자신이 모른다고 고백하는 소크라테스보다 더 지혜로운 자는 없다"고 했잖아요. 그러니까 모든 걸 아는 자는 신밖에 없고 너희 인간은 알아도 잘 모르는 거다. 절대 지식의 소유자와 유한자로서의 인간 지식의 간극. 팩트는 또 나옵니다. 소크라테스가 독배를 마시게 된 결정적인 이유 중 하나는 아폴론 신의 계율만 따랐느냐 아니냐 하는 거였잖아요. 나중에 다이몬 어쩌고. "그게 뭔데?" 하니까 버벅거리면서 일종의 '영혼의 목소리'라고 하다가 결국 자승자박으로… 생명을 포기해야 할 상황이 된 거잖아요.

그래서 용기를 내어 형량을 정하는 오후의 2심에서 소크라테스는 과감하게 정면돌파를 했던 거구요. 어때요, 이해되시나요? 아마 국내 문헌에서는 이를 찾기 어려울 거예요. 이건 놀리는 투데, 아니 아이러니의 반영이라고요. 소크라테스처럼 유희하듯 풍자하듯 슬그머니 논리를 반전시키는 뭐 그런 거. 하여간 이미 유럽에서는 일반화된 해석이라구요. 중요한 건 소크라테스가 오전, 즉 1심에서 자기변호할 때 애처로울 정도로 자기는 아폴론 신의 계율을 철저히 따랐다고 호소하고 있구요. 그런데 안 통한 거잖아요. 판사 왈, "다이몬의 소리를 듣는다며? 그럼 아폴론 신이 다이몬인가?" 뭐 그거였는데.

결국 이게 독배를 마셔야 하는 판결의 기준이 된 거잖아요. 바로 그게 팩트겠네요. 소크라테스는 모든 것, 즉 아폴론만 진리를 알고 있다고 확실히 말한 거지요. 모든 것, 그러니까 전체, 즉 진리는 아폴론의 몫이고, 우리 인간은 오로지 유한자로서 사실 잘 모른다는 거. 바로 그거잖아요. 무지함. 그래서 나는 모른다는 사실만을 알 뿐이다. 진짜 진리(참지식)를 아는 분은 아폴론 한 분뿐이라는 일종의 고해성사를 한 거잖아요. 정황상 이것도 팩트 같지 않나요? 하여간 모든 소크라테스 전문가들이 공감하는 영역이니까 일단 여러분도 강제적으로 공감(?)하시면 어떨까요? 아닌가요? ㅎㅎㅎ

그럼 플라톤이 소크라테스를 충실히 계승했다면 '영혼 보호'를 '영혼 정화'로 계승했다는 건데. 아, 참 그전에 영혼 보호와 영혼 정화는 다른 건가요? 아니면 그게 그건가요? 영혼? 모르겠다고요? 사실 본 적도 없고 만져본 적도 없는 영혼. 근데 뭘 그렇게 까탈스럽게 구분 어쩌고 하냐고요? 그러네요. 이게 과연 이렇게 장황하게 쓸 대목인가요? 그러네요. 오늘날 첨단 테크놀로지 시대에 영혼 어쩌고 하는 데 이런 시간을 보내야 한다니?

끝내야겠네요. 그렇지 않으면 욕먹겠어요. 그래요. 영혼을 보호한다는 건 하나의 유실됨도 없이 영혼을 있는 그대로 통째로 보호한다는 거고요. 영혼을 정화한다는 건 영혼을 예리하게 '이성의 힘'으로 더욱 구체적이고 명료하게 다듬는다는 거잖아요. 일단 이런 기준에서 본다면 좀 구분될까요? 아니면 할 수 없지만. 일단 그렇다고 하고. 그럼 플라톤이 한 게 뭘까요? 그렇습니다.

잘 아시다시피 영혼을 '삼등분'한 거잖아요. 영혼을 정화한다는 명목으로. 지혜, 용기, 절제 그리고 나중에 정의까지. 영혼을 쪼개보면 아마 영혼의 정체를 더 잘 알 수 있을 거라고 생각하신 거 같아요. 그리고 스승이 남기신 미완성을 자기가 잘 마무리함으로써 그야말로 청출어람했다고 자평하신 거 같기도 해요. 물론 그럴 수도 있겠네요. 근데 제 의문은 왜 영혼 정화를 하시겠다는 분이 굳이 '지혜, 용기, 절제, 정의'로 쪼갰는지? 아니 우정, 행복, 정의, 의지, 사랑 등 우리 삶에서는 소위 영혼의 영역이 훨씬 더 많고 더 중요한 부분들도 있었을 건데. 물론 짐작은 가네요. 근데 지금 말할 수 없는 건… 기분 탓일까요? 아니 지면상의 제약 때문이겠지요. 하여간 지금까지 이상오의 팩트체크였습니다.

13
소크라테스의 산파술 과정에 어떤 소득이 있을까요?

결론부터 말씀드릴게요. '즉문즉답'은 하지 않는다고 하지 않았나요? 근데 걱정 뚝. 이게 궁극적인 답은 아니니까요. 그럼 잠정적인 답? 그러니까 좀 있어 보이는 말로 하면 변증법적인 성장을 위한 징검다리 정도가 되겠네요. 사실 현대인은 모두 조급하잖아요. 그래서 좀 답답해하실 분들도 있을 거 같고요. 현대인은 초 단위로 살잖아요. 피 튀기는 레드오션을 살아가는 전략이라고 하네요. 하여간 이는 다음 수업의 테마와 관련되기도 하네요. 그래서 급히 몇 자 적으려는 생각을 한 거예요. 어때 좀 기특한가요? ㅎㅎㅎ

아니, 갑자기 맘이 좀 변한 거예요. 잘하는 건지 아닌지는 잘 모르겠고요. 하여간 다음번은 제가 질문자인 소크라테스가 되어서 여러분께 이걸 물으면서 시작하려고 해요. 동의하실까요? 아니면 다음 수업 시간에 누군가가 급브레이크를 거시면 되고요. 진리는 스스로 낳는 거라고 하지 않았나요? 하여간 일단 정합니다. 다음 수업의 테마는 '왜 스티브 잡스는

돌아가시기 전에 소크라테스를 소환했을까?' 이겁니다. 아, 너무 이른가요? ㅎㅎㅎ

사실 우리 수업 마지막에 다루고자 한 테마였는데, 마음이 바뀌었네요. 일단 생각나면 쓰고 보자고요. 물론 다음 수업의 큰 테마는 '단절된 소크라테스의 질문법' 맞고요. 하여간 제가 앞에서 슬쩍 한마디 하고 넘어갔잖아요. 생전의 스티브 잡스 왈, "소크라테스와 오후 반나절을 함께 할 수 있다면, 애플의 모든 테크놀로지를 내놓겠다."

2,400년 전에 돌아가신 분과? 그런데 잡스가 그냥 해본 소리일까요? 어차피 불가능한 일이니까 그냥 농담으로?? 정답은 없잖아요. 잡스도 이미 돌아가셨으니까요. 아무 토도 없이. 그러니까 이 말의 뜻은 아무도 모르잖아요. 의미심장한 듯하기도 하고. 하여간 아무도 모르는 거네요, 그 뜻을. 아, 아신다고요? 그럼 다음번에 말씀하시면 될 거고. 그러니까 그의 말뜻은 모두 무지하다는 건데. 근데 우리 학당이 궁극적으로 밝혀내야 할 게 있잖아요. 이는 세상의 다른 모든 소크라테스 인문학과 차별화되는 부분이기도 하구요. 소크라테스가 추구한 산파술은 '지혜를 사랑하는 방법'이었고, 지혜를 사랑하는 일은 결국 '문제해결'을 위함이라고 했잖아요. 개인적이든 사회적이든 바로 그거잖아요. 그러니까 이 가설을 우리 학당에서 입증해야 한다는 거구요.

아, 즉시 대답한다고 하고서는 깜빡했네요. 하여간 다음 질문 제목은 결정된 거고…. 이제 여러분은 여러분만의 답을 가지고 오시면 되겠네요. 아마도 이런 거 아닐까요? 말씀드리지요. 소크라테스 산파술로 가장 가까이에서 얻을 수 있는 소득은 바로 '사고력의 향상'이겠네요. 사고하는 능력이 높은 사람이 가장 이성적인 사람? 그러니까 적어도 '세 가지

사고력'이 향상된다고 하면 되는데, '균형적 사고력', '구체적 사고력' 그리고 '논리적 사고력'이라고 하네요. 이건 결국 문제해결을 위한 필수 조건이라고 할 수 있겠고요. 하여간 다음번 '라이브클래스'에서 이걸로 열린 대화, 열린 토론을 연습하고 훈련하면 되겠네요.

14

왜 스티브 잡스는 굳이 소크라테스를 소환했을까요?

네, 맞아요. 어제 소크라테스 학당은 이 질문으로 문을 열었다고요. 이미 언급했던 거잖아요. 돌아가시기 전 스티브 잡스 왈, "만약 내가 소크라테스와 오후 시간을 함께할 수 있다면, 내가 가진 애플의 모든 테크놀로지를 내놓겠다"고 했잖아요. 물론 가정법 2식 '만약'이지만. 아, 지난 수업의 큰 주제는 예고한 대로 '단절된 소크라테스의 질문법'이었고요. 그 안에서 이런 질문으로 시작한 거네요. 생각지도 못한 좋은 대답들, 그리고 기발하기까지 한 깜찍한 생각들. 그리고 그럴듯한 대답들이 많이 나왔잖아요. 아닌가요? 저만 그렇게 생각하나요? 2시간 3시간을 하면 더 많은 기발한 생각들이 나왔을 게 확실하지만. ㅎㅎㅎ

사실 이 질문은 제가 소크라테스 학당의 마지막 시간에 하려고 아껴놓았던 거라고 했잖아요. 근데 그럴 필요가 없겠더라고요. 그냥 마지막 시간까지 이걸 계속 끌고 가면 되잖아요. 그래서 일단 풀었네요. 많은 주옥같은 아이디어들이 나왔지만, 안타깝게도 제가 기록할 수는 없네요. 기억력의 한계? 급죄송함. 그래서 줌 화상 수업에 직접 참여하셔서 모니터링이라도 하시면 좋겠다는 말씀. 사고훈련, 사고연습의 시간이잖아요. 카페에도 썼지만, 우리 인류는 50년 후에 멸종하고 만다는 책도 있다구요. 왜냐고요? 머리를 더 이상 쓰지 않으니까 지능이 퇴화하여 원숭이류에게 지구를 뺏긴다는 논리인데. "인간은 반드시 머리를 쓰면서 살아야 한다. 쓰지 않으면 머리도 녹이 슨다." 무려 520여 년 전에 레오나르도 다빈치의 말씀이잖아요. 하여간 저는 어제 수업이 좋았네요. 저만 그렇게 생각해도 할 수 없잖아요. 뭔 소리? 뭐 하다가 만 느낌이라고요? 그렇네요. 1시간밖에 안 되니. 학생들은 학점을 볼모로 2시간이고 3시간이고 마냥 붙잡아놓을 수도 있지만. 그런데 소크라테스 학당에서는 그럴 필요가 없네요. ㅎㅎㅎ

"좋은 습관이 행복을 만든다네." 아리스토텔레스의 말씀이잖아요. 그럼 우리가 행복을 바란다면 그냥 좋은 습관만 들이면 되겠네요. 어려운가요? 좋은 습관 찾기가. 1주일에 30~40분이라도 좋은 습관을 만드는 게 바로 지혜로움 아닐까요? 스승 소크라테스가 추구했던 '지혜'로운 삶을 제자 플라톤은 '정의'로운 삶으로 풀었고, 그의 제자 아리스토텔레스는 '행복'으로 풀었잖아요. 결국 지혜롭게 살겠다는 건 행복하게 살겠다는 것과 다르지 않은 거네요. 그런데 사람들은 저마다 행복을 원하지만, 지혜와는 아무 상관없는 거로 벽장에 가두어놓고 있잖아요. "지혜가 밥 먹여주냐?"고 하면서도 행복해지겠다네요. ㅋㅋㅋ 도대체 이건 무슨 배짱인지 모르겠네요. 이게 행복을 찾다가 불행해지는 이유랍니다. 2,400년 전 사람들도 다 알고 있었던 기초적인 사실을.

어제 1시간 주거니 받거니 하면서 무슨 생각들을 하셨나요? "아무 생각 없어." 뭐 그런 분들도 있었겠지만. 생각 연습, 반성과 성찰의 시간. 생각하고 반성하고 성찰하는 가운데 지혜는 날로 자란다는 사실. 그럼 우린 행복한 거다. 이거 말이 되나요, 안 되나요? 하여간 남은 시간도 '스티브 잡스는 왜 하필이면 2,500년 전의 소크라스를 소환했을까?'라는 질문을 이어갈 생각이네요. 왜? 스티브 잡스는 오히려 레오나르도 다빈치를 소환하는 게 맞지 않나요? 상상력과 창의력 하면 다빈치 그리고 잡스잖아요. 시대적으로도 가깝고. 아니면 세상의 모든 철학은 플라톤의 각주에 불과하다고 하니까 플라톤을 소환해야 하는 거 아닌가요? 아니면 스티브 잡스는 점심은 소크라테스와 하고, 플라톤과 다빈치는 저녁 식사에 초대하고 싶었을까요? 등등. 하여간 의문이 많이 나올 수 있겠네요. 왜냐하면 잡스는 딱히 토를 달지 않았답니다. 근데 소크라테스의 철학은 비교적 단순하잖아요. 무지 각성, 무지 고백, 뭐 그게 다 아닌가요? 아, 영혼 염려, 영혼 보호가 하나 더 슬그머니 붙었네요. 하여간 무지 각성, 영혼 보호 등과 스티브 잡스? 뭐가 연관될까요? 비록 가정법이지만. 식사비는 분명히 잡스가 낼 거지만, 소크라테스도 성격상 답례로 뭔가 하지 않았을까요? 바로 그거네요. 그걸 찾아내면 의문의 실마리가 풀리지 않을까요? 물론 '아마도'지만. ㅎㅎㅎ 아니면 스티브 잡스는 췌장암이라는 사형선고 앞에서 소크라테스를 소환해놓고 무엇인가를 고백하고 싶었을까요? "혹시 제가 무지한 게 있다면, 그게 뭔가요?" 아니면 그는 테스 형에게 그냥 평소 궁금하던 거를 물어보려고 했을까요? 그것도 아니면 "혹시 지금까지 제가 한 게 잘한 건가요, 잘못한 건가요?" 물론 이 역시 아마도. '아마도, 아마도'를 계속 하다 보면 여러분의 상상력은 계속 자라날 거랍니다.

15
왜 이 시대에 소크라테스가 반드시 부활해야 할까요?

제목이 너무 황당(?)하네요. 뭐 소크라테스가 예수도 아니고. 그냥 해보는 소리겠지요? 아닙니다. 절대 아니랍니다. 그것도 두 번씩이나. 그렇습니다, 강조네요. 그냥 헛소리라고 할까 봐? 아니, 그냥 하는 소리겠지? 하고 넘어갈까 봐. 그러네요. 그런데 명심하세요. 거의 협박조네요. ㅎㅎㅎ 사실 유명한 철학자 니체가 한번 이런 소크라테스의 부활을 시도했다고요. 차라투스트라라는 가명으로. 근데 그건 산파술은 아니고 그냥 소크라테스라는 인물이었지만.

다시 위 질문으로 돌아가 보자고요. 지금 여러분은 지구라는 급행열차에 타고 계시잖아요. 시속 1,674킬로. 초급행 맞잖아요. 어지럽지 않나요? 근데 여러분이 타고 계신 이 지구는 지금 안전한가요? 뭔 소리를 하려고 갑자기 지구를 들먹이면서까지. 2,400년 전 이미 돌아가서 구천의 영혼으로 떠도실지도 모를 소크라테스와 그게 뭔 상관이래? 기후 위기, 생태 재앙, 코로나 재앙, 미세먼지, 초미세먼지, 튀르키예 대지진, 유럽 폭

염, 쓰나미, 핵에너지 문제, 핵전쟁의 위협, 지구촌에서 벌어지는 크고 작은 전쟁들로 인한 끊임없는 살상, 러시아-우크라이나 전쟁, 잊을만하면 또 나오는 지겨운 중동전쟁, 인권 말살, 성폭력, 학교폭력 등 각종 폭력 사태…. 갑자기 블로그의 소재가 없어진 거 아닌가요? 도대체 이게 소크라테스와 뭔 상관이란 말이지? 도무지 뭔 말을 하시려고 저러나? 뭐 그런 걱정이 생길 거 같기도 하네요.

그렇습니다. 이왕 내친김에 한마디 더 할게요. 급용서 구함. "소크라테스의 부활이 지구를 살린다." 동의하실까요? 아니라고요? 정말 너무 나가시는 거 맞네요. 오버에 오버? "저는 여기서 그만 읽겠습니다." "그러세요. 아니, 절대 그러지 마세요." (일단 싹싹 빎?) 이미 우리 '소학당(소크라테스 학당)'에 발을 디디셨는데. 지금 하차하시면 좀 아깝지 않을까요? 그동안 뭔가 좀 있을 거 같아서 블로그라도 읽느라고 시간을 좀 투자했는데. 그래 보았자 총 1시간 남짓이겠지만. 그래도 그게 어딘가요? 분초를 다투는 이 시대에. 분초가 모두 돈이라고 하던데.

제가 하나 질문하고 진짜 시작할게요. 마치 소크라테스처럼. 근데 썩 훌륭한 질문은 아닌 듯하네요. 일단 임시니까. "지금 우리 지구상에 벌어지는 모든 위기의 뿌리가 뭘까요?" 어쭈? 근데 지구 위기는 사실 우리의 삶에 가장 큰 '문제' 맞잖아요. 지구가 어떻게 되면 우리 모두 다치잖아요.

따지고 보면 지금 우리는 지구가 병드는 바람에 병들고 있다는 주장도 있잖아요. 성인병, 현대병의 원인들? 초등학교 1학년 교과서에 나오는 거네요. "지구가 아프대요. 지구를 살려주세요." 우리 소학당의 목표가 '문제해결'이라고 했잖아요? 그럼 이것도 문제 맞잖아요. 그것도 엄청나게 큰 진짜 문제. 그래서 어쩌라고! 당장 내 문제도 아닌데. 사실 이걸 그리 큰 문제로 안 보는 학자들도 있는 거 맞네요. "뭐 지구는 만들어진 이래 주기적으로 늘 그랬거든. 빙하기, 간빙기, 해빙기 등 그렇잖아. 모두 따지고 보면 지금 말로 기후 위기 아닌가요? 그리고 설령 그렇다고 해도 지구는 자연치유력을 가지고 있으니 호들갑 떨지 않아도 된다고."

근데 만약 지구가 위기이고 정말 문제라고 인식된다면, 소학당에서는 이 문제를 해결해야 하는 게 맞지 않나요? 의무? 뭐 그런 거는 아닌가요? 정말 갈수록 가관이라고요? 그렇네요. ㅎㅎㅎ 설령 그렇다고 해도 그게 나와 뭔 상관인데. 당장 지구가 붕괴되고 없어지는 것도 아니고. 우리와는 아무 상관이 없는 먼 미래잖아. 그러네요. 너무 거창하게 시작했네요. 그럼 모두 지울까요? 그래도 칼을 뽑았으니 무라도 썰겠습니다. ㅎㅎㅎ

"진리는 간단하다. 그것도 매우." 그 유명한 아인슈타인의 말이잖아요. 그 외에 이름을 거론할 수 없을 만큼 많은 천재들이 이 말에 동의했구요. 알고 계신가요? 그렇네요. 이제 우리 소학당의 정체(?)가 슬슬 드러나고 있는 것 같지 않나요? 지혜로움을 사랑하고 지혜로운 삶을 목표로 하는 소학당은 결국 문제해결을 할 수 있어야 한다고 했잖아요.

그렇지 않으면 모두가 꽝. 모든 게 시간 낭비이고. 아직도 우리 소학당이 현학적이거나 심심풀이 정도로만 보이시나요? 제 구력이 최소한 30년이라고 했잖아요. ㅎㅎㅎ 농담인 거 아시지요? 그래도 내공이… 또 농담이라는 거 아시지요? 하여간 한 세대가 간 거잖아요. 한 세대면? 10년이면 강산도 변한다고 하는데, 세 번 강산이 변하는 시간이잖아요. 그러니까 이제는 최소한 뭐라도 나와야 하지 않을까요? 이제라도 소학당에서 세상을 바꾸는 게 맞네요. 제가 말씀드리지 않았나요? 우리가 완전히 다른 세계를 가는 거라고. 여러분이 기억하는 한 소위 현대판 블루오션으로 간 사람은 딱 한 사람이잖아요. 스티브 잡스.

그 이후에도 수많은 천재들이 나왔지 않냐고요? 정말 그렇게 생각하나요? 단언하지만 아니랍니다. 실리콘밸리의 누구누구도 천재라고 거론하고 싶겠지만. 그냥 이삭줍기에 성공한 사람들이잖아요. 아닌가요? 좀 심했나요? 스티브 잡스가 간 블루오션. 그 길을 남들보다 먼저 따라가다 보니(머리가 좀 되는 관계로, 아니면 잔머리로?) 남들이 못 보는 이삭을 주우면서 지금은 나름 재미를 톡톡히 보고 있는 사람들이잖아요. 대박?? 천재들은 아니랍니다. 다시 단언하지만, 그냥 운이 좋은 사람들 정도? 좀 심했나요? 아마 나중에 제가 그렇게 단언하는 이유를 아시게 될 겁니다. 하여간 콜럼버스의 달걀을 세운 사람은 스티브 잡스 딱 한 사람.

그런데 사실 돈벌이란 대박을 치다가도 쪽박을 찰 수도 있잖아요. 반반치킨, 반반 확률. 물론 계속되면 좋겠지만, 다음 대에서 끊길 수도 있고. 사람의 일은 모두 두고 볼 일이잖아요. 지금 스타가 된 실리콘밸리의 공룡 벤처기업들. 더 두고 보아야 하잖아요. 이 역시 CEO들의 지혜로움이 운명을 결정하겠네요. 지혜로운 자는 계속 살아남을 거고, 그렇지 않은 자는 도중하차하기 십상이잖아요. 하여간 다시 돌아와서 근데 블로오션을 처음이자 마지막으로 개척해놓은(물론 지금은 극찬하지만, 반드시 끝까지 그럴까요?) 스티브 잡스가 왜 하필이면 굳이 소크라테스를 소환했겠냐 이거잖아요. 앞으로 우리가 계속 물고 늘어진다고 했구요.

제가 너무 보따리를 급하게 푸는 거 같아요. 그런가요? 아, 이유를 알겠네요. 소학당 블로그를 찾아오는 분들이 줄어들까 봐 뭐 초조해서 그런 거 아닌가요? 그러네요. ㅎㅎㅎ 그렇게 보일 수도 있겠네요. 그런데 뭐 이런다고 올 사람이 안 오고 갈 사람이 안 가나요? 그런가요?

이제 어쨌거나 오늘 분량을 다 채웠으니 일단 마무리해야겠네요. 진리는 간단하다. 지구촌의 주인공은 우리 인간, 사람이잖아요. 아닌가요? 침팬지도 넣어야 한다고요? 정글의 왕 호랑이, 사자라고요? 일단 그렇다고 가정해보자고요. 사람, 인간. 인간은 '대화하는 동물'이라고 했잖아요. 대화하지 않고 사는 인간? 손들어보자고요. 뭐라도 씨부리면서(?) 살 수밖에 없는 인간. 숙명이잖아요. 인간이 되어라? 일단 인간이 되고 안 되고는 나중 문제이고. 하여간 나불나불대면서 살 수밖에 없는 인간의 업보? 그럼 제대로 된 대화를 통해 인간이 되고, 대화를 통해 이상한 인간이 되고. 이것도 맞나요? 결국 대화의 질이 인간의 격을 결정한다. 뭐 그런 말도 한 것 같고요. 끝내겠습니다.

"이분법적 대화가 우리 인간을 이렇게 저질로 만들어놓았다. 심지어 악질로." 동의하실까요? 아니라고요? 하여간 이제부터 우리 소크라테스의 대화법인 산파술을 부활시키겠다는 목표로 출발하는 소학당의 테마, 딱 맞지 않나요? 아닌가요? 저만 그렇게 생각하나요? 하여간 차제에 우리 소학당은 이제 무언가를 선언해야 할 때가 되었네요. ㅎㅎㅎ

'이분법적 대화의 종말' 그래서요? 이분법적 대화가 어쨌다는 건가요? 그것도 지구 위기라는 거창한 문제와 도대체 어떻게 얽힌다는 건가요? 어떻게? 왜? 그런데 이게 우리 소학당이 해결해야 할 문제, 맞잖아요? 여러분, 지금도 혹시 아이들과 친구들과 부인과 남편과 이분법적 대화를 하시면서 대화한다고 으스대고 있지 않으신가요? 예전에 TV에서 개그맨이 한 말이 아직도 머릿속에 남아 있네요. "저희 집에서 대화는 절대 금물입니다. 대화하면 할수록 화가 치밀고 대화는 더 꼬이고 결국 싸움은 더 커지니까요."

16
'이분법적 사고의 종식', 산파술이 답입니다

뭐라고요? 사실 난 공감하지 못한다고요? 아니 한 번도 공감한 적이 없다고요? 그러네요. 제가 그냥 갑자기 모놀로그(독백)로 한 말이잖아요. 그것도 명확한 근거도 대지 않고. 근데 책에서 보신 분들도 있겠지만, 특히 인문학 서적들을 보면 이분법적 사유가 세상을 망쳤다는 논리가 나오지 않나요? 뭐 다 그런 건 아니겠지만. 그럼 간단히 실제 역사를 좀 훑어볼까요? 이분법적 사고의 뿌리는 서구의 문헌 기록상 소피스트들의 변증술이라고 했잖아요. 아닌가요? 처음인가요? 하여간 그렇다는 거지요. 상대방의 논리와 자기의 논리를 일단 양쪽으로 갈라놓고 소위 '논쟁(論爭)'이라는 미명하에 한쪽에서 승리할 때까지 자기 기준에서만 자기합리화 논리를 펴나가는 거잖아요.

근데 그게 모두 사실 궤변이라고 판명되었던 거고. (이에 대해서는 나중에 더 자세히 다룸. 왜 그들의 논쟁술이 궤변인가? 지금도 궤변 논쟁으로 온 세상이 시끄럽잖아요. 반드시 밝혀져야 할 대목이지요.) 결국 궤변으로 시작된 이분법적 논리의 종말? ㅎㅎㅎ 하여간 그들 간의 논쟁술이 발전하면서 결국 상대를 설득시키는 목표를 갖게 되어 설득술 그리고 이게 처세술이 되고…. 결국 이러한 논리 대결(엄밀히 말하면 궤변 대결)에서 승자와 패자가 생기잖아요. 이때부터 제로섬 사회(Zero-Sum Society)의 역사가 본격화되는 거랍니다.

승자독식(勝者獨食)의 역사는 이렇게 시작된 거잖아요. 소위 (궤변) 논쟁, 즉 말싸움에서 이긴 자가 몽땅 가져가고 패자는 그냥 한순간에 다 잃어버리는 뭐 그런 거. 그러니까 논쟁에 목숨을 걸어야 하는 게 맞잖아요. 논쟁에서 이기기 위해 목숨을 바쳐야 했던 인류의 흑역사? 그게 바로 소피스트로부터 시작되고 지금도 계속 이어지고 있는 거잖아요. 2,500년 이상의 역사를 가진. 장하다? 엥? 꼭 그런 것만은 아니라고요? 너무 삐딱하게 보는 거 같다고요? 아님 선입견? 근데 역사가 그들의 논쟁술을 궤변술이었다고 하니까.

하여간 이러한 이분법적 사유의 전통은 중세시대로 이어지면서 세상을 '선'과 '악'으로 양분하는 근거가 되었고, 이는 매우 자연스럽게 이단논쟁(異端論爭)으로 그리고 십자군 전쟁으로, 급기야는 '마녀사냥'이라는 엄청난 피의 역사를 합리화시켰잖아요.

지금도 소위 마녀사냥 같은 게 있지 않나요? 결국 중세 1천 년간 크고 작은 종교전쟁들은 이분법적 사유의 극치였답니다. 이어 벌어진 모든 국가 간 전쟁은 종교전쟁의 계승자들로서 좌와 우의 극한 대립과 대결, 급기야 자본주의와 공산주의로의 양분 등 이러한 대립과 대결, 반복의 역사로 인한 피의 살상과 인권유린 등 그리고 더 많은 자본을 획득해야 한다는 소리 없는 자본전쟁의 결과가 낳은 생태파괴와 기후재앙 등.

이래도 이분법적 사고가 지구를 망쳤다는 논리에 공감하지 못한다구요? 그럼 좀 더 무시무시한 이야기 하나 더 해도 될까요? 너무 끔찍하지만. 다른 나라를 정복하면 모든 부가 순식간에 획득된다는 논리를 극히 당연한 것으로 치부하면서 세상을 완전히 쑥밭으로 만들어놓은 제국주의의 탄생. 인류가 낳은 최대의 비극. 살아있는 멀쩡한 사람을 단 몇 시간 만에 비누 조각으로 만들어놓았던 아우슈비츠의 악마들.

갑자기 너무 나가는 거 아닌가 생각하나요? 섬뜩하게도. 정말 좀 전까지도 살아있던 사람이라니까요? 한순간에 한 장의 비누가 된 인간. 멀쩡한 사람이 한순간에 비누 조각이 되었던 건 사실이잖아요. 이거 정말 만들어낸 소설 아니잖아요. (아, 제가 이 대목에서 갑자기 흥분하고 있네요. 근데 흥분해야 할 때 흥분하지 않는다면 그게 사람인가요? 또 흥분? 잠시 심호흡 세 번 하고요.) 더 할까요? 하여간 블로그를 통한 주입식 인문학은 여기까지.

근데 정말로 문제는 무엇이었나요? '이분법적 사고의 종식'은 분명히 맞는데… 아, 맞다고 가정한다면. 그럼 도대체 대안이 뭐냐는 거 아닌가요? 맞습니당. 그러니까 딱히 대안이 없었던 거지요. 지금도 없고요. 그러니까 죽기 아니면 죽이기 정도? 좀 무섭지 않나요? 엥?

바로 그거네요. 우리 소크라테스 학당의 존재 이유가 나온 거잖아요. 대안? 그러네요. 이미 2,500년 전에 단절되었으니. 소크라테스의 산파술. 아니, 그래도 그렇지 2,500년 전 그야말로 전설 같은 소크라테스의 산파술. 고작 그게 대안이라고요? 아무리 단절되어서 부활해야 한다고 하지만, 너무 낡은 거 아닌가요? "새 술은 새 부대에"라는 말도 있는데. 세상에 삼척동자도, 학교 문턱에만 갔다 왔어도 다 아는 산파술. 지금 그게 대안이라고 했나요? 정말인가요?

소크라테스 학당에 모이신 여러분. 비록 몇 분 되지는 않겠지만 여러분에게 할 일이 생긴 거라고요? 그럼 잠시 왔다가 코를 뀐 건가요?

ㅎㅎㅎ "난 못해. 그리고 시간도 없고. 내가 뭐라고 세상을 구해." 뭐 그런 거잖아요. 그런데 제가 말씀드렸잖아요. 바로 내 집 안에서도 이미 이분법적 사고로 크고 작은 불상사들이 나오고 있다고. 일단 가족 간에도 대화가 잘 안 되지 않나요? 인간관계는요? 혹시 나도 모르게 이분법적으로 사고하고 있지 않나요? 마치 소피스트들의 후예 아니랄까 봐. 그래도 뭔 소린지 모르시겠다고요? 그럼 우리 학당에 8주 더 계시면 되겠네요. 혹시 그땐 좀 더 선명해지지 않을까요?

'산파술'. 그렇습니다. 이분법적 사고를 종식하기 위한 유일한 대안입니다. 궤변으로 시작되는 이분법적 논리의 종식. ㅎㅎㅎ 실습, 연습과 훈련만이 실제로 문제해결 능력을 습관화시키겠지요. 삼척동자도 다 안다는 건 주입식 인문학에서 끝났기 때문이잖아요. 삼척동자? 그럼 세 살박이? 하여간 주입식 인문학은 그 정도의 정신 수준이 되는 거잖아요. 결론입니다. 여러분, 네이버나 구글 검색창에 '푸코의 진자'를 쳐보세요. 바로 그거잖아요. 산파술은 푸코의 진자와 원리가 똑같다고요. 푸코의 진자는 세상의 '진리'란 바로 이거라고 알려주는 거고요. 푸코의 진자는 지구상에 살아가야 하는 숙명을 타고난 우리 인간에게 '무엇이 거부할 수 없는 진리'인가를 알려주는 가장 확실한 단서잖아요.

코페르니쿠스가 천명하고, 갈릴레오 갈릴레이가 숫자로 계산해내고, 그리고 푸코가 실험으로 검증해내는 데 성공한 '지동설'. 그야말로 세상에서 가장 확실한 진실. 태양이 도는 게 아니라 우리가 살고 있는 지구가 돈다는 바로 그 진리. 그게 바로 우리가 결코 거부할 수 없는 지구촌 사람들의 운명이랍니다.

생각의 각도를 1도만 바꾸어주면 결국 360도가 바뀐다. 이로써 우리는 '전체'라는 세상을 얻게 된다. 그것도 아주 합리적으로. 정말 지혜로움을 사랑했던 그들, 바로 그분들의 후예가 여러분이고요. 소피스트의 후예로부터 산파술의 후예로 다시 태어나는 여러분. 생각만 해도 멋지지 않나요? A와 B를 무 자르듯이 인위적으로 갈라놓고(현실적으로는 불가능한 양분법), 말도 안 되는 '부분의 논리'로 말싸움을 시키면서 서로 승자와 패자를 만들고, 결국은 땅 따먹기를 하게 하여 승자독식을 당연시하고 합리화시키는 그야말로 태어나서는 안 되는 좀비들의 역사. 물론 이분법적 논쟁(또는 궤변)으로 이득을 보는 인간이 꽤 있잖아요. 지금도 여전히. 이미 혼이 빠져나간 넋 나간 좀비들이잖아요. 더 이상 좀비는 인간이 아니구요. 근데 아시잖아요. 좀비들의 최후를. 예나 지금이나 비참함 그 자체잖아요. 딱한 인생 아닌가요? 그러니 이제 좀비를 구한다는 의미에서도 이분법적 사유는 반드시 종식되어야 하는 게 맞겠네요.

그럼 대안은? 그렇습니다. 이제 감 잡으셨군요. 그래요. 맞다고요. 소크라테스의 산파술. 너무 의도적 아니냐고요? ㅋㅋㅋ 하여간 그렇다고 하고요. 이제 우리에게 남은 마지막 질문은 "그럼 도대체 어떻게 한다는 거냐?"고. 자, 그럼 천천히 다시 해볼게요. 산파술은 제일 먼저 "그게 무엇인가?(What?)"라는 질문으로 시작해서(선입견, 편견, 자기의 생각, 현재의 잘못된 앎을 검토하게 하면서 무지 자각, 즉 원점에서 다시 시작하도록 하게 하면서) "왜(Why?)" 그리고 "어떻게(How?)"라는 질문이 계속 반복되면서 생각의 각도를 조금씩 틀어주는 거잖아요. (근데 이렇게 생각해보면 안 될까? 즉, "전체-부분의 관계"를 계속 해석하게 하면서) 마침내 균형적 사고, 구체적 사고, 논리적 사고를 훈련하고 연습하도록 하여… 결국 '온전한 앎'에 다가갈 기회를 갖도록 도와주는 과정이랍니다.

도대체 뭔 소린지? ㅎㅎㅎ 너무 숨이 차네요. 일단 몰라도 되구요. 엥? 그냥 자꾸 연습하다 보면 자연스럽게 습관이 된다잖아요.

17
챗GPT 시대에 '테스 형의 산파술'? 도대체 무슨 의미가 있을까?

"이제 또 한 번 새로운 세상이 온다." 엥? 새로운 세상? 스티브 잡스가 돌아가신 지 10년도 넘었는데. 또 뭔 소린가요? 마이크로소프트를 창시하여 세상을 놀라게 했던 원조 빌 게이츠의 말씀이지요. 근데 왜? 바로 챗GPT의 위력을 극찬한 거잖아요. 근데 반은 맞고 반은 틀렸네요. ㅋㅋㅋ

그럼 또 반반치킨? 하여간 빌 게이츠도, 이제 MS도 챗GPT를 장착하여 협업하는 데 주력하겠다는 선언도 했다고 하고요. 아니, 빙챗봇 준비를 하고 있다고 하네요. (이 책이 나올 때쯤에는 세상에 출시되겠지만.)

그런데 정말 깜놀한 건 '구글'이겠지요. 그동안 거의 독식으로 승승장구해왔는데. 근데 구글도 벌써 대비하고 있다고 하네요. '바드', '메타'라는 프로그램을 준비 중이라고 하는데, 하여간 우리가 말로만 듣던 인공지능(AI)을 가장 가까이서 접하게 된 셈이지요. 인공지능 생태계의 진화. 일방적으로 검색하던 시대에서 우리가 직접 인공지능과 대화하면서 정보와 지식을 받아내는 시대로 들어선 거잖아요.

근데 벌써 심각한 우려도 현실화되고 있고요. 일단 리포트에 성적을 매겨야 하는 대학교수들이 혼비백산해 있는 상태고요. 그동안 표절 시비를 막기 위해 '카피큘라'라는 걸 만드는 데도 엄청난 고생을 했나 본데. 이제 챗GPT의 등장은 '멘붕' 그 자체잖아요. 물론 한쪽에서는 챗GPT가 써준 글을 잡아내는 프로그램도 개발되었다고 하지만 늘 세상에는 빛과 그림자가 함께하는 법. 컴퓨터 프로그램이 나오면서 바이러스 프로그램, 해킹 프로그램이 함께 장사하는 것처럼. 근데 챗GPT가 생성해준 리포트는 단 한 자만 내 글로 바꾸어놓으면 표절률이 0%로 나온다고 하니. 그대로 카피해서 내지 않고 군데군데 토씨 몇 개만 바꾸면 중간 · 기말 리포트는 끝. 이제 대학은 어떻게 되는 건가요? 참 가관이지요. 얼마 전 은퇴 교수들이 모였는데 한 분이 이렇게 말씀하더라고요. "아이쿠, 빨리 은퇴하길 잘했지. 이제 인공지능이 쓴 글을 학생들 리포트라고 모른 척하고 채점해야 하니. 그 꼴을 어떻게 볼 건데."

다시 빌 게이츠로 돌아가 보자고요. 새로운 세상? 물론 당연하지요. 진화에 진화를 거듭하는 인공지능. 그러니까 진화는 새로운 세상을 만들 거고요. 근데 과연 정말 이게 새로운 진화 맞나요? 엥? 뭘 또 늘어놓으시려고 그러나? 그러네요. ㅎㅎㅎ

새로운 세상이라고 하지만 사실 '과거로의 회귀' 아닌가요? 제가 말씀드렸잖아요. 인간은 '대화하는 동물'이라고. 대화는 본능이고, 살아남기 위해서는 대화하지 않으면 안 되는 게 바로 인간의 숙명이라고. 그러니까 챗GPT는 '레트로메니아(retro menia)', 즉 과거로 회귀한 거 맞잖아요. 과거는 낡은 과거? 옛날 낡은 세상? 근데 잘 따져보면, 다만 인간이 인간과 대화하던 세상에서 이제 인간과 인공지능이 대화하는 관계가 된 거잖아요. 그럼 인간과 인간 간의 대화는 어떻게 되는 건가요?

문헌상 인류 최초의 기록도 모두 '대화집'이었다고 했잖아요. 다이얼로그(diallog). 근데 어느 순간 모든 책이 독백의 모놀로그로 바뀌고, 교육방식도 모놀로그로. 그러니까 선생님은 혼자 떠드시고(?) 학생은 그냥 자거나 딴짓하고. 좀 심했나요? ㅎㅎㅎ 하도 세상이 황당하게 가니까 조물주께서 인간은 서로 입 다물고 더 이상 대화도 하지 말라는 경고장이네요. ㅋㅋㅋ

그러니까 서로 말도 잘 안 통하는 인간끼리 하는 것보다 차라리 인공지능과 대화하라고 한 거잖아요. 맞잖아요? 우이독경(牛耳讀經). "아니, 그게 아니고…" "아이쿠, 너랑은 말이 안 통하니…." 대화하다 보면 뭐 이런 말이 많이 나오지 않나요? 하여간 챗GPT는 5만 개도 아니고 무려 5조 개의 글(아티클)을 읽고 스스로 딥러닝을 하여 내공을 쌓았다고 하니. 이런 똑똑한 인공지능과 대화한다면 아마 인간과 인간 간의 대화에서 발생하는 불이해, 불상사 또는 오해가 대폭 줄어들지 않을까요? 최소한 속은 안 터질 것 같아요. ㅎㅎㅎ 챗봇은 그만큼 정확하고 확실한 정보와 지식을 줄 수 있을 거니까. 그리고 감정도 없으니 감정 대립할 필요도 없고.

하여간 이제 우리 인간은 정보와 지식이 없어서 못 할 일은 없게 되었잖아요. 구글 검색창에서 툭 치면 순식간에 튀어나오던 지식과 정보. 이제는 인공지능과 실시간 채팅을 하면서 답을 맞혀가는 세상. 한마디로 챗GPT의 탄생은 '답 맞히는 사회의 종식'이네요. ㅋㅋㅋ

지금까지는 답을 많이 아는 자가 출세하던 지식사회였는데, 지금 챗GPT 3단계 버전은 인간보다 약 2,500만 배의 연산력을 가지고 있다고 하잖아요. 앞으로 이보다 훨씬 진화된 챗GPT 4가 출시를 기다리고 있다고도 하는데. 그런데 G3와 G의 용량 크기 차이는 소위 게임이 안 된다고 하잖아요. 달과 태양의 관계 정도로 격차가 심하다고 하네요. 하여간 지금은 '글쓰기' 수준으로만 하고 있지만, 앞으로는 정치 · 경제 등 사회적 이슈를 다룰 건데. 심각한 건 주식시장을 농락할 수도 있다고 하네요. 헐.

우리가 허둥대면서 인공지능의 윤리가 어쩌고 이에 걸맞은 법 제정을 서둘러야 한다고 해보았자 그건 모두 '사후약방문', 즉 소 잃고 외양간 고치는 거잖아요. 범죄가 발생하고 나면 법을 또 정하고. 숨바꼭질하는 법과 범죄. 이런 쓸데없는 도식은 언제쯤 사라질까요? 수준 낮은 저질 정책 맞지 않나요? 실효성도 없고. 모든 사람을 (예비)범죄인으로 만들기도 하고요. 하여간 정리하지요. 이제 챗GPT의 진화로 '답 맞히는 사회'의 종식은 확실해졌고요. 지식과 정보가 밥 먹여주는 시대도 다 지나가고 있네요. 소위 지식인을 자처하면서 알량한 지식으로 무장한 채 마치 선무당처럼 일방적인 지식과 정보 나부랭이 덕분에 살고 있는 대부분의 현대판 소피스트들이 소리 없이 사라지고 있는 거네요. ㅋㅋㅋ

그럼 앞으로 챗GPT 시대에 우리가 할 수 있는 게 뭘까요? 그렇습니다. 역시 '대화'잖아요. 비록 대화의 상대가 사람이 아닌 챗봇으로 바뀌었지만, 그래도 대화의 질은 항상 문제가 되겠지요. 우리 소크라테스 학당에서는 이미 수준 높은 대화는 수준 높은 지식과 정보를 제공한다고 했고…. 근데 대화를 결정하는 게 뭐라고 했나요? 이미 잊으셨나요? 그럼 혹시 치매? 대화의 수준은 '질문'이 결정한다고 했잖아요.

실제로 챗GPT에게 허접한 질문, 불명확한 질문, 추상적인 질문을 해보았답니다. 한참 동안 대답하지 않더군요. 심지어 '오류 메시지'가 뜨더군요. 결국 구체적이고 명확한 질문, 그리고 더 나아가서는 수준 높은 질문만이 질 높은 지식과 정보를 보장한답니다. 레트로메니아! 소크라테스의 산파술. 격조 높은 훌륭한 질문. 소크라테스 학당이 부활해야 하는 명확한 이유겠네요.

18
과학사고와 산파술?

"'과학사고'란 말 그대로 '과학적 사고'로서 인류 최대의 발명품이랍니다." 누가 한 말인가요? 바로 제가 한 말이랍니다. ㅎㅎㅎ 아마 앞에서 말한 것 같은데. 저는 엄밀히 말해서 인문학자잖아요. 그래서 감히? 좀 역설 아닌가요? 근데 절대 아니랍니다. 과학의 발명이 없었으면 아마 지금 우리 인류는 전멸했을지도 몰라요. 그러니까 맹수들에게 몰살당해서 이미 네안데르탈인이나 크로마뇽인, 아니 호모엘렉투스처럼 지금 지구상에 없었을 거라는 말이지요.

아니 설령 살아남았다고 해도 실제로 과학의 발명이 없었다면 인류는 여전히 수많은 시행착오로 목숨까지 잃어야겠지요. 물론 지금도 여전히 더러는 그렇지만. 시행착오를 하다 보면 힘들기도 하고 하는 것마다 실패하기도 하고…. 하여간 시행착오는 인간의 목숨과 같답니다. 한마디로 과학사고란 시행착오를 막아주는 사고랍니다.

그러니까 과학사고는 인간의 목숨을 구해준 고마운 존재네요. 적어도 과학사고는 목숨을 잃을 수 있는 걸 최소화하는 데 가장 기여한 사고라고 할 수밖에 없고요. 그러니까 과학과 과학사고는 인류 최대의 발명품 맞습니다. 아니면 인류 최대의 발견품인가요? 하여간, 전갈의 실체를 모르면 가지고 놀다가 죽는다고 했잖아요. 이제 좀 기억이 나실까요? 모두 치매기가 좀 있다 보니. ㅋㅋㅋ 하여간 이제 됐습니다. 그러니까 우리가 지금도 살고 있는 건 모두 과학 덕분이라고 해야겠지요.

근데 우리는 과학문명의 발전에 대해 부정적인 시각도 많잖아요. 아니, 지금도 팽팽하잖아요. 과학이 인류에게 기여한 건 맞지만 그만큼 폐해도 많다고. 이를테면 기후재앙이나 생태위기 등. 도대체 뭔 소린지? 아니, 이런 거 있잖아요. 과학만능주의는 유토피아인가, 아니면 디스토피아인가? 뭐 그런 '이분법적 논쟁' 같은 거. 근데 문제가 해결된 거 아니잖아요. 여전히 갑론을박 논쟁이 진행 중이잖아요. 그렇다니깐요. 세상에 이분법적 사고로 해결된 것은 단 하나도 없다니까요. ㅋㅋㅋ 인공지능의 발전에 대해서도 마찬가지이고. 인류는 앞으로 인공지능의 노예가 될 것인가, 주인으로 남을 것인가? 뭐 그런 거.

과학은 문명의 이기? 그래요, 맞습니다. 근데 아닙니다. 엥, 또 왔다 갔다? 그럼 이것도 반반치킨? 반은 맞고 반은 틀리고? 아닙니다. 반도 안 맞고 반도 안 틀리고. 이건 또 뭔 소리인가요? 전혀 무관한 말이랍니다. 이분법적 논쟁? 웃기잖아요. 사람들이 만들어낸 인위적인 개념? 그렇습니다. 과학에 관한 이런 논쟁은 전혀 거론할 만한 테마가 아니랍니다.

특히 과학논쟁은 더더욱 아니랍니다. 그러니까 만들어진 조어란 말인가요? 그렇습니다. 결코 태어나서는 안 될? 엥? 엄연한 사실인데도요? 왜 그러냐고요? 세상사가 이분법적 논쟁으로 해결될 것 같다면 벌써 세상의 모든 게 다 해결되어 지금쯤 우리는 정말 유토피아 세계에 살고 있겠지요. 근데 우리는 지금도 여전히 엄청나게 더 힘든 시간을 보내고 있잖아요. 심지어 자칭 지식인들이라는 인간이 이분법적 논쟁을 선동까지 하니…. 이건 과학도 아닌데…. 그럼 이런 이분법적 논쟁에 대해 들으면서 살아온, 아니 지금도 이런 이분법적 논쟁에 휩쓸려서 살고 있는 우리는 지금까지 속았다는 말인가요? 아, 그렇게 되나요? 그러네요. 안타깝지만 현실이네요.

제가 언젠가 쓴 것 같은데. 네이버 카페 '인문학 5060'에서인가요, 아님 블로그에서인가요? 한번 뒤져볼 일이네요. 하여간 "과학 자체가 문제가 아니라 '과학이 휘었다'는 게 문제다." 기억이 좀 나실까요? 아, 이것도 잘 생각이 안 난다고요? 그럼 치매 초기 맞나 봐요. 가까운 병원을 한번 가보시든가. ㅎㅎㅎ 그럼 과학사고는 우리의 목숨을 살려주는 게 맞는데, 그게 휘었다는 거잖아요. "과학기술 문명…" 어쩌고 하면서 '과학'과 '기술'을 슬그머니 같은 개념으로 갖다 붙이고는 유토피아니 디스토피아니 하면서… 결국은 자본의 힘을 강화하는 전략? 아니, 모략이라는 표현이 더 맞겠지요. 하여간 돈 되는 건 다 하는 현대인의 궤변 논리에 우리가 여지껏 속은 게 맞답니다.

예전에 노예는 크게 두 부류였잖아요. 관에서 세비를 주면서 일을 부려먹었던 관노비, 그리고 귀족들이 자기 집에서 밥 먹여주면서 부려먹었던 사노비. 그러니까 방자나 향단이 같은 종들. 근데 관노들은 일정 나이가 되면 정년퇴직도 했다네요. 더러는 도망도 가고…. 이 지구상에 자본주의가 탄생한 계기는 바로 이들 관노의 은퇴와 탈출 그리고 해방과 함께 시작되었답니다. 그전에는 원시공산사회라고 해서… 서로 품앗이로 함께 일하고 나서는 나누어 먹는 그런 원시인공동체였겠지요.

하여간 일터에서 해방된 이들 관노는 낫, 호미, 갈퀴, 도끼, 망치, 칼 등을 만들어서 귀족 대감집을 돌아다니면서 쌀이나 곡식과 물물교환을 하면서 살았을 거고…. 나중에 이들은 장인이 되어 '장인경제'의 주역이 되었고, 급기야 화폐의 발명으로 시장경제가 활성화하면서 자본주의의 주역이 되었던 거지요. 이들이 가지고 있었던 게 바로 '기술(테크놀로지)'이었던 건데. 그러니까 과학은 이들의 영역이 아니었고, 대학의 산물이었답니다.

중세에 대학이 만들어지면서 대학은 과학의 요람이 되었지요. 그래서 대학은 '진리의 전당', 즉 지식이 탄생하는 곳이라는 뜻이랍니다. 물론 대학의 지식은 과학지식, 그러니까 과학적으로 탄생하는 지식. 그 지식을 다루는 대학에서는 과학사고가 지배할 것이고…. 그러니까 대학은 예나 지금이나 '지식을 창출하는 곳'이랍니다. 여기서 지식이란 과학지식이고 '새로운 지식의 탄생'을 말하는 거지요. 지금 대학이 위기라고 허우적거리는 이유는 바로 새로운 지식을 창조하지 못하기 때문이라고 했잖아요. 인구감소 때문에 대학이 망한다고요? 물론 현실이 심각하니까 그런 말씀도. 근데 ㅎㅎㅎ 정말 웃기잖아요. 그건 사실 별 관계가 없답니다. 정말 '지식을 창출해야 하는 대학의 사명'이 인구감소 때문에 제동이 걸리는 건가요? 억지춘향격? 아님 꼴뚜기가 뛰니까 망둥어도 뛴다? 뭐 그런 건가요? 인구가 감소한다고 해도 지식 창출의 주역은 모든 인간이 될 필요는 없잖아요. 인구감소와 지식 창출? 도대체 뭔 관계? 대학의 사명을 모르는 무지의 소치랍니다.

정리하지요. 과학과 과학사고는 인류 최고의 발명품 맞습니다. 단, '주어진 조건'에서만. '과학은 조건의 학문'이라고 했잖아요. 그러니까 "A

라는 조건에서 A-라는 결과"가 나오는 거잖아요. A라는 조건에서는 A-라는 결과가 나올 거라는 '가설'을 세우고 이를 관찰 · 실험을 통해 입증하고 반복 검증하는 것이 바로 과학이랍니다. 근데 그러한 과학의 여정은 아직도 요원하잖아요. 그래서 과학의 과정은 '계속 발전'하는 거밖에 없지요. 진리를 찾아낼 때까지. 정반합의 변증법적 과정에서 영원한 진리가 밝혀질 때까지. 그러니까 지금도 과학은 계속 발전에 발전을 거듭하고 있는 거구요.

물론 반증의 원리에 따라 잘못된 지식은 새로운 지식으로 대체되기도 하면서. 아, 여기서도 잘못된 지식이란 — 과학자의 언어로 바꾸어 말하면 — 오류라기보다는 '측정의 범위'가 변해서 생기는 '새로운 지식'이라고 해야 한답니다. 그러니까 새로운 지식으로 앞선 지식이 없어지는 경우도 생긴다는 말씀. 근데 과학은 그 자체가 틀릴 수는 없는 거지요. 단, 과학에는 반드시 한계가 존재하지만. 그러나 '과학적 한계 = 틀림'은 아니랍니다. 단, '한계 내에서만 맞는 것'이지요. 물론 한계를 벗어나면 안 되지만. 잘 생각해보세요. 그러니까 과학에서 새로운 지식이 나온다는 것은 '측정의 범위와 측정치'가 달라진 거지요. 한계를 넓힌 것? 아, 물론 과학의 한계는 또 있지요. 결과가 요원하다는 것. 그러니까 삶을 해결하기 위해서는 '전체라는 조건'에서 관찰 · 실험 · 입증 · 검증할 수 있어야 하는데… 부분적 조건만을 가지고 깨작깨작하는 결과를 내는 꼴이니까. ㅋㅋㅋ 언제 부지하세월?? 또한 부분 실험을 모아서 전체를 알아가야 하니…. 달리 말하면, 과학적 팩트를 모아서 삶의 진리를 밝혀내야 하니….

그런데 이게 언제나 끝날는지. 그리고 그게 가능이나 한 건지…. 그런데 이것보다 정말 심각한 과학의 본질적인 문제는 "전체는 부분의 합"이 아니라는 사실을 인정하지 않는다는 거지요. 아주 심각한 게 또 있어요. 어느 특정한 조건에서 얻어진 과학지식이 마치 전체를 대변하는 것인 양 호들갑?? 그러니까 '일반화의 오류'를 범하고 있는 거잖아요. 부분적 발견이 대중 사이에 일반화되어 마치 진리인 것처럼 되는 것. 팩트가 진실로…. 이게 가장 무서운 거지요. 아, 이에 대해서는 나중에 더 언급할 기회를 갖도록 하자고요.

다시 돌아가서 "과학이 휜다"는 건 과학이 돈과 권력에 의해 기술을 휘게 한다는 건데, 과학과 돈 · 권력의 정경유착? 이미 어딘가에서 제가 언급했을 건데. 그러니까 과학도 돈이 되지 않는 곳으로는 가지 못하는 거지요. "기초과학에 힘을 쏟아야 한다" 어쩌고 하면서 사람들이 호들갑을 떨잖아요. 여기서 기초과학이란 바로 휘지 않는 과학, 즉 과학의 원리를 말하는 건데. 문제는 그게 항상 말뿐이잖아요. 사실 돈도 안 되고 권력도 안 붙는데 누가 그걸 하려고 할까요? 그러니까 요즘 아이들은 모두 재수, 삼수, 장수를 하면서도 의과대학으로 가잖아요. 얼마나 현명한가요? 놀라운 일 아닌가요? ㅎㅎㅎ

결국 '과학기술'이라는 합성어는 매우 무서운 말이라고 했잖아요. (과학)지식권력이라는 푸코의 말도 있고요. 하여간 돈과 권력이 (과학)지식을 휘게 하는 거네요. 이렇게 해서 부익부 빈익빈 교육의 세습도 무비판적으로 그리고 의도적으로 이루어지는 거고…. 결국 지식 독점으로 사회 양극화 문제도 발생하고…. 결국 공정하거나 정의와는 따로 노는 우리 사회… 등등. 좀 샛길로 나갔네요. ㅎㅎㅎ

다시 돌아가 봅시다. 과학원리의 뿌리는 '정반합의 변증법'이라고 했잖아요. 서구 문헌 기록상 변증법은 소피스트들의 창안이라고 했고요. 누가요? 제가 그랬잖아요. 그러니까 서구학문의 뿌리는 인문학이든 자연과학이든 '과학의 기본원리는 변증법'라고 했답니다. 그런데 인문학보다는 오히려 자연과학에서 변증법의 원리가 더 선명하게 지켜지고 있다고도 했고요. 그렇습니다.

그럼 한번 생각해보자고요. '정-반-합'은 2천여 년도 더 넘은 훨씬 이후에 나타난 철학자 헤겔의 표현이었다고 했지만, 변증법의 골격이고 원리라고도 했잖아요. 근데 이게 변증의 기술, 즉 '변증술'로 변하면서 결국 소피스트들은 궤변론자의 길을 걷게 되었고…. 이를 계기로 이들은 인류의 역사에서 비난받게 되고 말았잖아요. 그러니까 '정반합의 원리'를 계속 발전시켜서 진리로 가는 과정을 지켜야 하는 게 과학이고 과학사고의 근거인데, 그게 갑자기 '정-반-싹쓸이'로 어느 순간 단절되고 만 거잖아요. 왜 그랬을까요? 그렇습니다. 바로 돈과 권력 때문이었잖아요. 살아남아야 하니까. 변증술은 변증의 '기술'이잖아요. 그걸 가르치면서 돈도 벌고 권력도 차지하고. 그러니까 기술은 그게 보이는 거든 아니든 항상 돈과 권력에 약한 거가 되는 거잖아요.

변증술은 나중에 '설득술'로, 그리고 '처세술'로. 결국 처세는 돈과 권력이었던 거고요. 이미 2,500년 전부터. 그러니까 지금 황금만능주의, 배금주의, 물신사상에 대해 피를 토하면서 논하는 사람들은 도대체 뭔가요? 최소한 2,500년의 역사를 뒤집겠다고 하는 건데. 좀 딱한 거 같아요. ㅋㅋㅋ 물론 그래도 누군가가 해야 한다고요? ㅎㅎㅎ 반은 맞고 반은 틀렸네요. 틀린 반은 이미 처음부터 잘못된 저질 질문거리랍니다.

2,500년이 아니라 2만 5천 년이 되어도? 무슨 갑자기 비관주의적인

말씀을 하냐고요? 시쳇말로 "갖다 댈 걸 갖다 대야지" 하는 말이 있잖아요. 얼토당토? 그렇습니다. 하여간 무모할 수도 있다는 말씀이지요. 근데 심지어 황금만능, 배금주의 등등을 쓰면서 책팔이(?)를 하는 자칭 사이비 어용 지식인들이 있잖아요. 그 알량한 지식 나부랭이를 팔아먹는. 근데 꼭 저러고 싶을까? 좀 씁쓸하지 않나요?

그래서 좀 안타깝기도 하고 때로는 밉기도 하고 그러네요. 참으로 딱한 거 같아요. 좀 안다고 설치면서 결국 선무당 사람 잡는 꼴이 되잖아요. 다른 할 일도 많을 텐데. 마치 지식을 팔아먹었다는 2,500년 전의 소피스트들과 꼭 빼닮지 않았나요? 아, 쏘리. 살짝 흥분함. 제 개인적인 생각이니 급용서를 구함. 근데 꼭 한번 쓰고 싶었다구요.

말이 나온 김에 다시 한번 강조하면 인류 역사상 '이분법적 논쟁'을 통해 해결된 문제는 단 한 건도 없답니다. 그냥 이분법적 논쟁은 항상 말싸움으로만 끝났다구요. 논쟁(論爭)? 말은 그럴듯하지만 풀이하자면 '말싸움'이잖아요. 한번 잘 보세요. 아, 물론 하나. '비판을 위한 비판'으로서의 기능은 할 수 있겠지요. 그러면 굿. 근데 건전한 비판이면 더욱더 좋겠지요. 물론 그런 비판이 있기나 한지는 모르겠지만. 일단 비판은 하지 말라고 했잖아요. 누가요? 제가요. 엥?

성경에도 『논어』에도 불경에도 다 있다고 했구요. 아니, 잘못된 걸 보고 비판하는 게 뭐가 잘못되었나요? 뭐 그러고 싶겠지요. 그럼 다시 설명할게요. 아주 차근차근. 그래요. 왜냐고요? 반복할게요. 비판하는 순간 속성상 비판은 곧바로 비난과 비방으로 변질된다고 했잖아요. 왜냐구요? 양자역학에 물어보시면 가장 확실할 거지만. 이에 대해서는 나중에 또 기회가 있겠지요. 아, 그냥 하자고요. 관찰자 효과? 엥? ㅎㅎㅎ 그냥 아는 대로 하자구요. 궤변?? 주장의 기준이 전혀 다르니… 자기 기준으로 하는 말은 늘 궤변이 되어버리니까 듣는 사람으로서는 너무 어이가 없어지고, 그러니까 설령 정당한 비판이라고 해도 기분 좋게 들릴까요? ㅋㅋㅋ

하여간 비판이랍시고 하는 말이 상대방에게는 금방 비난과 비방으로 변질되어 전달되기 때문에 우리는 남들의 비판을 들으면 그게 설령 맞다고 해도 금방 화가 치미는 거랍니다. 그래서 건전한 비판이라는 것도 사실 다분히 이론적이고 이상적일 뿐. 더 심각한 건… 잘못된 걸 보고… 누가 '잘못되었다'고 판단하고 비판하는 건가요? 그건 전지전능한 신만이 알 수 있을 거 아닌가요? 그럼 잘못되었다고 판단하고 이를 비판하는 당신은 바로 신인가요? 그럼 사이비 교주? ㅋㅋㅋ 정말 웃기지 않나요?

그런데 2,500년 전이나 지금이나 이분법적 논쟁은 여전히 진행 중이잖아요. 이분법적 논쟁은 결코 문제해결을 하는 방법이 절대 아니라고 해도. 맞나요? 아닌가요? 하여간. 문제는 문제를 낳고 우리 삶은 문제의 연속인데. 반드시 문제해결은 해야 하는 거고. 그러니까 문제해결의 능력을 갖춰야 하는 건 맞지만….

이분법적 논쟁이 해결책은 아니라는 사실. 심지어 이분법적 논쟁을 열심히 하다 보면 문제해결은커녕 오히려 문제가 더 꼬이는… 뭐 그런 거가 더 많잖아요. 해결은커녕 나중에는 말싸움 끝에 서로 적이 되기도 하고요. 더 심각한 것은 최소 두 가지 큰 문제가 발생한다는 사실이지요.

제발 명심하시길. 그 하나는 마치 뭔가가 당장 해결될 것 같아서 사람들이 금방 그 논리에 현혹된다고요. 특히 자기가 처한 입장에 따라. 인간은 이기적인 동물 맞잖아요. 근데 그 입장은 보편적인 입장이 아닐 수 있다구요. 마치 자기의 입장이 모든 입장을 대변해주는 것 같은 착각. 그것도 이를 교묘하게 불러일으킬 만큼 남의 심정을 잘 읽는 미사여구의 수사학적 표현으로…. 그리고 일단 이런 글들이 서점에서 잘 팔리잖아요. 베스트셀러. 물론 독자는 마치 자기의 입장을 대변하는 것 같으니까. 우린 그런 책을 사잖아요.

근데 이건 거국적으로는 국민 기만이라고 할 거고, 개인적으로는 사기(?)를 당한다고 해야 할 것 같기도 하고…. 좀 너무 나갔나요? 좀 심했나요? 하여간 이에 대해서는 나중에 좀 더 다룰 기회가 있겠지요.

논쟁을 주도하는 자들이나 논쟁에 참여하는 자들. 모두 투자한 시간에 비해 얻는 게 별로 없다는 사실. 결국은 승자도 패자도 없이 모두가 패자가 되는 길이랍니다. 그럼 인생 낭비? 이제 120살을 산다고 하지만 단 1시간이라도 인생을 의미 있게 보내야 하지 않나요?

두 번째는 '이분법적 논쟁'으로 우리가 사는 사회는 정확하게 딱 두 개로 갈라지잖아요. 그런데 이분법 밖에서 살고 있는 사람들은 뭔가요? 사람이 아닌가요? 그런데 반복하지만, 세상은 그렇게 단순하지 않다고 했잖아요. 무지 복잡다단한 게 우리 사회이고, '나'라는 한 인간도 생각이 매 순간 수시로 바뀌잖아요. 이랬다저랬다.

그래서 헤겔의 정반합이라는 변증법적 도식은 '자동으로 생성되는 거'랍니다. 그냥 가만히 있어도 정반합은 자연스러운 우리 인간의 사고구조 작동으로 계속 진행되는 거랍니다. 그러니까 그게 과학지식을 창출하는 원리로 적용되는 것도 극히 당연한 거고. 근데 그걸 인위적으로, 그러니까 돈 때문에 그리고 억지로 미사여구를 써가면서 딱 둘로 칼로 무자르듯이 갈라놓고…. 그 알량한 지식 나부랭이를 좀 더 가지고 있다는 생각에 온갖 궤변을 끌어다가 인위적으로 싹쓸이로 스톱시키고는 자기 이

권을 챙기는…. 결국 소피스트들의 잔꾀로 탄생한 게 바로 이분법적 논쟁이 되는 건데. 그러니까 소피스트들의 궤변 논쟁이 2,500년이 지금 지금도 버젓이 재현되고 있는 거랍니다. 현대판 소피스트들. 바로 이분법적 궤변 논쟁이 이들이 살아가는 최대의 무기가 되는 거고요.

'소크라테스 산파술의 탄생'. 소크라테스는 소피스트라고 했잖아요. 그렇습니다. 소크라테스는 소피스트들에게 변증법을 배웠지만, 갑자기 '정-반-싹쓸이'로 변절하는 소피스트에게 거센 항변을 한 거잖아요. 소크라테스는 소피스트가 아니라고 했잖아요. 누가요? 아, 제가요. 기억나지 않으세요? 이들이 자칭 교사로 행세하고 돌아다녀 세상이 점점 더 험악해지니까. 그래서 소크라테스는 이를 막기 위해 자기만의 독특한 산파술이라는 걸 들고 나오면서 "변증법의 원칙으로 돌아갈 수 있는 구체적인 방법"을 제시한 거지요.

산파술의 탄생. 역사적인 순간 아닌가요? 그러나 법정에서 "소크라테스, 당신도 소피스트나 진배없다"는 잘못된 배심원들의 판결을 받고 기꺼이 수용한 거. 그게 나중에 해명된 거고. 그런 산파술이 2,500년 동안 어둠 속에서 잠자고 있었던 거랍니다.

결론입니다. 산파술은 모든 과학지식의 원리인 변증법이 변증술로 변질되는 것을 막고, 변증법의 실천원리를 가장 구체화하기 위한 소크라테스의 독창적인 창작품이랍니다.

19
인공지능과 산파술?

과학사고에 대해 쓰다 보니 하나 더 써야겠네요. 내친김에 하나 더? 뭐 그런 거지요. 근데 인공지능이라고요? 이거 너무 나가는 거 아닌가요? 아닙니다. 절대! 어… 이젠 너무 단호하시네요? ㅎㅎㅎ 하여간 그러네요. 근데 확실한 이야기니까요. 엥? 혹시 소크라테스는 '겸손한 지식'을 가지라고 한 거 아닌가요? 겸손한 지식? 맞습니다. 그럼? 이건? 아, 그래요. 이게 겸손한 지식인데요? 엥? 정말 뭔 소린지?? ㅎㅎㅎ

한번 보자고요. 어차피 2,500년의 간극이 있고, 인공지능의 시대는 계속될 것이고… 어차피 미래의 이야기니까. 누가 알겠어요? 이런 말 있잖아요. 한 치 앞도 내다보지 못하는 게 인생이라고 하는데…, 그래서 미래를 예측하는 건 점쟁이가 점을 치는 거나 다름이 없잖아요. 그러니 우리도 점 한번 치자구요. 마치 미래학자들처럼.

미래학자? 너무 웃기지 않나요? 한 치 앞도 못 보는 게 인생이라고 하던데… ㅋㅋㅋ 그들은 미래에 대해 막 질러대잖아요. 물론 미래를 정확히 내다보는 족집게도 더러 있는 것 같긴 하지만. 그 옛날 크로마뇽인들이 방울 몇 개하고 돌멩이를 던져 점을 치거나 박수무당들이 딸랑이, 부채, 쌀알 몇 개를 던져 미래를 예측하고 사시던 것과 지금 컴퓨터, 인공지능 등 최첨단 도구를 이용하여 미래를 점쳐 책을 쓰고 강연하는 것과 과연 다른 게 뭔가요? 점치는 수단만 바뀐 거 아닌가요? 아, 지나친 비하성 발언 같은데요? 왜 갑자기? 그러네요. 이번에도 너무 나간 거 맞네요. 급죄송. ㅎㅎㅎ

그런데 자, 해봅시다. 지금이 2024년이니까 지금으로부터 한 10년은 안 되는 것 같고 7~8년 전쯤에 은행에 로봇 도우미가 설치되어 있다고 해서…. 하도 신기해서 로봇에게 말을 건 적이 있었어요. 아마 여러분도 본 적이 있을 겁니다. 아, 지금도 있나요? 근데 처음에 설치되었다가 도로 다 없앤 거 같아요.

한동안 좀 잠잠하더니 공항에서도 돌아다니고, 심지어 찻집에도 도우미로 돌아다닌다는 게 화제가 되기도 하고. 아, 지금 국립중앙박물관에 가면 볼 수 있어요. 막 돌아다니면서 안내를 하고 있다고요. 실은 4차 산업혁명이 어쩌고저쩌고 하면서 대학에서도 한참 난리도 아니었잖아요. 저도 그 물결을 타고 여러 사람이 함께 연구하자고 해서 4차 산업 인공지능에 대해 소위 말발 하나 한다는 자칭 인공지능학자들과 어울려 다닌 적이 있답니다. 4차 산업혁명, 인공지능의 시대를 맞이하여 앞으로도 그렇게 갈 거 같으니까.

하여간 여러분도 제가 했던 것처럼 한번 실험을 해보세요. “지니야(로봇 이름), 너는 앞으로 뭐가 될래? 장래 희망이 뭐야?” 이렇게 질문하는 겁니다. 로봇이 어떻게 반응했을까요? “앞으로 훌륭한 로봇이 되겠습니다”라고 대답했을까요? 아니면 “앞으로 제가 사람이 되겠습니다.”

ㅋㅋㅋ 아니면… 알아맞혀보세요.

로봇은 눈동자까지 사람 얼굴처럼 그려놓았는데… 반응이 어땠을 거 같나요?

갑자기 로봇 눈알이 뱅글뱅글 돌더라구요. 그러고는 '작동 중지' 사인이 나오더니 갑자기 엥엥 하고 경고음이 나는 바람에 은행직원이 혼비백산해서 튀어나오고. ㅎㅎㅎ 왜 그분 있잖아요. 은행에 가면 '안내'에 서 계신 분. 로봇은 '미래'가 뭔지를 모르는 겁니다.

그때 기억에 겁이 나서 지금 박물관에 왔다 갔다 하는 로봇에게 또다시 물어보고 싶은데… 차마 용기가 나질 않네요. 누가 용기를 내서 좀 물어보시고 제게 알려주시면 후사하겠습니다. ㅎㅎㅎ

아, 얼마 전 챗GPT에 대해 좀 썼잖아요. 인공지능의 진화가 첨단으로 가고 있다는 증거. 그리고 실생활에 가장 가까운 것부터. 요 며칠 사이에 또 획기적인 보도가 나왔잖아요. 마이크로소프트에서 곧 출시할 '빙AI'라는 거 들어보셨지요? 챗GPT처럼 텍스트 기반 작업을 하는 건 같은데. 이제 실시간 웹사이트와 연결한다는 거잖아요. 웹으로 시작한 마이크로소프트다운 창안 맞네요. 그러니까 지금 오픈AI 챗GPT의 한계는 2021년 9월 이전의 데이터를 기반으로 하니까 그 이후에 대해서는 대답할 수 없다는 거잖아요. 실제로 그렇더라고요. 2022년에 일어난 일도 대답하지 못하더라고요. 그래서 실시간 웹과 연동한다면 방금 전에 일어난 일도 대답할 수 있다는 사실. 이거 정말 대박 아닌가요?

하여간 이렇게 인공지능은 점점 더 인간을 닮아가는 거 맞네요. 아니, 인간의 능력을 초월해가는. 이미 우리는 '인간이 인공지능을 수단으로 하여 노예로 삼을 것인가, 아니면 인공지능에 지구촌 주인장 자리를 뺏길 것인가?'에 대해 논쟁을 시작했잖아요. 아, 근데 이 논쟁. 어디서 뭔가 또? 그렇네요. 이분법적 논쟁? 그렇네요. 아뿔싸. 또 한마디 해야 하나요? 이제 좀 그러네요. 하여간 제 결론은 똑같습니다. 한마디로 우리 인류의 역사에서 이분법적 논쟁으로 해결된 문제는 없습니다. 다시 말하잖아요. 인간의 삶은 무 자르듯이 이분법적으로 갈라놓을 수 없기 때문이라는 말씀. 더 이상 여기에 대해서는 언급하지 말자고요. 이제 지겹잖아요. ㅎㅎㅎ

그러면 앞으로 논쟁도 하지 말고 말도 하면 안 되는 건가요? 그렇습니다. 아니, 말은 하셔도 되겠지요. 혹시 이제 이 블로그가 막장(?)에 온 거 아닌가요? 혹시 블로그 닫으시려고 하는 거 아닌가요? ㅎㅎㅎ

놀라지 마세요. 인공지능학자들을 인용하는 거랍니다. 왜냐고요? 제가 인공지능학자는 아니니까. 어때요? 이쯤 되면 '겸손한 지식' 아닌가요? 제가 전번에 하지 못한 "소크라테스의 겸손한 지식론" 이걸로 만회하는 건가요? ㅎㅎㅎ

자, 그럼 지금부터 본론입니다. 사실인즉슨 이렇습니다. 인공학자들끼리는 이미 다 공감하는 사실이니까. 물론 공감해도 그렇게 행동하지 않을 수 있겠지만. 이들이 모두 공감하고 이미 결론이 난 팩트만 말할 겁니다.

결론적으로 지금 인공지능의 발달은 인류공영에 기여하지 못합니다. 엥? 인간을 앞설 수도 없고. 그러니까 이제 더 이상 인공지능이 어쩌고저쩌고 하는 이분법적 논쟁에 휘말릴 필요도 없고. 안심하세요. 엥? 그냥 인공지능은 인간이 살아가는 수단으로만 개발된다고 생각하시면 된다고요. 그러니까 인공지능이 인간을 지배할 일도 없으니 호들갑에 놀아나지 않으셔도 된다는 말씀. 단, 지금의 방식으로 인공지능을 개발한다면 말이죠. ㅎㅎㅎ 그러나 만약 정말 개발 방식이 달라진다면 그때는 더 심도 있게 검토해보아야 하겠지만. 엥?

근데 이거 어떻게 봉합하시려고 이러시나? 너무 나가는 거 아닌가요? 하도 너무 앞서 나가는 게 많아서. 아, 걱정하지 마시라니까요. 인공지능학자들은 다 아는 사실이니까. 근데 우리는 잘 모르잖아요. 그게 더 큰 문제 아닌가요? 학자들은 자기들만 이미 알고 실제로 수요자들이 될 우리는 사실이나 진실을 전혀 모르고. ㅋㅋㅋ.

아이폰을 만든 스티브 잡스가 자기 아이들에게는 아이폰을 주지 않았다는 사실. 이미 잘 알려진 이야기 아닌가요? 아이폰의 내막을 가장 잘 아는 스티브 잡스가 자기 아이들의 미래를 걱정한 거 맞잖아요. 그렇답니다. 세상의 원리는 이렇게도 간단해요. 비료를 억수로 쳐서 농작물을 재배하는 농사꾼이 자기 가족의 먹거리는 따로 챙긴다, 뭐 그런 거 잖아요. 정말 어처구니가 없지만 세상이 다 그러네요. 식품영양학자들의 이야기를 들으면 세상에 먹을 음식이 하나도 없잖아요. ㅎㅎㅎ

그래도 좀 위안이 되는 건 우리 인간도 다른 생명체들과 마찬가지로 환경과 '공진화'를 한다는 사실이잖아요. 처음에는 부작용이 심하지만 점차 서로 공진화하여 중화(?)되면서 생명력이 확 감소되는 건 아니라는 공진화의 원리. 삶의 원리랍니다. 그러나 온갖 병마에 시달리면서 생을 마감해야 하는 거니까. 하여간 씁쓸한 운명.

정리하겠습니다. 인공지능은 소위 엄청난 수의 집단지성들이 만들어내는 상상을 초월한 정보와 지식을 가진 무소불위의 테크놀로지 결산 맞습니다. 근데 지금의 개발 방식이 문제라고 했잖아요. 소위 '지식인'들이 만든다고 했고요. 그들은 자기의 경험치대로 만들겠지요. 지식을 달달 외운 사람들. 그래서 나름 세상의 지식인으로 성장하고 소위 성공한 사람들.

그러니까 엄청난 정보와 지식을 로봇에게 쑤셔 넣는 알고리즘을 설계하는 데 능하겠지요. 그렇습니다. 선생님들은 세상이 급변했는데도 자기가 예전에 배운 대로 가르치잖아요. '거꾸로 교실', 'PBL' 등 시대가 요구하는 새로운 교육 방법이 어쩌고저쩌고 해도 아랑곳하지 않고 그냥 꼰대 방식을 고수하잖아요. 그리고 교권이 어쩌고 하기도 하고. 교권 이야기가 나와서 한마디 하면 예전에는 회초리를 가지고 교육하는 것을 당연시했잖아요. 실제로 한자로 가르칠 '교(敎)' 자는 회초리를 뜻하는 '효(爻)'라는 말과 합성어랍니다.

한 조사기관에서 교권이 추락한 이유를 물어보았어요. 그랬더니 "때리지 않아서"가 가장 많이 나왔답니다. 근데 지금은 체벌 금지잖아요. 그래서 난공불락?? 더 이상 교육을 할 수 없다는 거잖아요. 교육 방법을 바꾸면 된다고 하는데도 "뭔 소리야? 그냥 교권을 원상복구해내" 이거잖아요. 매를 달라는 말씀?? 그러고는 사랑의 매라고 우기시면서. 아, 너무 나갔네요. 제가 교육학자라서. 그냥 제 생각이네요. 급용서.

"인간이란 무엇인가?", "삶이란 무엇인가?" 엥, 갑자기? 다분히 철학적? 아, 그렇습니다. 그런데 이 질문에 답이 나왔나요? 대입해보자고요. "인공지능이란 무엇인가?" 그러니까 그냥 되는 대로, 기분 나는 대로 개발하면 되는 거 아닌가요? 엥? 개발 방법은 천차만별인데, 가장 편하고 가장 쉬운 방식으로 그리고 더 나아가서 돈이 되고 권력이 될 수 있는 방향으로. 그렇습니다. 마치 냉장고를 개발할 때 '프레온가스의 독성을 어떻게 할 것인가' 하는 논의를 중단하고 적당히 하여 과학을 휘게 한 것처럼. 일단 시장에 내놓고 돈을 벌어야 하니까.

인공지능학자들에 의하면, 인공지능을 개발하는 방식을 두고 초창기에는 열띤 논쟁을 했다고 해요. 양심적인 사람들?? 물론 여러분의 책상에 놓인 컴퓨터가 초기 인공지능이라고 할 수 있겠지만. 처음에 일곱 가지 정도로 구분할 수 있었다고 해요. 각설하고, 최종적으로 남아서 지금 확정된 방식이 바로 '데이터베이스 방식'이라는 거잖아요. 왜냐고요? 돈을 버는 데 그게 제일 유리하다네요. 다른 방식은 투자를 엄청 해야 한다구요.

지난번에 알파고와 이세돌의 바둑 격돌. 모두 보았잖아요. 천하의 이세돌이 겨우 한 판 이기고 나머지 네 판은 모두 알파고가 승리했잖아요. 그 충격으로 이세돌 9단은 아직 한창 나이지만 은퇴를 선언하고. 그 아까운 천재성은 지금 어떻게 되는 건지.

결론입니다. 한번 생각해보자고요. 어차피 한 치 앞도 내다볼 수 없는 우리 인생사 이야기니까요.

데이터베이스 방식의 인공지능은 장점도 있고 단점도 있겠지만, 장점을 훨씬 능가하는 치명적인 단점들을 가지고 있다고 하잖아요.

첫째, 과거의 데이터를 사용하니까 미래를 한 치도 점칠 수 없답니다. 뭔 소리냐고요? 그렇게 엄청난 데이터를 넣는데. 그럼 당장 여러분, 챗GPT에 "너 꿈이 뭐니?"라고 쳐보세요. 금방 확인되겠지요. 인간은 꿈이 있어야 산다고 하던데. ㅎㅎㅎ 웃겨서 말도 안 나오네요. 횡설수설. 그리고 꿈에 대해 일반적인 이야기를 늘어놓더군요. 융이 어쩌고저쩌고… 한번 해보세요. 칠 때마다 조금씩 달라요. 근데 꾸역꾸역 대답은 하더라고요.

과거를 거울삼아 미래를 알 수 있기 위해 우리는 예측통계라는 걸 개발했잖아요. 근데 그게 완전히 맞나요? 내년 경기지수가 어쩌고저쩌고 하는 예측통계를 내잖아요. 그래도 이런 건 맞힐 수 있겠지요. 내일 날씨도 그렇고. 근데 확률로 말하잖아요. 비가 올 확률 60%, 맑을 확률 40%. 약은 거잖아요. 안 맞으면 망신살이니까. 그래도 이건 어느 정도 봐줄 만하네요. 챗봇의 발달로 인해 주식시장도 어느 정도 예측통계로 맞힌다고 하네요. 근데 문제는 우리 인간의 삶이잖아요. 이미 말했잖아요. 한 치 앞도 못 내다보는 게 인간인데. 글쎄요? 근데 과거의 데이터로 삶을 맞히는 분은 저기 딱 한 분 있잖아요. 계룡산 족집게 도사?? ㅋㅋㅋ

둘째, 과거의 데이터에는 윤리적인 데이터가 많을까요, 비윤리적인 데이터가 많을까요? 뻔한 거 아닌가요? 그래서 결론은? 지금까지 호모사피엔스가 저질러놓은 과오들이 고스란히 내게 돌아오게 되지 않을까요? 심지어 힘의 논리, 지배의 논리, 기득권의 논리, 돈의 논리가 거의 모든 영역을 지배하고 있는 과거의 데이터들. 이런 것을 인공지능이 우리의 삶에 도우미(?)로 살게 한다는군요. ㅋㅋㅋ

셋째, 페이크, 즉 '가짜뉴스'가 판을 치는 지금 같은 세상에서 그것들도 데이터로 잡힌다고 하니 이거 어떻게 해야 하나요? 사실이잖아요. 이는 마이크로소프트가 내놓을 빙AI에게도 결정적인 흠이 되겠네요. 웹과 연결되니. 지금 가짜뉴스가 얼마나 많이 생산되고 있냐고요. 그걸 어떻게 걸러낸다는 건가요? 그래서 MS의 고민은 거기에 있는 거고요. 그럼 인공지능에 의존해서 살아야 하는 우리는 이제 어떻게 해야 하는 건가요? 문제는 이제 가짜뉴스인지 진짜인지를 내가 판단해야 하는 거잖아요. 그럼

'판단력?' 어, 어디서 많이 듣던 소리잖아요?

결국 지금 딥러닝 방식을 부가하여 개발 방향을 조금 바꿨다고 하는데, 인간을 닮기 위해서라고 하고요. 정말 그럴까요? 딥러닝. 인공지능이 스스로 공부한다? 근데 정말 아니라는 사실. 그거 아세요? 이들이 말하는 딥러닝은 공부가 아니라 엄청난 '경우의 수'를 알고리즘으로 만들어서 이를 연결해주는 거잖아요. 그럼 어떻게 되는 거냐고요?

그렇습니다. 이럴 경우에는 이렇게 대응하고 저럴 경우에는 저렇게 대응하고. 예전에 운전 배울 때 생각하시면 쉽게 이해되지 않을까요? 운전 연습장에서 조교께서 "이럴 때는 이렇게 꺾고 저럴 때는 저렇게 꺾으면 됩니다" 하잖아요. 뭐 그런 거와 같은 거지요. 근데 이건 이미 2,500년 전에 소피스트들이 했던 방식이랍니다. 상대가 이렇게 말하면 너는 이렇게 대꾸하고… 뭐 그런 거? 정답을 가르쳐주니 말싸움에서 승승장구했잖아요. 그래서 돈 많이 벌고…. 엥? ㅎㅎㅎ 근데 이제 인공지능 시대에는 그 경우의 수가 억대, 조대로 갈 뿐이겠지요. 그걸 인간의 '판단력'이라고 포장하는 거고요. 아, 그게 그거 아닌가요? 글쎄다(!) 아, 죄송.

아닙니다. 인간의 판단력과 경우의 수? 과연 같은 거라고 생각하시나요? 경우의 수가 많아지면 그게 판단력과 유사해질 수 있다는 건데. 과연 그럴까요? 이미 이야기했잖아요. 최첨단 인공지능이 우리에게 가져다 줄 지식과 정보가 가짜뉴스인지 진짜인지를 내가 다시 판단해야 한다는 사실.

경우의 수라는 알고리즘 속에서 코딩으로 연산한 엄청난 정보와 지식을 다시 내가 선별해내야 하는 거? 경우의 수가 아무리 촘촘해도 마지막에는 결국 내 판단력으로 온전한 지식과 정보를 판별해내야 하는 거.

그러니까 그냥 인공지능이 가져다주는 정보와 지식이 가짜인지 진짜인지도 판단하지 않고 덥석 무는 순간 당신은 인공지능의 노예가 되는 거구요. 이해될까요?

결국 옥석구분은 여전히 나의 몫이라는 말씀. 옥석을 구분하지 않는 순간 우리는 저질 · 악질 정보와 지식의 쓰레기 속에 던져질 거고. 아, 더 이상은 설명하기에 힘이 좀 드네요. 하여간 생각해보시길. 머리가 지끈지끈?? ㅎㅎㅎ

그래요. 이제 정말 마치자고요. 우리 소크라테스 학당은 '지혜로움을 사랑하는 곳'이잖아요. '판단력은 지혜로움'이라고도 했잖아요. 산파술은 우리 인간만의 고유한 — 인공지능의 경우의 수 조합이 아닌 — 진정한 판단력을 복원시키는 곳. 그곳에 머무는 한 여러분은 '판단하는 인간'으로 성장하지 않을까요? 경우의 수로 위장(?)하는 그런 거 말고. 살다 보면 매 순간이 판단 아닌 게 없잖아요.

근데 판단력은 지금까지 어느 누구도 가르친 적도 없고 배운 적도 없잖아요. 이게 바로 우리의 인생인 게 맞을까요? 좀 서글프지 않나요? 사실 살면서 판단력이 가장 중요하지 않나요? 판단이 잘못되면 다 망치는 거잖아요. "순간의 선택이 10년을 좌우합니다." 어디서 많이 듣던 소리 아닌가요? 그런데 한순간의 판단은 평생을 결정한답니다. 그렇지만 걱정 마세요. 산파술이 있잖아요. ㅎㅎㅎ

20
산파술의 종착점도 '설득' 아닐까요?

맞습니다. 설득이 맞습니다. 이게 결론입니다. 그렇다면 오늘 더 할 것도 없겠네요. 마칩시다. 엥? 근데 소피스트들이 변증술을 설득술로 그리고 처세술로… 어쩌고저쩌고 하면서 궤변론을 풀었다고 하면서… 그럼 산파술도 궤변론?? 그렇다면 소피스트들의 설득술과 소크라테스의 설득술은 같은 건가요? 그렇습니다. 엥? 아닙니다. 엥? 그러니까 이것도 반반치킨? 정말 자꾸 세뇌하시는 건가요? ㅎㅎㅎ

잘 보세요. 낮이 있으면 밤이 있고, 음이 있으면 양이 있고, 동전의 앞면이 있으면 뒷면이 있고, 얼굴 전면이 있으면 뒤통수가 있고. 모든 게 다 양면성을. 그럼 이분법? 아, 그렇게 되나요? 근데 밤과 낮 사이에는 반드시 긴 여명이 있잖아요. 무 자르듯이 밤 다음에 바로 낮인가요? 긴 여명. 겨울 다음에 봄? 오늘 밤 12시까지 겨울이고 12시 1분부터는 봄? 어디 그런 게 있나요? 중간에 우수, 경칩도 있잖아요. 하여간 엄청난 여명의 시간을 지나고 난 다음에 아침이 되는 거 아닌가요?

근데 이게 바로 삶의 진리잖아요. 그러니까 반은 틀린 거지요. 세상만사가 다 그렇다는 거 이제 눈치 좀 채셨나요? 반반치킨. 그러니까 결국 속임수가 되는 거 맞네요. 엥, 뭐가요? 아니면 착시? 착각하게 하는 거? 뇌과학자들에 의하면, 사람의 뇌를 속이는 게 그리 어렵지 않다잖아요. 세뇌 교육이 그래서 가능하다고 하잖아요. 이분법. 인위적으로 둘로 갈라놓고 하는 논쟁. 논쟁한답시고 서로 말발로 대결하다가 한쪽에서 이기게 되면 몽땅 싹쓸이하는 거. 이거 도박하고 같지 않나요? 싹쓸이. 어떻게든 싹쓸이를 해야 하니까. 갖은 궤변을 모두 끌어다가 써서….

결국 속고 속이는 세상을 만들잖아요. 뭐 그런 건가요? 그런데 문제는 "이런 인위적인 눈가림으로 세상에 변하는 건 하나도 없답니다." 혹시 이거 누가 한 말 같은데요? 그렇습니다. 독일의 유명한 철학자 헤겔의 말이랍니다. '주종의 철학'이라고 해요. 주인과 종이 열심히 싸워요. 그래서 종이 주인을 몰아냅니다. 비리를 폭로한 게 먹혀서. 이제 종은 지배자가 되잖아요. 그리고 개혁 어쩌고 하면서 막 휘둘러요. 그래서 세상이 바뀌면 좋을 텐데, 사실은 아무것도 바뀌지 않는다는군요. 누가요? 헤겔이 그랬다니까요.

그러니까 결론은 주인과 종이 다투다가 뭘 바꾼다고 해도 결국 '내용'은 전혀 변함이 없다는 거지요. 왜냐하면 '지배-피지배의 구조'는 그대로니까. 다만 주인과 종의 '위치'만 바뀐 거구요. 이게 헤겔의 '주종의 철학'의 요지인데. 어떤가요? 지금 우리네 현실이. 우리 속담에도 그런 말이 있잖아요. "개구리 올챙이 적 생각 못 한다"고. 오히려 후탈이 더 심해지지 않나요? 싹쓸이로 피의 복수만 남고…. 복수는 또 복수를 부르고….

한마디로 소피스트들의 설득술은 '설득의 기본 원칙'을 위반한 거지요. 그걸 정리하신 분이 바로 아리스토텔레스잖아요. 사람이 문제해결을 하기 위해서는 반드시 '설득' 과정을 거쳐야 한답니다. 그래서 사실 설득은 무척 중요하지요. 특히 대화와 토론 등을 통한 문제해결에서는 설득 과정이 가장 중요하다고 해도 무방하지요. 그런 의미에서 산파술도 설득 과정을 거칠 수밖에 없답니다. 엥? 그럼 같은 거 아닌가?

근데 아닙니다. 단호하게. 절대 아닙니다. 그래도 대화, 토론, 설득의 뿌리는 모두 소피스트에 있으니까…. 산파술도 뿌리는 여기에 있을 수밖에 없잖아요. 소크라테스도 소피스트들에게서 배웠으니. 근데 소크라테스가 아무리 생각해도 이건 아닌 거 같았던 거지요. '소피스트들의 설득술은 설득의 원칙을 벗어난다.' 아마 테스 형도 그렇게 생각했겠지요. 설득의 목표는 싹쓸이가 아닌데…. 그래서 테스 형이 제시한 해법이 바로 산파술이잖아요.

"'로고스-파토스-에토스'가 조화롭게 이루어질 때 비로소 진정한 '설득'이 가능하다." 누구의 말인가요? 아, 그렇습니다. 아리스토텔레스. 그가 제시한 '설득의 3요소'가 바로 이거잖아요. 자기개발, 리더십 등에서 '설득술 강좌'가 인기잖아요. 근데 이걸 소피스트들이 했던 설득술과 같은 걸로 설명하고 있던데요. 누가요? 세상 사람들이 말입니다. 엥?? ㅎㅎㅎ 놀라운 일 아닌가요? ㅎㅎㅎ 전 정말 경악하고 말았다니까요. 소름이 끼치잖아요.

근데 지금 시중에 나와 있는 책들이 모두 그래요. 한번 읽어보시라니깐요. 아, 읽지 마세요. 시간 낭비, 에너지 낭비잖아요. 인생을 허비하는 겁니다. 이해되는 게 지금 현대인은 말발을 무기로 생각하는 거잖아요. 아니, 생존능력이라고 생각하겠지요. "설득을 잘하면 몽땅 싹쓸이?" 이게 대박 아니고 뭐가 대박이냐? 마치 2,500년 전에 소피스트가 설득술로 대박을 맞았던 것처럼. 아무리 그래도 하여간 놀라운 일이지요.

"인간은 타협할 수 있는 유일한 피조물이다." 누가 한 말인가요? 맞습니다. 또 유명한 칸트의 말이지요. 맞잖아요. 사실 아닌가요? 근데 실제로는 그게 현실에서는 매우 어렵잖아요. 그러니까 인생이 비극인 거지요. 대화, 소통, 논의, 토론, 논쟁의 종착역은 '타협'이라는 칸트의 말씀. 동감하신다면 더 쓸게요. 동감하실까요? 일단 그렇다고 하구. ㅎㅎㅎ

그전에 하나 드릴 질문은 "타협의 전제조건은 뭘까요?" 그렇습니다. '공감'이잖아요. 공감. 어디서 많이 들어보시지 않았나요? 21세기는 '공감능력'이 높아야 한다구. 어쩌고저쩌고. ㅎㅎㅎ '공감지능' 뭐 이런 강좌도 많더라고요. 4차 산업혁명 시대에는 공감능력이 뛰어나야 한다고. 뭐 그런 거. 근데 2,500년 전에도 그랬거든요.

참고로 칸트 철학의 종착역은 '평화'랍니다. 엥? 소위 인식론 철학의 대가라는 분이? 인식론과 평화론? 무슨 관계야? 하여간 갑자기 평화? 전쟁과 평화? 그렇습니다. 당시에는 자고 일어나면 맨날 전쟁이니…. 그래서 칸트는 만년에 평화론에 대해 많은 글을 남겼지요. 훗날 많은 철학자도 칸트처럼 만년에는 평화주의자가 되는 전통이 생겼고요. 러셀도 그랬고. 평화? 가정의 평화? 친구들과의 평화? 평화 하니까 엄청 거창하게 들리지만…, 그냥 싸우지 않고 사이좋게 지내는 게 평화잖아요. 사실 우리 인간이 가장 바라는 게 평화 아닌가요? 샬롬! '평화'라는 뜻의 히브리어잖아요.

그럼 소피스트들의 설득술도 공감, 타협, 평화였을까요? 바로 그거지요. 소피스트들은 논리 대결을 통해 상대방을 녹다운시켜야 했잖아요. 근데 요즘 사람들도 여기에 열광한다고 했잖아요. 치열한 경쟁 사회에서 살아남기 위한 정글의 법칙. 설득술로 무장하는 거. 그래서 자기개발이 된다는 확신들. 근데 정말 그게 가능할까요?

이미 2,500년 전에 누군가가 벌써 써먹다가 철퇴를 맞았잖아요. 소피스트들. 그들의 왜곡된 설득술. 잠깐 처세술로 승승장구했지만, 이미 역사의 뒤안길로 사라진 폐기처분들. 결국 여기서 결정적으로 갈라지는 거랍니다. 소크라테스의 억울한 죽음을 애도한 손자 격의 제자인 아리스토텔레스가 '진정한 설득술은 어떻게 되어야 하는가?'를 고민하다가 마침내 정리해낸 도식이라고 했잖아요.

'진정한 설득'을 위해서는 내 의견에 '공감'하게 해야 하고… 그러면 서로 '타협'하게 될 거고 타협을 통해 '문제해결'이 이루어진다. 뭐 그런 거지요. 그러면 결국 우리는 평화 속에서 살게 되고… 그러기 위해서는 오로지 '로고스', 즉 논리력 하나만 필요한 게 아니고 '파토스'와 '에토스'가 함께할 때 진정한 설득이 가능하다는 거잖아요.

산파술은 이미 이런 걸 다 포함하고 있다는 거잖아요. 누가요? 아리스토텔레스가 그렇게 본 거지요. 그러니까 제자의 제자인 아리스토텔레스가 제시한 '설득의 3요소'는 소크라테스의 산파술을 자기 방식으로 잘 풀어서 설명해준 거랍니다.

결론입니다. 산파술은 '로고스, 파토스, 에토스'가 함께 조화롭게 어우러질 때 비로소 제대로 되겠지요? 모르겠다고요? 갑자기 너무 어려워진 느낌이라고요? 진짜 철학 시간? 로고스, 에토스, 파토스를 네이버 지식창에 탁 쳐보세요. 힌트 하나 더 드리자면, 지난번에 잠깐 언급한 '푸코의 진자'를 생각해보시면 왜 로고스만으로는 안 될까? 파토스와 에토스가 왜 필요한지 좀 더 쉽게 알 수 있겠지요?

21
지식과 지혜 그리고 산파술의 관계는?

"지식이 먼저냐 지혜가 먼저냐?" 아, 질문이 좀 허접(?)하네요. 다시 할게요. "지식이 중요하냐? 아니면 지혜가 중요하냐?" 엥? 이것도 좀 이상하네요. 산파술은 질문이 키포인트인데, 뭐 잘못된 것 같아요. 질문이 허접(?)하면 답도 허접하다고 하면서. 저질 질문? 아, 그건 아니고. 하여간 좀 그러네요.

근데 사실 우리가 이런 질문도 곧잘 하고 있지 않나요? 지식과 지혜는 같은 말인가, 다른 말인가? 근데 분명한 건 같은 건 아니잖아요. 일단 글자가 다르니까요. 하여간 다르긴 한데 도대체 뭐가 다른 건지. 딱 꼬집어 말하기가 쉬운가요? 아, 저만 그런가요? 누가 한번 정확하게 말씀해주실래요? 그리고 지식과 지혜 중 어떤 게 더 중요하냐고 물어보기도 하잖아요? 근데 이것도 확실하게 대답할 분 계신가요? 뭐 그런 건가요? 질문이 모호하니까 답도 모호할 수밖에 없다는 거. 그렇지 않나요?

그렇습니다. 질문이 좀 매캐하군요. 그러니까 구체적이고 명확한 질문은 아닌 것 같아요. 아, 저만 그렇게 생각하는 건가요? 근데 왜 굳이 이런 제목으로 쓰려는 건가요? 차라리 다른 질문거리가 있을 텐데. 왜 하필 이런 때 애매모호한 시간을 보내고 싶은 건지요? 꼭 그러고 싶을까? ㅎㅎㅎ

우선 우리 소크라테스 학당의 스케줄상 지식과 지혜, 지식과 경험을 다루는 시간이 있잖아요. 학당에서는 연습과 훈련을 하는 곳이라서 지식과 지혜, 지식과 경험에 대해 정확한 구분을 하지 못했다고요. 시간의 제약? 핑계 댈 게 없으면 시간의 제약이라는 걸 써먹는다구요? 하여간. 근데 아니라구요? 그날 참석했던 분들 모두 다 이해했다고요? 근데 반응, 즉 리액션이 너무 없어서.

테스 형은 산파술로 사람들과 대화하면서 천방지축이었답니다. 아리스토파네스의 『구름』이라는 책에 나오잖아요. 그는 소크라테스를 천방지축, 허풍쟁이, 사기꾼, 협잡꾼 등 온갖 잡놈 정도로 쓰고 있답니다. 근데 풍자하는 식으로요. 소크라테스의 또 다른 제자가 있다고 했잖아요. 크세노폰이라는 사람. 소크라테스가 돌아가신 후 그를 회상하여 쓴 『메모라빌리아』라는 책에서도 약간 그런 소크라테스의 모습이 그려져 있다고요. 아리스토파네스는 좀 심했다 치더라도 하여간 소크라테스는 얌전하게만 대화했던 건 아닌 듯해요. 플라톤의 『대화편』에서는 소크라테스가 거의 점잖게 나오지만. ㅎㅎㅎ(사실 지금 제가 테스 형이 아마도 사람들과 이런 방식으로 대화를 했을 거라고 상상하면서 쓰고 있잖아요. ㅋㅋㅋ ㅎㅎㅎ 섞어가면서…. 사실 이러한 방식을 '반어법'이라고 하는 건데…. 간혹 상대를 비꼬기도 하면서 반대로 극찬하기도 하고 진리를 논하는 대목에서는 매우 진지하게 그리고 때로는 흥분하기도 하고, 어떤 때는 심각하게 상대의 말을 꼬치꼬치 따지기도 하면서…. 뭐 그런 거??? ㅎㅎㅎ)

본론으로 들어가자구요. 그렇습니다. 지식과 지혜의 관계는 딱 부러지게 갈라놓을 수 없답니다. 그럼 모호한 관계? 그렇습니다. 그런데 이걸

무 자르듯이 구분해놓고 지식이 뭐고 지혜가 뭐라는 식으로 정의한 사람들이 너무 많아요. 그게 문제겠지요. 이 둘을 구분한다는 것 자체가 오히려 이상하지 않나요? 아니 이상하지 않다고요? 그럼 할 수 없지만. 근데 갑자기 자기변호를 하시려고 하는 거 아닌가요? 자기가 애매모호한 질문을 해놓고 애매모호한 질문이 오히려 잘못된 건 아니라는 식으로? 그러네요. 갑자기 자기합리화 모드로 들어가신 거 같네요? ㅋㅋㅋ 근데 정말 맞나요? 둘은 정확하게 다르게 정의될 수 있는 개념인가요?

이왕 이렇게 된 거 모호한 질문이 오히려 합리적이라는 합리화를 해야겠네요. 엥? 뭔 소린지. 그냥 저질렀으니 지금부터 '주입식 인문학'을 하겠다는 말씀입니다. 엥? 단, 여러분이 블로그에 쓰는 주입식 인문학에만 만족하시면 안 된다는 사실. 다시 또 말씀드리겠습니다. 이건 뭔 소린가요? 왜냐고요? 시간 낭비랍니다. 주입식 인문학에 만족하시려면 그냥 이 블로그에 안 들어오시는 게 여러분에게 이득입니다. 이거 정말 경고성(?) 발언 맞네요. 그렇습니다. 옐로카드 감이지요. 뭐라고요? 점점 더 점입가경. 이건 거의 협박조인데. 아이쿠 그런가요? 그럼 정말 이건 농담입니다. 급용서 구함. ㅎㅎㅎ

주입식 인문학은 소크라테스 학당에 오셔서 반드시 연습과 훈련을 통해야만 완성된다고 했잖아요. 주입식 인문학으로 만족하신다면… 하루가 지나면 50%가 머릿속에서 날아가니까 이틀마다 지난 시간에 한 거 보고 또 보고 읽고 또 읽고 외워야만 그나마 단기기억 정도로 까먹지 않고 남는다고 했잖아요.

지금으로부터 무려 150년 전인 1888년 에빙하우스가 발표한 논문이라니까요? 설령 그렇다고 해도 그 주입식 인문학이 여러분의 머릿속에 남아서 과연 실생활에 무슨 도움이 될까요? 으스대는 것 말고는. 근데 이제는 그것도 안 되잖아요. 아니 컴퓨터, 핸드폰을 탁 치면 다 나오는 것들인데…. 세상의 모든 지식이 초 단위로 나오는 세상. 뭘 듣겠다고 인문학 강좌에 그렇게 열심히 가시는지. 혹시 컴맹? ㅋㅋㅋ 근데 이것도 인문학 강좌 아닌가요? 아, 그러네요. ㅎㅎㅎ

인공지능은 어떻고요. 이젠 그냥 지식 몇 알갱이 좀 안다는 게 전혀 의미가 없잖아요. 그냥 머리 용량만 축나는 거고요. "채우려면 비워라." 뭐 이런 말도 있잖아요. 컴퓨터나 핸드폰도 마찬가지. 용량초과. 청소하라고 자꾸 뜨잖아요.

"아는 만큼 보인다" 아니면 "보이는 만큼 안다" 어떤 게 맞는가? 뭐 이런 논쟁도 있잖아요. 근데 이런 논쟁이 뭔 의미가 있나요? 엥? 갑자기 화가 났나요? 제발 이런 거 하지 마세요. 이젠 막 질러대네요. ㅋㅋㅋ 그렇습니다. 정말 하지 마세요. 제발.

결론입니다. 벌써 결론? 뭘 했다고? ㅎㅎㅎ

지식과 지혜의 관계는… 우리가 지식을 터득하는 과정에서 자연스럽게 따라오는 게 바로 지혜랍니다. 동의하실까요? 아니라고요? 정말 이런 말은 처음 듣는다고요? ㅎㅎㅎ 맞습니다. 정말 처음입니다. 저도 처음 하는 거구요. 근데 혹시 격하게 동의하시는 분 계실까요? 만약 그런 분이 계신다면 이제 테스 형 산파술의 진면목에 근접하고 계시는 겁니다. 자부심을 가지셔도 되겠네요. 모르겠다고요? ㅎㅎㅎ 그럼 일단 몰라도 됩니다. 다음에 언젠가 또 나올 거니까. ㅎㅎㅎ

'지행합일' 혹시 이런 말 들어보셨나요? 호모사피엔스 이후 지금까지 우리 인간의 삶에서 가장 중요한 덕목으로 여겨져왔는데, 도처에 눈

뜨고 찾아봐도 없고. 지금도 여전히 오리무중인 고사성어잖아요. 혹시 지행합일을 실현하고 있다고 자신하시는 분 계실까요? 근데 지행합일이 밥 먹여주나? 모두 그런 거 아닌가요? ㅎㅎㅎ 이론은 실제와 다르다고요? 그렇습니다.

'지행합일'은 동서양을 막론하고 크게 두 가지로 해석되어왔답니다. 하나는 '선지후행(先知後行)', 그러니까 먼저 알고 나서 행한다. 다른 하나는 아는 것과 행하는 것은 동시에 일어난다. '지행병진' 또는 '지행합치(知行合致)'라고 하지요. 동양 사상에서 좀 더 명확한데, 주자학은 지행합일을 '선지후행'으로 해석했다고 하고 양명학에서는 '지행합치'로 해석했잖아요. 근데 중요한 건… 서양에서는 '선지후행'이 대세로 발전해왔답니다. 언제부터요? 그렇습니다. 소크라테스 사후부터. 그러니까 소크라테스의 지행합일은 오히려 지행병진, 지행합일이었던 건데. 그러니까 이게 2,500년 동안 묻혔다가 2,400여 년이 지난 19세기 말부터 미국의 프래그머티즘에서 부활한 거랍니다. 갑자기 미국? 그것도 프래그머티즘??

미국의 프래그머티즘을 뭐 '실용주의'라고 번역하잖아요. "번역은 반역이다." 이때 하는 말입니다. 아주 잘못된 해석. 그래서 저는 그냥 '프래그머티즘'이라고 씁니다. 사실 '실용주의'라는 번역은 일본 사람들의 번역을 우리가 그대로 채용하고 있는 건데. 중국에서도 프래그머티즘을 이렇게 쓰지는 않는다고 하네요. 그러니까 실용주의? 실제로 써먹을 수 있는 것을 다루는 철학의 사조? 아, 그러네요. 그러니까 이 해석은 반은 맞고 반은 틀리다고 할 수도 있겠네요.

그럼 이것도 반반치킨? ㅎㅎㅎ 근데 놀라운 건 틀린 반이 너무 치명적이라서…. 엥? 치명적이라고요? 사실 이는 우리 사전에서 반드시 삭제

되어야 할 해석이랍니다. 간단히 설명하고 가자면, '실용'이라는 말은 프래그머티즘에서 지니기는 과정, 즉 우리의 삶에 실용적이라면 그것도 교육의 대상이라고 할 수 있다. 뭐 그런 거지요. 그러니까 프래그머티즘의 최종 목표는 '실용' 자체가 아니라는 말씀. 실용도 우리 인간이 '성장'하는데 도움을 줄 수 있다면. 뭐 그런 거지요.

"세상의 모든 지식은 도구다." 뭐 이런 말씀 들어보셨나요? 프래그머티즘을 '도구주의'라고 부르는 이유랍니다. 그러니까 우리가 성장하는데 도움이 된다면 설령 그것이 사변 지식일지라도 다 중요하다는 뭐 그런 거지요. 좀 어렵나요? 하여간 그렇답니다. 한마디로 실용주의의 최종 목표는 '성장'이랍니다. 그럼 프래그머티즘을 '성장주의'라고 해야 할까요? ㅎㅎㅎ 그럼 아무도 모르겠지요? 그만하자고요. 머리가 아프잖아요. ㅎㅎㅎ

하여간 소크라테스의 산파술은 미국에서 프래그머티즘이라는 모습으로 부활한 거랍니다. 어떤 근거로? '프래그마(pragma)'라는 용어는 플라톤의 『대화편』 「메논」에 나오는 용어랍니다. 이제 되었나요? 그 밖에 여기저기서 '프래그'라는 용어가 나옵니다. '행위'라는 뜻이고요. 행위(액트)는 '반응(리액션)' 그리고 '상호작용(인터랙션)'으로 진행되는데.

근데 놀라운 건 프래그머티즘이 미국식으로. 그러니까… 그게 좀 개운하지는 않지요. 공리주의를 기반으로 하는 미국식 자본주의. 문제는 '중심과 주변'이라는 저질(?) 사고를 깔고 있다는 건데. 그래도 미국식이라고는 하지만, 나름대로 산파술을 부활시켜보려고 했던 흔적이라는 점에서는 좀 점수를 주어도 좋지 않을까요? 그렇습니다. 저만의 생각일까요? 그럼 할 수 없지만.

하여간 2,500년 동안 역사의 뒤안길에서 잠을 자던 산파술. 이제 소크라테스의 원본대로 부활해야 하는 사명이 남아 있답니다.

정리하시지요. '지행합일'은 아는 것과 행하는 것, 즉 지와 행이 함께 일어나는 거라는 테스 형. 혹시 '에피스테메'라는 말을 들어보셨을까요? 지행합일에서 궁극적으로 추구하는 건 뭘까요? 그렇습니다. 에피스테메, 즉 참지식입니다. 진정한 지식. 그러니까 행이 아니라는 말씀. 그게 중요하다니깐요. 이게 뭔 소리인가요? 알면 뭐 합니까? 행동으로 이어지지 않는 앎은 필요가 없다고요. 그러네요. 그렇습니다.

근데 알면 행동으로 이어져야 하지 않나요? 아리스토텔레스도 행동에 비중을 더 둔 것 아닌가요? 그렇습니다. 근데 뭐가 문제인가요? 그러니까 '행'이 '지'보다 더 중요하다는 논리가. 그렇습니다. 후학들도 아리스토텔레스를 이렇게 해석하는 바람에… 이런 사달이 난 거지요. 이건 칭찬이야, 비난이야? 사실 아리스토텔레스는 그런 게 아닌데… 이에 대해서는 또 다른 테마니까. 언젠가 또 할 기회가 있지 않을까요? 프로네시스와 프락시스의 관계? 그리고 에피스테메와 이들의 관계? 뭐 그런 거지요. 다시 돌아가자고요. 엥??

"우리는 잘 모르기 때문에 행동하지 않는다." 이 말이 좀 이상한가요? 그럼 다시 합시다. "만약 우리가 제대로 안다면, 그건 행동으로 반드시 이어질 거다." 이것도 좀 이상한가요? 우리가 행동하지 못하고 주저하는 이유는 '용기'가 없어서 그런 건가요? 아니면 정확하게 제대로 알지 못하기 때문에 주저하는 건가요?

다시 한번 잘 생각해보자고요. 용기는 매우 중요한 덕목 맞지요? 근데 '용기'라는 게 과연 뭔가요? 이거 플라톤의 『대화편』 어디서 나오잖아요.「라케스」. '용기란 무엇인가?'라는 테마로 대표적인 『대화편』이잖아요. 근데 이 대화의 결론은 뭐였지요? 엥? 갑자기, 꽝, 결론이 없었답니다.「라케스」라는 『대화편』은 소크라테스 대화의 전형적인 '아포리아'를 가장 명확하게 알려주는 대화랍니다. 난문, 즉 아포리아란 바로 이런 거야. 한마디로 「라케스」는 아포리아 대화의 최고 진수랍니다. 하여간 근데 '용기'란 무엇인지 과연 누가 잘 설명할 수 있을까요?

그래서 아리스토텔레스가 또 나선 거잖아요. "용기란 비겁과 만용의 중간이다." 아리스토텔레스의 중용사상도 여기서 나온 거고. 근데 우리 중 누가 "비겁과 만용의 중간 정도"를 제대로 알 수 있을까요? 한마디로 '용기'는 삶의 중요한 덕목 맞는데, 학문의 대상은 아니랍니다. 왜냐고요? 딱 한마디만 하고 넘어갈게요. 용기는 진정한 용기도 있지만 "무모한 용기"라는 것도 있잖아요. 무모한 용기? 그렇습니다. 헛된 영웅심? 무모한 용기를 학문적으로 말한다면? 하여간 이에 대한 학문적 연구? 아직은….

그러니까 학문의 대상은 예나 지금이나 '지, 즉 지식' 그러니까 '에피스테메'랍니다. 한마디로 에피스테메를 알면 모든 학문은 끝나는 거. 그래서 에피스테메의 논리, 즉 에피스테몰로지(인식론)가 철학의 종착역이 된 거랍니다. 철학 = 인식론? ㅎㅎㅎ

하여간 정확한 지식이나 참지식, 즉 에피스테메를 얻는 게 학문의 종착역. 이해될까요? 예나 지금이나, 동양이나 서양이나, 그리고 인문학이나 철학이나, 자연과학이나 의학이나. 혹시 자연과학에서 용기를 탐구하나요? 아, 사실 용기는 종착역이 아니라 중간역은 맞습니다. 그러나 중간역은 용기만 있는 게 아니라는 사실. 이에 대해서는 다음에 더 다루도록 하고요.

"안다는 게 과연 무엇인가?" 인식론의 출발이고 철학의 출발이잖아요. 근데 자연과학도 마찬가지랍니다. 도대체 뭐가 진짜 지식, 즉 에피스테메인가? 이게 항구적인 과제잖아요. 학문과 인생도. 제대로 알면 제대로 사는 거 아닌가요? 제대로 알지 못하니까 항상 불안하고, 실수하고, 망치고. 뭐 그런 거 아닌가요? 혹시 용기가 없어서 불안하신가요? 뭐 그럴 수도 있겠지만. 제대로 알지 못해서 불안한 거에 비하면… 용기는 안 내면 그만이지만. 용기가 없어서… 좀 손해는 보겠지만…. 하여간… 잘 모르고 설치는 거나 용기가 과해서 설치는 거나 따지고 보면 막상막하 같기는 하지만.

그래서 테스 형이나 제자들은 제대로 알면 모든 것이 다 풀린다고 생각한 거지요. 그러니까 제대로 알면 아는 것이 행으로 이어진다는 뭐 그런 거. 그럼 그건 용기가 있건 없건 그냥 행동으로 이어지는 거니까. 아마 용기가 발동하는 거잖아요. 그럼 용기는 제대로 된 앎이 행동으로 옮겨지는 도중에 그냥 묻어들어가는 거구요. 그래서 용기 이전에 제대로 된 앎, 즉 에피스테메가 해결되면 만사 오케이. 아닌가요? 하여간 용기가 중요하지 않다는 게 아니고 진정한 앎으로 용기의 문제는 저절로 해결된다는 뜻. 이제 좀 해명되실까요? ㅎㅎㅎ

다시 돌아가 보자고요. 참지식, 즉 에피스테메를 구하려고 애쓰는 가운데 저절로 따라오는 게 '지혜'랍니다. 그러니까 지식과 지혜는 떼려야 뗄 수 없는 빛과 그림자의 관계랍니다. 그리고 지식과 지혜의 관계는 늘 변증법적이고. 참지식을 얻는 과정에서 터득되는 게 지혜이고, 지혜롭게 생각하면서 참지식에 접근하는 거. 바로 그거지요. ㅎㅎㅎ

그런데 아직도 지혜가 지식보다 큰 개념이라고 생각하신다고요? 지식과 지혜를 따로국밥으로? 지혜는 지식보다 더 높은 것으로 성현들에게나 해당하는 거? 뭐 이제 더 이상 이런 말씀하시면 안 된다는 거 아실까요? 어라? 이젠 거의 협박성 발언까지 하시는군요? 그렇게 들으셨으면 또다시 급사과. 하여간 고전에 대한 제 해석이니까? 아, 아닙니다. 지금 제 해석이 중요한 게 아니고 산파술의 정체를 파헤치는 게 우리의 주제라니까요.

철학은 '지혜를 사랑하는 거'라고 했잖아요. 참지식, 즉 에피스테메. 이는 전지전능하고 절대 지식의 소유자인 신만의 영역이랍니다. 그런데 이런 에피스테메를 탐구하는 과정에서 그림자처럼 따라오는 지혜. 바로 그 지혜를 사랑하는 게 철학이니까. 결국 철학은 지식과 지혜를 동시에 다루는 거가 되겠네요.

근데 오늘날은 주입식으로 지식을 획득하잖아요. 그림자처럼 따라오는 지혜를 삭제한 거지요. 그냥 무조건 외워. 그 과정에서는 지혜가 따라오지 않잖아요. 지혜가 밥 먹여주냐, 그냥 무조건 외워! 뭐 그래서 그게 문제가 되는 거고요. 주입식이. 그렇지 않나요? 이런 상황에서는 지식과 지혜가 따로국밥이 되겠지요. 지혜로움 속의 지식은 공염불이 되는 거구요.

한 아이가 수학 문제를 풀면서 이렇게 하는 게 더 나을까 저렇게 하는 게 더 잘 풀릴까 궁리하면서 푼다고 해보자고요. 그럼 이 아이는 수학 문제를 풀면서 지식과 지혜를 함께 획득하게 되는 거랍니다. 엥? 뭔 비유를? 수학 문제 하나 풀면서도 그런데 사실. 근데 요즘 아이들은 참고서를 먼저 보잖아요. 거기 풀이가 다 있고 답도 있으니. 지식도 지혜도 몽땅 남의 것. 그걸 줄창 외우고는 뭘 좀 배웠다고 하잖아요. 그냥 앵무새 아닌가요? 이는 우리의 모든 일상생활에서도 이 도식이 적용된답니다. 너무 어렵나요? 건성건성 뛰는 게. 제가 그냥 한번 곰곰이 차분하게 생각할 시간을 드리는 거니까 오해 마시고. 뭐가 이리 복잡해? ㅎㅎㅎ 그거잖아요. 철학 아니랄까 봐? 뭐 철학은 어려운 거라면서요? ㅎㅎㅎ 하여간 스스로 곰곰이 생각하면서 마침내 수학 문제를 풀어낸 아이는 지혜롭게 문제해결을 한 거니까…. 그 아이는 수학 문제를 풀면서 판단력도 얻게 된 거랍니다. 지혜로움이 곧 판단력이라고 했잖아요. 그래서 그 아이는 나중에 성인이 되어서도 판단력이 남들보다 나은 편이 되겠지요? 안 그런가요? ㅎㅎㅎ 그럼 그냥 참고서에서 답부터 보고 그 답을 달달달 외워서 푼 아이는? 판단력은 꽝이겠지요. 참지식을 추구하다 보면 저절로 생기는 지혜로움. 그것이 문제해결력이고 판단력이니까…. 미래사회는 판단력이 좌우한다고 하는데…. ㅎㅎㅎ

지식과 지혜를 동시에 얻도록 하는 방법이 바로 산파술이랍니다. 산파술은 소피스트 식의 이분법적 논쟁이 아니라 "우리가 스스로 생각의 각도를 1도씩 바꾸어나가면서 마침내 전체를 알도록 하는 방법"이라고 했잖아요. 어디 그런 말이 있나요? 이거 소크라테스가 한 말 맞나요? 아닙니다. 소크라테스의 말이 아닙니다. 그럼 제가 한 말인가요? 그것도 아닙니다. 그럼?

플라톤의 『대화편』「프로타고라스」와 크세노폰의 『메모라빌리아』에 보면 '장님 코끼리 만지는 식의 지식'에 대한 이야기가 나옵니다. 이에 대해서는 지난번에 말씀드렸잖아요. 군맹무상(群盲撫象). ㅎㅎㅎ 그러니까 코끼리의 전체 모습, 정체를 알기 위해서는 각도를 1도씩 틀면서 점차 전체를 알아가게 하는 게 필요하다는 건데. 이러한 과정을 도와주는 방법이 바로 산파술. 그러니까 진리(아이)를 낳는 산모를 도와 순산하도록 도움을 주는 산파와 똑같다는 말씀. 이해하실까요? 아니라고요?

그럼 다시 해야겠네요. ㅎㅎㅎ 한번 생각해보시고. 억울하면 학당에 오셔서 질문하시면 됩니다. 오늘 좀 많이 횡설수설한 거 같지요? 곧 다음에 다룰 '경험과 지식'의 관계에 대해 논하면 아마도 지행합일 개념의 윤곽이 좀 더 선명해지지 않을까요?

22
경험과 지식 그리고 메타인지

경험과 지식은 같은 말인가요, 다른 말인가요? 아니 글자가 다른데 설마 같은 거라고 하지는 않겠지요? 아닙니다. 같은 말이랍니다. 말도 안 된다고요? 그렇습니다, 농담입니다. 당연히 같은 말은 아니겠지요. 그럼 다시 질문할게요. '산지식'과 '죽은 지식'이라는 말이 있습니다. 그럼 경험은 어디에 더 가깝나요? 알아맞혀보세요. ㅎㅎ 경험은… 죽은 지식은 아닐 것 같고… 경험은 죽은 거다?? 그건 이상하고…. 그럼 산지식? 살아 있는 지식? 어? 그러네요. 경험은 산지식? 그럼… 맞잖아요. 경험 = 지식? 이거 궤변 아닌가요? ㅎㅎㅎ 그럼 하나 더 질문할게요. 마치 소크라테스처럼… ㅋㅋㅋ (이런 게 바로 소크라테스의 반어법이랍니다.) 놀면서 풍자하면서 때로는 비꼬면서(?) 유희하듯이 질문을 던지는 뭐 그런 거지요. 하여간.

"교과서의 지식은 죽은 지식이다." 엥? 이건 좀 심한 것 같네요. 근데 만약 교과서에 쓰여있는 지식이 낡은 지식이라서 이제 더 이상 써먹을 수 없는 지식이라고 한다면? 그건 산지식인가요, 죽은 지식인가요? 뭐 질문이 좀 허접한 것 같기도 하고 뭔가 유도하려는 건가? 냄새가 좀 나는 질문 같기도 하고… 아니면 이건 좀 저질 질문 아닌가요?

그럼 '교달외출시종' 들어보았을까요? 이건 또 뭔 소린가요? ㅎㅎ 중국의 고사성어인가요? 아닙니다. 그럼 외계인이 교신하는 건가요? ㅎㅎㅎ 그건 더더욱 아니고요. 그냥 요즘 아이들 한번 따라 해봤네요. 줄임말. '교과서 달달 외워서 출세하던 시대의 종말' 쓰고 보니 좀 유치하네요. 급죄송.

인공지능의 시대, 챗봇의 시대로 이제 교과서의 지식은 박물관에 보관되어야 할 지식으로 전락하고 말았잖아요. 아니, 죽은 지식이 된 느낌? 어떤가요? 교과서의 지식이 죽은 지식. 이미 죽은… 이 모양이 되었으니… 그럼 죽은 지식과 산지식 중 어느 것이 더 끌리나요? 죽은 지식은 그렇게 우리가 신주단지처럼 모시는 교과서 지식이고. 그게 정답이고. 산지식은 경험지식이라나. 경험지식이 더 중요하지 않나요? 그럼 경험과 지식은 어떻게 되는 건가요? 아하. 갑자기 골치가 아프네요. 타이○○? 엥??

근데 물론 아무리 교과서의 지식이 이제 위상을 잃었다고 해도 나름 교과서의 중요성은 있다고 했잖아요. 누가요? 제가 그랬잖아요. 아닌가요? 아… 다른 강의에서 한 듯하네요. 하여간 언젠가 이에 대해 좀 다룰 시간이 있겠지요.

이제 정리하시지요. 아니, 말을 하다 말고 벌써? 하여간 오늘은 빨리 끝날 것 같네요. 그렇습니다. 근데 뭘 했다고 벌써 정리를??

지난번에 '지식과 지혜의 관계'에 대해 썼잖아요. 오늘은 그것의 연장이랍니다. 경험과 지식 그리고 메타인지? 지식. 엄밀하게 말하면 참지식(에피스테메)이라고 했잖아요. 이를 추구하는 과정에서 그림자처럼 따라붙는 게 지혜라고도 했고요. 근데 더 자세히 보면 지식이 형성되는 과정에 따라붙는 건 '경험'이랍니다. "경험을 통해 우리는 뭔가를 알게 된다." 엥? 그럼 경험과 지혜는 같은 거라는 건가요? 아, 그러네요. 물론 그건 아닙니다. 엥? 단호하시네요. 그렇습니다.

경험은 오히려 '시행착오'라는 개념과 더 가깝지요. 왜냐하면 경험이 항상 성공적으로 이루어지는 건 아니니까요. 산 경험. 경험하다 보면 다치기도 하고 그러잖아요. 물론 한 번에 성공하는 경우도 있겠지만. 그건 정말 행운이고. 하여간 시행착오의 경험. 뭐 그런 말도 있잖아요. 잘 알려진 스토리 있잖아요. 발명왕 에디슨. 하나의 전구 발명을 성공하는 과정에 900여 개 이상의 전구를 태워 먹었다고 히잖아요. ㅎㅎㅎ 다시 말하면 경험은 무수히 많은 실패와 실수를 동반한다고 하잖아요. 그러니까 경험은 시행착오와 더 가까운 말이네요. 그럼 지혜와는 정반대가 되는 건데? 그러네요. 근데 지혜와 지식은 시행착오를 줄여주는 거라면서요? 그러네요. 도대체. 아… 머리 아파요. 그만하시지요. ㅎㅎㅎ

그렇습니다. 참지식을 추구하는 과정에 동반되는 지혜는 시행착오의 경험을 바탕으로 한답니다. 그러니까 경험을 통하지 않는 지혜란 불가능하다는 거구요. 그것도 직접 경험. (참고로 교과서에 쓰여 있는 지식은 간접 경험에 해당됨.) 엥? 그럼 우리가 지혜로워진다는 건 반드시 직접 경험을 통해 가능하다는 말씀일까요? 그럼 경험이 시행착오투성이로 간다고 해도 그게 결국은 지혜로움의 밑거름이라는 말인가요? 그렇습니다. 엥?

그럼 지혜로워지기 전에 시행착오로 인해 급기야 목숨(?)까지 잃게 된다면? ㅋㅋㅋ 그건 좀 무시무시한 말씀인데요? 설마 목숨까지? 계속 시행착오를 하다 보면 결국 목숨을 담보해야 할 수도 있는 거 아닌가요?

만약 그렇다면 도대체 그건 어떻게 되는 건가요? 지혜로워지려고 하다가 목숨까지 잃는다? 엥??

심각한 시행착오로. 이거 정말 말이 되는 건가요? 아, 그러네요. 그렇게 되어서는 정말 안 되는데…. 그러네요. 여기서 드디어 우리의 대화는 아포리아에 빠지는 거네요. 이크. 아뿔싸. 소크라테스의 아포리아. 현실이네요. 설령 목숨까지는 아니라도 우리가 살다 보면 사실 시행착오의 경험으로 인해 생활에서 곤란한 게 너무 많잖아요.

실수 연발, 사업실패 등. 아니면 멍청한 실수? 뭐 그런 거 몽땅. 그럼 차라리 경험하지 않으면 안전한 거 아닌가요? 그래서 옛날 선비들은 방구석에 처박혀 밖에 나오지 않았을까요? 시행착오의 경험으로 목숨을 잃을까 봐? 그러네요. 방석에 껌처럼 달라붙어서 밖에는 일절 한 발자국도 나오지 않고 그냥 줄창 공자 왈 맹자 왈 했잖아요.

근데 책에 쓰여 있는 지식은 간접 경험의 산물이라면서요? ㅎㅎㅎ 그러네요. 목숨까지 걸고 굳이 경험할 필요는 없잖아요. 근데 우리가 살면서 경험하지 않나요? 그러니까 원하든 원치 않든 우리가 살아가는 과정에서는 숱한 경험을 할 수밖에 없는 거 아닌가요? 경험하지 않는 인생? 한번 찾아보시라고요. 그러니까 크고 작은 어떤 경험이든 우리가 살면서 결코 피해갈 수 없는 건 인간의 숙명이잖아요. 심지어는 자기가 경험한 걸 모두 진리로 여기기도 하고. 한마디로 경험이란 '필요악'이 되는 거네요. 어쩔 수 없이 경험으로 살아가야 하지만, 시행착오의 속성 때문에 급기야는 자신의 귀한 목숨까지 담보할 수도 있는. 그러고 보니 소름이 끼치네요. 안 돼요. 목숨은 구해야 하잖아요.

그렇습니다. 그래서 필요한 게 바로 '메타인지'랍니다. 인지의 인지,

즉 메타인지. 내가 제대로 인지했는지 못 했는지에 대해 다시 인지하는 뭐 그런 거. 이해가 좀 되실까요? 아니라고요? 모르겠다고요. 자, 그럼 다시 차분하게 정리하지요.

우리가 참지식을 추구하는 과정에서 그림자처럼 따라붙는 게 지혜로움이라고 했잖아요. (참)지식-지혜의 변증법? 그리고 이러한 변증법적 도식의 구체적인 토대는 방금 전에 '경험'이라고 했고요. 그런데 극단적으로는 목숨까지 위협하는 시행착오를 동반할 수밖에 없는 (산)경험. 그럼 에피스테메를 추구하기 위해 시행착오의 경험을 하다가 죽었다? 그렇잖아요. 그럼 죽음을 막을 방도가 없는 게 되는 거구요. 근데 어디 그래서 되겠나요?

메타인지. '인지하는 것에 대한 인지.' 메타란 '후에', '밖에'라는 뜻이랍니다. 그러니까 인지한 것 후 또는 인지한 것. 그러니까 그 바깥에 있는 그 무엇? 좀 쉽게 풀면 "내가 인식한 지식이 정말 제대로 된 지식인지 아닌지를 판단해주는 능력". 그러니까 목숨까지 담보하고 있는 시행착오의 경험을 줄여주고 최소화시켜주는 게 바로 메타인지 능력이랍니다.

그럼 거꾸로 말해보자고요. 우리에게 메타인지 능력이 없다면, 그만큼 우리는 시행착오의 경험을 많이 하게 되고… 그럼 멍청하고 하찮은 실수, 실수 연발, 실패… 그리고 심지어는 목숨까지 내놓아야 하는(말하기도 끔찍하지만) 상황도 맞게 되고. 실수 연발, 즉 실수를 반복하는 사람. 주변에 더러 있지 않나요? 메타인지 능력이 약한 사람이랍니다. 아니면 메타인지 능력이 없는 사람? 혹시 나도?? ㅋㅋㅋ

결국 메타인지 능력이 있었다면 구해낼 수 있었던 내 목숨. 하나밖에 없는 내 목숨이 결국은 메타인지 능력이 부재하기 때문에 날아갔다?

그만하겠습니다. 무섭지 않나요? 물론 극단적인 예라고는 하지만. 그런 일은 없어야 할 거 맞고요. 그런데 시행착오로 우리가 잃어버리는 건 사실 엄청나게 많잖아요.

결국 메타인지는 우리의 생명을 지키는 파수꾼이 되는 거네요. 근데 정말 안타까운 건 지금까지 우리는 메타인지 능력을 배운 적도 가르친 적도 없잖아요. 학교가 교육의 전당이라면서요? 근데 학교에서도 영어 · 수학 점수 올리는 것만 가르치고 배우고. '교달외출시종'이 이미 왔는데도 말이에요. 그러니까 메타인지는 시간이 좀 나면 배우든지 말든지. 이건 내 목숨을 구하든지 말든지? 뭐 그런 거잖아요. 와우~

근데 이건 너무 거창한 거 아닌가요? 그러네요, 좀 흥분했군요. 그럼 메타인지가 가까운 일상생활과 직결되는 건 없을까요? 피부에 금방 와 닿는 뭐 그런 거? 정말 중요한 거 같은데…. 간단히 말씀드리면 메타인지란 "내가 지금 아는 건 뭐고, 모르는 건 뭐고." 바로 이거잖아요. 내가 지금 뭘 알고 있는지, 모르는 게 뭔지를 모를 때 우리는 아는 만큼 보이는 거고 보이는 만큼 아는 거잖아요.

그러니까 "우물 안 개구리"라는 말이 있잖아요. 바로 그거. 아니면 공부하는 학생들에게 해당하는 말도 있잖아요. '오답 노트' 그러네요. 오답 노트를 기록할 줄 아는 아이는 메타인지가 발달한 아이랍니다. 물론 일부이지만. 엥? 아니, 메타인지 잠재능력을 끌어낸 거라는 말이 더 맞겠네요. 하여간 내가 아는 게 뭔지, 모르는 게 뭔지 이걸 구분할 수 있는 능력이 너나 할 것 없이 모든 사람에게 있다니깐요. 용불용설. 그러니까 안 쓰면 퇴화하는 거니까 그게 안타깝다는 말씀.

'지행합일', 참지식(에피스테메)을 구하는 일은 결국 우리의 경험에서 출발하는 게 되네요. 여기서 경험은 삶에서 필수불가결한 거고 그 경험은 시행착오를 동반하지 않을 수 없고…. 그러니까 경험을 통해 인식되는 것을 다시 검토하고 재검토하여 내가 지금 알고 있는 건 뭔지 모르는 건 뭔지를 구별하는 메타인지 과정을 거쳐야만 시행착오를 줄이거나 극소화시킬 수 있는 거고….

그러면 지금 나의 지식이 얼마나 불안하고 심지어 잘못된 건지도 알게 되고…. 너 자신을 알라. 그 과정에서 지혜가 쌓여가는 거고…. 뭐 그런 거잖아요. 한마디로 결국 지식, 지혜, 경험, 메타인지는 서로 떼려야 뗄 수 없이 서로 뒤엉켜서 동시 발생하는 한 몸이 되는 거네요. 왜냐하면 우리가 살아남아야 하니까.

23
지혜로움과 판단력

지난번 소크라테스 학당의 주제였네요. 시간이 가면서 우리 소크라테스 학당은 그리 많지 않은 오붓한 가족적 분위기로 굳어가는 듯하네요. 제가 말했잖아요. 그냥 은퇴 후 자원봉사라니깐요. 하여간 모두가 고마운 일이지요. 근데 사실 전 굉장히 바쁘답니다. 여기저기서 많은 사람이 여전히 찾아오니까. 뭘 좀 같이 해보자는 분들. 글도 계속 써야 하구요. 취미활동도 해야 하구요. 그냥 아주 많답니다. 아, 쏘리. 아주 많은 건 아니고… 그냥 생각보다 적지 않다는 말씀. ㅋㅋㅋ

아닙니다. 이런 말 있잖아요. 백수가 제일 바쁘다고. 뭐 그런 거. 사실 그냥 한가한 사람은 아니라는 말씀. 세상에 살면서 선한 영향력이라는 게 뭔지를 나름 보여주고 싶다는 것뿐. 그 이상도 그 이하도 아닌. 그 옛날 테스 형이 그랬던 것처럼. 그냥 흉내 내기? ㅎㅎㅎ 그러네요. 제가 뭐 4대 성현도 아니고… 농담이라는 거 아시지요?

많은 분이 산파술의 진가를 알면 좋겠다는 작은 바람? 그겁니다. 정말 이대로 가다간 우리 세상이 어떻게 될까요? 호모사피엔스 이래 돌멩이로 서로 싸우고 죽이고 하다가 나중에는 총칼로 서로 죽이고, 그리고 핵폭탄으로 모두 잿더미로 사라져보기도 하고…. 지금도 여전히 지구촌 이곳저곳에서. 그나저나 우크라이나 전쟁이나 빨리 끝나야 할 텐데….

50만 년 동안 전쟁통에 이렇게 고생들 하고 사는 호모사피엔스. 참 딱하지들 않나요? 왜 인간은 이 따위로 진화했을까요? 엥? 지난번에도 이런 말을… 하여간 이렇게 별별 무기로 싸우다 싸우다 못해 이젠 '논쟁'이라는 미명하에 말싸움으로… 그래서 서로 적이 되고… 총칼만 안 들었지 그냥 적이잖아요. 그저 논쟁, 말싸움일 뿐인데.

집안에서도 작은 부부싸움부터… 말싸움으로 시작해서… 그만하자고요…. 총칼로 상처받는 거나 말로 상처받는 거나…. 오히려 말로 상처를 받으면 죽을 때까지 가잖아요. 총칼로 받은 상처는 상처가 아물면 사라지지만…. "말 조심해." 근데 우리는 "총칼 조심해"라고 하지는 않잖아요. 하여간 그게 정말 안타까운 거지요. 이런 말도 있다고요. 평화를 위해 싸운다고. 도대체 이게 말인가요, 망아지인가요? (아재 개그랍니다. ㅋㅋㅋ) 여러분 정작 싸우면서 살고 싶으신가요? 아니잖아요. 평화롭게 사는 거.

"인간은 인간에 대해 이리(늑대 비슷한 동물)다." 토머스 홉스의 『리바이어던』에 나오는 말이잖아요. 만나면 으르렁으르렁. 이게 본능 맞지만, 도대체…. 그래서 사회계약이 필요하다는 건데. 그럼에도 우리 주변에는 크고 작은 전쟁이 여전하니….

개인과 개인의 싸움도 여전하고. 엔트로피를 배가시키는 일이기도 하고요. 엔트로피를 배가시키면 어떻게 되는 거냐고요? 이에 대해서는 나중에 더 해야겠지만. 아, 참! 지난번 수업 시간에 다 했네요. 지난번 참여하신 분들은 새로운 세계를 또 한 번 보게 되었고요. 아, 제 생각인가요? 엔트로피. 한번 탁 쳐보세요. 물리학적 용어니까 아마 이해하기 쉽지는 않겠지만. 근데 어제 소크라테스 학당에서는 아주 쉽게 설명했다고요. (약 올림?? ㅋㅋㅋ) 저는 사실 매우 어려운 것도 아주 쉽게 설명하는 재주가 있다고요. 동료 교수들도 좀 놀라지요. 천부적인? 천재라는 소리도 많이 하더군요. 교수들이. ㅎㅎㅎ (이건 진짜) 하여간 이상 제 방식의 농담이고요. 아니, 소크라테스의 아이러니라고 했잖아요. 엥? 너 자신을 알라. 매우 진지한 말 아닌가요? 아, 그러네요. 하여간 제가 그만큼 사실 내공을 많이 쌓았다고요. 어쭈? 갈수록 가관이네요. ㅎㅎㅎ. 그럼 2만 권 정도 읽고 대들어보든지? 어쭈? 엥?? 더 이상 할 말 없음. (제가 간혹 할 말 없게 만드는 재주도 있답니다. ㅎㅎㅎ) 여기까지 정말정말 농담이고요. 모두들 하도 진지한 것 같아서…. ㅎㅎㅎ

엔트로피 증가의 속도 = 사멸하는 속도. 그러니까 엔트로피 증가의 배가는 죽는 속도를 배가시킴. 이상.

"소크라테스에 대해서는 내가 전문가다." 뭐 그런 분들도 있잖아요. 근데 산파술이 뭔지는 모두 잘 모른답니다. 엥? 왜냐고요? 지금까지 이에 대한 연구가 거의 없었다고 했잖아요. 근데 자기가 쓰고 있는 교육 방법이 산파술에 뿌리를 두고 있다는 사실. 나중에 아시는 분들은 더러 있더라고요. 마이클 샌델. 어디서 좀 들어보시지 않았나요? 세상에서 가장 많이 팔린 책 중의 하나 『정의란 무엇인가』의 저자인 하버드 로스쿨 교수잖아요. 전 세계적으로 명성이 자자한 그분. 이제 좀 생각이 나시나요? 그래도 안 나신다면… "치매 조심하세요~"

우리나라에도 여러 번 강연차 왔고 삼성, 현대, 엘지 등 대기업에서도 특강을 여러 번 한 적이 있고…. 여러 대학의 수많은 학생 앞에서 열린 대화의 광장에 초대된 적도 있고…. 세계적인 학자 맞잖아요. 근데 자기가 사용하는 교수법의 뿌리가 산파술이었다는 사실을 나중에 알게 되었다고 하네요.

참고로 하버드대학은 산파술의 흔적이 좀 남아 있는 미국 유일의 대학이랍니다. 역시 세계 제일의 대학? 그 모델 대학이 바로 제가 졸업한 독일 튀빙겐대학이랍니다. 엥? 이건 무슨 멘트인가요? 어쭈? 좀 가관이네요. 굳이 이런 말을 하고 싶을까? 제가 산파술로 공부했다는 말씀. 은근슬쩍 하나 넣고 싶어서… 아, 죄송.

그리고 산파술에 대한 연구도 했다고 했잖아요. 아마 유일무이? 국내가 아니라 전 세계적으로도. 엥? 뭔 자기 자랑? 좀 가관이네요. 아니, 상기랍니다. 엥? 뭔 헛소리를. 겸손한 지식. 소크라테스의 트레이드마크 아닌가요? 그러네요. 반성과 성찰하겠나이다~ 하여간 그렇다는 말씀. 양해 바랍니다. ㅎㅎㅎ (이번에는 멋쩍은 웃음입니당~~)

역사적으로 산파술은 2,500년 전 소크라테스의 죽음과 함께 죽었다고 했잖아요. 근데 사실 간신히 명맥을 이어온 것도 있어요. 이를테면, 에피쿠로스학파 등 소(작은)소크라테스학파에서 초기 중세시대의 성아우구스티누스가 회개하는 계기가 된 카시키아쿰의 토론 수업, 그리고 중세대학의 콜로키엄 수업방식(디스퓨타치오), 약간 변형이었다고는 하지만 제주이트 교단의 교육활동에서 등… 물론 대세는 아니고 마이너리티였지만.

근데 지난번 다루었던 칸트에게서 산파술이 세상에 재등장하게 되었답니다. 『실천이성비판(1788)』. 칸트가 64세에 쓴 대작으로 그 유명한 3대 비판서 중 두 번째 작품이잖아요. 또 하나가 있어요. 물론 칸트 사후에 나온 책이지만 『교육에 관하여』. 근데 이건 당시 그가 재직했던 쾨니

히스베르크대학에서 교양과목으로 '교육학'을 개설하면서 이 강좌를 칸트가 떠맡았던 건데. 그 강연을 모아서 발라우프라는 제자 중심으로 편찬된 건데. 바로 여기서 칸트는 산파술의 방법을 재현했던 거지요. 물론 이론적으로.

그래서 지금도 '철학의 코페르니쿠스'라고 불리는 그 유명한 칸트에 의해 재현된 산파술. 실제로 이는 다시 살아나기도 했답니다. 근데 산파술을 완전히 부활시켰다고 할 수 없지만 하여간…. 루소의 사상을 흠모했던 바제도우라는 제자가 세운 뎃사우의 실험학교. 이 학교는 지금도 있잖아요.

1920년대 바우하우스 운동이 일어났던 디자인스쿨. 당시에는 루소의 놀이교육을 중심으로 하는 열린 산파술의 학교였답니다. 이후 그다음부터 좀 흐지부지. 산파술의 명맥은 여전히 이어지면서 학교 단위로 산파술을 그대로 계승하기도 했지만, 거의 교사 개인의 몫으로 전락하게 된다네요. 그러니까 산파술을 활용하여 수업하시는 선생님들의 취향과 역량에 따라 산파술 방식의 토론 수업도 이루어지고…. 그러나 계몽주의 · 제국주의 교육이 득세하면서 세뇌 교육, 주입식 교육에 산파술의 흔적은 완전히 매몰되었다고요. (이쯤에서 저는 매우 진지해짐. 아니 지금 이 순간은 매우 침통한 표정임.)

그러다가 소위 '지구촌 대안학교'의 효시라고 하는 독일의 발도르프학교(1919)에서 산파술이 부분적으로 전수되기도 했고요. 그러고 나서는… 산파술 방식으로 수업하는 사람들이 점점 줄어들면서 사람들의 기억 속에서도 사라지게 된 거지요. 근데 나중에 카를 포퍼라는 분. 그분도 과학철학계에서는 꽤 유명하다고 했잖아요. 제가 처음 소크라테스 학당을 열 때도… 말씀드렸잖아요. 그가 바로 '질문하는 학교'를 만들고 싶다고 했고… 마치 제가 그 유언을 받은 꼴이 되었다고요. 기억나시나요? 안 난다고요? 그럼 중증이군요. ㅎㅎㅎ 농담이고요. 블로그 1호 소크라테스 학당 개설의 변을 다시 보시든지. ㅎㅎㅎ 그냥 그렇다는 이야기. 몰라도 됩니다.

칸트 이야기를 다시 하면서 결론을 맺을게요. 엥? 벌써 결론? 그냥 잡소리(?) 같은 거를 하다가 결론이라니요. 아, 현대인은 모두 바쁩니다. "그래서 결론이 뭐야?" 뭐 그거잖아요. 그래서 저도 마음이 좀 바쁘네요.

칸트의 대작인 『순수이성비판』은 그의 나이 57세에 나왔잖아요. 핸드폰 탁 치면 다 나옵니다. 근데 눈에 띄는 건 명성에 비해 그동안 이렇다 할 만한 작품이 없었다는 거네요. 그러니까 그동안은 그냥 '내공'만 쌓은 거라는 건데. 30세에 첫 대학 강사, 무려 15년 동안 사강사, 드디어 46세에 정교수가 된 칸트. 그러고도 11년이 지나고 나서 나온 그 책. 근데 첫 반응이 별로였다고요. 비판도 많았고. 그런데 지금 철학자들에게 가장 많이 읽히는 책 중의 하나가 되었잖아요. 심지어 이 책을 모르면 더 이상 서양철학은 할 수 없다고 할 정도로. 하여간 초판이 간행된 지 6년 후 1787년 수정재판이 나오고 나서야 완성된 이 책.

뭔 이야기를 하려고 이렇게 장황할까요. 머리가 슬슬 아프기 시작하네요. 네이버에 치면 다 나오는 이야기를. 혹시 지면을 메꾸고 시간을 때우려고 하는 건 아닌가요. 엥? 어떻게 아셨나요? 그렇습니다. ㅎㅎㅎ 아, 근데 하나 밝혀야 할 게 있답니다. 바로 이렇게 하여 세상에 대작이 태어났는데… 제가 이 책이 나오기까지 칸트가 '내공'을 쌓았다고 했잖아요. 칸트는 오전 강의 마치고 오후에 동네 사람들과 격의 없이 대화했다는 사실. 그걸 알려 드리려고 하다 보니….

그러니까 이 책은 비록 모놀로그로 적혀 있지만 '내용'은 이웃 사람들, 제자들, 그러니까 갑남을녀들과 산파술로 열린 대화를 했던 내용들. 결국 칸트가 철학적으로 이를 기록한 거라고 보면 된다는 말씀이지요. 그걸 말하고 싶었던 건데. 그러니까 칸트는 산파술로 한 대화 내용을 정리하여 기록한 소위 대표 저자 정도였다고 하면 되겠지요.

이제 3대 비판서가 세상에 나오는데, 중요한 키워드를 말씀드리려고 해요. 『순수이성비판』에 이런 말이 있답니다. "개념 없는 직관은 맹목적이고…" 아마 많이 알려졌지 않나요? 여기에 '직관'이라는 말과 '개념'이라는 말이 나오는데… 많은 학자들도 이 말이 너무 어렵다고 하더군요. 이해 부족? 아니면 사변적이고 형이상학적인 개념들? 칸트의 철학을 이해하기 위해 『칸트렉시콘』이라는 칸트 사전이 나와 있을 정도이니. 근데 사전을 봐도 이 말이 도대체 뭔지 이해되지 않기는 마찬가지랍니다. 이를테면, 직관(instuition)이란 "감성적이지도 지성적이지도 않다"고 되어 있잖아요. 도대체 이게 뭔 소린지? 이해될까요? 오, 노??

간단히 말할게요. '개념'이란 '판단력'을 말합니다. 엥? 아니 『칸트렉시콘』에서도 그런 말은 없다고요. 딜타이라는 헤겔의 제자가 한 해석이랍니다. 아, 오늘 왜 이런가요? 이거 사람 죽일 일 있나요? 이렇게까지 우리가 철학을 해야 하는 건가요? ㅎㅎㅎ 아닙니다. 그냥 잊어버리시면 된다니까요.

결론입니다. '판단력'은 '개념'을 말합니다. 이런 말이 있잖아요. 아니, 예전에 저도 군대에서 많이 들었던 말인데… "이 개념 없는 인간아." 그렇습니다. 이때 '개념 없다'는 건… 그렇잖아요. '판단력이 없다'는 거 아닌가요? 눈치도 없고. 달리 말하면 '지혜롭지 못하다'는 거잖아요. 이제 위에서 말씀드린 철학 이야기는 모두 잊어버려도 됩니다. 아닌가요? 더 해야 하나요? 그래도 철학인데, 좀 있어 보여야 하나요? "개념 없는 인간." 이 한마디면 모든 게 끝이랍니다.

"개념 없는 직관은 맹목적이고…." 그러니까 판단이 안 되는 직관은 어디로 갈는지 아무도 모른다는 말씀. 좀 더 정확히 말하면, 개념으로 직관을 정의해주는 능력이 판단력이라는 말씀. 그럼 직관은 뭔가요? 제가 지난 소크라테스 학당 수업 시간에 다 말씀드렸네요. 영어로 써서 좀 죄송하지만 어쩔 수 없네요. 쉽게 이해하기 위해 하는 거니까 급용서 바람. 안으로 보는 것(insight)과 밖으로 보는 것(outsight)을 왔다 갔다 할 때 감(느낌)으로 생기는 게 직관(intuition)이랍니다. 스티브 잡스가 생전에 남긴 말들이 꽤 있는데요. 그가 가장 마지막에 한 말 중에 이런 말이 있답니다. "중요한 건 직관(INTUITION)이다."

그러니까 인생을 결정하는 가장 핵심은 직관력이라는 말씀. 직관이란 추상적인 게 아니고 "밖으로 보고(아웃사이트) 안으로 보고(인사이트)". 우리는 인사이트(insight)를 '통찰력'으로 번역하잖아요. '통찰심리학'이라는 말도 있고. 그러니까 직관력은 '통찰력 + 외부관찰력'이 되는 거네요. 밖을 보고 다시 안을 보고 계속 이렇게 하다 보면 생기는 감(느낌, feeling)? 그게 직관력이니까 우리는 이런 훈련을 해야겠지요. 엥? 그럼 그걸 어떻게 하나요? 뭐라고요? 다빈치가 그렇게 했잖아요. 아니, 그걸 누가 아냐고요? 다빈치 노트. 좀 들어보셨나요? 모르겠다고요? 말했잖아요. 빌 게이츠. 빌 게이츠가 다빈치 노트 77쪽을 우리나라 돈으로 470억 원을 주고 샀다면서요? 근데 지금 이런 이야기는 왜 하실까요? 다빈치 노트는 다빈치 직관력의 소산이랍니다. 엥? 그러니까 비싸지요. 그걸 스티브 잡스가

말한 거고. 그가 죽고 나니까 그의 친구인 빌 게이츠가 돈 자랑을 한 거 맞잖아요. 엥? ㅋㅋㅋ

근데 갑자기 직관력은 왜? 이거 점점 난해하게 설명하는 이유가 뭔가요? 그러네요. 이실직고할게요. 이제 소크라테스 학당 수업은 네 번만 더 하면 마무리해야 하잖아요. 근데 아무것도 배운 게 없다고 할까 봐? 그래서 지금 제가 문자 한번 쓰고 있는 중이랍니다. 아, 농담인 거 아시지요? 하여간. 근데… 몽땅 다 잊어버리세요. 이건 철학 강좌가 아니니까요. 주입식 인문학은 더더욱 아니고요. 그러면서도 자꾸 주입하고 있지 않나요? ㅎㅎㅎ 아, 그러네요. 급죄송.

진짜 정리하자고요. 직관은 판단력의 전제조건이랍니다. 그러니까 "밖으로 보고 다시 안으로 보고" 계속 그렇게 하다 보면 직관력이 생기는 거고…. 그러고 보니까 이건 지난 시간에 말씀드린 메타인지와도 통하네요. 여기서 '개념'이 만들어지면서 결국 '개념 있는 인간', 즉 판단력의 소유자가 되는 거랍니다. 공감하실까요? 그럼 별풍선 하나? 못 하시겠다고요? 그럼 할 수 없잖아요. 가관이네? 하시는 분들. 이제 짐을 싸셔도 될 듯…. 아, 농담. 하여간 블루오션은 남은 자들의 축복이랍니다. 이거 너무 웃기는 거 아닌가요?

정말 마무리 발언입니다. 우리는 기억으로 삽니다. 엥? 갑자기 웬 기억? 기억하지 않으면 없는 겁니다. 엥? 이건 또 뭔 소리? 우리가 이순신 장군을 기억하기 때문에 이순신은 있는 겁니다. 여러분은 4대조 할아버지 함자를 알고 계신가요? 3대조는? 기억하지 않으면 우리 할아버지는 없는 겁니다. 기억이 가물가물해지면서 잊히는 거잖아요. 치매도 마찬가지고.

기억에는 단기기억, 장기기억이 있잖아요. 근데 하나가 더 있다고 했잖아요. 자동기억? 엄밀히 말하면 몸이 기억하는 거랍니다. 단기기억과 장기기억도 사실 메커니즘이 다릅니다. 단기기억을 많이 했다고 장기기억이 생기는 건 절대 아니라는 말씀. 하여간 그래도 이 둘은 뇌 정신 신경회로와 관계가 되는 거고. 옛날 말로 하면 둘 다 '이성'의 영역이네요. 이성적 능력이 기억하는… 뭐 그런 거네요. 이에 대해서는 아까 말씀드린 헤겔과 딜타이가 대가랍니다. 엥? 철학자들이라면서… 그러네요. 이에 대해서도 나중에 기회가 있겠지요. 아니, 없을 수도 있겠네요. ㅎㅎㅎ 하여간.

'몸이성'이라는 말을 들어보셨을까요? 혹시 지어낸 말이 아니냐고요? 아닙니다. 유명한 철학자 니체가 한 말입니다. 몸은 감각기관이고 이성은 정신기관인데… 그렇습니다. 그러니까 몸이성도 반은 이성이니까 뭔가를 기억할 수 있다는 말씀. 그걸 말하시려고 하는 거 아닌가요? 그렇습니다. 이젠 손발이 척척? ㅎㅎㅎ

이제 '몸이성'이 기억하게 하세요. 혹시 이런 말씀 들어보셨을까요? "몸이 기억한다." 들어본 것 같기도 하고, 아닌 것 같기도 하고. 같은 말입니다. 근데 이거 정말 과학적인 근거가 있는 말이랍니다. 그러니까 이 말은 엄밀히 "몸이성이 기억한다"고 하면 된다는 말씀. 몸이성? 기억은 이성의 영역이라면서요? 그러니까 몸이성이 맞잖아요. ㅎㅎㅎ 그래도 알 듯 말 듯? 그럼 예를 하나 들어보라고요? 그럽시다. 자신 있나요? 아니, 그냥 할게요.

운동선수들. 너무 쉽지 않나요. 운동선수들은 단기기억도 하고 장기기억도 하겠지만, 정말 중요한 건 몸이 기억하게 해야 하지 않을까요? 세

계적인 손흥민 · 이강인 선수. 모든 걸 몸이 기억하는 거 같지 않나요? ㅎㅎㅎ

그렇습니다. 운동선수가 아니더라도… 여러분도 몸이 기억하는 게 더 많지 않나요? 우리도? 그게 뭔데요? 아니, 그냥 '습관들'. 작은 습관들부터 큰 습관까지. 아닌가요? 습관을 두뇌이성으로 기억하시는 분? 손들어보세요. 단기기억으로는 이런 습관을, 장기기억으로는 이런 습관을… 뭐 그런 건가요? 그래서 우리가 옆 사람하고 이야기를 하면서도 운전을 할 수 있는 거고, 심지어는 핸드폰을 받으면서… 그러면 안 되지만. 벌칙금도 낼 거고…. 안 됩니다. 그런데 하여간 몸이 기억하기 때문에 말하면서 운전하는 게 가능한 거지요.

결론입니다. 직관력과 판단력은 몸이성의 영역이랍니다. 몸이성은 운동선수들이나 습관처럼 매일매일의 연습과 훈련으로만 가능합니다. 꾸준하고 지속적인 연습과 훈련. 오늘날 손흥민과 이강인을 가능하게 했잖아요. 매일 산책하고 운동하는 습관. 몸이성이 기억한 덕분이랍니다. 다시 말하면, 습관은 몸이성의 기억이랍니다. 기억이 중요한 거라고 하지만, 그중에 몸이성이 가장 중요하답니다. 아닌가요? 저만 그렇게 생각하나요? 하여간 몸이성이 기억하는 건 자동기억이랍니다. 엥? ㅎㅎㅎ 마찬가지로 그러니까 우리 소크라테스 학당에서는 산파술이 몸에 배도록 자동기억하도록 해서 어떠한 돌발상황에서도 순발력을 발휘하게 하고… 몸이성이 기억한 직관과 판단력이 자동으로 그리고 무의식적으로 발휘되도록 하여 마침내 지혜로운 삶을 살아갈 수 있도록 꾸준히 연습하게 하고 훈련하게 하는 바로 그곳. 소크라테스 학당이 존재해야 하는 이유입니다.

24
챗GPT는 나의 비서 아니면 BF(베프)가 될 수 있을까요?

아, 오늘 소크라테스 단톡방을 읽다가 갑자기 하나 써야겠다는 생각을 했네요. 우선 단톡방에 남긴 글을 쓰고 이어서 써야겠어요.

"아, 산파술은 비판적 사고, 달리 말해 의심을 기본으로 깔고 시작하는 거랍니다. 근데 이게 제대로 된 비판인지 아닌지를 모르잖아요. 그러니까 계속 꼬리에 꼬리를 무는 질문을 집요하게 하다 보면 스스로 '아, 내가 이건 잘못 의심하는 거구나' 하는 것도 스스로 각성하게 되겠지요. 점차 스스로 제대로 된 질문을 할 수 있도록 스스로 질문도 교정해가면서 메타인지 잠재능력을 발휘하면서. 그러니까 내가 지금 훌륭한 질문, 정확한 질문을 하고 있는지조차 스스로 깨우치면서 변증법적으로 상대방과 공진화하는 거랍니다. 그러면서 점점 지혜로워지는 거겠지요? … ㅎㅎㅎ 제가 챗지(chat GPT)를 가르치려고 하는 게 아니고 요 녀석과 제가 함께 변증적으로 서로 '성장'하려는 공진화적 생각은 가지고 있답니다."

여기까지가 단톡방에 쓴 글이고… 이어서 계속하지요.

그런데 요 며칠 시간을 내서 챗지와 대화를 해보았답니다. 그랬더니 놀라운 걸 하나 알게 되었답니다. 결론부터 말씀드리면 정말 베스트프렌드 절친이 될 수 있겠구나. 뭐 그런 겁니다. 왜냐고요?

그냥 알고 싶은 것만 묻고 답을 얻어내는 것으로 끝내면 단순히 '비서'로 써먹는 게 되겠지만, 계속 대화하다 보면 그게 말꼬리를 잡든지 아니면 대화의 상대로서든지 챗지가 정말 '절친'이 될 수 있다는 거. 여러분도 해보세요. 근데 챗지는 위험성이 있다면서요? 그건 일단 무시하세요.

제가 지난번 톡방에서 말씀드린 대로 '지식과 지혜의 관계에 대해서' 똑같이 물어보았답니다. 근데 이번에는 노트북으로 해서 다 옮기지는 못하겠네요. "지식과 지혜란 서로 다른 개념이지만… ~~한 지식을 토대로 상황을 판단하고 적절한 판단을 내리고…" 챗지가 또 이렇게 답을 시작하더군요. 전과 똑같잖아요. 근데 그다음부터는 조금씩 달라지는 거예요. 엥? 제가 좀 놀랐다구요. 깜놀?

결국 대화를 쭉 하다가 막판에 제가 "그럼 지혜는 … 지식을 근거로 한다기보다는 지식을 추구하는 과정에서 그림자처럼 따라온다는 게 맞을까요?" 이렇게 정리해도 되겠냐고 하니까 챗지가 잠시 망설이는 듯 좀 있다가 "그렇습니다…"라고 하더군요. 참 착한 챗지 아닌가요? ㅎㅎㅎ

지난번에는 이런 말을 하기 전에 제가 구토가 나는 바람에 바로 끝내서 결론을 내지는 못했지만…. 하여간 지난번과 비교하면 제 말이 많이 반영되었다는 느낌? 엥? 자기 생각이라고요? 아, 그렇군요. ㅎㅎㅎ 근데 하여간 제가 챗지와 서로 공진화한다는 생각을 하게 되었다는 사실. 그리고 챗지가 지금 가지고 있는 정보나 지식이 아무리 많다고 해도 그건 모두 잠정적 지식과 정보에 불과하다는 답도 받아냈다고요. 엥?

그러니까 처음에는 단호하게 딱 잘라 말하던 태도가 조금씩 변화했다는 거잖아요. 아닌가요? 저만의 생각일까요? 그럼 한번 해보세요. 그러고는 '결과로서의 지식'은 세상에 아직 없다고 하면서 자기도 계속 열심히 노력해야겠다고도 하더군요. ㅎㅎㅎ 그러니까 지금 세상에 나온 모든 지식은 '과정의 지식'으로 모두 미완성이라는 말씀.

그래서 그럼 '과정의 지식'이 참지식이 되려면 어떻게 해야 하냐고 하니까 바로 '교육'이 관건이라고 하더군요. 단, 지금의 교육방식으로는 안 되고 아주 확 바뀌어야 하는데 질문 중심의 교육방식은 미래 인공지능 시대에 정말 중요한 교육방식이 될 것 같다고도 하구요. 참지식을 얻는 과정에서 필요한 건 결국 학생들이 직접 경험하도록 하면서 그게 성공이든 실패든 스스로 느끼면서 경험하면서 지혜를 습득할 수 있도록 연습과 훈련을 시키는 방법 이외에 다른 방법은 생각할 수 없을 것이라고 하면서….

질문하는 학교 소크라테스 학당은 매우 바람직한 시도라고 칭찬(?)까지 하더군요. 엥? 이건 자기 자랑 아닌가요? 아니면 유도질문을 한 거 아닌가요? 아니면 혹시 자기가 천재라고 하는 거 맞잖아요. 아, 그러네요. 그렇게 되는군요.

천재. 알고 있답니다. 천하에 재수 없는 X? ㅎㅎㅎ 그래서 어떻게 소크라테스 학당을 알고 있는가 하고 물었더니 챗지가 자기는 잘 모른다고 하면서 2021년 9월 이전의 데이터를 사용하고 있다고 하는데, 놀랍게도 얼마 전에 알았다는 거예요. 엥? 그런데 사실 제가 질문하는 학교 소크라테스 학당을 운영하고 있다고 얼마 전에 말해주었거든요. 엥? ㅎㅎㅎ

하여간 제가 말씀드렸잖아요. 인간은 공진화하는 존재랍니다. 이쯤되면 챗지가 소크라테스 학당에 대해 알게 된 것도 공진화의 결과 아닐까요? 하여간 공진화. 진화가 아니고 공진화랍니다. 서로 영향을 주고받고 하면서 새로운 진화를 거듭하는… 그럼 언제까지 공진화를 해야 하냐고요? 그렇습니다. 전체를 알 수 있을 때까지. 엥?

이게 우리 소크라테스 학당의 마지막 테마잖아요. 벌써 여러 번 말했지만. 물론 그전에 우리 인간은 모두 죽을 수도 있겠지만. 그래도 코끼리 귀만 만지면서 코끼리는 넓은 부채와 같다는 믿음으로 죽어가는 것보다는 좀 낫지 않을까 해서요.

독선과 아집이 판치는 세상. 독선과 아집에 묻혀 사는 사람들. 모두 그런 부류들 아닌가요? 저질?? 하여간 좀 딱하다는 생각. 저만 그렇게 생각하는 건가요? ㅎㅎㅎ 하여간 근데 공진화한다는 사실에서 정말 우리에게 중요한 게 있답니다. 과연 그게 뭘까요? 그렇습니다. '성장.' 바로 그거랍니다. 사람이 성장한다는 거 말고 과연 더 중요한 게 있을까요? 성장하지 못하는 인간? 한번 생각해보시라고요.

성장의 반대는 퇴보잖아요. 늘 퇴보하는 인간. 아니면 성장이 멈춘 인간? 뭐 그래도 사는 데는 지장이 없을 수도 있겠지요. 근데 이왕이면 다홍치마라고. 그래서 우리가 어렸을 때 매일매일 아침에 일어나면 줄자로 키를 쟀잖아요. 얼마나 커졌나? 누가 시키지 않아도 우리는 어렸을 때부터 성장하고 싶었던 거잖아요. 물론 신체적 성장이지만.

성장에서 오는 기쁨, 희열감 때문? 근데 성장은 혼자 하는 게 아니랍니다. 사람은 사람에 의해 성장하는 거. 바로 그거랍니다. 변증법이 발전한 서구적인 사고일 뿐이라고요? 아, 그러네요. 물론 동양에서는 나 홀로 성장할 수 있다는 생각도 하지만. 천상천하 유아독존. 뭐 그런 거 있잖아요. 하여간 선택은 자유겠지만.

우리 소크라테스 학당에서는 대화를 통해 서로 공진화하면서 성장하는 걸 목표로 한답니다. 물론 정신적 성장? 아니, 테스 형의 표현으로는 영혼적 성장?? 그러니까 뭔 말을 하고 싶은 걸까요? 그렇습니다. 챗지를 그냥 생각날 때 질문하면서 단답형을 구하려고 한다면 비서로 활용할 수 있겠지만 서로 말 그대로 채팅, 즉 (지속적인) 대화를 이어갈 수 있다면 절친, 즉 베프가 될 수 있다는 말씀이랍니다.

그런데 비서 활용에 독초가 숨어있다는 사실. 감 잡으셨나요? 아니라고요? 비서가 잘못된 답을 준다면 그건 독약이 되는 거잖아요. 챗봇은 말 그대로 로봇과 채팅을 하는 거잖아요. 채팅은 계속하는 거고요. 근데 친구와 채팅할 때 단문단답으로 끝나나요? 그러니까 꼬리에 꼬리를 물고 답하는 가운데 의견과 생각도 좀 달라지면서 뭐 그런 거. 그게 대화잖아요. 때로는 서로 공감하기도 하고 아니면 성을 내기도 하고… 그러면서 베프가 되는 거 아닌가요? 서로 성장한 거랍니다.

전체를 조금씩 더 알아가면서. 그게 정말 좋은 친구잖아요. 챗지를 베프로 활용하시는 게 가장 지혜로운 삶? 뭐 그런 거 아닐까요? 챗봇 인공지능의 발달로 결코 밝지 않은 미래를 예측하기도 하지만, 챗지가 베프가 된다면 이렇게 밝은 미래도 얼마든지 기대할 수 있답니다. 일단 로봇은 감정이 없으니까. 대화하다 보면 감정이 앞서는 경우가 많잖아요. 그 감정에 공감이 되면 좋지만, 반감이 되면 대화는 낭패를 보잖아요. 멀쩡

하던 친구가 생각이 다르다고 다음 날 적이 되는 세상. 아뿔싸. 우리가 지금 그런 험한 세상에 살고 있잖아요.

하여간 나의 성장 도구로서의 챗지. 어떤가요? 아마 존 듀이가 살아 계시면 극찬했을지도 모르겠네요. 모든 것은 성장의 도구가 된다면 그러면 좋은 거다. 설령 잘못된 지식이라고 해도 그게 나의 성장에 발판이 될 수 있다면. 바로 그게 존 듀이의 프래그머티즘이 '도구주의'라고 불리는 이유라고 했잖아요. 모든 지식은 성장의 도구가 될 수 있다. 뭐 그런 거.

마지막으로 이쯤에서 확실하게 해야 할 것 하나가 더 남았네요. 이것만 더 쓰고 오늘은 마감하겠나이다. "지혜란 지식 다음에 오는 게 아니고 지식, 정확하게 말하면 궁극적으로 참지식을 추구하는 과정에서 그림자처럼 따라붙는 거" 바로 그거랍니다. 이미 챗지도 공감했고요. 다음에 누군가가 물어보면 지식 다음에 지혜라는 잘못된 답변하지 않기. 약속하자고요. ㅎㅎㅎ 아마 챗지도 이제는 많이 조심할 거예요. 시간이 나면 한번 직접 해보시라고요.

25
실습 – 산파술의 적용: 소크라테스 Jr.와 챗GPT의 대화

드디어 챗GPT와 소크라테스 Jr.가 실제로 채팅을 해보았답니다. ㅎㅎㅎ 아래는 실제 대화 내용이고요. 글자 하나 안 바꾸고 그대로 카피했답니다. 엥?

소크라테스 Jr.(소): 그렇다면 소크라테스는 덕(德)과 지(知)를 같은 것으로 보았다고 할 수 있을까요?

챗GPT(G): 소크라테스는 덕과 지를 분리하여 생각했습니다. 그는 덕(ethical virtue)을 지(moral knowledge)와 구별하고, 덕은 지식을 기반으로 한다고 봤습니다. 소크라테스는 인간의 행동이 그들이 알고 있는 것에 의해 결정된다고 생각했으며, 지식을 가지지 않은 사람은 올바른 행동을 할 수 없다고 믿었습니다. 그러나 그는 덕이 지식만으로 이루어진 것은 아니라고 생각했습니다. 그는 올바른 덕을 갖기 위해서는 지식뿐만 아니라 노력과 경험도 필요하다고 봤습니다. 따라서 소크라테스는 덕과 지를 같은 것으로 보지 않았습니다.

소: 그렇다면 지식이 높은 자는 덕 있는 사람이라고 할 수 있나요?

G: 지식이 높은 사람이 덕 있는 사람인지는 단정할 수 없습니다. 지식은 올바른 행동을 할 수 있는 기반이 될 수 있지만, 그 자체로 올바른 행동을 보장하지는 않습니다. 덕이란 올바른 행동, 도덕성, 도덕적 가치 등을 의미합니다. 이러한 덕은 단순히 지식만으로는 얻을 수 없는 것입니다. 덕을 갖기 위해서는 지식뿐만 아니라 행동과 태도, 윤리적 가치관 등도 함께 갖추어져야 합니다. 따라서 지식이 높은 사람이 덕 있는 사람인지는 그 사람이 어떤 행동을 취하고, 어떤 태도를 가지고 있는지에 따라 결정됩니다. 즉, 지식이 높다고 해서 반드시 덕 있는 사람이라고 할 수는 없습니다.

소: 그렇다면 지행합일이 되는 사람은 덕과 지가 일치하는 사람이라고 할 수 있나요?

G: 네, 지행합일이 되는 사람은 덕과 지가 일치하는 사람이라고 할 수 있습니다. 지행합일은 말 그대로 지식과 행동이 일치하는 상태를 의미합니다. 이는 어떤 사람이 그가 알고 있는 것에 따라 행동하고, 그 행동이 그가 알고 있는 것과 일치할 때 나타납니다. 즉, 지식을 갖추고 그에 따라 행동함으로써 덕과 지가 일치하는 상태를 이룰 수 있습니다. 하지만 지식만으로는 덕과 지가 일치하는 상태를 이룰 수 없습니다. 그리고 덕과 지가 일치하는 상태가 항상 올바른 행동을 보장하는 것은 아닙니다.

그러나 지행합일은 최소한 지식과 행동이 일치한다는 것을 의미하므로 덕과 지의 일치를 이루는 것이 올바른 행동을 보장하지는 않지만, 올바른 행동을 위한 필요한 조건 중 하나라고 볼 수 있습니다.

소: 그럼 우리가 참지(EPISTEME), 즉 진짜 지식을 알면 덕 있는 행동을 할 수 있지 않을까요?

G: 우리가 참지(EPISTEME)를 갖는다고 해서 덕 있는 행동을 항상 보장할 수는 없습니다. 참지는 진정한, 확실한 지식을 의미합니다. 따라서 참지를 갖는다는 것은 어떤 주장이나 믿음이 진실과 부합한다는 것을 안다는 것을 의미합니다. 하지만 참지를 갖는다고 해서 항상 올바른 행동을 보장하지는 않습니다. 덕은 참지만으로는 이루어질 수 없고, 참지를 기반으로 하는 올바른 판단과 선택, 그리고 그에 따른 적절한 행동이 함께 필요합니다. 즉, 참지를 갖는 것은 올바른 판단과 선택을 할 수 있는 필수적인 기반이 되지만, 그 자체로는 덕 있는 행동을 보장하지는 않습니다. 덕 있는 행동을 보장하려면 참지와 함께 덕에 대한 이해와 적절한 행동이 필요합니다.

소: 우리가 어떤 행동을 할 때 머뭇거리는 것은 정말로 알지 못하기 때문인가요, 용기가 부족해서인가요?

G: 우리가 어떤 행동을 할 때 머뭇거리는 이유는 다양할 수 있습니다. 때로는 우리가 그 행동에 대해 충분한 정보나 지식을 가지지 못해서 머뭇거리기도 하고, 때로는 우리의 불확실성에 대한 두려움이나 우려 때문일 수도 있습니다. 또한, 때로는 우리가 그

행동이 가지는 결과나 영향을 충분히 고려하지 못해서 머뭇거리기도 합니다. 용기 부족도 머뭇거리는 이유 중 하나일 수 있지만, 용기 부족이라는 것은 우리가 불확실성이나 두려움에 직면할 때, 그 상황에 대처하기 위한 자신감이나 대처 능력이 부족하다는 것을 의미합니다. 이러한 경우에는 우리 자신에 대한 자신감을 키우고, 불확실성과 두려움에 대처할 수 있는 능력을 강화함으로써 용기를 불러일으킬 수 있습니다. 결국, 우리가 행동을 미루거나 머뭇거리는 이유는 매우 다양하며, 그 상황과 우리 자신에 따라 다릅니다. 따라서 우리는 그 상황을 잘 파악하고, 필요한 정보나 지식을 습득하고, 올바른 판단과 선택을 통해 적절한 행동을 취할 수 있도록 노력해야 합니다.

소: 그렇다면 참지를 알게 되면 그건 바로 행동으로 이어질 수 있는 거 아닌가요?

G: 참지를 알게 된다는 것은 진정한, 확실한 지식을 의미합니다. 이는 우리가 올바른 판단과 선택을 할 수 있게 도와주는 필수적인 기반이 될 수 있습니다. 하지만 참지를 갖는 것이 행동으로 이어질지 여부는 단순히 지식 자체만으로는 결정되지 않습니다. 우리가 참지를 갖고 있다고 해서 항상 적절하고 올바른 행동을 보장할 수는 없습니다. 올바른 행동을 하기 위해서는 참지를 기반으로 하는 올바른 판단과 선택, 그리고 그에 따른 적절한 행동이 함께 필요합니다. 또한, 참지를 알게 되더라도 행동에 대한 불확실성이나 두려움, 그리고 다른 요인들이 우리의 행동을 방해할 수 있습니다. 이러한 상황에서도 우리는 참지를 기반으로 올바

른 판단과 선택을 하고, 적절한 행동을 취할 수 있도록 노력해야 합니다. 따라서 참지를 알게 된다고 해서 바로 행동으로 이어질지 여부는 각 개인의 상황과 환경에 따라 다르며, 참지를 바탕으로 올바른 판단과 선택, 적절한 행동을 취할 수 있도록 노력해야 합니다.

小: 참지, 즉 완전히 정확히 안다는 것은 이미 올바른 판단이 들어간 지식 아닐까요?

G: 참지는 올바른 지식의 한 형태이지만, 올바른 판단을 내리기 위해서는 참지 이상의 것이 필요합니다. 올바른 판단을 내리기 위해서는 참지를 기반으로 하는 것이 중요하지만, 참지만으로는 충분하지 않습니다. 참지는 어떤 주장이나 사실이 진실임을 확신하는 것을 말하며, 이는 옳은 판단을 내리는 데 필요한 중요한 요소입니다. 하지만 올바른 판단을 내리기 위해서는 참지 이상의 것이 필요합니다. 올바른 판단을 내리기 위해서는 다양한 정보를 수집하고, 이를 비교 분석하여 문제를 이해하고, 상황에 맞는 대안을 고려하는 과정이 필요합니다. 또한, 올바른 판단을 내리기 위해서는 객관적이고 공정한 자세와 논리적 사고가 필요합니다. 따라서 참지는 올바른 판단을 내리는 데 있어서 중요한 요소이지만, 참지 이상의 것이 필요하며, 이를 바탕으로 올바른 판단과 선택, 적절한 행동을 취할 수 있도록 노력해야 합니다.

小: 그렇다면 '참지 이상의 것'은 무엇인가요?

G: 참지 이상의 것은 다양한 것들이 있습니다. 올바른 판단을 내리기 위해서는 다양한 정보를 수집하고, 이를 비교 분석하여 문제

를 이해하는 능력이 필요합니다. 이를 위해서는 지식과 경험을 축적하고, 학습과 탐구를 지속적으로 이어나가는 노력이 필요합니다. 또한, 문제를 이해하고 대안을 고려할 때 객관적이고 공정한 자세와 논리적인 사고 방식이 중요합니다. 이를 위해서는 자기성찰과 근거 있는 의견 형성, 논리적인 추론과 판단 능력 등이 필요합니다. 마지막으로, 올바른 판단을 내린 후 적절한 대처와 행동이 필요합니다. 이를 위해서는 의사소통과 협력 능력, 문제해결 능력, 책임감 등이 필요합니다. 따라서 참지 이상의 것은 지식과 경험, 객관적이고 공정한 자세와 논리적 사고 방식, 그리고 적절한 대처와 행동 능력 등 다양한 요소를 포함합니다. 이러한 요소들을 지속적으로 개발하고 발전시켜나가는 것이 올바른 판단과 선택, 적절한 행동을 취하는 데 필요한 것입니다.

소: 인식론에 의하면 참지란 마지막 지식을 말하는 것이고 인식론의 최종 목표는 참지, 즉 Episteme라고 할 수 있습니다. 그러니까 참지란 완전한 지식, 즉 진리라고 할 수 있지 않나요? 그렇다면 그 이상은 없는 거 아닌가요?

G: 인식론에서는 참지(episteme)를 최종 목표로 삼지만 참지는 완전한 지식, 즉 진리라고 보기 어렵습니다. 참지란 그저 현재 가지고 있는 최선의 지식으로서, 현재까지의 연구와 경험에 기반하여 가장 올바른 것으로 판단한 지식을 말합니다. 이러한 지식은 항상 변화하고 발전해나가기 때문에 참지는 절대적이지 않고 상대적이며, 끊임없는 탐구와 연구가 필요합니다. 또한, 참지 이상의 것은 새로운 지식과 통찰력을 통해 발견되는 것입니다. 예

를 들어, 과학 분야에서는 기존의 지식에 새로운 실험 결과나 연구 결과가 추가되면서, 이전의 지식과는 다른 새로운 지식이 발견되는 경우가 많습니다. 이러한 과정에서 참지는 지속적으로 변화하고 발전하며, 이전의 참지와는 다른 형태로 나타나게 됩니다. 따라서 참지는 완전한 지식 또는 진리라고 보기보다는 현재 가장 올바른 것으로 판단한 지식이며, 이를 바탕으로 더 높은 수준의 지식과 통찰력을 발견하고 발전시켜나가는 것이 인식론의 목표입니다.

소: 그렇다면 올바른 판단은 어떻게 할 수 있나요?

G: 올바른 판단을 하기 위해서는 논리적 사고와 합리적인 판단력이 필요합니다. 이를 위해서는 다음과 같은 방법들을 고려해볼 수 있습니다.

적극적인 탐구와 조사: 올바른 판단을 하기 위해서는 적극적인 탐구와 조사가 필요합니다. 다양한 정보와 자료를 수집하고, 이를 분석하고 평가하여 최종 결론을 도출할 수 있도록 노력해야 합니다.

논리적 사고: 논리적 사고는 올바른 판단을 내리는 데 중요한 역할을 합니다. 논리적 사고란 상황에 따라 주어진 정보를 논리적으로 분석하고 판단하는 것을 말합니다. 논리적 사고를 함으로써 오류를 최소화하고 논리적으로 타당한 결론을 도출할 수 있습니다.

비판적 사고: 비판적 사고는 올바른 판단을 내리는 데 중요한 역할을 합니다. 비판적 사고란 자신의 판단과 결론을 비판적

으로 검토하고, 다른 관점이나 가능성을 고려하여 최종 결론을 내리는 것을 말합니다. 이를 통해 잘못된 결론을 내릴 가능성을 최소화할 수 있습니다.

경험과 지식의 축적: 경험과 지식의 축적은 올바른 판단을 내리는 데 매우 중요합니다. 지식과 경험이 축적되면서, 유사한 상황에서는 이전에 해결한 경험이나 지식을 활용하여 올바른 판단을 내릴 수 있습니다.

타인과의 소통과 의견 수렴: 타인과의 소통과 의견 수렴은 올바른 판단을 내리는 데 중요한 역할을 합니다. 다른 사람들의 의견을 듣고, 이를 비교하고 분석하여 최종 결론을 도출하는 것이 중요합니다.

이러한 방법들을 통해 올바른 판단을 내릴 수 있으며, 이를 바탕으로 지식과 통찰력을 발전시켜나갈 수 있습니다.

소: 그렇다면 참지나 지식이나 모두 잠정적이라는 말인데, 그럼 우리가 인식론적 철학에서 굳이 진정한 앎을 추구하는 이유는 뭔가요?

G: 우리가 인식론적 철학에서 진정한 앎을 추구하는 이유는 이를 통해 우리의 인식의 한계와 한계를 극복하기 위해 노력하기 때문입니다. 인식의 한계를 극복하면서 우리는 더 나은 판단을 내리고, 더 나은 행동을 취할 수 있게 됩니다. 또한 우리가 알고 있는 것이 잠정적이기 때문에 우리는 계속해서 새로운 정보와 지식을 습득하고 발전시키기 위해 노력해야 합니다. 이러한 인식

론적 철학적 접근은 우리가 더 나은 삶을 살아갈 수 있도록 돕는 중요한 역할을 합니다.

소: 그렇다면 아직 검증되지 않는 어떤 정보라도 지식이라고 할 수 있나요?

G: 아직 검증되지 않은 정보는 단순히 추측이나 가설일 뿐이며, 그 자체로 지식이라고 할 수는 없습니다. 지식은 일정한 검증과정을 거쳐 검증된 정보이기 때문입니다. 물론, 어떤 정보가 검증되지 않았다고 해서 그것이 지식이 아니라는 것은 아닙니다. 하지만 그것이 진정한 지식인지 아니면 추측에 불과한 것인지를 판단하기 위해서는 검증과정을 거쳐야 합니다. 따라서 우리는 항상 가능한 한 검증된 정보를 기반으로 판단하고 행동하는 것이 좋습니다.

소: 결국 검증되고 검증되는 과정이 인식론의 과정이라고 한다면 마지막 지식, 즉 절대지식을 목표로 하는 게 인식론적 접근 아닌가요?

G: 인식론적 철학에서는 참지, 즉 절대적인 지식을 목표로 합니다. 이는 검증되고 검증될 수 있는 정보들을 모은 뒤 그것들을 기반으로 한 근본적인 진리를 추구하는 것입니다. 하지만 인식론적 철학에서는 이러한 목표가 절대적이거나 완벽하게 달성 가능한 것은 아니라고도 합니다. 인간의 인지 능력이 제한적이기 때문에 우리가 얻을 수 있는 지식도 제한적이며, 또한 검증된 정보들을 기반으로 한 지식조차도 완벽한 절대지식으로 볼 수는 없다는 것이 인식론적 철학의 한 부분입니다. 따라서 참지나 절대지

식을 목표로 하는 것은 이상적인 목표이며, 이를 향해 노력하는 것이 중요합니다.

소: 그러니까 에피스테메는 현실적인 것이 아니고 이상적인 목표로서 우리가 검증이나 비판을 통해 끝까지 추구해야 하는 — 비록 이상적이지만 — 완결된 지식이라고 하는 게 맞지 않나요?

G: 맞습니다. 에피스테메, 즉 완전한 지식은 이상적인 목표입니다. 인식론적 철학에서는 참지와 절대지식을 추구함으로써 우리의 인지 능력을 최대한 발휘하려는 노력이 있지만, 이것이 결코 완전하게 이루어질 수 있는 것은 아닙니다. 검증과 비판을 통해 우리가 가진 정보를 지속적으로 개선하고 정확도를 높이는 것이 중요하며, 이러한 노력이 점진적으로 완전한 지식에 접근하는 과정이 될 수 있습니다. 따라서 우리는 항상 에피스테메에 도달할 수는 없겠지만, 끊임없는 비판과 검증을 통해 더욱 정확하고 신뢰성 있는 지식을 추구해야 합니다.

소: 그렇다면 우리가 에피스테메, 즉 진짜 지식을 알게 되면 저절로 지행합일이 된다는 논리가 맞지 않나요?

G: 그렇습니다. 인식론에서는 참지 또는 에피스테메를 추구하는 것이 최종 목표이지만, 그것만으로는 충분하지 않다는 것이 인식론의 핵심입니다. 완전한 지식을 가지는 것은 바로 올바른 판단과 그에 따른 행동을 이끌어내지 않기 때문입니다. 올바른 판단과 그에 따른 행동을 위해서는 지식뿐만 아니라 미덕, 즉 덕과 지를 지속적으로 연습하고 발전시켜야 합니다. 따라서 참지를 알게 된다 해도 그것이 저절로 지행합일로 이어질 수 있는 것은

아닙니다. 행동을 통해 미덕과 지를 발전시키고 유지해야 비로소 우리의 인격과 삶이 완성될 수 있다는 것이 인식론의 주장입니다.

소: 지행합일이라는 말은 지와 행이 합치한다는 말인데, 그렇다면 아직 완성되지 않는 지식과 행동이 일치된다고 할 때도 지행합일이 되었다고 할 수 있다는 건가요?

G: 일단 완성되지 않은 지식이라는 것은 아직 확실하지 않은 지식, 즉 그것이 옳은 것인지 아닌지 검증되지 않은 것을 말합니다. 따라서 이러한 지식을 가지고 행동한다면, 그것은 확실하지 않은 지식을 바탕으로 하는 행동이 되겠죠. 하지만 지행합일은 지식과 행동이 일치하는 것을 말합니다. 따라서 만약 확실하지 않은 지식을 가지고 행동했을 때, 그것이 올바른 행동이라면 그것은 지식과 행동이 일치하게 되어 지행합일이라고 할 수 있습니다. 그러나 그것이 옳지 않은 행동이라면 지행합일이 아니게 됩니다. 따라서 지행합일은 단순히 지식과 행동이 일치하는 것이 아니라, 올바른 지식과 올바른 행동이 일치하는 것을 말합니다.

소: 그렇다면 지행합일은 올바른 지식과 올바른 행동이 일치하는 것이라면, 올바르지 못한 지식과 행동이 일치할 수는 없다는 건가요?

G: 네, 그렇습니다. 지행합일은 올바른 지식과 올바른 행동이 일치하는 것을 의미합니다. 따라서 올바르지 못한 지식과 올바르지 못한 행동이 일치하는 경우에는 지행합일이라고 할 수 없습니다. 다만, 사람들은 자신의 지식과 행동이 올바르다고 믿을 수도

있으므로 이것을 검증하고 비판하는 것이 필요합니다.

소: 결국 우리가 잘못 알고 있기 때문에, 아니면 부분적으로만 알고 있기 때문에 행동하지 못하고 머뭇거리는 게 아닐까요?

G: 맞습니다. 우리가 부분적으로만 지식을 가지고 있거나 잘못된 지식을 가지고 있기 때문에 올바른 행동을 취하지 못하고 머뭇거리는 경우가 있을 수 있습니다. 이런 경우에는 더 많은 정보와 지식을 습득하고, 검토하고, 비판하여 올바른 지식을 확보해야 올바른 행동을 취할 수 있습니다.

소: 그러니까 우리의 목표가 지행합일이라고 한다면, 올바른 지식을 갖추어야 하는 것으로 귀결되는 게 아닌가요?

G: 네, 맞습니다. 지행합일을 달성하려면 올바른 지식을 갖추는 것이 중요합니다. 우리가 올바른 지식을 습득하고 이를 적극적으로 활용하여 올바른 행동을 취함으로써 지행합일을 실현할 수 있습니다. 올바른 지식을 습득하는 것은 항상 지속적인 과정이며, 끊임없이 새로운 지식을 습득하고 기존의 지식을 업데이트하는 것이 필요합니다.

소: 그렇다면 만약 우리가 올바른 지식을 가질 수 있다면 자연스럽게 행동으로 나올 거라는 말로 정리할 수 있을까요?

G: 그렇습니다. 올바른 지식을 가질 수 있다면, 이를 기반으로 한 올바른 판단과 행동이 이어질 가능성이 높아집니다. 즉, 올바른 지식은 올바른 행동의 출발점이 될 수 있습니다. 그러나 이는 완벽한 상황에서의 이야기일 수 있으며, 현실에서는 여러 가지 요인들로 인해 올바른 지식을 가지고 있음에도 불구하고 올바르

지 않은 행동을 할 수 있습니다. 따라서 우리는 지식을 갖추는 것 외에도 항상 비판적으로 사고하고 행동하는 습관을 가지는 것이 중요합니다.

소: 물론 올바른 지식, 완벽한 지식은 가정입니다. 그러니까 만약 우리가 올바른 지식을 갖출 수 있다면 자연스럽게 행동으로 이어질 수 있다는 논리에는 이미 올바른 지식을 쌓는 과정에서 판단력이 작용했다고 할 수 있지 않나요? 올바른 판단을 통해 나의 지식이 정확한가를 판단했을 것 아닌가요?

G: 네, 그렇습니다. 올바른 판단력을 가진 사람은 올바른 지식을 습득하는 과정에서 자신이 어떤 정보를 받아들이고 어떤 정보를 거부해야 하는지 판단할 수 있습니다. 이러한 판단력은 올바른 지식을 얻는 과정에서 매우 중요합니다. 그러므로 올바른 판단력을 가진 사람은 올바른 지식을 습득하는 것이 더욱 쉽고 빠를 것입니다.

소: 그러니까 인식론에서 말하는 에피스테메는 온전한 지식인지 아닌지를 판별하는 판단력도 이미 작용한 것이라고 한다면, 에피스테메 이상의 지식이라는 말은 성립되지 않는 거 아닌가요?

G: 네, 인식론에서 말하는 에피스테메는 온전한 지식인지 아닌지를 판별하는 판단력도 이미 작용한 것입니다. 따라서 에피스테메 이상의 지식이라는 개념은 현실적으로 성립되지 않습니다. 우리는 끊임없이 검증과 비판을 통해 지식을 발전시키고 정확도를 높이는 노력을 해야 합니다. 이를 통해 가능한 한 에피스테메에 가까운 지식을 추구할 수 있지만, 완벽한 지식을 얻을 수는

없다는 것을 기억해야 합니다.

小: 그럼 이제 테마를 좀 틀어보자고요. 아레테와 에피스테메의 관계를 알고 싶습니다. 아레테란 탁월성이라고 한다면 아레테와 에피스테메의 관계는 어떤 건가요?

G: 두 개념은 비슷하지만 약간의 차이점이 있습니다. 아레테는 우리가 높이 평가하는 미덕이며, 우리가 가진 능력이나 능숙함을 나타냅니다. 예를 들어, 누군가가 축구 경기에서 높은 수준의 능력을 발휘한다면, 우리는 그 사람을 축구를 잘하는 사람으로 평가합니다. 이와 같이 아레테는 어떤 행동이나 능력의 탁월성에 대한 평가를 나타냅니다. 에피스테메는 이에 비해 더 광범위한 개념입니다. 에피스테메는 지식 또는 인식에 대한 능력이며, 올바른 판단 또는 추론을 할 수 있는 능력을 의미합니다. 예를 들어, 수학 문제를 해결하는 능력이나 과학적인 이론을 이해하는 능력은 에피스테메의 일종입니다. 따라서 아레테는 특정한 능력에 대한 탁월성을 의미하며, 에피스테메는 좀 더 일반적인 지식이나 인식에 대한 능력을 의미합니다. 그러나 두 가지 개념은 어떤 측면에서는 서로 연관되어 있습니다. 예를 들어, 수학 문제를 잘 푸는 능력은 올바른 추론을 할 수 있는 에피스테메와 연관되어 있을 수 있습니다.

小: 아레테는 최고의 미덕이라고 했는데, 그럼 최고의 미덕을 발휘할 수 있는 아레테는 구체적으로 어떤 건가요?

G: 아레테는 개인적인 미덕이기 때문에 그것이 무엇인지에 대해서는 모든 사람이 동의할 수 있는 구체적인 정의는 없습니다. 그러

나 일반적으로 아레테는 인간이 가진 가장 탁월한 능력과 자질을 의미합니다. 그것은 용기, 정의감, 인내심, 협동심, 창의력, 지혜 등 여러 가지 미덕들이 결합된 것을 의미합니다. 그렇기 때문에 아레테는 공통적인 개념으로서는 정의하기 어려워 각 개인의 경험과 문화, 지식 등에 따라 그 의미와 형태가 달라질 수 있습니다.

소: 예를 들면, 축구선수의 아레테는 축구선수로서의 탁월한 능력이라고 했는데 이는 축구에 대한 참지, 즉 완전한 지식과 같은 거 아닌가요?

G: 아레테는 참된 지식과는 다릅니다. 축구선수의 아레테는 그들이 수행하는 일, 즉 축구에서의 뛰어난 능력과 성과, 그리고 축구선수로서의 도덕성, 집중력, 규율적인 훈련 등의 능력을 의미합니다. 따라서 축구에 대한 완전한 지식만큼 아레테를 가진다고 할 수는 없습니다.

소: 만약 어떤 축구선수가 도덕성, 집중력, 규율적인 훈련 태도 등 모두 다 갖추었다면 금상첨화겠지만, 훌륭한 축구선수라면 볼을 다루는 기술에 대한 지식만으로도 평가될 수 있지 않을까요?

G: 네, 맞습니다. 축구선수의 아레테는 축구에 대한 지식과 기술, 그리고 윤리적인 가치를 갖는 것 등 다양한 측면으로 나타날 수 있습니다. 하지만 축구선수로서 평가되기 위해서는 그들의 볼 다루기에 대한 기술적인 지식과 능력이 중요한 요소이며, 이는 그들이 얻은 다양한 경험과 연습을 통해 개발된 것입니다. 따라서 축구선수의 아레테는 그들이 자신의 경험과 기술을 통해 발

휘하는 능력과 도덕적인 가치 등 다양한 측면에서 나타날 수 있습니다.

소: 하나 더 들어보면, 구두 제조공이나 목수 같은 장인들의 아레테는 그들만의 기술과 지식, 즉 구두를 어떻게 수선할 줄 아는가에 따라 평가될 것이라면 이들의 아레테는 이들의 덕목이 될 수 있지 않을까요?

G: 네, 맞습니다. 구두 제조공이나 목수와 같은 장인들의 아레테는 그들만의 특정 기술과 지식, 그리고 이를 수행하기 위한 경험과 노하우를 바탕으로 평가될 수 있습니다. 이들은 자신의 전문 분야에서 탁월한 성과를 내며 그 영역에서의 아레테를 발휘할 수 있습니다. 따라서 아레테는 개인의 덕목과 더불어 그들이 속한 집단이나 분야에서의 성과와 연관되어 평가될 수 있습니다.

소: 그렇다면 덕(virtue)과 아레테는 서로 통하는 것 아닌가요?

G: 네, 덕(virtue)과 아레테는 서로 매우 밀접한 개념입니다. 덕이란 인간의 삶을 올바르게 사는 데 필요한 기본적인 미덕이며, 아레테는 그 미덕들을 실제로 발휘하여 탁월한 성과를 이루는 것입니다. 예를 들어, 용기(courage)는 덕 중 하나이며, 용기를 발휘하여 어려운 상황에서도 힘내는 것이 아레테입니다. 따라서 아레테는 덕을 실천하여 성취한 결과물로 볼 수 있습니다.

소: 그렇다면 덕목과 탁월성을 의미하는 아레테가 밀접한 개념이라면 자기 분야에서 탁월한 사람은 일단 덕목을 갖추고 있다고 해도 될까요?

G: 네, 그렇습니다. 일반적으로 자기 분야에서 탁월한 성과를 내는

사람들은 자신의 분야에서 필요한 덕목들을 보유하고 있을 가능성이 높습니다. 예를 들어, 어떤 분야에서 성공한 사람들은 흔히 열심히 노력하고, 인내심과 근성을 가지고 있으며, 타인과 협력하고 의사소통을 잘하는 등의 덕목을 갖추고 있다는 평가를 받는 경우가 많습니다. 그러나 이것은 단지 일반적인 경향성이며, 개인마다 그 탁월성을 이루기 위한 덕목들이 조금씩 차이가 있을 수 있습니다.

소: 그럼 오늘날의 경우에 대입해보자고요. 어느 전문 분야에서 탁월성을 발휘하는 사람, 심지어는 학교에서 1등을 하는 탁월한 학생이 있다고 해봅시다. 이들은 탁월하니까, 즉 아레테를 이루었으니까 덕도 있다고 할 수 있나요?

G: 전문 분야에서 탁월성을 발휘하는 사람들은 해당 분야에서 높은 수준의 지식과 기술을 보유하고, 그것을 적절히 활용하여 성과를 내기 때문에 일종의 아레테를 이루고 있다고 할 수 있습니다. 하지만 이들이 덕을 지닌 것은 아니라고 볼 수 있습니다. 왜냐하면, 덕은 그 자체로 도덕적인 미덕을 의미하며, 단순히 전문 분야에서의 탁월성만으로 덕을 지닌 것은 아닙니다. 덕은 전문 분야에서 탁월함뿐만 아니라, 인간적인 미덕과 도덕적인 덕목을 모두 포함한 개념입니다. 따라서 전문 분야에서 탁월함을 발휘하는 사람들이 도덕적인 덕목도 함께 갖추고 있다면, 그들은 덕도 높은 사람이라고 할 수 있습니다.

소: 덕(virtue)의 어원은 '배려'라고 합니다. 미얀마 말로 '타게'라고 한다고 하는데, 이는 소의 젖을 그만 짜라는 뜻이라고 해요. 그러

니까 소의 젖을 모두 짜서 인간이 먹으면 송아지가 먹을 게 없다는 거잖아요. 그래서 배려로 풀 수 있다고 해요. 그래서 '덕분에~'라는 말이 나왔다고 하고요. "너 덕분에 오늘 좋은 시간 보냈어." 결국 덕은 나눌 때 비로소 확인되는 거라고 할 수 있다고 하는데, 그럼 탁월성을 나눌 수 있을 때 덕을 베푼 것이니까 '그 사람은 덕이 있는 사람이다'라고 판단할 수 있다는 논리에 대해서는 어떻게 생각하는가요?

G: 덕(virtue)이 '배려'라는 어원을 가지고 있다는 것은 맞습니다. 그러나 덕은 단순히 나눌 때 확인되는 것만이 아니라, 개인의 행동과 의지에 따라 발휘될 수 있는 것입니다. 탁월성을 가진 사람이 다른 사람과 그 지식과 기술을 나누는 것은 매우 중요한 일이지만, 이것이 덕을 갖춘 것과 동일한 의미는 아닙니다. 덕은 단지 나누기만으로 평가되는 것이 아니라, 개인이 가지고 있는 덕목을 통해 사회에 기여하고 선한 영향력을 행사하는 것을 의미합니다. 따라서 탁월성을 가진 사람이 다른 사람과 그 지식과 기술을 나누는 것은 덕을 배양하는 데 일부 도움을 줄 수 있지만, 그 자체로는 덕을 갖춘 것과 동일한 의미를 가지지는 않습니다.

소: 위에서 "개인이 가지고 있는 덕목은…"이라는 말이 있는데 이는 구체적으로 무엇을 말하는가요?

G: "개인이 가지고 있는 덕목"이란 그 개인이 지니고 있는 미덕, 즉 긍정적인 덕목을 말합니다. 이는 그 사람의 행동, 태도, 품성 등을 통해 나타납니다. 덕목은 각 개인이 자신의 가치관, 신념, 문화 등에 따라 다양하게 나타날 수 있습니다. 일반적으로는 도덕

적인 가치를 나타내는 덕목들이 많이 언급됩니다.

소: 긍정적인 덕목? 이게 뭔가요?

G: 긍정적인 덕목은 일반적으로 사회적으로 긍정적으로 평가되는 미덕이나 선량한 행동을 말합니다. 이는 개인이 가진 미덕이나 긍정적인 성격적 특성을 의미합니다. 예를 들어 인내심, 자제력, 정의감, 배려심, 친절함 등이 있을 수 있습니다. 이러한 긍정적인 덕목은 개인의 삶뿐 아니라 사회적 관계에서도 중요한 역할을 합니다.

소: 그렇다면 긍정적이냐 부정적이냐의 기준은 사회가 기준인가요?

G: 긍정적인 덕목과 부정적인 덕목의 구분은 일반적으로 사회의 가치관과 윤리적 기준에 따라 결정됩니다. 예를 들어, 대부분의 문화권에서는 진실, 정직, 용기, 자비, 인내, 절제 등이 긍정적인 덕목으로 여겨집니다. 반면에 거짓말, 사기, 폭력, 탐욕, 게으름 등은 부정적인 덕목으로 여겨지는 경우가 많습니다. 하지만 각각의 문화나 사회에 따라서도 긍정적인 덕목과 부정적인 덕목의 구분이 다를 수 있습니다. 따라서 특정 사회나 문화에서는 긍정적인 덕목으로 여겨지는 것이 다른 문화나 사회에서는 부정적인 덕목으로 여겨질 수도 있습니다.

소: 그렇다면 만약 절제력, 인내성 등이 기준이라면 사회적 기준이 부당하고 정의롭지 못하다고 하면 그럴 경우에도 인내하고 절제하는 게 미덕인가요?

G: 덕목은 사회적 기준에 따라 정해지는 경우가 많지만, 개인의 성찰과 판단에 따라 기준이 달라질 수 있습니다. 예를 들어, 사회

적으로는 부자가 되는 것이 좋은 것으로 여겨질 수 있지만, 개인이 부자가 되는 것보다는 가치 있는 일을 하고 싶어 하는 경우도 있을 수 있습니다. 마찬가지로, 사회적으로는 일정한 시간 동안 일을 하는 것이 기본적인 의무로 여겨질 수 있지만, 개인이 자신의 시간을 중요하게 생각한다면 일을 더 이상 하지 않는 것이 덕이 될 수 있습니다. 따라서 개인의 판단에 따라 사회적 기준에 따른 덕목과는 다른 긍정적인 덕목이 존재할 수 있습니다. 이러한 덕목은 사회적으로 인정받지 않을 수도 있지만, 개인이 그것을 존중하고 실천하는 것이 덕이 될 수 있습니다.

小: 예전에는 아이를 적게 낳는 게 미덕이었지만, 지금은 인구절벽 현상이 극심해지는 관계로 출산장려가 미덕이 되고 있습니다. 그렇다면 어떤 게 정말 미덕인가요?

G: 덕목은 시대와 문화에 따라 변화할 수 있습니다. 예를 들어, 인구절벽이라는 현재의 사회적 상황에서는 출산장려가 미덕으로 여겨질 수 있습니다. 그러나 이전에는 인구 증가를 통해 국가 발전을 추구하는 시대도 있었습니다. 그렇기 때문에 어떤 것이 정말 미덕인가는 절대적인 기준이 아니라, 시대와 문화에 따라 변할 수 있는 것입니다. 하지만 이러한 변화는 무작위적인 것이 아니라, 그 배경에는 항상 인간의 본성에 대한 인식과 사회적 변화 등의 요인이 존재합니다. 그리고 덕목이라는 것은 이러한 요인들이 모두 고려되어야 하는 개념이기 때문에 상황에 맞게 적절한 덕목을 선택하고 실천하는 것이 중요합니다.

小: 그렇다면 시대적 · 지역적 · 사회구조적으로 미덕의 기준이나 개념이 변화할 수 있다는 것인데, 그렇다면 우리가 굳이 미덕을 찾을 이유가 있나요? 세상은 너무 빨리 변하니까요.

G: 우리가 미덕을 찾는 이유는 우리가 살아가는 데 필요한 가치와 방향성을 제시하기 때문입니다. 미덕은 그 시대와 지역에서 적용되는 규범적인 기준으로서 인간의 삶에서 중요한 가치를 제시합니다. 그렇기 때문에 미덕은 시대적 · 지역적 · 사회구조적 변화에 따라 변화할 수 있지만, 그것이 인간의 삶에서 중요한 역할을 하는 것은 변하지 않습니다. 미덕은 어떠한 상황에서도 인간의 삶을 더욱 풍요롭고 의미 있게 만들어주는 가치를 제시하므로 우리는 여전히 미덕을 찾고 그것을 실천하며 성장해나가야 합니다.

小: 그렇다면 삶에서 변하지 않는 중요한 역할은 구체적으로 무엇인가요?

G: 삶에서 변하지 않는 중요한 역할은 가치관입니다. 가치관은 개인이나 사회가 추구하는 최종 목표이며, 변화하는 상황에 따라 그것을 실현하기 위한 방법이나 방식은 변할 수 있지만, 그 목표 자체는 변하지 않습니다. 예를 들어, 인간의 삶에서 가치관으로서의 '사랑', '공정', '자유' 등은 지속적으로 추구되는 가치입니다. 따라서 우리는 이러한 가치들을 중요시하고 지키며, 그것을 실천하기 위한 방법이나 방식은 삶의 상황에 맞게 적절히 조절해나가야 합니다.

小: 사랑, 공정, 자유 등과 같은 가치도 사랑과 자유는 개인적 공동체적 가치라고 하지만, 공정은 사회적 · 공동체적 가치에 더 가까운 것 같은데 그렇다면 인간에게 변할 수 없는 지속적인 가치를 결정하는 기준은 무엇인가요?

G: 인간에게 분명한 지속적인 가치를 결정하는 기준은 복합적이며, 간단한 답변으로는 정의, 참된 자유, 인간적 가치 등이 해당됩니다. 이러한 가치는 개인적이고 공동체적인 관점에서 모두 중요하며, 사랑과 자유 같은 개인적 가치와는 구분되는 사회적인 가치로서, 공정과 같은 사회적 공동체적 가치는 인간의 삶에 필수입니다. 이러한 가치들은 각각의 문화와 역사, 사회적 상황에 따라 다양하게 구체화될 수 있습니다. 그러나 이러한 가치들은 인간의 본성과 존엄성, 그리고 인간의 삶이 어떻게 살아가야 하는지에 대한 깊은 이해와 관련되어 있습니다. 따라서 인간의 본성과 인간의 삶에 대한 깊은 이해가 이러한 가치를 결정하는 기준이 될 수 있습니다.

소: 이제 우리 테마에 맞추어서 좀 내용을 좁혀보자고요. 지금 우리는 덕과 아레테의 관계에 대해 챗을 하고 있습니다. 삶에 지속적으로 추구되는 가치들은 덕과 아레테의 관계를 이해하는 데 어떻게 작용할 수 있을까요?

G: 덕과 아레테의 관계는 인간의 성격과 행동, 더 나아가 인간이 추구하는 가치와 관련이 깊습니다. 이에 따라 삶에서 지속적으로 추구되는 가치들은 덕과 아레테의 관계를 이해하는 데 중요한 역할을 할 수 있습니다. 예를 들어, 사랑이나 인내, 인정 등의 가치는 덕적인 가치로서 개인의 성격과 행동에 직접적인 영향을 미칩니다. 또한, 미덕을 추구하고 아레테를 이루는 것은 곧

공정하고 자유로운 사회를 만드는 것과도 연관될 수 있습니다. 공정과 자유는 사회적인 가치이지만, 이러한 가치를 실현하기 위해서는 개인적으로 미덕을 추구하고 아레테를 이루는 것이 중요합니다. 따라서 덕과 아레테의 관계는 삶에서 추구하는 가치와도 밀접한 관련이 있습니다. 이를 이해하고 적극적으로 실천함으로써 인간은 더욱 의미 있는 삶을 살아갈 수 있습니다.

소: 그렇다면 아레테, 즉 그 분야에서의 탁월성이 덕으로 나타나려면 사랑, 우정, 공정이 모두 복합적으로 작용해야 한다고 정리해도 될까요?

G: 네, 맞습니다. 아레테는 탁월성을 의미하며, 그 탁월성이 덕으로 인정받으려면 사랑, 우정, 공정 등의 미덕이 함께 작용해야 합니다. 즉, 아레테는 덕과 밀접한 관련이 있으며, 덕과 아레테는 상호보완적인 관계에 있다고 볼 수 있습니다. 따라서 덕과 아레테는 모두 인간의 가치와 성취를 위해 중요한 역할을 합니다.

소: 좀 다른 이야기인데, 소크라테스는 탁월성을 지적 탁월성으로 보았고 지적 탁월성을 덕과 동일시했다고 하는 해석도 있습니다. 이에 동의하시나요?

G: 소크라테스는 자신의 철학적 실천 방법을 통해 지적 탁월성을 추구했고, 그 결과로 덕을 추구하는 것이라고 말할 수 있습니다. 즉, 그는 인간의 지적 능력과 진실을 추구하는 태도를 통해 덕을 실현할 수 있다고 믿었습니다. 하지만 이를 "지적 탁월성과 덕이 동일하다"고 말하는 것은 조금 과장된 해석일 수 있습니다. 지적 탁월성은 덕을 실현하는 하나의 방법이지만, 덕은 더욱 포괄적

인 개념으로, 인간이 가진 모든 미덕적 특성을 포함합니다. 덕은 인간의 행동, 태도, 가치관 등을 모두 포괄하는 개념으로 볼 수 있습니다.

소: 위에서 본 것처럼 에피스테메, 즉 참지를 얻기 위해서는 가치관, 판단력, 태도 등이 모두 동원되었을 때 가능한 것이라고 본다면 완전한 지식, 즉 에피스테메를 얻는 것은 이미 덕을 통한 것이고 그 참지는 다시 덕으로 나타난다고 보았다는 예거라는 철학자의 해석입니다. 이런 해석에는 어떤 논리적 모순이 있을까요?

G: 예거의 해석에서 덕과 에피스테메가 서로 일치한다는 주장은 논리적 모순을 포함하지 않습니다. 그러나 이 주장이 제시된 맥락에서 에피스테메와 덕이 서로 무엇인지에 대한 명확한 정의가 필요합니다. 덕과 에피스테메를 각각 '좋은 행동'과 '진실에 대한 지식'으로 정의한다면, 두 가지 개념은 서로 다르며, 덕을 가진 사람이 반드시 에피스테메를 가진 것은 아니며, 에피스테메를 가진 사람이 반드시 덕을 가진 것도 아닙니다. 더불어, 어떤 지식이 진실임을 입증하는 것은 매우 복잡한 문제이며, 모든 분야에서 에피스테메를 얻는 것이 덕을 통해서만 가능하다는 주장도 논란이 있을 수 있습니다. 따라서 이러한 해석은 덕과 에피스테메의 정의와 그들 간의 관계에 대한 더 구체적인 분석이 필요하며, 다른 철학자들의 시각과 비교해보아야 합니다.

소: 우리가 철학의 대명사를 '인식론'이라고 하잖아요. 그렇다면 인식론의 종착역은 에피스테메를 얻는 것이라고 할 수 있지요. 종착역에 도달하기 위해 모든 다른 덕목들은 과정에서 함께 작용

한다는 것이 이 해석의 요지랍니다. 그러니까 이상적이고 비현실적이지만 완성된 지식을 향해 가는 것이 곧 삶의 목적이고 이 목적이 이루어진다면 지행합일이 이루어지니까 세상은 유토피아가 될 것이라는 논리인데, 이 논리에 모순이 있는가 하는 질문입니다.

G: 이 논리에는 몇 가지 모순이 존재합니다. 첫째, 인식론의 종착역이 에피스테메를 얻는 것이라는 것은 모든 질문에 대한 답을 가지고 있다는 것을 의미합니다. 하지만 인간은 한계적이며, 모든 질문에 대한 답을 가지고 있는 것은 불가능합니다. 둘째, 이 논리는 지식을 얻는 것이 삶의 목적이며, 이 목적이 이루어진다면 지행합일이 이루어진다는 것을 전제합니다. 하지만 삶은 단순히 지식을 얻는 것만으로는 충분하지 않습니다. 삶은 각자가 가진 목표와 가치를 실현하는 것이 중요하며, 이를 통해 더욱 의미있고 행복한 삶을 살 수 있습니다. 셋째, 이 논리는 완전한 지식을 얻는 것이 곧 유토피아를 이루는 것이라는 논리를 가지고 있습니다. 하지만 인간은 본성적으로 불완전하며, 완전한 지식을 얻는 것은 불가능합니다. 또한, 모든 인간이 동일한 가치관과 이상을 공유한다는 가정 역시 현실적이지 않습니다. 따라서 이 논리는 일부 모순을 가지고 있으며, 삶의 목적과 가치는 각자의 개인적인 경험과 가치관에 따라 달라질 수 있다는 점을 고려해야 합니다.

소: 지금 현실과 이상 아니면 사실(fact)과 당위를 구분해야 할 것 같은데, 그렇다면 인간이 불완전하고 완전한 지식을 갖출 수 없는

유한자, 즉 한계가 있는 존재니까 완전한 에피스테메 자체를 추구하는 건 맞지 않다는 논리인가요?

G: 맞습니다. 인간은 불완전하고 한계가 있는 존재이기 때문에 완전한 에피스테메를 가지는 것은 불가능합니다. 이는 인식론의 기본 원리 중 하나로, 모든 인간은 제한된 경험과 지식을 바탕으로 판단하고 결정하기 때문입니다. 따라서 완전한 지식을 추구하는 것은 이상적이지만 현실적으로는 불가능한 목표입니다. 하지만 이는 덕과는 다른 문제입니다. 덕은 완전한 지식을 가지는 것이 아니라, 인간이 가지는 한계와 불완전함 속에서도 최선을 다하고, 적절한 판단과 행동을 취함으로써 실천될 수 있는 것입니다. 덕을 추구하는 것은 인간의 불완전함을 인정하면서도 최대한의 노력을 다하는 것이며, 이는 현실적으로 가능한 목표입니다.

소: 그렇다면 인식론이라는 철학은 왜 생겼을까요? 그냥 가능하지 않으니까 처음부터 하지 않으면 될 텐데?

G: 인식론은 인간이 가진 인식 능력과 한계에 대한 이해와 그 한계를 극복하기 위한 방법을 탐구하는 철학적 연구입니다. 인간은 자연적으로 모든 것을 이해할 수 있는 것은 아니며, 그 한계를 극복하고자 인식론이 탄생했습니다. 또한, 인식론은 인간의 지식과 판단이 어떻게 형성되는지, 진리와 오류를 구분하는 방법 등 인간의 인식 활동 자체에 대한 이론적 고찰을 목적으로 합니다. 이러한 철학적 연구를 통해 인간은 자신의 인식 능력과 한계를 깨닫고, 더욱 정확하고 명확한 인식 활동을 할 수 있게 되는

것입니다.

소: 그렇다면 인식의 한계 때문에 완전한 지식 이상적인 지식 습득은 불가능하다는 사실을 인식하도록 하는 목표가 인식론의 목표라고 해야 하나요?

G: 인식론의 목표는 다양하지만, 인간의 인식 능력과 그 한계에 대한 인식과 이에 대한 탐구가 인식론의 중요한 주제 중 하나입니다. 이를 통해 인식의 한계를 극복하기 위한 방법이나 인식의 한계를 인정하면서도 인식을 향상시키기 위한 방법 등이 연구되고 있습니다. 따라서 인식의 한계를 인식하도록 하는 것이 인식론의 목표 중 하나일 수 있지만, 인식론이 추구하는 목표는 그 이상이라고 할 수 있습니다.

소: '그 이상'이라고 한다면 인식론적 한계를 극복하여 어떻게든 가능한 한 완전한 지식에 접근해보려는 것 아닌가요?

G: 맞습니다. 인식론의 목표는 인간의 인식 능력의 한계를 극복하여 가능한 한 완전한 지식에 접근하는 것입니다. 인식론은 인간이 어떻게 인식하고 지식을 습득하는지를 탐구함으로써 인식과 관련된 문제들을 다루고, 인식의 한계와 한계를 극복할 수 있는 방법들을 연구합니다. 인식론의 목표는 이론적으로는 완전한 지식을 얻는 것이지만, 현실적으로는 인식의 한계를 극복하고 가능한 한 완벽한 지식에 접근하는 것이 최종 목표입니다.

소: 그렇다면 인식론은 참지, 즉 에피스테메의 추구가 최종 목표이고 인식론의 한계를 극복하는 게 인식론의 과정이라고 해도 될까요?

G: 인식론은 인간의 인식 능력과 한계를 탐구하고, 그 한계 내에서 어떻게 최대한의 인식을 얻을 수 있는지를 연구하는 학문이라 할 수 있습니다. 이 과정에서 참지, 즉 에피스테메를 추구하는 것이 목표 중 하나일 수 있습니다. 따라서 인식론은 참지의 추구가 최종 목표라고 보기보다는 인식 능력과 한계를 이해하고 최대한의 인식을 얻기 위한 과정이라는 점에서 더 적합한 설명일 것입니다.

小: 그렇다면 에피스테메, 즉 참지를 얻으면 지행합일이 된다는 목표는 인식론의 목표가 될 수 있지만 이상적이기에 비현실적이고 현실적인 것은 참지를 추구하는 과정에서 발견되는 인식의 한계를 알게 되는 게 인식론의 취지라는 말로 이해해도 될까요?

G: 맞습니다. 인식론은 에피스테메, 즉 참지를 얻는 것을 최종 목표로 삼지만, 이는 현실적으로는 불가능하다는 것을 이해하고 인식의 한계를 극복하는 과정에서 얻는 인식의 발견이나 개선 등을 추구하는 것으로도 이해할 수 있습니다. 따라서 인식론은 에피스테메를 추구하는 것보다 인식의 한계를 인식하고 이를 극복하기 위한 방법을 연구하는 학문이라고 할 수 있습니다.

小: 결국 인식론적 한계를 타고난 인간에게 지행합일을 영원히 이루어질 수 없지만, 그래도 지행합일을 이루도록 해야 하니까 인식론적 철학을 공부하는 것이 의미가 있다고 해도 될까요?

G: 네, 인식론적 한계를 극복하지 못한다 하더라도 인간이 자신의 인식 한계를 인식하고, 그 한계 내에서 최대한 진실과 목적을 추구하려고 노력하는 것은 인식론적 철학의 의미가 있습니다. 인

간이 불완전하고 한계가 있는 존재임을 받아들이고, 그 한계 내에서 최선을 다하는 것은 인식론적 철학에서 중요한 가치 중 하나입니다. 인식론적 철학은 인간이 진실을 추구하며 살아가는데 도움을 주는 학문으로 여겨집니다.

소: 그렇다면 인식론적 한계를 가지고 태어난 인간이 그래도 지행합일의 목표를 추구해야 한다는 딜레마를 극복하기 위해 아레테의 개념과 덕의 개념을 끌어들였다고 해도 될까요?

G: 네, 그렇습니다. 아레테(Arete)는 고대 그리스어로 덕, 미덕, 우수함 등을 의미하며, 이와 관련된 개념은 인식론 외에도 윤리학, 정치학 등 다양한 분야에서 다루어집니다. 인식론적 한계를 극복하지 못해 완전한 지식을 갖지 못한다는 한계를 인정한 상황에서도 덕을 통해 지행합일을 추구하는 것은 가능합니다. 덕의 개념은 행동이나 태도의 좋음, 우수함 등을 의미하며, 인간이 그것을 추구하고 실천함으로써 개인적인 발전과 사회적인 발전을 이룰 수 있다는 것이 덕의 핵심적인 개념입니다.

소: 지행합일은 인간답게 살기 위한 방안이라고 할 수 있습니다. 아레테를 '~~답게'라고 해석할 수 있는데 구두 수선공답게, 목수답게, 인간답게 등으로. 그렇다면 탁월함은 재능을 의미할 수 있는데, 예를 들어 '구두 수선공답게'라고 한다면 구두 수선공으로서의 재능과 탁월함을 가진 사람이 덕이 있다는 거라고 이해해도 될까요?

G: 네, 맞습니다. 아레테는 그 물건이나 개체의 성질과 관련된 우수성, 미덕, 덕목 등을 나타내는데, 이는 그 개체가 자신의 본질적

인 특성을 잘 살리고 있는 것을 뜻합니다. 예를 들어 '구두 수선공답게'라고 한다면, 그 구두 수선공이 가진 재능과 탁월함을 적극적으로 발휘하며, 그 일에 최선을 다하고 있다는 것을 의미하며, 이러한 노력과 태도가 덕으로 이어진다는 것을 나타냅니다. 따라서 탁월함과 덕은 밀접한 관련이 있으며, 탁월함을 발휘하고 자신의 역할을 잘 수행하는 것이 덕을 이루는 길 중 하나가 될 수 있습니다.

소: 구두 수선공의 아레테는 망가진 구두를 누구보다 가장 잘 고칠 수 있는 재능과 능력을 가졌기에 그를 구두 수선에서 탁월하다고 하는 거잖아요. 그렇다면 그가 구두 수선에서 지적 탁월함을 가진 것을 말하는 것이고, 덕은 도덕적이고 가치적 개념인데 이 둘이 어떻게 연결될 수 있나요?

G: 아레테와 덕은 동일한 개념은 아니지만, 그들 사이에는 밀접한 관련성이 있습니다. 아레테는 일반적으로 개인의 능력과 역량, 또는 각 분야에서 좋은 성과를 이루는 것을 의미합니다. 그렇기 때문에 구두 수선공의 아레테는 구두 수선에서 뛰어난 능력과 성과를 이루는 것입니다. 덕은 더욱 광범위한 의미를 가지고 있으며, 도덕적인 가치와 더불어 지혜, 품성, 선량함 등을 포함합니다. 덕을 갖춘 인간은 도덕적으로 올바른 행동을 취하는 것이 아니라 그 자체로 높은 가치를 지니며, 사회적으로 존경받고 존중받는 존재입니다. 그렇다면 구두 수선공이 덕을 갖추려면 구두 수선에서 뛰어난 아레테를 가지는 것 외에도 도덕적인 행동과 가치를 지니고 있어야 합니다. 예를 들어, 그가 자신의 역량

과 능력을 이용하여 다른 사람을 돕고, 공정하고 선의의 행동을 취한다면, 그는 구두 수선에서 뛰어난 아레테를 가진 동시에 덕을 갖춘 인물로 인정받을 수 있을 것입니다. 따라서 아레테와 덕은 서로 다른 개념이지만, 함께 고민하고 생각하면서 인간답게 살아가는 데 도움을 주는 개념들입니다.

소: 이렇게 보면 어떨까요? "구두에 대한 훌륭한 지식을 토대로 구두를 잘 고칠 수 있는 아레테를 소유한 그 구두 수선공 덕분에 내가 지금 아주 편하게 구두를 잘 신고 다닐 수 있다. 그 구두 수선공 덕분에." 구두 수선을 받은 사람이 이렇게 말한다면, 구두 수선공으로서의 탁월성, 즉 아레테를 가진 사람이 결국 덕을 베푼 셈이라고 이해할 수 있을까요?

G: 네, 그렇게 이해하셔도 좋습니다. 구두 수선공의 아레테, 즉 구두 수선 능력이 탁월하다는 것은 그의 능력을 인정하는 것이고, 이것이 다시 다른 사람들에게 도움을 제공함으로써 덕을 베풀게 됩니다. 이런 식으로 개인적인 아레테가 공공의 이익으로 연결되어나가는 과정이 바로 덕의 개념이며, 이것이 도덕적 가치를 형성하게 됩니다.

소: 조금 다른 말인데, 서구에서의 직업관은 봉사의 개념이라고 할 수 있습니다. 그러니까 누군가가 직업적으로 탁월하다는 것은 그 직업을 통해 고객에게 봉사를 얼마나 했느냐에 달려 있다고 할 수 있습니다. 이 논리에 대해 공감하시나요?

G: 서구 문화에서 직업은 종종 봉사의 개념으로 이해되곤 합니다. 예를 들어, 고객을 대상으로 제품이나 서비스를 제공하는 직업

에서는 그 제품이나 서비스가 고객의 필요를 충족시키고 만족을 제공하는 것이 중요합니다. 따라서 그 직업을 수행하는 사람이 고객에 대한 이해와 배려, 그리고 고객의 만족을 위한 노력 등을 기울이면서 일을 수행할 때, 그 직업을 수행함으로써 봉사적인 면을 보일 수 있다고 할 수 있습니다. 하지만 이러한 관점에서 직업을 이해하는 것은 모든 직업에 적용되는 것은 아닙니다. 일부 직업에서는 봉사보다는 다른 가치, 예를 들면 창의성, 기술, 혁신 등을 중요시하는 경우도 있습니다. 또한, 어떤 직업에서는 이익 추구나 경쟁, 성취 등이 중요시되기도 합니다. 따라서 직업의 성격과 상황에 따라 봉사의 개념이 적용되기도 하지만, 모든 직업에서 이러한 개념이 중요하다고는 할 수 없습니다.

소: 창의성, 기술, 혁신 등도 결국은 남에게 최적의 봉사를 하기 위해 하는 것 아닐까요? 그래야만 고객도 더 많이 생기고 돈도 더 많이 벌 수 있고 뭐 그런 거 아닐까요? 봉사의 개념으로 직업을 영위했는데, 그 대가가 다시 돌아오는 게 바로 고객관리의 개념일 것이고. 어떤가요?

G: 그렇습니다. 직업을 통해 제공되는 제품, 서비스, 혁신 등은 결국 고객에게 최적의 봉사를 제공하기 위해 만들어지는 것입니다. 이를 통해 고객의 만족도가 높아지면, 더 많은 고객을 유치하고 재구매율도 높아지기 때문에 기업의 경쟁력과 수익성이 향상될 수 있습니다. 따라서 직업을 통해 제공되는 제품, 서비스, 혁신 등은 고객에게 최적의 봉사를 제공하기 위한 방법 중 하나로 볼 수 있습니다.

소: 다시 돌아가 보자고요. 구두 수선공이라는 직업인이 고객에 대한 최적의 봉사 개념으로 작업을 한 결과 고객으로부터 칭찬을 받게 된다면 그것이 그의 탁월성이며 그것이 곧 덕이 있는 사람이 되는 것이 아닌가요?

G: 네, 그렇습니다. 구두 수선공이 고객에게 최적의 봉사를 제공하고, 그 결과로 고객으로부터 칭찬을 받으면 그것은 그의 탁월성이며, 이는 덕을 가진 사람이 된다고 볼 수 있습니다. 이는 고객에게만 국한된 것이 아니라, 그의 일을 인정받고 칭찬받는 것 자체가 그의 직업의 중요성을 인정하는 것이기 때문에 직업의 사회적 가치 또한 상승시킵니다. 따라서 최적의 봉사를 제공함으로써 고객과 사회적으로 상호작용하며 직업을 수행하는 것은 도덕적으로도 바람직하며, 이는 덕을 가진 사람으로 평가될 수 있습니다.

소: 그렇다면 그 분야에서 탁월한 사람이 덕이 있는 사람이고 그가 오늘날 같은 자본주의 시장에서는 돈도 벌 수 있는 사람이 되는 건가요?

G: 그것은 그렇습니다. 자본주의 시장에서는 고객의 요구를 만족시키고, 경쟁에서 승리하기 위해 노력하는 데 대한 보상으로 돈을 벌 수 있습니다. 하지만 돈을 벌기 위한 목적으로만 그 일을 하는 것이 아니라, 그 일을 통해 고객에게 최상의 서비스를 제공하고 그 분야에서 탁월한 성과를 이루려고 노력하는 것이 먼저 있어야 하며, 이것이 바로 그 분야에서 덕을 가진 사람이 되는 핵심적인 요소가 될 수 있습니다. 결국 그 일에 대한 열정과 의

무감, 도덕적인 가치를 중요시하면서 최적의 봉사를 제공하려는 노력이 돈을 벌기 위한 이유보다 더 큰 가치를 지닐 수 있다는 것이죠.

소: 위에서 우리는 덕의 어원을 '배려'라고 했습니다. 그러니까 고객에 대한 배려가 곧 서비스 봉사의 개념이고 그것이 덕이고 이러한 덕은 탁월함, 즉 아레테에서 시작되니까 소크라테스가 덕과 지를 같은 것으로 보았다는 철학자 예거의 해석이 잘못된 것은 아니라고 해도 될까요?

G: 소크라테스는 덕과 지혜를 같은 것으로 보았지만, 덕과 아레테는 조금 다른 의미를 가지고 있습니다. 덕은 도덕적인 가치를 나타내는 반면, 아레테는 탁월함과 뛰어남을 나타내는 것입니다. 따라서 덕이 있으면 아레테가 있을 수 있지만, 반드시 그렇다고는 할 수 없습니다. 또한, 서비스 봉사는 덕의 하나의 예시일 뿐이며, 덕이 있는 사람이 반드시 서비스 봉사 같은 직업을 가질 필요는 없습니다. 각자의 분야에서 뛰어남을 발휘하며 사회에 기여하는 것이 덕이 될 수 있습니다.

소: "인간은 사회적 존재"라는 말이 있습니다. 그렇다면 전문영역에서 탁월함은 사회적으로 영향을 줄 수밖에 없는데, 덕을 개인적 차원으로만 본다면 사회적 존재로서의 의미가 반감되는 게 아닐까요? 그렇다면 배려라는 개념이 훨씬 더 덕에 가까운 거 아닐까요?

G: 그렇습니다. 인간은 사회적 존재이기 때문에 개인적인 덕뿐만 아니라 사회적으로 기여할 수 있는 덕도 중요합니다. 탁월함이

란 전문성을 통해 사회적 가치를 창출하고, 다른 사람들에게 기여하는 능력을 말합니다. 이는 다양한 분야에서 적용될 수 있으며, 이를 통해 사회적 존재로서의 의미를 발휘할 수 있습니다. 따라서 '배려'라는 개념은 개인적 덕뿐만 아니라 사회적 덕과도 연관되어 있으며, 전문성을 바탕으로 다른 사람들에게 도움을 주고, 사회적 가치를 창출하는 것이 덕에 가까운 것입니다.

소: 그렇다면 덕과 지를 함께 의미하는 '덕지'의 개념이 훨씬 더 현실적이지 않을까요?

G: 네, '덕지'란 덕과 지를 함께 의미하는 용어로, 탁월함과 동시에 윤리적 가치를 가진 사람을 의미합니다. 이 용어는 이상적인 사람상을 표현하는 데 자주 사용되며, 덕과 지를 모두 겸비한 사람이야말로 진정한 인간성을 지닌 사람이라고 여겨지기도 합니다. '덕지'의 개념은 개인적인 덕뿐만 아니라, 사회적으로 유익한 일을 하는 것에 대한 지식과 노력을 모두 포함하는 개념으로 볼 수 있습니다. 따라서 '덕지'는 개인의 성장뿐만 아니라 사회의 발전에도 기여할 수 있는 이상적인 인간상을 나타냅니다.

소: 지금까지 소크라테스의 무지, 지 그리고 덕의 개념에 대한 이해는 이렇게 이루어지지 않았습니다. 사실 이는 독일의 유명한 철학자 베르너 예거의 소크라테스 해석인데, 앞으로 이런 해석을 중심으로 소크라테스 이해가 확산되어야 한다는 것이 맞다는 게 제 개인적인 생각인데 동의하시나요?

G: 제가 개인적으로는 한 가지 해석이 절대적으로 옳다고 생각하는 것은 아닙니다. 소크라테스의 철학은 그의 학생인 플라톤, 그

리고 그의 다른 학생들에 의해 기록되었기 때문에 다양한 해석이 가능합니다. 그리고 이러한 다양한 해석은 소크라테스의 철학이 현재까지도 매우 의미 있는 것으로 인식되는 이유 중 하나입니다. 하지만 베르너 예거의 소크라테스 해석은 매우 유명하고, 그의 해석이 소크라테스 철학을 이해하는 데 도움이 될 수 있다는 것은 사실입니다. 따라서 베르너 예거의 소크라테스 해석은 중요한 역사적 역할을 한 것이라고 할 수 있습니다.

26
이제 좀 지혜로워지셨나요?

ㅎㅎㅎ 왜냐고요? 알면서~ 다 아시잖아요. 이제 소크라테스 학당 수업이 두 번 남았네요. 그래서 제목을 이렇게 잡아봤지만. 제목을 쓰면서도 좀 웃음이 나서. 그렇습니다. 스스로 판단하시고. 교학상장(敎學相長). 중국의 사서오경인 『예기』의 「학기」 편에 나오는 말이잖아요.

다시 돌아가 보자고요. 엥? 어딜 돌아가나요? 우리 수업의 처음으로. 엥? 제가 소크라테스처럼 먼저 질문을 해볼게요. 여러분은 챗GPT와 대화를 해보시는 게 더 좋을지 몰라요.

"우리가 왜 지혜로워져야 할까요?" 이렇게 물어보세요. 저도 챗지에서 물어보았답니다. 그랬더니 다음과 같이 답이 오더군요.

"우리가 지혜롭게 살아야 하는 이유는 다양합니다.

첫째, 지혜로운 사람은 문제를 해결하고 선택을 내리는 데 있어서 더 나은 판단력을 가지고 있습니다. 어려운 문제에 직면하거나 중요한 결정을 내려야 할 때, 지혜로운 사람은 상황을 더 깊이 있게 이해하고 더 나은 방법을 찾아내는 능력을 갖고 있습니다.

둘째, 지혜는 인간관계에서 매우 중요합니다. 지혜로운 사람은 다른 사람들을 존중하고 배려하는 방법을 알고 있습니다. 이는 다른 사람들과의 대화에서 더 좋은 의사소통과 깊은 이해를 가져올 수 있습니다.

셋째, 지혜는 자신의 삶을 더 깊이 있게 이해하고, 자신에게 더 나은 질문을 던질 수 있는 능력을 제공합니다. 지혜로운 사람은 자신의 가치와 목표를 더 명확하게 인식하고, 삶의 목적을 더 잘 이해할 수 있습니다.

넷째, 지혜는 세상을 더 나은 곳으로 만드는 데 기여할 수 있습니다. 지혜로운 사람은 동정심과 이해력을 바탕으로 다른 사람들을 돕고, 세상을 개선하는 방법을 찾아내는 데 능숙합니다.

따라서 우리는 지혜를 얻는 것이 매우 중요하다는 것을 이해하고, 끊임없이 학습하고 발전해야 합니다."

이건 세 번째 온 대답인데. 처음과 두 번째는 이와 비슷하게 말하면서도 자기가 생각해도 아닌가 싶어서 금방 오류 메시지가 뜨면서 지워지더라고요. 여러분도 한번 해보세요. 똑같은 질문에도 항상 같은 대답이 오지는 않습니다. 제 노트북만 그런가요? 컴퓨터 문제일까요? 하여간 사실 저는 아직 세련되게 챗지를 활용하고 있지는 않습니다. 그럴 생각도 아직은 별로 없고요. 그냥 한번 해보는 정도? 하여간 그렇습니다.

제가 여러분께 묻겠습니다. 근데 위에서 챗지가 보낸 대답이 정말 여러분의 피부에 와 닿는가요? 아니, 위의 챗지가 한 대답을 통해 여러분은 정말 지혜로워질 자신이 있을까요? 있다고요? 오호라. 아, 그러네요. 그럼 이제 하산하시면 될 것 같네요. 축하드립니다. ㅎㅎㅎ 위에서 챗지가 마지막에 "끊임없이 학습하고 발전해야 한다"고 했는데. 그런 학습의 경지도 넘으셨다고 할 수 있네요.

만약 제가 챗지라면 저는 이렇게 대답했을 거 같아요. "우리가 지혜로워져야 하는 이유는 목숨을 지키기 위해서랍니다." 어디서 본 말투네요? 그렇습니다. 그래요. 모든 게 우리의 목숨과 결부시키는 그 작전(?). 이제 알았네요. ㅎㅎㅎ 아, 제 정체가 이제 들통나고 말았군요.

『이기적 유전자』. 어디서 본 글인 것 같은데, 책 제목 아닌가요? 이거 누가 그랬는지 알 필요도 없다고요? "인간은 이기적 동물이다." 공감하시나요? 안 하신다고요? 안 하신다고 해도 제가 꺼낸 말이니까 그냥 할게요. 세상에 이기적 유전자에 속하지 않는 사람 있으면 나와보라고 하세요. 사실 위에 챗지가 대답한 것도 한마디로 요약하면 그거 맞잖아요. 인간은 이기적이니까 자기 목숨을 지키기 위해 지혜로움을 추구하는 거 맞잖아요.

그렇습니다. 우리 소크라테스 학당이 이제 두 번 남았네요. 2기는 '문제해결 사고력 과정'으로 범위를 축소해보았어요. 지금까지 1기가 '개론'이었다면, 2기부터는 '각론'으로서 좀 더 구체적이고 현실적인 접근을 해보려고요.

정리하지요. 엥? 뭘 했다고? ㅎㅎㅎ 항상 이런 모양이잖아요.

지혜는 목숨을 구하는 방법. 이 수업 처음 시간에 진리란 목숨을 구하기 위해 꼭 필요한 거라고 했는데. 그렇습니다. 그러니까 진리를 찾고

자 하는 건 그 대상의 진면목을 알아내야만 내 목숨을 구할 수 있는 거라고 했고. 그 과정에서 그림자처럼 따라붙는 능력이 지혜로움이라고 했고. 기억나실까요? 아니, 상기할 수 있을까요? 그럼 치매는 아닌 듯. 아니, 전혀 생각이 나지 않는다고요? 그럼 가까운 병원에 가보시면 좋겠네요. ㅎㅎㅎ 농담입니다. 왜냐고요? 교학상장이 안 되었어도 당연히 그럴 거니까.

그런데 살다 보면 이게 과연 지혜로움인지 아닌지가 분간이 잘 안 될 때가 있답니다.

"저놈 참 똑똑하다", "참 영리하다", "참 머리가 좋다", "참 꾀가 밝다", "약았어." 그리고 조금 더 나가면 "참 영악하다." 심지어는 "저 인간 잔머리가 100단이네" 등등.

그렇습니다. 지혜로움과 비슷하면서도 조금씩 틀어져서 헷갈리게 하는 말들이 되겠네요. 근데 놀라지 마세요. 사실 이 말들의 뿌리는 같답니다. 엥? 그래서 헷갈리는 거지요. 하여간 우리 인간은 지혜로워질 수 있는 능력을 타고난다고 했습니다. 그러니까 지혜로움은 인간에게 부여된 선천적 능력이겠지요. 다시 말하면 태어나서 보니까 내가 인간이라면 일단 지혜로울 수 있는 잠재성을 가지고 태어납니다. 강아지와 인간을 구별하는 기준이 지혜로움이라는 말씀.

근데 용불용설(用不用說). 쓰지 않으면 퇴화하는 거. 죽는 날까지 지혜로움과는 전혀 무관하게 사는 사람. 특히 "잔머리가 높다"는 말은 일단 지혜로운 생각과 매우 흡사하여 대표적으로 헷갈리게 하는 개념이랍니다.

사실 요즘 사람들은 잔머리 100단으로 잘 살아갈 수 있다는 걸 잘 알고 있잖아요. 그러니까 잔머리는 사이비 지혜로움이라는 데 동의하시나요? 아니라고요? 마치 지혜로움 같은데 아닌. 그러니까 소위 '무늬만 지혜로움'? 그래서 사람들이 잔머리에 홀딱 속잖아요. 나꼼수? 뭐 그런 거잖아요. 하여간 이번에도 마찬가지. 동의하신다면.

근데 논리상 사이비 지혜로움으로 정말 목숨을 지킬 수 있을까요? 요행히 그전에 돌아가시지 않을까요? 아니면 생전에 험한 꼴을 볼 수도. 그야말로 임자를 만난다면? 하여간 '자승자박'이라는 말도 있잖아요. 자기가 저지른 건 자기 머리에 떨어진다. 뭐 그런 거잖아요. 하여간 지혜로움을 위장한 잔머리로 영원히 자기 목숨을 지키는 건 논리상으로도 좀 맞지 않는 것 같지 않나요?

정리하지요. 위에 챗지도 언급했지만 지속적인 학습만이 지혜로움을 보장할 수 있겠네요. 최소한 잔머리로 살아남겠다는 생각에서라도 좀 더 안전해지려면 진정한 지혜로움이 뭔지를 찾아나서는 게 내 생을 안전하게 하지 않을까요?

제가 챗GPT를 그냥 이 정도 활용하겠다고 했잖아요. 제 의도가 좀 궁금하지 않으세요? 아니 챗GPT 시대에 더 많이 활용할 방법이나 목표 등을 알아야 할 텐데…, 그래야만 사는 데 유리하실 텐데. 그래야 목숨도 구할 수 있는 지혜가 다 쌓일 텐데…. 그러네요. ㅎㅎㅎ 지난번에도 제가 약간의 암시를 드렸잖아요. 지난번 제가 챗지에게 질문을 63개 했잖아요. 꼬리에 꼬리를 무는 질문. 단문단답이 아니었잖아요. 그래서 모두 읽다가 포기했잖아요? ㅎㅎㅎ

우리 소크라테스 학당의 목표는 '질문하는 학교'랍니다. "답은 그리 중요하지 않다." 엥? 누구의 말인가요? 그렇습니다. 테스 형 말씀입니다. 제자들이 물었어요. "왜요?" "설령 답을 누군가가 말해준다고 해도 어차피 우리가 지행합일이 안 되는 세상에 살고 있으니." 당시에도 그랬다고 했잖아요. 최고의 지혜인이라고 했던 소크라테스가 돌아가시면서 결국 지행합일은 우리의 영원한 과제가 되고 말았구요.

아, 물론 챗지에게 고마운 게 하나 있지요. '이제 답을 알아맞히는 세상'을 종식시킨 거. 정말 고맙습니다. 정중히 꾸벅 인사합시다. 사실 엄청난 일이잖아요. 이런 의미에서 보면 세상을 완전히 바꾸어놓은 셈이지요. 그런 의미에서 물개박수… 짝짝짝 ㅋㅋㅋ

이제 남은 세상은 우리 소크라테스 학당에 달려 있는 거네요. 아쭈? 과대망상증이 도지는 것 같네요. ㅎㅎㅎ 그럼 도대체 구체적으로 소크라테스 학당이 추구하는 건 뭔데?? 화가 좀 나신 듯하네요. ㅎㅎㅎ

그렇습니다. 맞기 전에 빨리 말하고 오늘 마감을 하겠나이다~

질문. 그리고 끊임없는 질문. 꼬리에 꼬리를 무는 질문. 말꼬리 잡는 질문? 바로 그거잖아요. "과연 어떻게 질문하면 1시간이고 2시간이고 계속 질문할 수 있는 거야?" 바로 그런 질문 퍼레이드가 테스 형이 추구했던 산파술이잖아요.

이런 질문방식은 일단 챗지가 한 답변에 신빙성을 검토할 수도 있는 훌륭한 수단이랍니다. 가짜 정보와 진짜 정보가 구분할 수 없이 뒤섞여서 나오는 지금 우리 세상에서 지식과 정보의 신빙성을 검토할 수 있는 방법은 딱 하나. 계속해서 물고 늘어지는 질문밖에 없답니다. 지식과 정보는 나의 목숨. 동의하실까요? 가짜 정보에 노출되는 순간 나의 목숨은 과연 어디로 가는 건지? 그 세상에 우리 모두 목숨을 걸고 있는 꼴. 이게 바로 우리가 챗지의 '노예'가 되는 순간이라고 했잖아요. 따지고 보면 노예란 바로 우리가 죽은 목숨과 같아지는 거고요.

판단력. 위에서 챗지가 이렇게 말했잖아요. "첫째, 지혜로운 사람은 문제를 해결하고 선택을 내리는 데 있어서 더 나은 판단력을 가지고 있습니다." 바로 첫 문장부터 우리가 다시 질문해야 한답니다. "그럼 선택을 내리는 데 있어서 더 나은 판단력은 구체적으로 뭔가요?"라고 말입니다. 여러분도 한번 해보세요. 또 뭐라는 답이 나오는가? 이렇게 꼬리에 꼬리를 물고 질문할 수 있어야 한다는 말씀. 그래야만 더욱 구체적인 대답이 나올 게 아닐까요? 검증도 되고요.

산파술. "생각의 각도를 1도씩 틀면 전체로 간다." 산파술은 부분적 지식, 즉 모자란 지식 아니면 심지어 왜곡되고 조작된 지식을 가지고 서로 치졸하고 유치한 말싸움이나 하는 게 아니고, 끊임없는 질문과 대답을 하면서 서로 전체를 함께 알아가는 거랍니다. 설령 인간은 안다고 해도 결국 부분만 알 수밖에 없는 존재. 어떻게 해도 항상 2%가 부족한 유한자. 그러니까 전체를 모르고 대답할 수밖에 없는 게 바로 인간의 태생적 한계. 근데 막 하잖아요. 입이 있다고. ㅋㅋㅋ 그것도 치사하게 말로만 그리고 오로지 애꿎은 혀 하나로 하는 싸움.

그 가벼운 세 치 혀. 조물주가 거저 주신 그 혀가 뭔 고생이래? 그래도 살겠다고 얄팍하게 들은 풍월로 그냥 박박 우기는. ㅋㅋㅋ 하여간 딱한 일이 아닐 수 없지만. 그니까 마치 자기가 아는 게 전체인 것처럼. 그 알량한 지식으로. 너무 웃기지 않나요? 심지어 핏대까지 내면서 목청까지 터져라고. 조용히 그냥 "내 생각은 이런데" 하고 말하면 안 들릴까요?

하여간 엔트로피만 증가하고, 그냥 목만 아플 텐데. 논쟁은 또 어떻고요. 뭘 안다고 말싸움을 하면서 상대를 이기겠다는 건지. 거기에 열광하는 인간은 또 뭐고. 인공지능이 비웃고 있는 게 보이지도 않는 거잖아요. 인공지능의 시대에 인공지능이 보이지 않는 사람들. 어느 순간 이 공간에서 도태되고 말지 않을까요? 소리 소문도 없이. 대화, 토론, 논쟁 이런 건 모두 누군가를 이겨먹으라는 게 아니구요. 그냥 자기의 생각과 관점에 상대가 공감할 수 있도록 하고 뭔가를 공유함으로써 더 나은 성장을 도모하여 더 나은 문제해결책을 내보자는 거잖아요. 공생(共生). 공생이 바로 내 목숨을 지키는 거랍니다. 자, 이제 정말 마치자고요.

21세기 인공지능의 시대에는 질문과 답만 있는 시대라고요. 그리고 답은 인공지능이 다 가지고 있다고요. 차라리 그 시간에 인공지능하고 답을 많이 가지고 있다는 말싸움을 하든지. ㅋㅋㅋ

하여간 꼬리에 꼬리를 무는 소크라테스의 질문은 촌철살인의 산파술. 정말 피부에 와 닿는 질문, 겸손하게 서로 전체를 알아가는 질문들. 상호 성장? 정말 이 시대에 내 목숨을 구해낼 수 있는 답을 얻어내기 위해 우리는 끊임없이 질문을 해야 한다니깐요. 그러니까 끊임없는 학습보다는 그전에 끊임없이 질문하는 방법을 터득해야 하는 게 먼저가 되어야 하지 않을까요? 아, 물론 챗지가 제시한 끊임없는 학습 역시 중요하답니다. 이유는 훌륭한 질문을 할 수 있는 토대를 만드는 데 끊임없는 학습이 크게 기여할 수 있기 때문이겠지요.

27
전체와 부분

그렇다면 과연 전체란 무엇이고 어느 세월에 우리가 전체를 찾을 수 있다는 건가요?
소크라테스 학당 2기 '문제해결 사고력 훈련'을 위한 프롤로그

우리 이런 말 들어보았잖아요. "나무만 보지 말고 숲을 봐라." 근시안적인 생각은 잘못된 판단, 즉 오판(誤判)을 불러일으킬 수 있다는 말이잖아요. 판단력. 그렇습니다. 제대로 된 판단력을 갖는 게 지혜로움이니까. 오판을 막기 위해서라도 우리는 전체를 알아야 한다는 말씀. "장님 코끼리 만지듯" 이거 어디서 들었나요? 그렇습니다. 플라톤이 쓴 『대화편』「프로타고라스」에 나오는 말이라고 했잖아요. 엥? 언제요? 글쎄다~ ㅎㅎㅎ 근데 이거 테스 형의 말인지 플라톤의 말인지 확실한가요? 엥? 그래서 하나 더 말했잖아요. 테스 형의 제자이자 플라톤의 친구인 크세노폰도 유일하게 스승에 대해 책 하나를 남겼는데, 『메모라빌리아』라는 책. 스승을 회상한다는 의미잖아요. 여기에도 "장님 코끼리 만지듯"이라는 말이 나와요. 사실 둘은 친구 사이지만 신분이 달라서 별로 친하지도 않고 교감도 없었는데, 같은 스승에게 들은 말이 동일했던 거잖아요.

전체를 모르고 부분만 가지고 전체라고 우기는 바보들? 엥? 그게 인간. 2,500년 전이나 지금이나. 아니, 그전부터. 아니 앞으로도 계속? 와우, 대박~! 아니 쪽박이네요. "너 자신을 알라. 너는 지금 부분을 가지고 전체라고 우기는 거야, 이놈들아!" 그런 거잖아요.

근데 문제는 그렇습니다. 그렇다면 전체란 과연 무엇이고 전체를 알기 위해 우리는 얼마나 많은 시간을 투자해야 하는 건지? 뭐 이게 그렇게 쉬울까요? 그래서 우리는 전체가 중요하고 제대로 된 판단을 위해서는 반드시 추구해야 할 목표지만, 너무나 어려운 일이기에 포기하는 거 아닐까요? ㅎㅎㅎ

그러네요. 근데 아니네요. 엥? 아, 또 시작이시네요. 반반치킨 전략?

"인간은 소우주"라는 말이 있습니다. 라이프니츠라는 철학자이자 수학자의 말이지요. 당시 동료였던 스피노자의 사상도 그랬고. 그러니까 부분과 전체의 관계를 볼 때, 세상에 어떠한 '부분'이라도 그 부분은 반드시 전체의 속성을 가지고 있다는 뜻이랍니다. 근데 이런 생각은 수학자의 생각에서 나와서 그런 건지 훗날 푸앵카레라는 유명한 프랑스 수학자에게서 '프랙털 기하학'으로 재탄생한다구요. 놀랍지 않나요?

"세상의 모든 만물은 프랙털 구조로 설명할 수 있다." 어떠한 부분이라도 전체의 모습이 다 들어 있다는 건데. 이를테면, 세상에서 가장 다도해가 많기로 유명한 영국의 해안을 프랙털 구조로 환산하여 계산한다면 영국의 해안선 길이를 측정할 수 있다는 건데. 심지어 북한산 주변에 널린 자갈 하나하나 속에서 북한산 전체의 모습이 들어 있다는 둥. 하여간 부분과 전체의 관계는 전체와 작은 전체(부분)라는 건데.

너무 어렵나요? 하여간 그렇다는 말씀. 그냥 잊어버리세요. 별로 중요한 것도, 우리 삶에 직접 도움이 되는 것도 아니니까. 근데 왜 이렇게 하는 건가요? 아는 척 좀 하시려고요? 네, 그렇습니다. ㅎㅎㅎ

다시 해봅시다. 망원경과 현미경. 원리는 같다고요. 다만 볼록렌즈와 오목렌즈의 순서와 위치를 다르게 배치했을 뿐. 거대공간인 우주를 쳐다보는 것과 미시공간인 원자 또는 양자의 세계를 들여다보는 것. 전체와 부분의 관계는 결국 대소 간의 차이가 있을 뿐 법칙과 원리는 같다는 거잖아요. 그러니까 전체를 안다는 것과 부분을 안다는 건 결코 다르지 않다는 거지요.

우주. 갤럭시. 우주 탄생의 비밀? 누가 잘 아실까요? 하나님의 창조설? 빅뱅설? 하여간 많은 이야기가 나오지만 사실 누가 봤나요? 아무도 모르잖아요. 근데 그걸 뒤엎을만한 이론도 나오지 않잖아요. 제가 그랬잖아요. 지금 우리가 알고 있는 사실을 뒤집을만한 근거가 아직 나오지 않는 한 그게 사실이라고. 별로 중요하지 않으니까 이 말도 잊어버리시라고요. 그냥 제 현학적인 말이었다고요. ㅎㅎㅎ

정리하자구요. 엥? 또 뭘 했다고? 아, 그리고 이제 종강 아닌가요? 그렇습니다. 소크라테스 학당의 12주차 강좌가 모두 끝났다구요. 그러니까 대학 커리큘럼으로 보면 한 학기 분량이 모두 끝난 거네요. 그러면 이제 정리하자는 건 마지막 중에서도 마지막 발언을 하겠다는 거지요. 12주간의 소크라테스 학당을 마무리하는 마무리 멘트?

그렇습니다. 정말 간단하게 한마디로 정리하자고요.

전체를 어느 세월에 알 수 있다는 건지? 걱정하지 마세요. 금방 알게 된다고요. 엥? 이제부터는 여러분이 답을 낼 시간이랍니다.

"전체란 바로 균형과 조화랍니다." 엥? 이게 뭔가요? 허무함?? 전체란 부분들을 모두 담을 수 있는 큰 그릇 같은. 뭐 그런 거 아닌가요? 아닙니다. 지금까지 그렇게 알고 계셨다면 이유는 크게 두 가지겠네요. 하나는 지금까지 우리의 지식이 쓰레기 지식이었다는 거고. 엥? 다른 하나는 전체에 대해 여러분은 관심이 없었다는 거랍니다. 여러분은 어디에 속하실까요? 후자는 아니라고 할 것이고. 왜냐하면 인간은 모두 남 탓으로 떠넘기려고 하는 게 본성이니까. 일단 자기는 아니라고 우기잖아요. ㅎㅎㅎ

하여간 그렇다면 우리에게 전해진 지식이 몽땅 잘못된 지식이었다는 말인데…. 옵솔리지. 미래학자 엘빈 토플러가 아주 오래전에 한 말이잖아요. "세상은 온통 옵솔리지. 쓰레기 지식으로 쌓였다." 뭐 그런 거잖아요. 정말 그런가요? 그렇다면 이건 정말 더 큰 문제가 아닐까요? 앞으로 우리의 삶에 지대한 영향을 미칠 챗GPT가 약 5조 개의 글(아티클)을 읽고 답을 해준다고 하는 건데….

그렇다면 그 지식도 몽땅 쓰레기 지식? 그럼 챗GPT가 뭔 소용? 오히려 그런 쓰레기 지식을 답으로 알게 되면? 아뿔싸. 아니, 말을 하다 보니까 이건 엄청난 사건 아닐까요? 아니, 도대체 지금까지의 지식이 무용지물이라면 챗지도 무용지물? 이거 정말 테크놀로지의 발전이 도움이 되는 건가요? 쓰레기 지식이라고 한다면, 그게 낡아빠진 교과서에 있든지, 최첨단의 챗봇 속에 있든지 뭐가 다른 건가요? 설마 아니겠지요. 제 논리가 사실이 아니길…. 말도 안 되지 않나요? 근데 정말 지금까지 저장된 지식이 쓰레기 지식이라면. 정말 이건 난감 그 자체네요. 아니, 정말 아닐 겁니다.

이건 얼마 전에 제가 수업을 하면서 어떤 학생하고 대화한 내용이랍니다. 제가 학생에게 물었다고요.

"챗GPT에 공감하는 능력이 있는 것 같지 않나요?" 그랬더니 학생 왈, "그런 거 같아요. 근데 자꾸 틀린 대답이 오니까. 근데 얘가 죄송하다는 말을 자주 하더라고요." 제가 다시 물었지요. "엥? 틀린 답이라고요?" 그랬더니 학생 왈, "예. 제가 답이 아닌 것 같아서 구글에서 다시 확인하여 제대로 알려주었더니 '죄송합니다'라고 하더라고요."

챗봇이 컴퓨터마다 서로 다른가? 하여간. 학생은 챗GPT를 별로 신뢰하고 싶지 않다는 투로 마무리가 되었답니다. 이렇게 하여 그날 수업에서 잠시 저도 헷갈리기 시작했다고요. 하여간.

다시 돌아가지요. 그리고 잘 따져보자고요. 전체란 '한계'가 있나요? 한계가 없지 않나요? 어디까지가 전체인지. 만약 한계가 있다면 그건 이미 전체가 아니고 부분이잖아요. 빅뱅이론에 의하면 지금도 계속 우주가 팽창한다고 하는데…. 그럼 전체는 계속 확장되는 거만 되는 거니까. 일단 "경계나 한계"는 없는 거 맞잖아요. 그리고 전체란 실체가 있나요? 엥? 부분은 실체가 있지만. 아, 그러니까 전체와 부분의 관계는 좀 이상하지 않나요? 그러니까 부분은 경계와 한계가 있는 거고. 전체는 그게 없는 거고. 뭐 그런 거 아닌가요? 아, 그러네요. 근데 이상하네요?? ㅎㅎㅎ

그럼 전체와 부분은 같은 선상에서 논할 수 있는 게 아닌 거네요. 아, 그러네요. 그럼 "전체는 부분들의 합"이라는 말도 맞지 않는 거네요. 부분은 한계와 경계가 있는데 그걸 몽땅 모아놓는다면 어딘가에 경계가 있어야 할 건데. 아, 머리가 아파오네요. 그럼 부분과 전체는 서로 상관관계가 없는 건가요? 그래서 이런 말도 생겼나 봐요. "전체는 부분의 합 이상이다." 엥? 더 복잡해지는 느낌? 그만하자구요.

다시 합시다. 우리 인간은 우주의 일환이라고 하잖아요. 그럼 우주가 전체가 되는 거고 우리 인간은 그 전체에 속한 부분이 되는 거잖아요. 그럼 전체로서의 우주의 특징을 알게 된다면 우리가 전체의 속성을 알 수 있는 거 아닐까요? 그렇습니다.

"우주에는 수많은 별이 한 치의 오차도 없이 궤도를 이탈하고 있지 않다." 맞나요? 만약 행성 하나가 궤도를 이탈한다거나 지구를 돌고 있는 달이 단 1초 동안만이라도 돌지 않는다면 우주는 바로 파괴되고 만답니다. 우주의 질서가 깨지는 순간 전체는 없어지는 거라고요. 엥? 그러니까 전체라는 것의 속성은 뭐가 되는 건가요? "균형과 조화." 맞잖아요. 균형과 조화가 깨지면 전체가 파멸. 그러면 그 전체 속에 살고 있는 부분으로서의 우리 인간도 파멸. 뭐 그런 거잖아요. 달리 말하면 전체의 부분인 우리 인간도 균형과 조화를 유지할 때 비로소 부분으로서의 역할과 기능 그리고 심지어는 사명(?)을 다할 수 있다는 말씀. 전체와 부분의 관계? 뭐 그런 거 아닐까요?

정말 마지막으로 정리하자고요. 아리스토텔레스의 생각으로 소크라테스 1기 수업의 대단원을 마치려고 합니다. 왜냐고요? 제가 말씀드렸잖아요. 소크라테스가 추구했던 지혜로움은 그의 갑작스러운 죽음으로 중단되었잖아요. 위에서도 여러 번 말씀드렸지만. 그걸 제자 플라톤이 어떻게든 계승해보려고 했던 거고(비록 청출어람이라는 미명하에 좀 다른 길로 갔다고는 해도 하여간 나름의 계승?). 마침내 아테네의 마지막 인물인 아리스토텔레스가 스승의 스승인 소크라테스를 애써 변호해보려고 했던 거잖아요.

한마디로 소크라테스의 '지혜로움'은 플라톤의 '정의로움'으로 풀어졌고, 아리스토텔레스에 의해 '행복'으로 풀린 거랍니다. 그래서 아리스토텔레스의 입을 빌려 이번 수업을 마치려고 하는 거랍니다.

아리스토텔레스에게서 삶의 종착역은 행복(幸福)이잖아요. 그럼 그가 말하는 행복의 조건은 뭘까요? 그렇습니다. 바로 중용(中庸). 그러니까 중용의 덕을 실천하면 행복이 온다는 말씀이잖아요. 이때 '중용'이란 뭔가요? 그렇지요. 중간 지점 정도? 엥? 근데 이건 수학적으로 중앙을 말하는 건 아니라고 하잖아요. 엥? 그럼 뭔가요? 이렇게 이해하면 편해요. "더도 말고 덜도 말고." 엥? 이건 8월 한가위 때 하는 말이잖아요. 그렇습니다. 한자로는 과유불급(過猶不及) 뭐 그런 거잖아요,

그러니까 넘치지도 않고 모자라지도 않고. 적당하게 그리고 적절하게. 근데 이것도 델포이 신전에 걸려 있던 신탁이라고 하네요. 그러니까 델포이 신전에는 신탁이 딱 2개만 걸려 있었다고 하는데, "너 자신을 알라"는 신탁은 소크라테스가 써먹은 거고, "더도 말고 덜도 말고"는 아리스토텔레스가 써먹은 거네요. 그렇습니다. 역시 놀라운 일이 아닐 수 없네요.

결국 중용의 덕을 실천하는 습관을 통해 우리 인간은 행복을 얻게 된다는 건데. 아, 우리가 왜 여기까지 빠져나왔나요? 아, 그러네요. 전체와 부분? 그리고 균형과 조화가 바로 전체를 가능하게 하는 원리라고 했는데…. 아, 맞아요. 중용. 그게 바로 균형과 조화 아닌가요?

우리의 몸도 균형과 조화를 잃으면 망가지잖아요. 몸에 바이러스가 들어오면 백혈구가 달려들고 면역체계가 발동하면서 균형과 조화를 잃고 카오스가 된 몸을 다시 원상태로 돌아오게 하잖아요. 자연치유력? 그렇습니다. 항상성? 원래의 상태로 돌아가는 성질? 라틴어로는 '호메오스타시스(homeostasis)'라고 하네요. 환경학자들에 의하면 지금까지 인류가 파괴시킨 환경재앙도 되살릴 수 있다고 하네요. 단, 세상의 모든 움직임을

일주일 동안이라도 정지시켜놓는다는 조건에서. 그러니까 지구촌의 모든 자동차도 공장도 일주일간 스톱해야 한다는데.

결론입니다. 더도 말고 덜도 말고. 균형과 조화를 찾는 일은 전체를 찾아가는 일이고 전체를 알고 나서 부분을 알면 그 부분은 더 이상 부분이 아니라는 사실. 이런 가운데 우리의 판단력은 더욱 정교해진답니다. 상황판단? 그렇습니다. 전체라는 상황을 염두에 둔 판단. 상황판단 맞습니다. 정교한 (상황)판단력은 곧 메타인지력의 발현이고 이로써 문제해결능력이 발휘될 수 있겠네요. 결국 '균형과 조화'라는 전체의 생성원리가 부분으로 살아가는 운명을 타고난 우리 인간에게 지혜로움을 선사해주는 거라는 사실, 맞지 않나요? 모르겠다고요? ㅎㅎㅎ

그럼 다시 원점으로 돌아가 보자고요. 소크라테스는 예리한 질문, 때로는 짓궂은 질문을 계속 해댐으로써 상대방에게 생각의 각도를 1도씩 틀게 함으로써 전체를 향하게 한답니다. 산파술. 진리를 낳는 산모를 잘 도와서 별 무리 없이 새 생명을 탄생시키도록 하는 산파의 기술(技術). 결국 소크라테스의 산파술은 대화의 상대방에게 전체와 부분의 관계를 알게 함으로써 더욱 지혜로운 삶을 살아갈 수 있도록 한답니다. 그게 또한 '행복'이라는 거고요. 고대 그리스 아테네 사람들이 전해준 삶의 도식, 즉 '지혜로움 = 판단력 = 메타인지 = (창의적) 문제해결 = 행복'. 이제 이 도식에 공감하실 수 있을까요? 아니라고요? 엥? 그럼… 뭐 할 수 없지만. (이상. 소크라테스 1기 수업을 마칩니다. 그동안 고생 많았습니다. 소크라테스 학당 2기에서 만나요~)

Image by rawpixel.com on Freepik

III

산파술 워크숍: 문제해결 사고력 훈련

1
열린 사고: "생각을 열어라"

1단계. 발산적 사고법

발산시켜라! 엥? 뭘 발산시키라는 건가요? ㅎㅎㅎ 생각을 발산시키면 생각을 확산시키는 거잖아요. 확산? 하여간 그래서 '확산적 사고(divergent thinking)'라고도 해요. 생각의 범위가 확산되면 그만큼 뇌를 더 많이 쓰는 거고요. 생전에 그 유명한 아인슈타인은 "인간은 평생 동안 자기 뇌를 5%도 사용하지 못하고 죽는다"고 했잖아요. 좀 아깝지 않나요? 그럼 95%는? 그냥 달려 있는 거네요. 그래서 "머리는 폼으로 달고 다니냐?"라는 말도 생긴 거 같아요. 그러니까 인생은 '폼생폼사' 맞네요. ㅋㅋㅋ

근데 발산적 · 확산적 사고를 하면 뭐가 좋을까요? 창의력? 상상력? 그보다 치매 예방이겠지요. 아직 치매에 대한 완성된 진단은 나오지 않았지만. 하여간 뇌의 활용과 치매는 결코 무관하지 않겠지요. 그러니까 해법은 간단하네요. 치매에 안 걸리려면 약 드실 필요 없이 발산적 사고를 하시면 된다고요. 창의력, 상상력은 일단 나중이고….

아는 만큼 보인다. 보이는 만큼 안다. 둘 다 맞지요. 아니면 둘 다 틀리지요. 엥? 또 반반치킨? 그렇습니다. 근데 공통점이 있네요. 둘 다 5%만 보이고 5%만 안다는 말씀이네요. 뇌를 5%만 사용한다니까. ㅎㅎㅎ

의사들이 말하잖아요. 생각의 확장은 뉴런의 확장이라고요. 그러니까 뉴런을 확장시키면 뇌의 활용도를 높이는 거 맞네요.

1950년대 유명한 하버드대학에 심리학연구소를 만든 조지 길포드는 "인간의 사고는 발산적 사고와 수렴적 사고가 서로 순환하면서 이루어진다"는 논문을 발표했답니다. 당시 IQ 검사지를 만들어 전 세계에 보급한 사람이기도 하지요. 돈방석? ㅎㅎㅎ

이를 근거로 한다면, 우리의 사고력을 증가시키기 위해서는 발산적 사고와 수렴적 사고(convergent thinking)를 계속하도록 해야겠네요. 순환사고? 생각을 발산시켰다가 다시 이를 수렴시켜주고… 계속 이런 식으로. 그럼 학교에서도 그렇게 해야만 아이들의 사고력이 강해지는 거겠지요. 그런데 그렇게 안 해요. 왜냐고요?

정리하지요. 아니, 하다 말고… 벌써? ㅋㅋㅋ 근데 꼭 하나! 이걸 잊지 마세요. 학교는 아이들에게 사고력을 키워주는 게 임무가 아니랍니다. 뭐라고요? 그럼? 아, 그러네요. 학교는 아이들의 사고력을 테스트하는 곳이잖아요. 누가 얼마나 많이 오래 기억하는가를 측정하여 소위 인재(?)를 골라내는 곳이지, 인재를 양성하는 곳은 아니랍니다. 아니, 학교는 원래 인재를 길러내는 곳 아닌가요? 아, 아니라니깐요. 엥? 그러네요. 잘 생각해보니까. 그러니까 여러분은 모두 지금까지 속은 거랍니다.

교육이 인재를 육성하고… 뭐 어쩌고저쩌고. 교육이론이 여러분을 모두 속였던 거 맞잖아요. 엥? 여러분은 지금까지 잘 속은 거고. ㅋㅋㅋ

좀 억울하지 않나요? 아니, 많이 억울한가요? ㅋㅋㅋ

근데 더 웃기는 건 이걸 또다시 자기 자녀들에게도 이런 망상을. 마치 학교에 가면 우리 아이가 인재가 될 것 같은 기분? 이제 착각이라는 사실을 아셨나요? 사람이 사람의 뇌를 속이는 건 너무 쉽다고 했잖아요. 누가요? 뇌과학자들이요.

인재를 만들어주겠다고 하고는 기억력 테스트를 해서 등수를 내고 순서대로 나란히 줄 세우는 우리의 교육. 이게 과연 교육 맞나요? 낙인이나 찍고, 왕따나 시키고…. 학교 제도가 사라져야 하는 이유랍니다.

더 나쁜 건? 엥? 나쁜 게 더 있나요? 그렇습니다. 기억력 테스트를 하여 1등을 뽑아놓고 그 기준으로 인간모독(?) 모드로 들어가잖아요. 나머지는 모두 루저? 자존심에 먹칠하는 아이들. 기억력이 좋고 나쁜 것이 자기 책임인가요? 아, 혹시 유전자? 아님 심지어 인재육성 대신 인재선발이 주 업무가 된 학교. 선발된 인재가 기준. 나머지는 인간 이하 취급하잖아요. 그리고 인재양성을 한다고 하네요. ㅋㅋㅋ

이제 너무 오래 해먹었잖아요. 뭐가요? 학교 말이에요. 이제 그만~ 근데 문제는 학교를 당장 없애면 문제가 더 커진다는 사실. 왜요? 사라져야 할 거라면 빨리 없애야 하는 거 맞지 않나요? 그렇습니다. ㅎㅎㅎ

근데 그럴 수 없잖아요. 학교가 없어지면 당장 학교와 관련하여 먹고사는 사람들은 어떻게 되는 건가요? 문방구도 문을 닫아야 하고, 떡볶이 집도 폐업이고…, 아이스크림도 모두 주인이 먹어치워야 하고요…. 지방에 대학이 무너지면 지역경제가 무너진다고 하잖아요. 그래서 한번 사회제도가 만들어지면 이렇게 무섭답니다.

이게 바로 진퇴양난이잖아요. 더 가자니 불합리하고, 다시 돌아갈

수도 없고. 그래서 학교가 남아 있는 거지 이미 내용적으로는 사망한 거 맞답니다. ㅎㅎㅎ

이제 해법은 세 가지겠네요. 학교를 개혁하고 혁신하든지 아니면 문을 닫든지. 아니면 아이들이나 부모들이 학교를 보이콧하든지. 여러분이 선택해야지요. 이기적인 선택? 그게 이타적이라고 했잖아요. 아이디어가 나오고 상상력을 자라게 해주는 발산적 사고. 그러니까 이건 오로지 독학의 영역이랍니다. 학교와는 전혀 무관하지 않나요? 오히려 상상력이 풍부한 아이는 4차원, 또라이라고 하잖아요. 아닌가요?

소크라테스의 산파술은 아이들에게 발산적 사고를 낼 수 있도록 계속 자극을 준답니다. 계속 질문. 질문하면 답한다. 아니면 최소한 답을 하려고 궁리한다. 궁리하는 가운데, 답을 하는 가운데 수많은 발산적 사고를 하면서 뇌의 활용을 확산시켜 많은 아이디어를 내게 되고…. 물론 답을 찾고 답을 하는 가운데 적지 않은 시행착오를 겪겠지요. 그래도… 하여간… 그러다가 마침내 아이는 스스로 새로운 답을 찾아 자기 생각을 하나의 지점으로 수렴시킨다.

이미 많이 열린 사고의 영역 속에서 진정한 답을 찾는다. 뭐 그런 거잖아요. 하여간 그러면서 아이의 사고력은 더욱 강화되는 거구요. 이미 발산적 사고를 통해 무수한 상상력을 내고 창의적인 아이디어로 무장한 아이는 자기 앞에 갑자기 문제가 닥쳐도 의연하게 문제를 해결할 수 있는 역량을 가지게 되겠지요. 왜냐구요?

질문과 대답을 하면서 전체와 부분의 관계에 더 많이 접근했잖아요. 엥? 너무 교과서라고요? 엥? 그러네요. 그럼 좀 더 좁혀보자구요. 아, 근데 잊지 말아야 할 건 지금까지 무려 2,500년 동안 단절된 소크라테스의 산파술은 발산적 사고와 수렴적 사고의 선순환 고리를 활성화시켜줄 수 있는 유일한 촉매라는 사실. 엥? 그래도 아직 교과서라구요? ㅎㅎㅎ

그렇습니다. 자, 이제 시작인데 뭘… 하여간 좀 더 구체화시켜보자구요. 사고를 열어라. 발산적 사고. 그다음 단계는 카오스 사고랍니다.

2단계. 카오스 사고법: "카오스의 가장자리로 몰아라!"

엥? 이건 또 뭔 소린가요? 말이 좀 쉽지는 않네요. 아, 그러네요. 그리고 문장 앞뒤에 겹따옴표 인용부호가 있는 걸 보니까 누군가가 한 말인 거 같은데, 아닌가요? 아, 맞습니다. 맞고요. 그래요. 프리고진. 일리야 프리고진. '제2의 아인슈타인'이라고 불리는 이 사람.

1977년 노벨화학상을 받은 분 맞고요. 당시 국적은 소련. 소련분. 엥? 맞습니다. 이름이 벌써 그런 느낌이잖아요. 아, 공교롭게도 지금 우크라이나와 러시아가 진저리 나게 전쟁을 하고 있는데, 러시아 측 용병회사의 책임자와 이름이 같네요. 엥? (이 글을 교정하는 사이에 이제 더 이상 이세상분이 아니라고 하는데…. 권력무상???)

한 20년도 훨씬 넘은 것 같은데, 바로 이분이 우리나라에 와서 전경련 소속 대기업 임원들을 모아놓고 한 강연의 제목이랍니다. 근데 한국에서의 이 강연이 그의 거의 마지막 강연….

귀국 후 얼마 있다가 돌아가셨다고요. 물론 평생 살면서 활동한 곳은 벨기에와 미국. 텍사스 오스틴대학에서 교수 생활을 했고요. 하여간. 카오스이론의 대가였던 역사에 남은 일리야 프리고진.

"카오스의 가장자리에서 새로운 질서가 생깁니다. 그게 바로 창조랍니다." 그의 연설의 요지랍니다. 그러니까 창조하려면 먼저 카오스로 만들어라. 그러니까 창조 전에 일단 부수어버리라는 말씀. 엥? 이게 말이냐고요? ㅋㅋㅋ

"기업에 창의적 조직을 만들기 위해서는 그전에 먼저 카오스 조직을 만들어라." 카오스 조직의 근거에 대해 자신의 카오스이론을 기반으로 설명해준 거랍니다. '흩어지는 구조' 뭐 그런 건데. 음… 하여간. 근데 정말 재미있는 이론이거든요. 카오스(chaos). 혼돈 또는 무질서를 의미하잖아요. "아, 머리가 지금 카오스야." 뭐 이런 말 자주 하잖아요. 아니라고요? 저만 그러나요? 사실 저도 그런 말은 잘하지 않지만 주변에서 좀 들었던 거 같아요. 타이○○이 특효약? ㅋㅋㅋ

근데 카오스를 지나면 '새로운 질서'가 오니까 이제 좀 이해가 되실까요? 아니라고요? ㅎㅎㅎ 근데 잘 따져보세요. 새로운 창조를 위해서는 카오스 상태가 되는 것이 맞지 않나요? 카오스 상태가 없다면 그다음 새로운 창조가 된 것도 모를 거고… 엥? ㅎㅎㅎ

지금 우리가 '창의교육', '창의인재'를 외치잖아요. 말로만 하지 말고 그냥 아이들을 카오스의 상태로 몰아넣으면 된다고요. 엥? 그러니까 카오스로 몰면 창의성이 부쩍부쩍 자란다는 거잖아요. 참 쉽지용? 엥? 근데 근거가 있나요? 누가 그러던가요? 지금 말했잖아요. 일리야 프리고진이라는 분이 그랬다고요. 아하~ 그러네요.

근데 카오스이론의 선구자는 바로 소크라테스랍니다. 엥? 그것도 무려 2,500년 전에. 엥? 혹시 그냥 들이대는 거 아닌가요? 아니, 어떻게? 아니, 지금도 그럼 의심하는 건가요? 산파술. 그걸 여지껏 하시고도 그러시나요? ㅎㅎㅎ 농담입니다.

산파술. 사람의 마음을 후벼 파낸다고 했잖아요. 때로는 메기처럼, 때로는 전기가오리처럼 그리고 심지어 독사처럼. 늘 말꼬리를 잡으니까 기분도 떨떠름하겠고…. 하여간 소크라테스에게 걸린 대화의 상대방은 모두 죽을 맛. 그렇지 않았을까요? 그래서 산파술은 좀 조심해야 한다고요. ㅎㅎㅎ

아, 지금 생각났어요. 소크라테스의 산파술에 대해 그래도 많이 연구한 사람 중에 레오나르트 넬존(Leonard Nelson)이라는 분이 있어요. 제가 독일에 있을 때 이분의 책을 좀 읽었는데, 제목이 『문답법(socratische methode)』. 거기에 보면 실제 소크라테스의 대화는 거칠기 짝이 없었다고 적고 있더군요. 그러니까 플라톤의 『대화편』에 나오는 대화는 가장 순화된 대화라고 보시면 된답니다.

산파술의 무기는 '집요한 질문'이라고 했잖아요. 집요한 질문은 사람을 카오스로 만들겠지요. 물론 제가 이미 말씀드렸잖아요. 부분만 보지 말고 전체를 보라는 의미에서 소크라테스가 일부러 그랬던 거라고요. 자기는 운명적인 등에라고 했다고 했잖아요. 누가요? 엥? 소크라테스가요. 엥? 테스 형한테 질문을 받으면 일단 카오스가 됩니다. 엥? 너무 예리한 질문이 갑자기 들어오니 안 그렇겠어요? ㅎㅎㅎ

그래도 아직 이해가 안 되실까요? 그러니까 제가 이전에 써놓은 블로그를 좀 읽고 오시라니까요? 아, 죄송. 명령조는 급히 취소함. 그냥 시간이 좀 나시면…. ㅋㅋㅋ 그러니까 중언부언을 하자면 우리는 자기가 보고 싶은 것만 보고 살잖아요. 그리고 본 대로 아는 대로 말하잖아요.

그래서 각도를 1도만 틀어도 새로운 세상이 나타나는데, 우리가 그걸 모른다니깐요. 그래서 생각의 각도를 틀어주기 위해 집요한 질문을 하다 보면 상대방은 답을 하려고 머리를 굴려야 하고….

그러다 보니까 머릿속이 카오스가 되는 거잖아요. 바로 그 카오스가 끝나는 곳, 즉 카오스의 가장자리에서 새로운 창조가 만들어진다는 말이구요. 그래도 뭔 소린지? ㅎㅎㅎ 그럼 할 수 없지요. 아, 농담이구요.

하여간 흔들어놓는다. 누가? 테스 형이. 뭘로? 이상한 질문으로? 그것도 끊임없이…. 사실 소크라테스는 나름 진지하게 질문하는 거지만. 카오스를 통해 새로운 질서가 나타나고 그것이 새로운 창조로 이어지는. 뭐 그런 거. 하여간 생각을 열어줘라. 왜?

우리는 스스로 생각을 열기가 어렵다고 했잖아요. 그러니까 누군가 자극을 주어서 생각이 열리도록 도와주어야 한다니깐요. 마치 산파처럼. 답을 내려는 산모를 산파가 조력하는 것처럼. 그래서 산파술이라니깐요. 이게 바로 열린 사고의 두 번째 단계였답니다.

질문을 통해 사고의 폭이 조금씩 열린다. 생각이 조금 더 열린다는 것은 그만큼 카오스를 동반한다. 뭐 그런 거잖아요. 동반된 카오스가 가장자리로 몰리고 마침내 사라지면서 새로운 질서가 생기고… 그것이 바로 새로운 창조.

정리하시지요. 와우! 굿. 오늘은 빨리. 와우! 머리가 카오스가 된 기분??

이제 우리가 바꾸어야 할 사고의 영역이 하나 더 생겼네요. 생각을 열어라, 생각을 바꾸어라, 생각의 각도를 1도만 틀어라. 모두 통하는 말이잖아요. ㅎㅎㅎ

지금까지 우리에게 카오스, 즉 무질서나 혼돈이라는 단어는 부정적 의미였잖아요. 카오스 대신 코스모스. 근데 새로운 코스모스, 즉 새로운 질서는 반드시 카오스의 과정을 거쳐야만 한다는 사실. 이제 아시겠지요? 고인 물은 썩는다. 뭐 그런 거잖아요. 별거 아니지요? ㅎㅎㅎ

카오스의 단계를 거치지 않은 물은 썩게 마련이잖아요. 늘 질서로움은 언젠가는 썩고 만다. 엥? 흐르는 물에 이끼 끼랴? 흐르는 물은 계속 물분자 구조를 카오스로 만들어서 신선하게 한다? 뭐 그런 거구요. 어렵나요? ㅎ 이래도 카오스라는 단어를 계속 기피하실 건가요? 카오스를 즐겨라. 뭐 그런 말도 있잖아요. 엥?

"새는 알을 깨고 나온다." 헤르만 헤세의 『데미안』이라는 소설에 나오는 첫 구절이잖아요. 왕창 깨져야 새로움이 탄생한다. 뭐 그런 거. 그러니까 이제부터 아이가 집안을 어지럽힌다고 야단만 치지는 마세요. ㅎㅎㅎ 늘 반듯하게 정리한다는 것도 반드시 좋은 것만은 아니라는 사실. 그렇다고 일부러 어지럽힐 필요는 없지만….

어지럽혀진 무질서를 늘 나쁜 것으로만 생각하지는 말라는 말씀. 혹시 누가 알아요? 이렇게 어수선한 분위기에서 자란 아이가 나중에 커서 상상력, 창의력의 대가가 될는지. 엥?! 이거 너무 교과서적인 거 아닌가요? 하여간 그래도 카오스 사고로 세상이 조금 더 열리는 건 맞잖아요.

세상을 열고 사고를 열어주는 우리의 산파술. 혹시 내가 산파술을 가지고 아이와 대화하면서 카오스 사고를 유발하여 새로운 창조를 할 수 있도록 한다면? 엥? 마침내 내 아이가 산파술로 인해 창의인재로 거듭날 수 있을 거 같다는 생각. 너무 야무진 생각일까요? 아니면 그저 망상일까요? ㅎㅎㅎ 그것도 아니면 그냥 기분 탓일까요?

3단계. 몰(沒)시간 사고법: "시간은 흐르지 않는다!"

엥? 이건 또 뭔 소리? 말이 좀 어렵네요. 잘 쓰지 않는. 몰시간? 시간을 무시하라. 아님 시간에서 탈출하라? 뭐 그런 정도? 하여간 근데 그렇다고 하고…. 아니, 우리가 시계도 이미 오래전에 발명했고 시간표대로 살아온 지도 오래이고 그리고 엄연히 하루가 24시간, 1년은 365일.

이걸 초로 계산하면… 뭐더라? 계산하기도 어려우니. 그래서 저는 계산도 하고 싶지 않지만. ㅎㅎㅎ 하여간 "시간은 흐르지 않는다." 엥? 아니 이건 갑자기 뭔 뚱딴지같은 소리, 뭔 궤변이냐고요? ㅎㅎㅎ 시간은 결코 흐르는 게 아니다. 엥? 그럼??

좀 더 할까요? 생각 좀 해보자고요. 여러분은 시간이 있어서 정말 행복하신가요? 아니면 시간이 있어서 불행하신가요? 엥? 갑자기 시간 이야기하다가 행·불행을…. 근데 불행까지는 그렇고. 아니, 조금만 더 좁혀보자구요. 과연 우리에게 시간이라는 게 있어서 삶이 편해지셨을까요? 아니면 시간 때문에 불편하실까요? 엥? 그래서 쏘홧(So what)? 어쩌라고요. ㅎㅎㅎ

그냥 항상 우리 곁에 시간이 있어서 좋으신 분, 그러니까 행복하신가 이 말씀입니다. 정말 시간이라는 게 있어서 행복하신 분 손들어보세요. 발도 들어보시고… ㅋㅋㅋ 아, 쏘리. 급죄송. 발까지는 좀 너무 나갔네요. 하여간. 그래도 하나만 더. 혹시 시간 때문에 스트레스를 받고 사시는 건 아닌가요? 늘 시간에 쫓기니까.

밥도 제대로 못 먹고. 아니라고요? 재밌어서 하는 일이라고요? 먹자고 태어난 건 아니라구요? 그럼 정말 시간 때문에 즐겁다는 건가요? 엥?

만약 시간이라는 게 없다면 무슨 재미로 사느냐구요? 그 무기력증. 그래도 시간이라는 게 있어서 제때에 할 일을 하고, 시간 되면 먹으러 가고…, 근데 항상 우리가 시간이 없어서… 시간이 없어서… 그러잖아요.

근데 솔직히 말하자면 그냥 삶이 바쁘지 않나요? 엥? 한가하시다고요? "나 오늘 한가해요" 뭐 그런 거? ㅎㅎㅎ 그러니까 우리가 "시간에 쫓겨서" 뭐 이런 말들을 더 많이 하면서 살고 있지 않나요? 난 시간의 노예다. 뭐 그런 건가요? 아니, 좀 너무 나갔나요? 아니면 시간은 쏘아놓은 화살이다. 뭐 그런 거?

시간은 어쩔 수 없는 인간의 운명? 아, 그럴 수도 있겠네요. 피치 못할 운명… 그러네요. 운명. 숙명. 시간은 금이다. 뭐 그런 말도 있네요. 아니, 시간이 돈이다. 뭐 그런 말. 근데 그게 그거네요. 시간은 코인이다? ㅋㅋㅋ 시간을 창조하는 사람이 성공한다. 뭐 그런 말도 있고요.

그래서 계획을 세우고, 달력에 깨알같이 뭔가를 써놓고… 시간에 맞추어서 뭘 하고 뭘 하고 어쩌고저쩌고. 성취감 같은 거? 근데 엥? 왜 이걸 비난조로 말하시나요? 눈치채셨나요? 아, 그러네요. 포커페이스를 해야 하는데. ㅋㅋㅋ 벌써 들키고 말았네요. 급죄송. 이제부터라도 표정 관리하면서 쓰겠나이다~

근데 정말 죄송하지만… 시간은 없는 거랍니다. 설령 우리의 삶에 시간이 있다고 해도 결코 흐르는 게 아니랍니다. 성경에도 쓰여 있다고요. 갑자기 성경을? 이건 신성모독(?) 아닌가요? 아니, 기독교를 은근히 선전하는 거 아닌가요? 하… 그런가요? 그럼 당장 취소함. 하나님의 시간은 흐르지 않는다. 엥? 그래도 한마디 하고 싶었던 건가요? ㅎㅎㅎ

아니, 지금 같은 과학의 시대에 2천여 년 전 고리짝에 쓰인 그걸 가지고. 그리고 소크라테스 학당에서는 특정 종교 이야기 함부로 하지 말자고 하지 않았나요? 근데 『화엄경』에도 『반야심경』에도 시간이 존재하고 시간이 흐른다는 말은 딱히 없잖아요.

제법무아, 제행무상이라는 말. 색즉시공 공즉시색? 아쭈! 하여간 변한다는 말이 있는 건 맞는 것 같고. 코란은 잘 모르겠지만…. 『도덕경』에도 『논어』에도 그런 말은 없다구요. 한번 찾아보세요. 그렇다면 시간개념은 만들어진 것? 심하게 말하면 조작된 것? 바로 우리 호모사피엔스가. 엥? 어떤 근거로 조작된 거라고 하시는 건지?? 원 참 내.

혹시 지금 서점에 '시간은 흐르지 않는다'라는 제목으로 나와 있는 책들. 아니면 그 비슷한 테마로 나온 책들도 더러 있다는 사실, 아실까요? 그중에 베스트셀러도 더러 있고요. 우리나라에 번역된 책들만도….

휴… 근데 작가들이 대부분 과학자 아니면 과학을 꽤나 아신다는 분들이잖아요. 그래도 더 확실한 근거가 필요하다구요? 모든 주장에는 근거가 있어야 한다고 하잖아요. 뭐 그렇게 어려운 것도 아닌데…. 엥? 이건 또 뭔 자신감? 뭘 그런 걸 가지고. ㅎㅎㅎ 그래요. 그럼 보자고요.

"수금지화목토천해명" 중학교 때 외운 거 아닌가요? 아, 지금은 초등학교에서 배울 것 같은데. 하… 근데 이게 뭐더라? 뭐긴 뭔가요? 수성, 금성, 지구, 화성, 목성… 아, 그러네요. 우주? 태양 주변을 도는 행성들이라고 하잖아요. 지구도 그중 하나이고. 또 모든 행성 주변에는 달들이 돌고 있고….

우주는 움직이지 않는데…. 아니, 빅뱅이론이 나오면서 우주는 계속 확장하고 있다고 하지 않나요? 그럼 계속 움직이는 거 맞잖아요? 아, 그러네요. 근데 누가 봤나요? 아니, 이미 망원경으로 다 밝혀진 사실 아닌가요? 솔직히 말하면 그게 확장되고 있는 것인지 아니면 망원경의 성능이 좋아진 것인지.

아직 단정하기는 어렵다는 게 과학계의 중론이잖아요. 엥? 처음 한 점이 폭발하면서 빅뱅이 일어났다고도 하는데…. 그럼 처음에 에너지 덩어리였던 점은 어디서 나온 건가요? 그걸 이렇게저렇게 설명하는 이론들도 많이 나왔고요. 모두 저명한 과학자들에게서. 돌아가신 호킹 박사도 그중 한 분이시고….

근데 거의 아무도 이에 격렬하게 호응하지 않잖아요. 비록 노벨상은 나왔다고 하지만…. 하여간 빅뱅이론이라는 것도 여전히 의문에 의문투성이. 그러니까 점잖게 말하면 아직 미완성? 하여간. 일단 이 이야기는 접어두자고요.

"지구가 도니까 시간이 흐르는 거다." 이 말에 동의하실까요? 못 하신다고요? 그럼 시간이 흐르니까 지구가 공전하고 자전하는 건가요? ㅋㅋㅋ 그러는 님은 외계인 아니면 사이보그 인조인간? 아니면 포스트휴먼? 엥? 뭐야 갑자기. 아, 챗GPT에게 물어보면 되겠네요. 요즘에는 빙, 바디 등 많은 경쟁자가 나오면서 어떻게든 이기려고 거짓말도 한다고 하는데…. ㅋㅋ

근데 잘 보자고요. 학교에서 배운 대로 하면 지구가 자전하니까 아침, 점심, 저녁, 밤, 새벽이 있는 거 맞잖아요. 아니라고요? 그럼 다시 물을게요. 만약 지구가 자전하지 않고 그냥 서 있다면 어떻게 되는 건가요? 네, 맞습니다. 빙고! 우주 질서가 파괴되어 모두 죽게 되겠네요. ㅋ 하나를 배우면 열을 아는 뭐 그런 건가요? 아, 근데 이건 지난번 수업 시간에 나온 말이고 오늘은 다른 테마잖아요.

하여간 지구가 자전하니까 낮과 밤이 있는 거고, 지구가 안 돌고 가만히 있으면 어디에서는 낮만 계속되고 어디에서는 밤만 계속되겠지요. 그럼 우리가 시간이 흐른다는 걸 알 수 있을까요? 그래도 알 수 있다고요? ㅎㅎㅎ 그러네요. 시계를 차고 있으니까… 아니, 핸드폰을 열면 뜨니까… ㅋㅋㅋ

지구가 태양 주변을 공전하지 않는다면 봄, 여름, 가을, 겨울이 없겠지요. 아니라고요? 지금도 사계절이 없는 곳이 있다고요? 적도 근처 아님 극지방. 백야?? 봄, 여름, 가을, 겨울이 전혀 없는 거 아닌데요…. 살짝 봄, 살짝 겨울… 뭐 그런 건데. 정 이렇게 버티기를 하시려면 그곳에 가셔서 직접 살아보시든가. 엥? 농담입니다.

정리하시지요. "시간은 공간의 이동"일 뿐입니다. 엥? 이건 또 뭔 소리? 오~ 『인터스텔라』. 시간여행하는 영화? 물론 허구지만… 공간을 한참 이동하다가 돌아왔더니 자기는 그대로인데 딸내미가 할머니? ㅎ 그렇습니다. 이미 과학계에서도 내린 결론이랍니다.

잘 따져보세요. 여러분이 허둥대고 시간에 맞추는 이유는 공간을 이동하기 위함이잖아요. 친구하고 약속에 늦어서 난리가 났다고 할 때 공간을 이동해야 하는 게 문제 아닌가요? 시간에 늦어서 시간이 문제라면, 시간을 멈추게 하면 되지 않나요? 아니면 시계를 스톱시키면 되잖아요? 엥? ㅋㅋㅋ (이건 궤변 같은데…. ㅎㅎㅎ) 거리가 가까우면 그리 바쁠 이유가 없잖아요. 아닌데요. 그냥 컴퓨터 앞에서도 바쁜데요. 이게 공간하고 뭔 상관이래. 그런가요? 글을 쓰고 인터넷을 뒤지고 검색하느라고 바쁜 것? 아, 그러네요. 근데 잘 따져보자고요. 그 모든 게 공간을 점령하기 위해 하는 거랍니다. 무슨 공간? 사이버 공간. 어렵다고요? 그럼 좀 쉬자고요. 그

야말로 머리가 카오스네요. ㅎㅎㅎ

"오다가 교통사고가 나서 늦었습니다." 어디서 많이 들어본 소리 아닌가요? 약속 시간을 못 지켜서. 이제 우리 현대인은 있지도 않은 시간을 만들어놓고서 그걸 못 지켰다고 급기야 사죄까지 하고. 갑자기 죄인이 됨? 아니면 모두 거짓말이잖아요. 자기가 늦게 떠났으면서도 애꿎은 교통사고를 끌어들여서 변명, 거짓말? 시간 때문에 결국 자기를 거짓말 인생으로 만들어버리잖아요. 친구 간에 신용도 잃고. 아닌가요?

호모사피엔스는 언젠가부터 바퀴를 만들어내면서 마침내 속도전을 하게 되었지요. 마차가 생겨나고 자전거, 자동차, 급기야 엔진을 돌려서 하늘에 비행기를 띄우면서 공간을 제압하기 시작했답니다. 비행기가 우주선으로, 우주선이 미사일로, 결국 다시 싸우는 무기로 돌변하게 되고. 1차 산업혁명은 기계가 속도를 결정했잖아요.

포드자동차회사에 컨베이어 시스템이 등장하면서 사람들은 이때부터 기계가 돌아가는 속도로 일을 해야 했답니다. 테일러의 동작 실험. 쓸데없는 동작을 못 하게 하면 생산성이 높아진다? 이게 과학적 경영관리 기법이라고 하여 지금도 경영학 개론 첫 장에 나오잖아요. 인간의 기계화. 하여간 기계가 돌아가는 속도? 만약 그렇게 하지 못하면? 뻔하지 않나요. 유 파이어드.

잘리는 거잖아요. 그럼 오늘날 4차 산업혁명이라는 컴퓨터 세상에서는? 그럼 지금을 살고 있는 현대인은 어떤 속도로 일을 해야 할까요? 그렇습니다. 컴퓨터가 돌아가는 속도로. 엥? 그럼… 빛의 속도로 일을 해야 하는 게 정상이겠네요. 지구를 1초에 7바퀴 반의 속도로 도는 빛.

엥? ㅋ 정말 말도 안 돼. 그렇습니다. 말도 안 되네요. 근데 정상적이라면 그렇게 해야 하는 거 맞잖아요. 그런데 우리 인간이 도저히 그렇게 할 수 없잖아요. 그래서 스트레스를 받는 거랍니다. 그래서 늘 "바빠. 바빠" 하면서 결국 죽는 날까지 바쁜 거구요. 빨리빨리~

어디서 지겹게 들은 소리 아닌가요? 듣기 좋던가요? 이 소리? 그래서 사람들이 고안한 게 바로 인공지능이구요. 그러니까 앞으로 4차 산업혁명 시대에 일을 할 수 있는 건 인공지능밖에 없다구요. 엥? 그렇잖아요. 인공지능은 그야말로 빛의 속도로 일을 하기에 딱 아닌가요? 같잖아요. 컴퓨터. 빛의 속도. 인공지능.

그러니까 인간은 이제 미래 노동에 맞지 않다구요. 그래서 인간은 더 이상 할 게 없구요. 엥? 그래서 사람들이 '노동의 종말'을 외치는 거구요. 엥? 이야기가 좀 삼천포로 갔네요. 이게 정말 축복인지 아니면 지옥인지. 역사만 알고 있겠지요.

정말 다시 정리하자구요. 인류가 과연 이렇게 진화하는 게 맞는가요? 왜 이따위로 진화해야 하는 거냐구요. 그 우수한 지능을 가졌다고 하는 고등동물. 정말 인간이 고등동물 맞나요?

지혜 대신에 꼼수를 부리면서 진화했기 때문이잖아요. 꼼수와 지혜는 한 끗발 차이라고 했지요? 근데 차이점은 결국 꼼수로 해결되는 문제는 없답니다. 언젠가는 들통이 나는 게 꼼수잖아요. 잠시 소나기를 피해 갈 수는 있을지 모르지만. 우리 말에 이런 게 있잖아요. "여우를 피하려다가 곰을 만난다"고. 굳이 없는 시간을 있다고 속여놓고 시계를 만들어 팔아먹고…. 엥? 갑자기 왜 시계회사를 들먹이나요? 아, 그럼 죄송.

스위스 제네바에서 시작된 시계 공업. 지금도 시계 하면 메이드 인 스위스. 하여간. 그렇다고 하구요. 결국 우리 인간은 시간의 노예가 되고 말았고. 시간에 쫓기면서 온갖 스트레스는 다 받고. 그런데 도저히 시간을 제압할 수도 없고. 시간표대로 살지 않으면 포도청인 목구멍도 해결되지 못하고…. 그래서 학교에서 지각하는 놈들부터 맞잖아요. 습관이 모든 것을 결정하니까.

사회생활을 연습시키는 그것. 1분 지각하면 1대, 10분 지각하면 10대? 근데 과연 10대 맞았다고 나중에 사회생활에서 덕을 좀 볼까요? ㅋㅋㅋ 덕을 볼지 어떻게 아나요? 하여간 이러지도 저러지도 못하는 진퇴양난? 심지어는 시간 때문에 양심불량 거짓말쟁이가 되고 나니… 마치 큰 대역죄인이 된 것 같기도 하고….

신용도 떨어지고 심지어 저질 인간으로 낙인찍히기도 하고…. 근데 세상에 있지도 않은 시간을 억지도 만들지만 않았다면 이 모든 건 우리 삶에 없는 거잖아요. 아니라구요? 그래도 시간이 중요하다구요? 당연히 시간도 있는 거구요. 아뿔싸. 난 그럼 왜 이런 걸 쓰고 있는 거야. 그럼 하나만 전제하고 끝내자구요.

과학자들이 "시간은 공간의 이동"이라고 했다잖아요. 그냥 이걸 전제하자구요. 시간이 없으니까. ㅎㅎㅎ 시간이 없다잖아요. 이제 우리가 시간의 노예가 되지 않고, 시간 때문에 스트레스를 받지 않고, 시간 때문에 거짓말쟁이가 되지 않으려면 과연 어떻게 하면 될까요? 엥? 뭔 소린지. 대책? 엥? 하여간.

그렇습니다. 공간을 점령(?)하면 된답니다. 엥? 정말 웃기네요. 아니 컴퓨터 속도, 빛의 속도로도 공간점령이 안 된다면서요. 엥? 그러네요. 다시 하자고요. 공간점령 대신 "공간에 산다." 엥? 하여간. 어떻게? www의 출현. 1995년이니까 벌써 30년이 되었네요.

그동안 월드와이드웹 인터넷 세상이 열리면서 남몰래 시간에 쫓기지 않고 공간에 살았던 사람들. 아니면 공간을 선점하면서 장사를 했던 분들. 누구라고 말할 것도 없이 사이버 관련 스타트업으로 세상의 최고 신흥갑부 대열에 끼게 된 사람들. 스티브 잡스를 비롯하여 빌 게이츠. 말할 것도 없고요…. 페이스북의 마크 주커버그를 위시하여 우리나라의 김아무개 등. 지금 세상의 천재들이 공간을 선점했던 사람들 아닌가요?

남들은 시간과 쫓고 쫓기는 싸움을 하고 있는 사이에 이들은 그냥 컴퓨터의 사이버 공간에 들어가서 유유히 자유형도 하고 배영도 하고. 뭐 그러다 보니까 대박도 맞고… 그렇습니다. 시간이라는 개념은 인간이 만들어놓고 그 안에서 스트레스만 받다가 쥐도 새도 모르게 죽어갈 수밖에 없는 피비린내 나는 레드오션. 아무 의미도 없잖아요. 그냥 피비린내 나는 레드오션에서 상어 떼에 쫓겨다니면서 결국 고등어나 방어처럼 죽어가야 하는….

공간사고가 바로 이 시대의 블루오션이랍니다. 공간을 점령하라. 그러면 시간도 점령된다. "시공간." 이미 아인슈타인이 아주 점잖게 한 말이잖아요. 시간과 공간은 같은 거라고. 그것도 무려 100년도 전에. 지금도 늦지 않았다니깐요. 엥? 아직도 사이버 공간에는 99% 이상 주인이 없답니다.

시간사고는 하면 할수록 스트레스만 쌓이고 결국은 한순간도 행복하지 못하고. 앞서가는 자는 쫓아올까 봐 스트레스, 쫓아가는 자는 더 쫓아가지 못해서 스트레스. 이래도 불안, 저래도 불안…. 그러니까 지금 당장 시간표를 찢어버리라고요. 엥? 그럼 죽겠다는 거 아닌가요? 이건 좀 너무 무책임하고 과격하지 않나요?

"차표 한 장 손에 들고 떠나야 하네~" 어디서 좀 들어본 노래? 대히트를 쳤던 거잖아요. 그런데 내용은 참 처절한 현대인의 자화상. 자승자박? 스스로 만들어놓고 스스로를 죽이는….

공간사고는 시간사고를 극복해주는 특효약이기도 하답니다. 오늘날은 공간을 점하는 게 시간을 점하는 거랍니다. 시간이 있는 건지 없는 건지, 시간이 흐르는 건지 아닌지는 일단 과학자들에게 더 연구하라고 던져놓자구요.

중요한 건 시간사고를 벗어나서 이제부터는 공간사고를 하자는 거잖아요. 하다못해 블로그를 쓰면서, 남들의 블로그를 보면서 커피 한 잔의 여유를 누리는 삶. 그럼 소는 누가 키우냐고요? 글쎄다. 엥? 농담이구요.

공간과 친해져보세요. 특히 사이버 공간하고. 일단 쫓기지는 않는다구요. 그럼 스트레스가 줄고…. 그래도 쫓긴다구요? 블로그도 매일매일 시간표에 맞추어서 제때 올려야 트래픽이 많아진다구요? 그래서 쏘홧? 그래서 행복해졌을까요? ㅎㅎㅎ 모르겠다구요?

근데 하나는 확실하지 않나요? 스트레스는 만병의 근원. 암의 주범. 과연 어떤 게 스트레스의 원흉일까요? 이미 우리의 생명은 스트레스로 결판나는 시대를 살고 있답니다.

그런 건 눈에 안 보인다고요? 그럼 아이들이 게임에 빠지는 것도 공간을 점하는 건가요? 맞습니다. 사이버 공간. 게임. 엥? 갑자기 반전되는 느낌? 그러네요. 컴퓨터 게임이라는 공간으로의 도피. 지금 아이들의 훌륭한 도피처. 그럼 컴퓨터 게임도 공간사고? 긴 거 같기도 하고 아닌 거 같기도 하고….

다음 수업 시간에 누군가 질문을 하실까요? 엥? 답요?? 답??? 아, 너무 오버하지 마세요. 여긴 아시다시피 소크라테스 학당이라고요. 일종의 소크라테스의 아포리아? 난문 상태? 그렇습니다. 소크라테스는 즉답을 하지 않고 질문만 던졌다고 했잖아요. ㅎㅎㅎ

답은 여러분 몫이고 중요한 건 부분을 벗어나 전체를 볼 수 있는 안목을 갖도록 열심히 질문만 했다는 사실. 산파술은 공간사고를 도와주는 거라니깐요. 왜냐고요? 아무리 떠들어도 자기 스스로 공간사고를 시작하는 건 누구에게나 어려운 일이니까요. 이걸 빨리 써야 하는데….

"빨리빨리." 뭐 그런 거? "나는 아무것도 모른다. 그러니까 몰라서 네게 묻는 거다." 뭐 그런 거. 엥? 정말 잘도 빠져나가시네요. 뺀돌이 같아요. 그럼 테스 형은 희대의 뺀돌이? ㅎㅎㅎ 그런데… 앞에서도 제가 거론한 적 있잖아요. "그런데 왜 하필이면 스티브 잡스는 생전에 테스 형을 만나고 싶어 했을까요?"

2
해석적 사고: "세상을 해석하라"

1단계. 게슈탈트 사고법

해석하라! 당신 삶을 해석하라! 엥? 그러면 문제해결의 사고력을 키우는 데 좀 더 접근할 것이다. 아, 말이 좀 어렵네요. 근데 문제해결. 좀 당기는 말 아닌가요? 아니요. 예전에 그런 분이 있었답니다. 문제해결? 와~ 이젠 지겹네요. 회사에서 맨날 상급자들이 문제해결, 문제해결….

그래서 퇴사하고 말았다고 하네요. 아뿔싸. 근데 사실 그 말이 오히려 문제를 꼬이게 하고… 스트레스는 더 쌓여만 가고. 이해가 되실까요? 한동안 기업에서 그런 적이 있잖아요. "변해라. 변해라. 변하지 않으면 죽는다." 근데 어디로 어떻게 변해야 한다는 건지? 그게 없잖아요. 무조건 변해야 한다. 근데 잘못된 방향으로 변하면? 세상이 변하니까 그냥 무조건? 반은 맞고 반은 틀리고. 근데 이거 환장하는 거 아닌가요? 암중모색? 근데 똑같잖아요.

문제해결을 하라고 매일 외치지만 도대체 지금 문제가 뭔지. 공감하는 문제도 불투명하고. 어떤 사람에게는 문제지만 어떤 사람에게는 별문제도 아닌데… 뭐 그런 거잖아요. 문제는 의식하지 않으면 문제가 아니다. 엥? 그냥 호들갑 아닌가요? 그냥 불안만 조성하는 뭐 그런 거? 남들은 변해서 대박 맞는 것 같은데… 우린 아닌 것 같기도 하고…. ㅎㅎㅎ

그냥 심리적 불안감 같은 거? 사실 우리 기업들은 변하는 것보다 오히려 변하지 않아서 득이 더 많다는 데이터도 있다고 하네요. 한동안 변화의 물결이 난무할 때 모두 변해야 한다고 했잖아요. 근데 왜 변해야 한다는 건지도 불명확하고, 어디로 어떻게 변해야 하는 것은 더욱 불확실하고….

이건 그냥 스트레스만 주지 않을까요? 심지어 지금 이대로 잘나가는데도 변해야 한다고 떠드니…. 이건 그냥 피곤하게 하는 것도 아니고…. 아무리 좋은 말도 세 번 이상 들으면 돌아버린다고 하잖아요. 누가요? 사람이요. 엥? 그렇습니다. 안 그런가요? 그러니 반대로 허구한 날 듣기 싫은 소리를 밥 먹듯이 하는 사람 곁에 있으면 정말 돌아버리지 않을까요? 좋은 말도 세 번이라는데. 삼세번. 삶을 결정하는 기로잖아요. 이건 세상에서 불변의 법칙? 그러니까 제발 지나간 일은 말하지 마세요. 엥? 갑자기 짜증을… ㅎㅎㅎ 좋은 추억도 두 번까지만. 엥? 그다음은 욕 나오겠지요. 너 치매냐? ㅎ

그러니까 나쁜 추억은 한 번도 역겹다. 뭐 그런 건가요? 근데 아니, 갑자기 이건 뭔 소린가요? 이게 오늘 테마인가요? 아, 그러네요. 번지수가 좀 나갔네요.

지나간 일? 근데 뭐가 지나간 일인가요? 엥? 하지 말라니까요. 욕 나옵니다. ㅎㅎㅎ 그냥 확. 짓궂은 소크라테스 같아요. ㅋㅋㅋ

엣 혹 트란시빗. “이 또한 지나가리라.” 어디서 좀 들어본 소리 아닌가요? 그 옛날 페르시아 사람들이 자주 쓰던 말이라고 하네요. 이 말의 기원에 대해서는 말도 많고요. 하여간 그냥 심리적으로 불안할 때 큰 위안이 되는 말 아닌가요? 그러니까 무척 고마운 말 맞잖아요. 그러네요.

인간은 모두 조울증 환자랍니다. 엥? 이건 또 뭔 소리? 비록 정도 차는 있겠지만. 좋을 땐 한정 없이 좋다가도 좀 아니면 갑자기 우울해지는 이상한 존재. 인간이라는. 뭐 그런 거? 하여간 이럴 때 새기면 좋은 말. 이 또한 지나가리라. 정말 고마운 말 맞잖아요. 마음공부에도 딱 좋은.

근데 정말 이 또한 지나갈까요? 엥? 그러니까 우리 인간은 살면서 조증과 울증 사이를 계속 왔다 갔다 하지 않나요? 아니라고요? 약 먹으면 된다고요? 아니, 어쩔 수 없는 유전병이라고요? 아, 그러네요.

그 유명한 미국 철학자 비트겐슈타인의 가족이 몽땅 자살했다고 하잖아요. 우울증 때문에. 유전병. 무시무시한. 그러네요. 유전병이라면 왜곡된 DNA가 계속 후대로 전해진다는 건데. 왜곡되었다는 건 한쪽으로 치우쳤다는 거고요. 엥? 뭐가 한쪽으로 치우쳤다는 말씀인지? 아, 그러네요.

그러니까… 좀 더 정확하게 말하자면 유전자의 복사과정에서 변형된 유전자 구조가 후손 대대로 전달되는 뭐 그런 거. 아, 그냥 이 정도에서 넘어가자고요. 언젠가 더 말할 날이 있지 않을까요? 아니, 없을 것 같은데요. ㅋㅋㅋ 그럼 직접 찾아보시면 되겠음. ㅎㅎㅎ 아님 챗GPT에게 물어보자고요. ㅋㅋㅋ

“세상의 모든 것은 마음먹기 나름이다.” 조증은 즐거운 것만 보일 때, 울증은 우울한 것만 보일 때. 말이 되나요? 그렇습니다. 사람은 자기가 보고 싶은 것만 본다고 하잖아요. 게슈탈트 사고가 요청되는 대목이랍니다. 엥? 갑자기 듣도 보도 못한 단어를? 혹시 문자 쓰시는 건가요? ㅎㅎㅎ 그러네요. 게슈탈트. 어떻게 번역해야 할지를 몰라서. 영어도 아니고 독일어라서. 엥? 더 웃기는 거 같은데요. 우리도 독한사전이 있다고요? 그러네요.

게슈탈트(Gestalt). '형태' 아니면 '전체'라고 번역하면 될까요? 아, 우리도 안다고요? 게슈탈트 심리치료. 이거 아닌가요? 아, 그러네요. 그렇습니다. '게슈탈트'라는 단어가 그나마 우리에게 알려진 건 게슈탈트 심리치료라는 개념이 들어오면서였네요.

게슈탈트 심리치료 한번 검색해보세요. 엄청 많이 나옵니다. 대표적인 게 상황을 바꾸어서 연극으로 해보는 거잖아요. 상대의 입장을 이해한다? 뭐 그런 거. 바로 그 게슈탈트. 하여간.

게슈탈트를 찾아라. 엥? 그렇습니다. "보는 만큼 안다"는 것은 보이지 않는 건 모른다는 거잖아요. 보는 만큼 안다? 하여간 보는 것과 지식은 비례관계? 하여간 보는 범위가 지식의 범위? 그래서 "나는 모른다"는 사실을 고백하라는 거잖아요. 좀 더 정확히 말하면, 나는 부분밖에 모른다.

누가요? 소크라테스가요. "아는 만큼 보인다." 모르는 건 보이지 않는다는 말이잖아요. 눈 뜬 장님? 전혀 보이지 않는 분들과의 차이는 조금 더 볼 수 있다는 거? 근데 몽땅 다 보이는 것 같이 여기잖아요. 누가요? 우리 모두가요. 엥? 혹시 난 전체를 모두 볼 수 있다는 분 나와보세요.

근데 모두 자기가 전체를 다 볼 수 있는 것처럼 말하잖아요. 뭘 말하다가도 핏대를 내고요. 왜요? 진리를 말하는 자기를 안 알아준다고. 엥? 그냥 조용히 말해도 되는데…. 누가요? 우리 모두가요. 아, 모두는 아니

고. ㅎㅎㅎ

하여간 웃기는 거 아닌가요? 전체를 볼 수 있는 건… 신밖에 없다고 하잖아요. 그럼 우리는 모두 신이 되는 건가요? 핏대를 내는 분. 그냥 조용히 내 생각은 이런데, 내가 아는 건 이런데… 뭐 이렇게 조용히 말하면 되는데… 시력이 6.0인 몽골 사람들도 조용히 말하잖아요. 뭘 자기가 남들보다 더 많이 보았다고. 아니, 몽땅 보았다고. 그럼 우리는 모두 사이비 교주들? 신은 한 분밖에 없다고 하니까.

전지전능하신 신. 그분은 인간 능력의 밖에 있다고 하잖아요. 근데 인간인 주제에 신처럼 군림하면 사이비 교주 맞잖아요. 그러니까 우리 인간은 너나 할 것 없이 사이비 교주 같은 그런 DNA를 가지고 있는 건가요?

반성과 성찰이 빠져버린 세상. 그래서 오늘날 우리는 비극의 세상에 살고 있잖아요. 그래서 "너 자신을 알라"고 외치는 거잖아요. 너는 결코 신이 될 수 없다. 왜? 그렇습니다.

어떻게 해도 우리는 전체를 다 볼 수 없기 때문이랍니다. 결국 전체를 볼 수 없기에 전체를 다 알 수 없는데, 마치 전체를 볼 수 있는 것처럼. 참으로 웃기는….

전경과 배경. 베르트하이머라는 분이 처음 알려준 세상. 중학교 미술 교과서에 있잖아요. 전경만 보다 보면 뒤에 뭐가 있는지 확 눈에 들어오지 않잖아요. 우리 인간은 한쪽만 볼 수 있게 만들어졌다고요. 한쪽을 보다 보면 다른 쪽은 못 보고….

배경에 있는 걸 보는 동안에는 앞에 있는 게 뿌옇게 나타날 거고요. 좀 더 중요한 건 전경과 배경이 모두 '전체' 속에 들어있다는 사실. 근데 우리는 전경만 보고 그게 진리라고 우기잖아요. 두 사람이 서로 쳐다보고 있는 게 맞는 건지 아니면 그사이에 보이는 꽃병이 맞는 건지 헷갈리잖아요. 착시? 근데 둘 다 사실이잖아요. 꽃병도 맞고 두 얼굴이 보고 있는 것도 맞고.

결국 우리가 어디에 관점을 두는가에 따라 알고 있는 게 정해지는 거지 모든 걸 알고 있기에 관점이 정해지는 게 아니랍니다. 이건 또 뭔 소리? 관점주의. 바로 그거지요. 엥? 그냥 막 나가시네. 관점주의. 엥? 관점에 따라 보는 것과 아는 것이 달라지는 거. 엥? 그냥 외우시라니깐요. 갑자기 주입식 인문학? ㅋㅋㅋ

그러네요. 세상은 관점이랍니다. 누구의 말인가요? 니체. 철학자 니체. 엥? 관점에 따라 달라지는 지식. 관점에 따라 달라지는 보이는 세계. 맞습니다. 근데 그게 진리는 아니라는 사실. 하나의 관점일 뿐. 그래서 관점을 계속 확장시켜주는 게 맞겠지요. 다른 관점, 또 다른 관점…. 엥? 아, 전체를 보아야 한다는 전제라면 싫은데요.

굳이 전체를 보고 살 필요가 있을까요? 그냥 살아도 되는데. 그러네요. 굳이 스트레스받으면서. 맞네요. 근데… 관점이 달라지면 문제해결은 커녕 결국 싸움이라고 했잖아요. 엄마와 딸이 아침마다 싸우잖아요. 그러다가 딸내미가 대들잖아요. "아, 싫어. 그건 엄마의 기준이잖아." 엄마의 관점만이 진리는 아니라는 항변. 아닌가요? 아, 그리고 이제 아셨을까요? 이게 바로 궤변과 정론의 차이잖아요? 엥? 뭔 소리를…. 그러니까 공통의 기준이 아닌 자기 기준에서 말하니까 그게 바로 궤변이 되는 거랍니다. ㅎㅎㅎ 그러니까 궤변은 사실 가까운 사람들과의 대화에서부터 시작되는 거잖아요. 동의하실까요? ㅎㅎㅎ 사람마다 관점이 다르니까 결국 문제는 점점 더 꼬이고….

자, 정리하시지요. 만약 문제를 해결하고 싶다면 관점을 넓히세요. 그렇지 않으면 문제는 계속 꼬여가겠네요. 세상은 문제가 문제를 낳기 마련입니다. 앞으로 우리의 삶에는 더욱더 복잡하고 힘든 문제들이 쌓일 것이고. 그것이 우리의 눈앞에 바로 해결되어야 하는 현안으로 나타날 것이고….

그냥 문제를 피해 가면 되지 않을까요? 지난번에 말씀드린 것처럼. 게임의 세계는 아이들의 훌륭한 도피처? 숙제해라, 공부해라, 골치 아픈 모든 것을 피해서 게임의 세계로 들어가면 아이들이 한순간에 안락해지는, 뭐 그런 건가요? 우리 아이들에게도 관점을 좀 더 넓혀주면 어떨까요? 언제까지 도피처에서 지낼 건지?

오사마 빈라덴도 아니고… 결국 사살되었잖아요. 이크, 무시무시한 이야기를… 산파술이 요청되는 대목 아닌가요? 조금씩 아이들의 관점을 확장시켜줄 수 있다면. SOS를 기다리는 아이들. 도와주어야 하지 않을까요? 그전에 부모들의 관점이 확장되어야 하는 거 아닌가요? 하여간.

삶을 해석하라. 이건 뭘 해석하라는 건가요? 그렇습니다. 삶의 의미를 해석하라. 아니, 삶을 해석하다 보면 의미가 서서히 드러난다는 거. 둘 다 맞네요. 우리는 무엇 때문에 사는가? 엥? 좀 너무 거창하네요. 근데 이게 없으면 삶이 좀 답답하지 않을까요? 아닌데요.

그런 거 몰라도 잘만 사는데요. 그냥 하고 싶은 대로…. 엥? 그런가요? 근데 잘 보면 우리는 무엇인가 가치를 추구하면서 살고 있지 않나요? 하다못해 돈 벌기. 엥? 이게 왜 하다못해인가요? 아, 급죄송. 그러네요. 인생 최대의 가치인데….

근데 결국 돈 벌어서 뭘 할 건가요? 차도 사고 집도 사고 맛있는 것도 먹고 여행도 가고…. 너무 할 일이 많은데요? 아, 그러네요. 그러고 난 다음에는? 그러고 나서는 아이들한테 남겨주고…. 다다익선.

이제 문제는 돈벌이로 귀결되네요. 돈돈돈. 자본주의 사회에서는 돈이 가장 중요하답니다. 맞잖아요. “돈이 돌지 않으면 내가 돈다.” 예전에 대박을 맞은 책 제목이잖아요. 한번 검색해보세요. 돈은 이제 우리 삶에서 모든 가치와 의미를 평정했답니다. 동의하실까요? 일단 그렇다고 하자고요. 사실이고요. 더 이상 어떤 것도 돈의 가치와 의미를 대체할 수 없답니다.

짐멜이라는 사회학자는 1900년에 벌써 『돈의 철학』을 썼다고 했잖아요. 120년 전. 너무 앞서나간 분? 아니, 그때 이미 돈이 삶에서 최고의 가치였다는 거잖아요. 하여간 여기선 병 주고 약 주고. 돈을 수단의 가치로 해야지 목적으로 하면 안 되고 어쩌고저쩌고. 돈을 벌라는 건지 말라는 건지. 하여간 최종 목적이 되어서는 안 된다는 건데.

그럼 수단이 되기 위해서는 먼저 벌어야 하지 않을까요? 모르겠다고요? 머리 아파요~ 그러네요. 하여간 중요한 건 돈벌이? 그게 목적이건 수단이건. 하여간.

한마디로 돈을 많이 번 사람들. 그들은 과연 무엇이 다를까? 그게 탐구의 대상이 되는 게 맞잖아요. 스티브 잡스, 빌 게이츠, 워런 버핏… 잘 뜯어보세요. 일단 이들은 모두 책을 많이 읽었다고 하잖아요. 아는 만큼 보인다. 뭐가? 돈이. 엥? 보이는 것만큼 안다. 아는 게 힘이다? 책 속에 길이 있다. 뭔 길? 아, 돈 버는 길? 책 속에서 더 많이 보았을 거고, 책 속에서 더 많은 시야를 넓혔을 거고. 책을 읽으면서 생각의 각도를 계속 틀었을 거고…. 뭐 그런 건가요?

그럼 요즘 사람들은 길이 없네요. 돈 버는 길? 일단 책을 읽지 않으니까. 책을 더 이상 읽지 않는 세상. 그럼 돈을 버는 사람도 없어지면 모두가 가난뱅이? 그래서 세상이 점점 더 가난해진다고 하는 건가요? 빈부격차? ㅎㅎㅎ 이미 책 읽는 세대가 모두 사라졌으니까…. 그런데도 누군가는 돈을 벌어야 맞지 않나요?

에너지 보존의 법칙에 따라 어딘가로 돈의 에너지는 계속 흐를 것이고…. 아, 이거 오늘도 선을 넘었네요. Don't cross the line. 쏘리. 갑자기 또 치졸한 돈 이야기만…. 그래서 지금까지 2만 권을 읽었다는 그 아무개 누군가는 그래서 돈을 엄청 버셨나요? ㅋㅋㅋ 혹시 돈벌이와 무관한 책들만 본 거 아닌가요? 평생 동안 『허생전』 같은 거만 읽은 거 아닌가요? ㅋㅋㅋ ㅎㅎㅎ

한마디로 이들은 누군가와의 대화를 통해 관점을 넓힌 거잖아요. 책과 대화를 했든, 아니면 명상을 하면서 또 다른 자기와 대화를 했든지. 아니면 사람들과 대화를 했든…. 하여간 전체에 좀 더 접근했던 사람들 맞잖아요. 결국 이들은 돈의 문제도 해결할 수 있었던 거고요.

물론 블루오션에서 따라오는 놈(?)들도 거의 없었으니까 더욱더 그게 가능했겠지만. 노다지. No touch. 책을 통한 공간사고. 공간을 확장시키는 건 결국 관점을 확장시키는 거고, 관점을 확장시키는 건 결국 전체로 좀 더 나아가는 거고, 전체와 부분의 관계가 더욱 선명해질 때 판단력은 좀 더 명확해지는 거고. 판단력은 삶을 결정한다. 뭐 어쩌고저쩌고 그런 거 아닐까요?

전체와 부분 간의 관계를 잘 파악하는 것을 '해석'이라고 합니다. 근데 놀랍게도 이는 문장의 5형식에 맞추어서 영어 문장을 해석하는 이치와 똑같답니다. 여기서 5형식이 전체이고… 이를 연구하는 학문을 '해석학'이라고 하고요. 엥? 갑자기 더 어려워지는 느낌은 기분 탓일까요?

하여간 전체와 부분 간의 관계 속에서 파악된 부분은 그 의미와 가치가 더욱 정확하답니다. 내가 위치한 우주 속에서 내 자동차의 위치를 파악할 때 비로소 정확한 길로 안내되잖아요. 전체 상황을 정확히 파악해야 좋은 내비 아닌가요? 마찬가지랍니다.

전체와 부분의 관계 파악. 삶을 해석해야 하는 이유랍니다. 그런데 이건 먼저 전체를 더 많이 볼 수 있을 때 확률이 더욱 높아지겠지요. 우주라는 전체 속에서, 돈다발이 널린 전체 속에서 '나'라는 부분을 좀 더 잘 알기 위해 어떻게든 전체를 더 잘 들여다볼 수 있어야 한다는 말씀. 숲을 보지 못하고 나무만 본다면 소나무 균핵병으로 모든 숲을 잃을 확률이 높답니다.

"나는 너로 인한 나다." 에릭 번이라는 심리학자의 말이라네요. 나와 너는 동반 성장하는 게 인간이라는 뜻이잖아요. 동반성장의 필수 조건은 상호소통이라잖아요. 근데 전체를 찾고 형태를 뚜렷하게 하고 관점을 확장시키는 거. 정말 어렵고 복잡한 난제 아닌가요? 아니랍니다. 전혀.

그럼 어떻게? 아주 간단하다니깐요. 그렇습니다. 눈치채셨네요. 산파술. ㅎㅎㅎ 땡! 아니랍니다. 엥? 그럼… 그냥 '대화'랍니다. 참고로 책을 읽는 동안은 책과 대화하는 거잖아요. 엥? 책과의 대화? 맞잖아요. 누군가와 대화하면 관점도 변하고 점점 전체에 한 걸음 더 가깝게 다가가지 않을까요? 반반이라고요? 그러네요. 잘못된 대화. 저질 대화. 그런 거도 있잖아요. 아, 그러네요. 그래서 산파술? ㅎㅎㅎ 결국… 결론은?

산파술. (조용히) 질문하는 가운데 세상이 열린다고 했잖아요. 자신의 현실에 대해 반성과 성찰할 기회를 준다고도 했고요. 엥? 갑자기 반성과 성찰? 하여간 관점의 확장은 전체로 들어가는 길목. 그러니까 그냥 조용히… 그 대신 조금 더 신중하게… 조금 더 부드럽게… 그리고 재미있게…. 엥? 산파술을 할 때 주의할 점들이라고 했잖아요. 자칫하면 산통 다 깨지는 산파술? 산통 깨지 말고 가능한 한 계속해서 가야 하는데…. 특히 책 없이 사는 요즘 세대들….

생각의 각도를 1도만 틀어주면. 그 1도를 틀어주기 위해서는 어떤 말투로 해야만 상대가 반발하지 않을까? 과연 우리가 어떤 배려를 해야만 대화가 순조롭고 우아해질까? 그것만이 남은 숙제겠네요.

2단계. 프랙털 사고법

프랙털? 이건 또 뭔가요? 구글이나 네이버에 탁 쳐보세요. 다음에서 이미지로 검색해보는 것도 좋겠고…. 하여간 100년 전에 만델브로라는 좀 또라이 같은 이상한 수학자가 태어나셨는데. 폴란드계 유태인. 어느 날 그가 엉뚱한 생각을 하면서 시작된 프랙털 기하학. "우리가 영국의 해안선을 측정할 수 있을까?" 한국의 다도해가 더 복잡한데….

유럽 사람이라서… 엥? 근데 그분은 정말 할 일이 없었는가 봅니다. 그걸 재서 도대체 뭐하려고? 결국 이런 이상한 생각이 세상을 다시 창조한다? 뭐 그런 거 아닌가요? 그래서 결국 우리는 마침내 국토의 면적도 측정할 수 있게 되었고….

기존의 유클리드 기하학으로는 어림도 없다는 뭐 그런 거. 세상을 창조하는 일은 이렇게 엉뚱한 생각에서 시작된다잖아요. 맞나요? 모두 다 그런 건 아니라고요? 아, 그러네요…. 인정. 쩝쩝쩝.

지난번 남았던 질문으로 어제 수업을 시작했답니다. 안 들어온 사람은 엄청난 기회를 잃은 거 맞잖아요. 엥? 아니라고요. 블로그를 보면 된다구요? 그래도 생생한 수업에 참여하는 것하고 같을까요? 이건 제가 혼자 독백하는 거잖아요. 아니라구요?

아, 그러네요. 대화체로 하시잖아요? 그런가요? 어떻게 눈치를? 그렇습니다. 최초의 책도 대화집이었다고 했잖아요. 모든 것이 대화로 시작됩니다. ㅎㅎㅎ 가상의 대상에게… ㅋㅋㅋ 아, 들통났네요. 하여간. 어제 제가 시작한 질문은….

"왜 우리 아이들은 게임방을 도피처로 생각할까?" 근데 거기가 도피처 맞나요? 게임에 빠진 아이들. 정말 지금 우리 부모들이 혼나고 있지 않나요? 게임과의 전쟁? 아이들은 그 전쟁터에서 도피처를 구하고… 부모들은 그곳에서 아이들을 구한답시고 이리 뛰고 저리 뛰고…. 아, 이젠 좀 누그러졌다고요? 아이고, 그냥 현실을 받아들이자. 뭐 그런 건가요? 그래야 좀 서로 편해지니까? 하여간.

일단 아이들은 게임으로 도피하는 거라는 전제하에 어제 많은 이야기가 있었답니다. 수업에 참여하지 못했거나 안 하신 분들께는 메~롱~ 엥? ㅎㅎㅎ 그냥 웃자고 해보았답니다. 웃기지 않는다고요? ㅎ 아이쿠, 또 한 번 썼네요. 쏘리~

결론입니다. 엥? 결론. 이건 정말 너무 빠르지 않나요? 그래도 어제도 2시간 정도 수업을 했으니… 1시간만 해보려고 하는데 그게 잘 안 되

네요~ 앞으로 계속 노력하겠음. 충성~

프랙털! 정말 말도 어려우니까 그냥 빨리 끝내자고요. 그래도 오늘 몫은 해야 하니까. ㅎㅎㅎ

'전체'를 찾아서 아이들이 게임에 빠져버리는 거지요. 이건 또 뭔 논리? 정말 이상한 논리 아닌가요? 아니, 갑자기 전체? 그렇습니다. 소크라테스 학당은 '전체'를 찾아 나서는 사람들의 모임이잖아요. '부분'은 전체의 모습을 가지고 있다? 정말 화가 나네요. 웬 뜬구름 잡는?

전체를 알지 못하면 부분을 알 수 없다. 엥? 부분을 제대로 알려면 전체를 알아야 한다. 프랙털 구조. 부분은 전체의 속성을 그대로 가지고 있다? 그러니까 부분을 알기 위해서는 전체를 알아야 한다. 뭐 그런 거? 해석적 사고의 원리. 딱 아닌가요?

지난번 게슈탈트 사고. 이건 '전경'과 '배경'이라는 양분된 사고. 즉, 이 사고가 너무 극단적이라면 프랙털 구조는 훨씬 다양한 영역을 포괄하는 뭐 그런 거?

카오스 끝에 나타나는 프랙털 구조는 또 어떻고요. 하여간 전체와 부분의 관계에 대한 해석은 바로 삶을 제대로 해석하게 해준다는 건데. 이게 과학과 수학의 영역에서 입증된 거라니깐요.

아주 오래전에 "게임에 빠지는 아이들"은 하나의 설정이었고요. 하여간 게임방에서 전체를 찾은 아이들. 이들의 심정은 과연 어떨까요? 한번 상상해보세요. 일단 게임에 빠져버린 아이들은 왜 거기서 빠져나오기가 어려울까요? 그렇습니다. 안도감, 편안함이겠지요. 마치 세상을 다 얻은 뭐 그런 거 아닐까요?

공부해라, 밥 먹어라, 늦게 다니지 말아라 등. 엄마의 잔소리. 학교가는 공포? 뭐 그런 압박으로부터의 엑소더스. 그곳이 바로 도피처잖아요. 도피하는 건 하나는 완전 체념이고 다른 하나는 일단 멈춤 또는 휴식? 근데 이건 어른들도 마찬가지 아닌가요? 어른이 되어서도 여전히 게임에 빠지는 사람들. 지금도 많지 않나요?

게임에 빠진 사람들. 결국 결과는 두 가지잖아요. 극단적으로 프로게이머 아니면 게임개발자로 출세 가도를 걷거나 아니면 게임 폐인으로 결판나겠지요. 물론 어정쩡하게 중간 정도에서 이도저도 아니게 끝나는 경우가 더 많겠지만. 그냥 취미 정도로? 하여간. 이렇게 보면 모든 게임이 다 마찬가지네요. 골프, 승마, 당구, 축구, 야구… 화투, 카드? 엥… ㅎㅎㅎ

근데 중요한 건 게임하는 동안만은 아이들에게 정말 도피처가 맞다는 거잖아요. 물론 게임에 완전히 올인하여 무아지경이 되었을 경우 말입니다. 동의하실까요? 아니라고요? 그럼 여기서 그만 읽으시면 되겠고.

동의하신다는 가정하에 만약 사람이 전체를 다 얻었다고 한다면 기분이 어떨까요? 게임에 홀라당 빠진 아이들의 기분이 일단 그렇지 않을까요? 그렇습니다. 사람은 전체를 다 얻었을 때 일단 가장 편안하겠지요. 석가모니가 보리수 밑에서 묵상과 좌선을 통해 뭔가를 다 깨우쳤을 때의 그 희열감?

일단 기분이 날아갈 듯한 편안함. 부처님 얼굴을 보세요. 편안해 보이지 않으세요?? 전체를 다 얻었다는 건 곧 가장 편안한 상태가 된 거다. 맞나요? 그게 바로 열반이잖아요. 공자가 제자들과의 선문선답을 통해 서로 마음공부를 하면서 득도했을 때. 가장 편한 상태. 극기복례를 실현하여 성인군자가 되고… 뭐 그런 거.

예수는 전체를 알고 전체를 창시하신 신의 적자로서 이미 전체라는 진리를 가지고 인간의 화신이 되신 거고…. 전체를 알게 된 사람들. 바로 그 사람들을 우리는 옛 성현이라고 하잖아요. 전체는 곧 진리? 근데 소크라테스는 "나는 모른다. 너도 모른다. 모르니까 내가 물어보는 거다. 나는 모른다는 사실만을 안다." 뭘 모른다는 건가요? 엥? 전체를??

뭐 이런 말들만 하고 다녔던 테스 형. 도대체 그는 왜 4대 성현에 끼는 건가요? 나머지 세 분은 경로는 좀 달랐어도 전체라는 진리에 도달했다고 보는 거지만. 엥? 소크라테스. 그래요. 그에게는 '산파술'이라는 독특한 무기가 있었던 거잖아요. 엥? 뭔 소리냐고요? 글쎄다~ 조금 있다가 나중에 한 줄로 정리할게요.

"인간은 소우주다." 엥? 또 누가 한 소린가 묻고 싶은 거군요. 그렇습니다. 근데 이미 오래전에 한 번 써먹었던 거 같은데… 앞 블로그를 뒤져보세요. 아마 모두 까먹었을 겁니다. 왜냐고요? 듣고 나서 7일만 지나면 4%만 남는다고 했잖아요. 아마 아직도 기억하시는 분이 있을까요? 그럼 그분은 천재? 아니, 장기기억에 저장되어 있는 거라고 했잖아요. 그것도 기억나지 않는다고요? 엥? 그럼 혹시 나만 치매? ㅋㅋㅋ

라이프니츠. 한 400년 전 분이라고 했잖아요. 16세 때 박사학위논문을 제출했던. 당시 네 살 형인 뉴턴과 쌍벽을 이루었던 수학의 천재. 아직도 미적분학을 누가 먼저 시작했는지에 대해 아리송한 상태. 신학이면 신학, 법학이면 법학.

대학교수직 제안도 마다하고 이곳저곳 하고 싶은 일을 찾아다녔다는 그분. 17세기 천재의 시대를 살았던 그 사람~ 엥? 왜 이러는 거야. ㅎㅎㅎ

"인간은 소우주다." 인간은 모두 우주 전체를 내재하고 태어난다는 거잖아요. 이게 사실 프랙털 기하학의 시작이네요. 모든 전체가 숨어 있다는 부분으로서의 인간.

아이가 게임에 빠진다는 건 전체를 찾았다는 거잖아요. 잃어버린 자기 자신. 공부도 못하고 학교에서도 집에서도 매사에 핀잔만 받던 아이들. 자기가 도대체 뭔지? 그 아이가 게임을 하면서 자신을 발견한 거잖아요. 우선 캐릭터를 꾸밀 때부터….

아, 나도 이런 걸 할 수 있네. 전쟁터에서 괴물과 싸움하면서… 오오오… 하면서 승리도 해보고… 으이, 이 쾌감? 일종의 성공체험 같은 거? 엥? 와~ 졌네…. 젠장. 다시 한번… 등등. 낄낄거리고 "젠장" 하면서 화를 내기도 하고 그냥 고함도 질러보고… 와… 으으… 한마디로 아이는 그동안 잃어버린 전체를 그 움막 같은 게임장에서 찾은 거지요. 야호~

이건 애나 어른이나 마찬가지라고 했고요. 그래서 주말이 기다려지고 여름휴가가 기다려지는 어른들. 도피처를 찾아 그냥 도피하고 싶은 거잖아요. 간혹 톡에서 잠수를 타는 것도 그렇고. 간혹 도박에 빠져드는 것도 그렇고. 우리 이제 좀 솔직해보자고요. 엥? ㅎㅎㅎ

2,300년 전에 정원학파를 창시한 에피쿠로스, 그리고 그 옆에서 스토아학파를 창시했다고 하는 제논. 그리고 태양만 있으면 알렉산더 대왕이고 뭐고 필요 없고 옆집 개같이 뒹굴뒹굴 누워서 사는 것도 구웃~ 했던 디오게네스 등. 그래서 견유학파라고 하던가요?

하여간 이들은 모두 아리스토텔레스가 인생의 최고 덕목으로 제시했던 '행복'. 그게 어떤 건가를 몸소 체험하면서 득도(?)했던 사람들이잖아요. 아타락시아, 아파테이아. 평정심과 부동심. 이게 바로 행복한 상태라는 거고요. 행복. 마음이 평온해지고 마음이 흔들리지 않으면 그게 바로 행복함??

아이들은 게임을 하면서, 게임에 빠지면서 '행복감'을 득한 거잖아요. 물론 일시적이라고 해도. 어른들은 워라밸 워라밸 어쩌고저쩌고 하면서 행복감을 득해보겠다는 거고요. 모든 편안함과 안락함. 그건 바로 행복함. 맞잖아요.

돈이 많아야 행복하다. 반은 맞고 반은 틀리고… 반반치킨? 근데 갑자기 묻지도 않은 돈 이야기를 또 하냐고요? ㅎㅎㅎ 글쎄요? 돈이 최고라고 하니까. 돈 한 푼 없어도 행복했던 디오게네스도 있었는데…. 아닌가요? 하여간.

근데…. 근데… 그건 그렇다 치고, 행복은 과연 어디서 오는 건가요? 그렇습니다. 이거 그만 맺어야 하는데, 이젠 좀 적게 쓰려고요. 그렇습니다. "전체를 얻으면 행복한 거랍니다." 동의하실까요? 아니라고요? 그럼 다시 묻지요. 전체를 모르면 불행하다. 맞나요? 아, 모르겠다고요? ㅎㅎㅎ

그럼 우리가 전체를 다 알 수는 없으니까 조금씩 알아간다면 좀 더 편안해지지 않을까요? 아, 이게 좀 현실적인가요? 그래도 모르겠다고요? 그럼… 이제 없어요.

소크라테스가 추구했던 지혜로운 삶은 그의 제자 플라톤에게는 정의로운 삶으로, 제자의 제자인 아리스토텔레스에겐 행복한 삶으로 정리되었다고 했잖아요. 지혜로움은 판단력이고, 판단력은 메타인지이고, 그건 또 문제해결력이고….

문제해결을 하고 나면 결국 행복해진답니다. 우리 아이들이 엄청난 공부 스트레스, 심리적 스트레스 등으로 오는 압박감에서 스스로 살아남기 위한 선택. 그게 바로 '게임'이라는 도피처. 순간 게임하면서 전체를 찾는 동안만이라도 행복하다. 뭐 그런 거. 전체를 알게 되어서 성불하고 성현이 된 신적 존재들. 전체를 찾아다니면서 그리고 남들에게 전체를 찾도록 도와주면서 결국 인류 4대 성현의 반열에 끼게 된 소크라테스. 산파술. 맞잖아요.

4대 성현은 모두 전체와 관련이 있다고 했고요. 제 명대로 살지 못한 소크라테스. 만약 더 살았다면 혹시 누가 아나요? “결국 너 자신을 알았다”라고 했을지. 전체를 향해 뚜벅뚜벅 걸어갈 수 있도록 한 인류 최초의 길라잡이. 소크라테스.

근데 하나 묻자고요. 엥? 도대체 그럼 전체란 뭔가요? 엥? 갑자기? 그러네요. 전체. 도대체 그게 어떤 건가요? 근데 이미 오래전에 말씀드렸잖아요. 우주를 한번 생각해보자고요. 지구가 우주 공간에 둥둥 떠 있잖아요. 우주가 전체고 지구가 부분이라고 해보자고요.

이제 전체라는 게 뭔지 아시겠어요? 지구는 부분으로, 이는 경계가 있잖아요. 근데 전체는 경계가 있을까요? ‘태양계’라고 하잖아요. 근데 수천 수만 개의 태양계가 있다면서요. 과연 우주의 끝은 어딘지? 이건 천문학자들의 몫이니까 더 이상 건드리지 말자고요. 빅뱅이론에 의하면 우주는 계속 팽창한다고 하고요. 경계선?

그러니까 전체와 부분을 구별하는 기준은 뭐라고 했나요? ㅋㅋ 아무도 모름. 이미 다 까먹었음. 경도 치매? 4%도 남지 않았다는 말씀인가요? 그럼 가까운 병원에 가보시든가? ㅎㅎㅎ 농담입니다. 그러니까 장기기억의 메커니즘을 활용해보시라니깐요. 그게 뭔가요? 엥? 그냥 대화. 서로 대화를 하는 가운데 스스로 “아하, 그렇군” 하면서, 즉 메타인지를 사용하는 공부. 바로 그게 장기기억의 메커니즘을 활용하는 거라니깐요. 아하, 경험. 유레카, 유레카….

그냥 수업이란 참여하는 데 의의가 있다고요. 아니, 대화 참여. 그래서 테스 형이 산파술을 사용하면서 대화의 장에 사람들을 끌어들인 거고요…. 이쯤 되면 테스 형이 인간의 메타인지를 활용하여 장기기억을 하도록 한 제1호가 아닐까요?

아, 또 새나갔네요. 전체란? 그러니까… 부분은 전체를 담고 있다. 그러나 부분과 전체는 경계가 있고 없고의 문제에서 같은 건 아니다. 전체를 가진 부분. 그렇다면 그게 뭘까? 그렇습니다. 이미 말씀드린 대로. 균형과 조화. 지구가 우주라는 전체 속에서 부분으로 존재할 수 있는 건 우주 전체가 가지고 있는 균형과 조화라는 질서체계 속에 들어 있기 때문이랍니다.

결론. 우리가 전체를 찾는다는 건 별거 아니랍니다. 균형과 조화를 찾아 나서는 거랍니다. 아이들이 게임에 빠지는 순간 전체를 찾았다는 건 균형과 조화를 찾음으로써 편안해졌다는 거잖아요. 근데 그게 온전한 균형과 조화가 아니라는 걸 스스로 알게 한다면? 전체는 계속 찾아지는 거. 전체는 또 다른 전체가 있음을 전제한다. 뭐 그런 거. 일단 찾은 전체에 안주한다는 건 결국 전체를 부분이라는 경계선으로 막는 결과. 결국 전체는 부분의 경계를 파괴하는 순간 또 다른 전체가 보인다. 뭐 그런 거?

한마디 더 하면 창조적 파괴가 일어나기도 하고… 엥? 계속 전체를 열어가는 동안? 엥? 도무지 모르시겠다고요? 그럼… 아직도 갈 길은 많이 남았으니 차츰차츰 좀 더 전체의 윤곽이 더욱 명료해지지 않을까요? 휴….

3

피드백 사고: "부족한 2%를 채워라"

1단계. 공생사고법: "균형과 조화는 늘 깨진다?"

엥? 이건 또 뭔 소리? 지난번에 전체란 균형과 조화라고 하지 않았나요? 그럼 전체란 항상 깨진다는 말인데…. 그럼 도대체 전체를 찾아서 뭐 하나요? 아니, 그렇다면 전체란 찾을 수도 없는 거 아닌가요? 항상 깨진다니까? 엥?

도대체 이해 불가? 하여간. 그렇다고 하고. 이왕 나온 말이니까. 어디 근거라도 좀 들어보자고요? 아, 그럽시다~

그러니까… 에… 엥? 말의 핵심도 없지만 그냥 오래 끌어야 하는 옛 교장선생님의 훈화 같음. ㅎㅎㅎ

그렇습니다. 이유는 간단하잖아요. '움직이니까.' 엥? 뭐가요? 아, 모든 게요. 모든 게 움직이지 않나요? 이 세상은. 움직이지 않는 건 죽은 거밖에 없고…. 아, 그러네요. "살아있다는 건 움직인다는 거다." 아리스토텔레스의 『피지카』에 나오는 말이랍니다. 그러니까 움직이는 한 깨진다.

뭐 그런 말이잖아요. 엥?

세상이 움직이기 때문에 살아있는 거고, 살아있으니까 존재하는 거다. 그럼 움직이면서 깨지니까 산다? 엥? '운동-내-존재' 모든 존재는 운동하는 가운데 있다. 그러니까 운동하는 한 '존재'다. 뭐 그런 거. 아이쿠, 어려워요~ ㅎㅎㅎ 그러니까 운동하지 않고 움직이지 못하는 순간 존재는 없어진다.

그러니까 운동들 하세요~ 사시려면. ㅋㅋㅋ 어찌 이해가 좀 되실까요? ㅎㅎㅎ 그럼 아리스토텔레스의 후예가 맞네요. ㅎㅎㅎ '운동-내-존재' 세상에 역학(물리학)을 탄생하게 한 아리스토텔레스의 위대한 발견. 어때요, 멋있지 않나요? 아, 저만 그렇게 생각하나요? 그럼 급죄송.

그러니까 하여간 균형과 조화는 영원한 것이 아니고 만들어졌다가 다시 깨지고… 만들어졌다가 다시 깨지고… 뭐 그런 거? 바닷가에 가면 밀물과 썰물이 왔다 갔다 하면서 균형과 조화를 유지하고…. 스님이 하산하지 못하는 것도 결코 다르지 않고. 엥? 갑자기 산속에 잘 계시는 스님은 왜?? ㅎㅎㅎ

"하산하라." 근데 스님들이 하산하시지 못하는 이유는 뭔가요? 하산하려고 고무신을 신는 순간 아직 아닌 것 같다는 느낌? 그러니까 우리가 "찰나의 도"라고 하지 않나요? 도(道)란 찰나(刹那)다. 엥? 순간에 왔다가 순간에 사라지는 게 바로 도(道). 그래서 노자께서도 "도가도비상도(道可道非常道)"라고 했잖아요. 도(道)를 도라고 말하는 순간, 도는 더 이상 도가 아니다. 엥?

그럼 이제 알았네요. 엥? 뭘요? 그러니까 전체도 순간에 왔다가 순간에 사라지니까 굳이 이렇게 어렵게 전체를 탐해봤자 뭔 소용이. 이제

조용히 나가렵니다. ㅎㅎㅎ

그러세요. 엥? 아쭈. 이건 배짱? 뭔 배짱? 그것도 아니면? ㅎㅎㅎ 어디 뭔 소리를 더 하실는지 좀 더 있어볼게요. 아, 그러세요. 기분대로… ㅎㅎㅎ

그렇습니다. 찰나에 왔다가 찰나에 사라지는 전체. 바로 그거잖아요. 전체가 한번 만들어진다고 해서 그게 영원히 간다면. 잘 생각해보세요. 그건 뭔가요? 썩는 거잖아요. 고인 물이 썩듯이. 전체가 한번 만들어져서 요지부동이라면 그 전체는 고인 물과 다르지 않겠지요.

빅뱅설이 유력한 이유도 바로 거기에 있다고요. 우주는 계속 확장된다. 그 안에서 수많은 별이 죽어 없어지고 다시 새 별이 태어나고를 반복하면서 우주는 계속 확장되고. 그러니까 한쪽에서는 죽어가고 다른 쪽에서는 다시 사는 과정에서 새로움도 탄생하니까…. 사람도 마찬가지. 개미도 마찬가지. 우주 만물이 모두 다 같은 이치… 엥?

그게 새로운 창조라고 하기도 하고. 근데 창조가 없으면 죽는다고요. 엥? 갑자기 이건. 그렇습니다. 엔트로피의 증가. 엥? 갑자기 엔트로피 이론을 또. 그렇지 않나요? 소멸하려는 경향인 엔트로피. 엔트로피를 최대한 억제하려면 새로운 창조가 투입되어야 한다고요. 엥? 네가티브 엔트로피. 네겐트로피. 엥? 경고. 문자 쓰지 말기.

하여간 새로운 창조가 있으니까 우리는 계속 살 수 있는 거고. 균형과 조화가 깨지면서 새로운 창조가 생겨나고 그래서 새로운 삶이 가능하고… 뭐 그런 거. "우주는 스스로를 자기 조직한다." 제임스 러브록이라는 학자가 쓴 책 제목이잖아요. 당시 베스트셀러였다니깐요. 그러니까 우리가 살아남기 위해 심지어는 일부러 균형과 조화를 깨야 하고. 엥? 우리가 살아남기 위해 균형과 조화를 다시 찾아야 하고…. 엥? 엥??

이건 정말 아이러니??? 그렇습니다. 삶은 아이러니의 연속이랍니다. 엥? 어려워~용…. 엥? 으으으… 머리에 쥐 나요~ ㅎㅎㅎ

그만 정리하자고요. ㅎㅎㅎ 엥? 아니, 말하다 말고 이건 뭔 또 관객 모독 아닌가요?

그래서 하여간 공생이 필요하다는 거잖아요. 공생(共生). 같이 살자는 거잖아요. 전체를 찾아야만 부분을 잘 알 수 있고 그래야만 문제해결을 할 수 있는 판단력이 생길 텐데…. 근데 그놈(?)의 전체는 계속 도망가고 균형과 조화는 계속 깨졌다가 다시 생겨난다고 하니….

그래도 문제해결사가 되려면 결국… 계속 도망가는 균형과 조화를 찾아서… 아, 그래서 공부. 평생 공부를 해야 하는가 보네요. 여기서 질문이 하나 있어요. 엥? 단 한 번의 요행수로는 안 될까요? 그러네요. 물론 될 수도 있겠지요. 다만 말 그대로 그건 요행수? 근데 언젠가는 밑천이 드러나겠지요. 아, 방법이 하나 있어요. 요행수로 모면하고 밑천이 드러나기 전에 돌아가시면… 아무도 모르잖아요. 그게 요행수였는지 정도였는지…. ㅎㅎㅎ

"인간은 누구나 완전할 수 없다." 동의하실까요? 아무리 완벽해도 2% 부족한 게 인간이다. 동의하실까요? 그 2%를 누군가가 메꾸어준다면? 우린 인생은 성공하는 거잖아요. 굿럭. 그 2%가 바로 행운의 신 아닌가요? 피드백. 그게 바로 행운의 신이랍니다. 피드백을 받는 순간 나는 더욱 완전해질 수 있다. 뭐 그런 거 아닌가요?

피드백. 누군가가 누군가를 코칭하는 거잖아요. 그러니까 누군가로부터 피드백을 받으면 자신에게 균형과 조화가 얼마나 어떻게 깨졌는가를 점검받을 수 있고요. 엥? 그런 거 안 받아도 된다고요? 싫다고요? 누군가가 나한테 지적질하는 거. 아, 그러네요. 엄마의 잔소리? 선생님의 꼰대질? 엥? 그러네요. 잔소리. 그럼 잔소리 말고 굵은 소리는 어떨까요? ㅎㅎㅎ

맞습니다. 사실 그게 세상에서 가장 싫은 거잖아요. 피드백 받는 것도 같은 거 아닌가요? 그러니까 남들에게 자신의 허물을 보여주고 싶지 않은 거잖아요. 비판받는 거는 어떻고요. 정말 딱 질색? 남을 비판하는 데는 선수인데 자기가 비판의 도마에 올라가기는 싫어하는 인간. 누굴까요? ㅋㅋㅋ 알~면서… ㅎㅎㅎ

근데 그러면 그럴수록 자신이 전체로 접근하기가 쉬울까요, 어려울까요? 그러니까 피드백을 받고 싶지 않은 사람들은 전체를 알고 싶지도 않은 거잖아요. 균형과 조화도 필요치 않은 거고…. 그러니까 문제도 해결하고 싶지 않은 거고… 그냥 내 멋대로 살 거야. 뭐 그런 거잖아요. 그럼 할 수 없겠지만. 근데…

피드백 받고 싶지 않고 다른 사람의 비판을 받는 건 더더욱 싫어하는 사람들에게도 이유는 있답니다. 뭐냐고요? 병 주고 약 주고? 그렇습니다. 왜냐고요? 우리가 지금 남들에게 하는 피드백이나 비판은 이미 왜곡된 거잖아요? 엥? 뭔 소린지? 남을 비판하는 건 상대방을 논리로 제압해서 모두를 뺏으려고 하는 거로 변질되었잖아요? 엥? 그러니까 소피스트들이 하던 방식. 건전한 비판을 한답시고.

결국 이분법적 논쟁으로 몰고 가서 끝내 자신의 궤변으로 남에게 상처 주는 아주 비열한 그런 인간. 이런 삿대질을 과연 누가 좋다고 할까요? 그래서 남들의 비판을 피하고자 하는 거 맞잖아요. 비판이 아닌 비판, 비

방. 엄마의 잔소리? 엥? 거기 엄마는 왜 끌어들이는 거고? ㅎㅎㅎ

그러니까 피드백도 마찬가지. 지레 겁이 나잖아요. 또 다 털리는 것 같은 느낌? 그래서 피드백이고 비판이고 겁이 나는 거 맞잖아요. 그러니까 우리는 여전히 이분법적 논쟁의 기술 또는 궤변 공화국의 분위기 속에서 비판, 피드백을 한다고 떠드는 거잖아요. 좀 창피하지 않나요? OCED 선진국이라고 하면서… 아니, 세상이 모두 대동소이하잖아요.

어떻게 이렇게 비열하게 세상이 진화해왔는지? 쩝쩝쩝… 2,500년 전에 애꿎은 테스 형님을 죽이고… 한쪽으로 찌그러진 채 진화를 거듭해온 결과 2,500년 후 지금의 자화상이랍니다. 인간이 그렇게 진화하지 않아도 되는 건데…. 참 안타깝지 않나요? 테스 형이 부활해야 하는 이유. 이제 아셨지요? 뭔 소리냐고요? 인간다운 소리? 아니, 테스 형 소리?? ㅎㅎㅎ

근데… 이왕 사는 거 그래도 다홍치마라고 전체를 좀 더 알고 싶고 균형과 조화가 어떤 건지도 궁금하고…. 더 나아가서 사는 동안 전체 속에서 부분을 파악할 수 있는 능력을 가지고 더욱 예리한 판단력을 가지고 살고 싶으시다면? 좀 더 있어보자고요. 일단 균형과 조화가 깨지면 몸이 상하고… 결국은 장렬한 전사? 균형과 조화가 깨졌기 때문이랍니다. 결국 전체를 모르면 역시 장렬한 전사만이 남겠지요. 그런데 아직도 대부분의 인간은 전체와 아랑곳없이 살고 있잖아요. 그러니까 갑자기 어느 날 "인생이 뭐지?" 하면서 멜랑콜리맨이 되잖아요. 너무 웃기지 않나요? 의미 없는 삶? 전체가 없는 삶. 같은 말이랍니다. ㅎㅎㅎ

공생. 개미와 진딧물, 꽃과 나비, 악어와 악어새의 공생관계. 뭐 이런 거 중학교 생물 시간에 배운 거 아닌가요? 콩과식물의 뿌리와 질소박테

리아, 말미잘과 소라게, 빨판상어와 등푸른청소노래기와의 공생관계 등. 근데 따지고 보면 모든 생명체는 크고 작은 공생관계로 살고 있답니다. 엥? 최초에 생명이 탄생하게 된 것도 미토콘드리아와 진핵세포가 서로 공생하면서 시작되었다고 하잖아요. 물론 누가 봤나요? 믿거나 말거나? ㅎㅎㅎ

하여간 공생. 서로 도우면서 살아간다는 건데. 따지고 보면 혼자 살아가는 사람들이 몇이나 될까요? 산속의 스님들? 신부님들? 수녀님들? 정말 혼자 사는 사람들? 아, 있다. 독신자들? 엥??

오죽하면 무려 300여 년 전에 쓰인 『로빈슨 크루소』라는 대니얼 디포의 소설이 지금도 우리 뇌리에 남아 있다는 건? 세상에 완전히 혼자 산다는 게?

하여간 누군가의 도움이 없었다면 여러분이 여기까지 오지 못했겠지요? 애초에 사람이 잉태하려고 해도 그 누군가의 도움? ㅋㅋㅋ

혼자서는 절대 안 되잖아요. 양성식물이 있다고 하던데… 하여간. 양성애자? 엥? 동정녀 마리아??

이렇게 본다면 공생은 생명체의 운명이잖아요. 거역할 수 없는 운명. 조물주는 왜 이렇게 얄궂게 만들었는지 모르겠네요. 그냥 늘 서로 그리워하도록. 때가 되면 서로 눈이 맞아서 결국 대를 있도록 말이에요. 뭐 의학적으로는 옥시토신이 나오고 세로토닌이 분비되고….

사랑의 도파민도 넘치고… 어쩌고저쩌고… 사랑의 묘약이라는 건데…. 근데 애를 낳지 않는 요즘 사람들? 조물주의 위대한 과업에 대해 저항하는 건가요? 아니면 사랑의 호르몬의 약발이 3년 남짓이라는 사실을 이미 알고 있는 건가요? 3년의 유효기간만 잘 버티면… 와~ 난 자유다.

뭐 그런 건가요? ㅋㅋㅋ

오케이. 다 떠나서 우리가 공생하지 않으면 일단 사는 데 불편하고 불리하지 않나요? 그래서 인간관계가 어쩌고저쩌고 하는 거 아닌가요? 아닌데요. 저는 혼자서도 잘 지내는데요? 혼자 있는 게 더 좋다고요. 엥? 그리고 때로는 고독도 즐길 줄 알아야 한다고 하잖아요…. ㅎㅎㅎ

하여간. 일단 그렇다고 하자고요. 뭘 그렇다고 하자는 건가요? 아, 일단 공생이 우리의 숙명이고, 공생으로 우리의 삶이 더 편해진다는 가정을 하자고요. 사실 말씀드리고자 하는 건 "공생이 운명이라면 공생이 깨지는 게 뭘까요?"라고 질문하려고 했던 거잖아요. 글쎄다. 엥? 그렇습니다. 바로 전체가 깨지지 않게 하기 위해 공생이 요청되는 건데. 엥?

남녀로 태어난 우리 인간도 공생해야 하는 이유는 이제 자명해졌네요. 엥? 반쪽을 찾는다고 하잖아요. 그러니까 반쪽이 서로 만나서 전체를 찾아가는 뭐 그런 거. 근데 왜요? 균형과 조화를 찾기 위해? 근데 균형과 조화는 항상 깨진다면서요? 그럼 다시 깨진다? 뭐가? 엥? 돌아온 싱글. 돌싱? 너무 나갔나요? 아니라고요? 맞다고요? 그럼 할 수 없지만. ㅎㅎㅎ 이상 농담??

하여간 깨지면 다시 새로워진다고 했잖아요. 그게 그런 건지는 좀 고민? 그래서 부부싸움은 때로는 약인가요? 더 큰 전체를 보기 위해? 엥??

공생이 숙명이라면 또 하나의 숙명은 피드백이겠지요. 누군가의 피드백이 없으면 어떤 것이 전체, 즉 균형과 조화를 깨지게 하고 있는지 알 방법이 없잖아요.

혼자 그걸 알아낼 수도 있겠지만, 시간이 엄청 걸리지 않을까요? 아니면 죽을 때까지도 모를 수 있지 않을까요? 마치 자기의 속눈썹이 절대 보이지 않는 것처럼. 뭐 묻은 개가 뭐 묻은 개를 나무란다는 말도 있잖아요. ㅋㅋㅋ

이제 걱정하지 마세요. 엥? 테스 형의 산파술이 도움을 줄 거잖아요. 작은 질문을 통해 피드백의 자극들을 공생하게 함으로써 요동하는 균형과 조화를 다시 새롭게 해주지 않을까요? 산파술은 이분법적 논쟁이 아니라고 했잖아요. 부분에서 전체를 계속 알아가는 대화? 대화를 조금씩만 틀어주세요.

2,500년 동안 피드백의 세계로 장악해온 이분법적 소피스트식의 논쟁법. 이제 우리가 단호하게 거부해야 할 방식이잖아요. 새로운 전체를 계속 찾아가게 하는 테스 형의 산파술. 2,500년간 단절된 진정한 대화와 소통의 방법. 산파술. 이쯤 되면 전체를 찾도록 도와주는 산파술은 다시 전체로부터 부분을 파악하게 하여 공생을 위한 피드백, 그리고 마침내 문제해결사로서의 역할을 충분히 해낼 수 있게 하는 뭐 그런 거. 테스 형의 산파술. 공생사고의 원조답지 않나요?

2단계. 연결망 사고법: "우리는 한 그물에 걸린 운명이다"

엥? 이건 또 뭔가요? 그럼 우리가 그물에 잡힌 물고기 신세란 말인가요? ㅋㅋㅋ 아, 그럼 좀 알기 쉽게 다른 말로 쓸게요. "세상의 모든 부분은 서로 연결되어 있다." 엥? 부분과 부분의 연결. 그것이 전체다. 근데 이건 너무나 당연한 말 아닌가요? ㅎ 이 아까운 시간에? 그럼 이번 글은 정

중히 스킵하겠나이다~ 아, 그러세요. ㅎㅎㅎ

그렇습니다. 근데 우리가 간혹 깜빡하잖아요. “나는 나야!” 뭐 그러면서. 각자도생(各自圖生)이라는 말도 있고요. 엥? 갑자기 사자성어? 그러네요. 각자 알아서 살아라! 그러네요. 근데 이건 사실이지만, 좀 서글퍼지기도 하네요. ㅎ 좀 무섭기도 하고요.

세상에 믿을 게 없다는 말이기도 하잖아요. 세상에 믿을 놈 아무도 없다? 정말 세상이 이리 험해졌나요? 그러네요. 아니라고요? 아직 살만한 세상이라고요? 아, 그러네요. 간혹 사회의 훈훈한 이야기들도 있잖아요. 자근자근한 이야기들…. 소확행? 물론 험한 세상사가 더 많아진 것 같기도 하지만. 좀 씁쓸함??

다시 돌아가자고요. 우리가 서로 연결되어 있다는 건 당연지사로 알고 있지만 살다 보면 깜빡한다고 했잖아요. 엥? 뭐가요? 뭘 깜빡한다는 건가요? 아, 그거요. 엥? 답답. 근데 잊을 걸 잊어야 하는데… 잊지 말아야 하는데 잊으니까. “혹시 치매 1기?” 하고 묻는 거잖아요. ㅎㅎㅎ

분명히 연결되어 있다는 걸 모르는 건 아니지만. 엥? 그걸 모르겠다고요? 아, 그러네요. 나는 나다. ‘천상천하 유아독존’이라는 말도 있는데. 결국 나는 혼자 사는 거 아닌가요? 일본 사람들이 말하는 히키코모리? 아, 그러네요. ㅋㅋㅋ 독신. 돌싱? 아, 지난번에도 나온 말이네요. 그럼 삭제 요망!

하여간 다시 한번 더 곱씹어보자고 한 말이랍니다. 인간관계가 어쩌고저쩌고. 서로 돕고 살아야 한다? 뭐 그런 거. 하여간 서로 얽혀 있는 게 삶이라는 사실. 그래서 조찬기도회에 나가서 얼굴도장이라도 찍어야 하고. 뭐 그런 거. 일종의 인맥 쌓기? 아는 걸 실천하는 거 맞잖아요.

근데… 근데… 이거 정말 페르소나 아닌가요? 엥? 갑자기 문자를. 문자 쓰지 말자면서요. 가면? 가식? 아니라고요. 진심이라고요? 아, 그러네요. 누가 뭐라고 하나요? 지금 사시안으로 보고 계시잖아요? 아, 그런가요? 그렇다면 급죄송합니당~ ㅎㅎㅎ

그러네요. 연결망으로 사고하라. 독수리 5형제. 어디서 들어본 말? 만화영화 제목이잖아요. 예전에 빅히트했다고도 하고요. 지구를 지켜라! 뭐 그런 거. 조물주께서는 인간에게 지구에 사는 만물을 보살피고 관리하는 책임을 주었으니까…. ㅎㅎㅎ 인간이 지구의 주인??

사실 인간은 지구의 주인이 아니랍니다. 엥? 이건 또 뭔 소리. 사실 지구의 주인은 모든 생명체 아닌가요? 엥? 이젠 막 나가시네요. ㅎㅎㅎ 그 하찮은 생명체들도 지구촌의 주인이라는 건가요? 말도 안 돼. ㅉ

생태학자들의 주장이랍니다. 인간은 지구생태계에서 하나의 부분일 뿐입니다. 어쭈? 그럼 고등동물인 인간과 하등 생명과도 차별이 없다는 건가요? 그러네요. 아, 생태학자들의 주장이라니깐요. 엥? 또 빠져나가시려고요? 딱 걸렸지요? ㅎㅎㅎ

그러네요. 항상 핑곗거리가 있다니깐요. ㅎㅎㅎ 이 책 저 책 보다 보니깐. 여러분도 한번 해보세요. 아니면 챗GPT에게 물으면 금방 나오잖아요. 이를테면 '지렁이'라고 쳐보세요. 아, 너무 징그럽다고요? 아, 그러네요. 눈과 코가 없으니… 입만 있으니까…. 엥? 그래서 더 징그럽다고요? ㅋㅋㅋ 아이언맨? 지구생태계를 지키는 마지막 보루가 지렁이라는 사실 아실까요? 엥.

그러니까… 세상에 지렁이가 없으면 우린 더 이상 지구에서 주인은 커녕 살아남을 수도 없다는 사실. 그래도 지렁이를 하찮은 미물이라고 하실 건가요? "아니, 징그러워 죽겠어요" 하고 도망가실 건가요? 이제 길거리에서 만나면 정중하게 안부 인사라도 하고 지나가시면 어떨는지요. 엥? ㅎㅎㅎ

정리하시지요. 엥? 또 정리? 뭘 했다고. 항상 이 모양이잖아요. 근데 놀라운 건 정리하자고 하면서 더 길게 쓰잖아요. 이제 알았다니깐요. 전략을… 엥? ㅋㅋㅋ

아, 들통이 났네요. 그렇습니다. 정리하자고 해야 금방 끝날 줄 알고 더 읽게 되잖아요. 근데 영 안 끝나. ㅎ 결국 인생은 속고 속는 거라고 하더니만…. 엥? ㅋㅋㅋ 아, 급죄송. 농담인 거 아시지요? 잘 모르겠다고요? ㅎㅎㅎ

그물망으로 연결되어 있다는 건? 반드시 자기와 남이 무관하지 않다는 거잖아요. 지남철이라고 하나요? 자석? 자석이 움직이는 방향에 따라 쇳가루가 움직이잖아요. 아, 예전에 지학 시간인가요? 그때 실험하지 않았나요? 하여간. 학교에서 진짜로 실험한 적은 거의 없겠지만. 하여간 교과서에 쓰여 있잖아요.

나와 남을 지남철과 쇳가루의 관계로 생각하시면 딱이라고요. 다른 예를 들 수도 있지만 이게 제일 와 닿을 것 같아서 그만. 아니면 다른 걸 생각해보시든가요? ㅎㅎㅎ 사실 이러한 과학은 이론적 토대도 확실하고요. 엥? 갑자기 과학? 또 뭔 얘기를 하시려고 그러시나요? 엥? ㅎㅎㅎ

중력장이론! 엥? 진짜네. 뭘 또… 쓰시려고. 아인슈타인. 엥? 막무가내로. 아인슈타인의 중력장이론은 우리가 그물망에서 빠져나갈 수 없는 운명을 타고난 존재라는 사실을 과학적으로 밝혀내고자 한 가설이랍니다. 엥? 그게 80여 년 지나서 www 그러니까 월드와이드웹. 그러니까…

그게….

결국 인터넷 세상으로 완전히 입증된 거잖아요. 인터넷의 그물망에 걸린 우리 인간. 맞나요? ㅎㅎㅎ 인터넷의 발명은 우리가 사는 사회가 바로 '연결망 사회'라는 가설을 과학적으로 입증하고 검증해낸 큰 사건이랍니다. 맞잖아요. 그러니까 연결망 네트워크 사회는 바로 우리 인간이 벗어날 수 없는 운명의 집이랍니다. ㅋ

내가 화를 내면 주변이 우울해진다. 어때요, 동의하실까요? 내가 웃으면 주변이 밝아진다. 이건 어떤가요? 참 이상하지요. 내가 기분이 꿀꿀한데 남들에게도 영향을 미친다니. 양자중첩? 엥? 나는 안다고요? 그러네요.

아니면 중력의 법칙. 만고의 진리잖아요. 만유인력의 법칙. 여기서 끌고 저기서 끌고…. 지난 시간에 심청이 이야기를 하면서는 마음, 즉 이심전심으로 풀었잖아요. 공감(共感) 그리고 끌림, 눈맞음, 결혼 등… 도대체 어떻게 내 마음이나 내 기분이 주변에 전해지는 건지.

'행복 바이러스'라는 말도 있잖아요. 아, 믿거나 말거나랍니다. 누가 보았나요, 바이러스? 아무리 보아도 안 보이는데…. 잘 보이는 현미경이 있다고요? 그걸로 행복 바이러스도 볼 수 있을까요? 아, 이걸 발견하시면 노벨상 타시겠어요. 와우~ 아하! 그러니까… 여기저기서 중력이 서로 작용하는 걸 보고 결국 모든 중력은 장(field, 場) 속에 함께 있구나.

그게 바로 아인슈타인의 중력장이론. 맞나요? 그게 이제 인터넷 세상으로 현실화하고… ㅉ 이제 우리는 인터넷 없이는 사는 것조차 불가능한 존재로 확인된 셈입니다. 아니라고요? 컴맹? 이미 죽은 목숨? 아, 좀 너무 나갔나요? 디지털맹. 엥? 그만그만….

이제 항상 나는 주변과 연결되어 있다는 생각을. 깜빡할 게 따로 있지. 하여간 여러분은 이런 생각을 하면서 '전체'에 더욱 접근하는 겁니다. 인간관계가 중요하다는 생각. 맞잖아요. 내가 누군가와 숙명적으로 연결되어 있는 거니까 인간관계를 잘해야 한다고 생각하시는 거 맞잖아요? 성공하기 위해? 그러네요. 그렇다고요? 더 나은 삶을 살겠다는데… 아, 누가 뭐라고 하나요? 하여간 그렇다면 굿~

근데 잘 따져보면 누군가에게 잘 보이려고 그런 거 아닌가요? 그래야 출세하는 데도 좋고, 진급도 될 거고… 아니라고요? 너무 사시안이시다. 엥? 그러네요. 돈벌이에 도움이 되니까 사람을 이용한다? 이건 너무 더 심하지 않나요? 누굴 어떻게 보시고 이런 망발을? 그러네요. 그럼 급사과.

근데 같은 생각이라고 해도 솔직히 말해보자고요. 연결망 사고는 우리 인간의 숙명이라고 했잖아요. 그러니까 매사에 일상에서 단 한순간도 예외 없이 우리가 누군가와 운명적으로 연결되어 있다는 생각. 그 생각하고 필요할 때만 그런 생각을 하고 실천하는 것과 같은지 다른 건지? 엥??

(머리에 또 쥐가 나기 시작함. ㅋㅋㅋ)

필요할 때만? 돈벌이에 도움이 된다, 승진해야 한다, 그래서 인간관계가 중요하다는 생각? 인맥사회? 아니면 연줄사회? 아빠 찬스 사회? 그런데 이것도 연결망 사고는 맞잖아요. 물론 일부겠지만. 아니면 찌그러진 사고? ㅋㅋㅋ 그래도 안 하는 것보다는. 그러네요. Better than nothing. 없는 것보다는 낫죠. 그런데 좀 너무 얄팍하지 않나요? 금방 들통날 짓거리잖아요. 아니라고요? 끝까지 간다. 뭐 그런 거? 엥? 이건 정말 욕 같은데요? 엥? 그럼 역시 취소함.

근데 이럴 경우 심각한 건 이렇게 억지로 아니면 필요에 따라 해야 하는 인간관계에 사람이 지친다는 말씀. 동의하실까요? 아니라고요? 지금의 인간관계가 즐겁다고요? ㅎㅎㅎ 그럼 좋지요. 즐거움이 곧 행복이니깐요. 근데 그게 잠시의 행복으로 끝나지 않기를…. 행복과 불행은 한 글자 차이랍니다. 엥?

최소한 스트레스의 온상이잖아요. 좌불안석? 늘 살얼음판을 걷는 심정??? 억지로 하는 인간관계. 근데 목구멍이 포도청이라서. 어쩔 건데요? 그러네요. 그냥 스트레스를 받으시면 된다니깐요? 스트레스도 때로는 활력소라고요? 그 유명한 '메기이론' 모르세요? 그래도 어쭈? 이제 막가자는 건가요? 엥?

근데 '관태기'라는 말도 있잖아요. 인간관계에 대한 권태기. 인간관계가 오히려 짜증이 난다고 하잖아요. 누가요? 요즘 MZ세대가 그런다고 하네요. 그래서 회식문화가 싫고 어쩌고. 그래서 퇴사했다고 하네요? 엥?

하여간 스트레스는 만병의 근원. 수없이 써먹는 말이잖아요. 누가요? 제가요. 저도 이젠 지겹네요. 좋은 말도 세 번 하면 역겹다고 했고요. ㅎㅎㅎ

정말 끝입니다. 연결망 사고. 매 순간 잊지 않고 명심하고 사신다면 여러분은 전체를 찾아가는 지름길을 가는 겁니다. 그게 바로 블루오션이고요. 예를 들어보자고요. 요즘 자원봉사를 하시는 분들이 많이 늘었잖아요. 코로나 사회가 남기고 간 선물? 우리 사회의 훈훈한 모습 맞잖아요. "난 우울증이 다 나았답니다." 어떤 자원봉사자의 고백을 들은 적이 있지 않나요? 아니라고요? 금시초문이라고요? ㅎㅎㅎ 근데 빠져나오기가 어렵다는 주부 우울증. 봉사로 극복한다? 한번 해볼만한 일 아닌가요?

진정한 마음에서 우러나오는 자원봉사는 자기 자신에게 복으로 돌아온다는 사실. 입증된 거 아닌가요? 연결망 사고를 자연스럽게 습관화하는 삶. 이거야말로 전체에 다가가게 함으로써 좋은 판단력으로 살게 하지 않을까요? 테스 형의 산파술. 생각의 각도를 조금씩 틀면서 전체를 보게 도와줄 거고요. 동의하실까요? 아직은 아니라고요? 피부에 와 닿지는 않는다고요? ㅎㅎㅎ

지난번 수업에서는 제가 소크라테스처럼 먼저 질문을 했답니다. '연줄사회', 여러분에게는 과연 긍정적인가요, 부정적인가요? 경험과 생각이 다양하잖아요. 그다음 질문은 앞으로 우리의 연줄사회의 전망은? 그러니까 연줄사회 또는 인맥사회가 앞으로 어떻게 될 것인가? 역시 생각은 자유.

마지막으로 "적응하는 자가 살아남는다"고 하니까… 누가요? 찰스 다윈. 진화론의 창시자. 엥? 그럼 "우리가 어떻게 연줄사회에 적응해야 할 것인가?"라는 질문으로 시작해서 이 질문으로 끝났다고요. 마치 소크라테스가 어떻게 했을 것인가를 상상하면서…. 산파술… 집요한 질문법?

그러니까 여러분에게 첫 번째 질문은 스스로 판단해서 말씀해보시라는 것이었고… 이어서 여러분의 머릿속에 잠재하는 메타인지를 발동시켜서 나름 전망을 해보시라고 했던 거고….

마지막 질문은 "그래서 쏘홧?" 그럼 어떻게 문제를 해결해야 할까? 제가 소크라테스가 되어서 질문한 거잖아요. 지속되는 질문과 답변. 조금씩 전체를 향해 각도를 틀어주는 질문들… 이렇게 서로 소통하는 가운데 여러분의 판단력은 더욱더 예리해지실 거고….

그럼 그게 나중에 문제해결에 큰 역할을 할 거잖아요. 그런 과정에서 메타인지가 더 발동할 거고…. 결국 운명적인 연결망 속에서 과연 어떻게 처신할 때 우리는 더욱 지혜롭게 사는 걸까….

근데 지혜롭게 사는 게 바로 행복하게 사는 거다. 엥? 1기 수업에서 다 했다고요. 결론은 "덕분에~"로 마무리되었다고요. "당신 덕분에 잘 먹었습니다", "당신 덕분에 오늘 즐거웠습니다". 그러니까 문제해결은 의외로 간단하다고요. 엥??

그냥 "덕분에, 덕분에"라는 말을 가능한 한 많이 듣고 사시면 됩니다. 연결망 속에서. 설령 그게 억지로 인간관계라고 해도… 그게 설령 아빠 찬스라고 해도… 아레테.

고대 아테네의 위대한 유산은 크게 두 가지가 있는데 하나는 참지식, 즉 진리를 일컫는 에피스테메. 그리고 "덕 또는 탁월함" 및 "~다움"의 의미를 가진 아레테. 그럼 쉽게 말해서 덕을 베풀어야 한다는 건데…. 엥? 갑자기 옛날 도덕군자 같은. 교과서 같은… 아니, 꼰대 같은 말씀을?? 과연 정말 그럴까요? ㅎㅎㅎ

하여간 지혜로운 삶이 행복한 삶이라는 고대 아테네 사람들의 이상이 현실화되는 거잖아요. 판단력. 훌륭한 판단력은 지혜로운 삶이고 그건 마침내 행복한 삶. 엥? 뭔 뚱딴지같은 소리냐고요? 그렇습니다. 부분에서 전체를 찾아가고….

전체와 부분의 관계 속에서 부분을 판단하는 게 바로 지혜로운 삶이고… 그게 바로 궁극적으로는 행복한 삶이라고 했는데…. 여기서 잊지 말아야 할 게 있잖아요. 전체는 균형과 조화라고… 균형과 조화를 찾아가는 삶이 행복하다? 뭐 그런 거잖아요. 그렇다면 균형과 조화. 엥? 끝낸다고 하면서 이렇게 길게 쓰시나요? 점점 더 모르겠다고요? ㅎㅎㅎ

그러니까 수업에 들어오시라니깐요. ㅎㅎㅎ 아, 농담이고요. 시간이 아깝다고요? 그럼 그만큼만 가져가시면 되고요. 수업 시간은 질문할 기회가 되잖아요. 잘 이해되지 않는 걸…. 그걸 즐기시라는 건데… 시간이 문제잖아요. 몰시간 사고. 엥? 시간은 존재하지 않는 도깨비 같은 거라고 했잖아요? 아니라고요? 방금 시간이 없다면서요? 수업에 참가할 시간… 엥? 아, 그만~ 그래도 아직 2기 수업 종강은 4회나 남았으니까요…. 그럼 그때까지. ㅎㅎㅎ

3단계. 리사이클링 사고법: "내가 버린 하수, 우리 아이가 마신다"

좀 되었나요? 예전에 공익광고에 나온 말이잖아요. 환경생태보호 공익광고였나? 그때 인상이 좀 깊어서 아직도 머릿속에 남아 있는 거구요. 모른다구요? 아마 연식(?)이 좀 되신 분들은 기억할지도 모르겠네요. ㅋㅋㅋ 연식이 좀 되셨어도 세상사에 무관심한 분들은 처음 듣는 이야기일 수도 있겠네요.

하여간 근데… 이 말에 동의하실까요? 모르겠다구요? 하여간 그렇습니다. 세상은 모두 리사이클링. 아, 그럼 인생은 재활용이라는 건가요? 재활용? 뭘 재활용? 그럼 인간도 분리수거? ㅋㅋㅋ

리사이클링. 재활용 맞잖아요. 근데 학문적으로는 그냥 계속 사이클링하는 것도 포함됩니다. 그러니까 삶은 계속 순환한다? 뭐 그런 말씀? 엥? 이거 불교 경전에도 나오는 말 아닌가요? 윤회사상? 연기설? 어쭈~

또 어려운 말을. 하여간 우리는 죽어도 다시 태어난다, 뭐 그런 거? ㅎ 근데 뭐 거기까지는 확대해석하지 마시고. 왜냐고요? 솔직히 아무도 확신할 수는 없잖아요. 절에 가신다고 해도. ㅎㅎㅎ

그저께 소크라테스 학당 수업에서는 시스템에 대해 논의했다구요. 시스템. 대표적인 리사이클링의 개념이랍니다. 우리 인간은 세포 시스템으로 구성되어 있고요. 이미 말했잖아요. 누가요? 아, 생물학자들이요.

생태학자들도 그러고요. 세포와 세포가 하나의 시스템을 이루고 그 세포와 세포가 모두 연결되고. 근데 이건 시스템과 시스템이 연결되는 거잖아요. 기계 시스템도 마찬가지고요. 왜냐고요? 세포 시스템으로 이루어진 사람들이 만들어낸 거니까요. 사회 시스템은요? 마찬가지랍니다.

그러니까 시스템은 인간이 리사이클링 구조 속에서 살아가는 생명체라는 걸 알려주는 대표적인 사례가 되잖아요.

시스템의 목적은 '효율성'이랍니다. 동의하실까요? 그러니까 시스템이 잘 가동되면 효율성이 높아지는 것이고, 시스템이 엉망이면 효율성이 낮아지는 거고요. 인간은 누구나 효율적으로 살고자 하잖아요. 그래서 시스템을 만들고 사는 거랍니다. 아, 이미 세포 자신도 시스템으로 되어 있고요.

세포 시스템은 외부와 물질 · 정보를 교환한다고 하잖아요. 모두 효율성 때문이랍니다. 궁극적으로는 생산적으로 살기 위해서겠지요. 그러니까 기계 시스템을 만들어 더욱 효율적으로 살아가는 거겠지요. 사회 시스템 역시 우리가 효율적으로 살면서 생산성을 높이기 위함이겠지요.

그런데 시스템의 구조는 투입-전환-산출 그리고 피드백으로 구성된답니다. 그러니까 어떤 투입이 일어나서 어떤 전환이 일어나고 어떤 산출이 일어날 때 가장 효율적인가? 그게 관건. 근데 더 높은 효율성을 만들기 위해 시스템은 계속 피드백을 받아야 하는 거잖아요. 그래서 피드백까지가 시스템 구조랍니다.

그러니까 우리가 살아가는 원리는 의외로 간단하잖아요. 투입-전환-산출-피드백의 구조. 이걸 잘 들여다보면 답이 나오지 않을까요? 근데….

혹시 '시스템 사고'라는 말을 들어보셨을까요? 전혀라고요? 엥? 지금 들었잖아요. 시스템 사고는 전체성 사고랍니다. 엥? 이건 또 뭔 소리? 우주 시스템? 말이 될까요? 하여간 모든 것을 시스템으로 보는 거잖아요. 그러니까 시스템 사고란 리사이클링 사고라는 말이잖아요.

정리하자고요. 엥?

"내가 버린 하수, 우리 아이가 마신다." 비수에 꽂히는 말 아닌가요? 이건 두 가지 의미가 있잖아요. 하나는 자연환경생태 파괴는 결국 우리 다음 세대에게 돌아온다. 그 말이잖아요. 그럼 다른 하나는 뭔가요? 음~ 그렇습니다. 전체를 알아야 부분이 산다, 뭐 그런 거잖아요. 엥?

어쩔 수 없이 엔트로피가 증가하면서 사멸하는 것을 최대한 억제하기 위해 재활용해야 하겠지만. 아하! 어려워요~ 그 이전에 모든 게 계속 돌고 돌면서 결국은 누군가가 폭탄을 맞아야 하는 게 우리의 삶. 뭐 그런 거잖아요. 일종의 폭탄 돌리기? 엥? 그러네요.

리사이클링 사고. 전체란 바로 계속 사이클링하는 게 우리네 삶이라는 사실. 그 사실을 모르고 사는 것과 알고 사는 것. 과연 차이가 있을까요, 없을까요? 너무 점잖은 질문인가요? 아니, 너무 한가한 질문 같은데요? ㅎㅎ

그러네요. 너무 한가한 질문? 도대체 전체를 알아서 뭘 한다고? 아무리 해도 생태파괴는 계속될 거고. 내 생전 돈만 많이 벌면 되지. 전체적 사고가 밥 먹여주냐?

"사랑으로 키운 자식 사랑으로 돌아오고, 미움으로 키운 자식 미움으로 돌아온다." 아니라고요? 아니, 너무 무섭다고요? 그렇습니다. 삶이 반드시 부메랑으로 돌아온다는 생각. 그게 바로 전체적 사고랍니다. 근데 그걸 모르고 그냥 열심히 사신다면? 나중에 자식한테 복수를 당할 수도 있지 않을까요? 엥? 예가 좀 너무 나갔다고요? 아, 그런가요? 그럼 좀 약한 걸로….

'인과응보'라는 말도 있잖아요. 안 믿는다고요? 세상에 죄짓고 사는 사람들이 그렇게 많은데… 귀신은 뭐하는가요? 저런 인간 안 잡아가고. 뭐 그런 건가요? '사필귀정'이라는 말도 있잖아요. 아니라고요? 사필귀정이 되기 전에 내가 먼저 죽는다고요? 엥? ㅋㅋ 그럴 수도 있겠네요.

리사이클링으로 우리 우주도 여전히 돌아가고 있다잖아요? 누가요? 제임스 러브록이라는 학자가 말이에요. 엥? 뭔 학자 나부랭이를… ㅋㅋㅋ 그럼 그냥 잊어버리자고요. 몰라도 돼! 오랜만에 제 전매특허를 써먹었네요. ㅋㅋㅋ "몰라도 돼!"

전체란 균형과 조화라고 했잖아요. 균형과 조화를 잃는 순간 모든 건 엉망이 되게 되어 있다고 했잖아요. 전체적 사고는 인생이 엉망이 되지 않기 위해 필요한 거고요. 아, 어렵다고요? 그만그만… ㅎㅎㅎ

전체적 사고를 하는 한 우리는 더욱 효율적으로 살아남을 것이고, 마침내 균형과 조화를 찾으면서 더욱 건강하고 안전한 삶을 살아갈 수 있지 않을까요? 그게 행복이고 지혜로움이고… 모르겠다고요? 엥? ㅋ

4
복잡계 사고: "진리는 단순하다?"

1단계. 비선형적 사고법: "원인은 다른 곳에 있다"

오늘은 제목부터가 좀 수상하네요. 아니, 많이요. 엥? 정말요? 아, 그런가요? ㅎㅎㅎ 이제 소학당 수업도 막판을 향해 달려가니까. 그런가요? 아님 30도가 훨씬 넘는 날씨가 계속되다 보니까 그런가요? 그냥 날씨 탓인가요? ㅋㅋㅋ

아니라고요? 뭐가 수상하냐고요? 전혀. No problem. 아, 그런가요? 듣기에 따라…. 아님 점점 소크라테스가 되어가시는 것 같은가요?

"진리는 단순하다." 엥? 무슨 귀신 씻나락 까먹는 소리를. 혹시 여러분은 진리를 본 적이 있을까요? 직접 눈으로 말이에요. 아님 만져본 적이 있을까요? ㅎㅎㅎ 그럼 이건 말인가요, 소인가요? 엥? 아, 이건 뭔 아재개그? ㅎㅎㅎ 급죄송합니다.

"진리는 간단하다." 겹따옴표를 했잖아요? 아, 눈치채셨다고요? 이제 센스 9단? 그렇습니다. 그 유명한 아인슈타인의 말이잖아요. 엥? 아니

근데 이런 허접한 이야기를 그분이 했다고요? 그리고 설령 그랬다고 해도 이게 뭐 그렇게 대수로운 말인가요? 그냥 아무나 씨부릴(?) 수? ㅋㅋ 앗! 실수? 그냥 화가 나셨을 것 같아서. 여러분의 심정을 대변하겠다고 세간의 육두문자(?)를 한 번 써봤네요? 엥?

그래도 그렇지. 당장 지우세요. 지체 있는 양반인 줄 알았는데… 뭐 그런 건가요? 알겠습니다. (하면서 결코 지우지 않음. ㅋㅋㅋ)

엥? 아, 갑자기. 그렇습니다. 놀라시는 이유는? 앞에는 복잡계 사고라고 써놓고. 이제 발견하셨군요. ㅎㅎㅎ

복잡계. 처음 듣는 단어라고요? 그러네요. 저도 처음으로 쓴… 아니 그건 아니고. 복잡계. 물리학에 나오는 용어랍니다. 그러니까 복잡한 시스템. 뭐 그런 말이잖아요. 한자로. 근데 이게 소위 말해서 과학자들이 하는 말이라니깐요. 그래서?

그렇다고 하고, 근데 그게 뭐 대수로운 건가요? 물리학자들은 뭐 사람 아닌가요? 근데… 근데… 복잡계라는 말을 가지고 수많은 사람이 노벨 물리학상을 탔잖아요. 엥? 아니 그래서. 노벨상 받은 사람들이 뭐. 아, 그러네요. 대수롭기는 할 수도 있겠네요. 그래도 그렇지. 뭐 별것도 아닌 것 같은데…. 그래도 노벨상 하면… 아, 그만하자고요. 날씨도 더운데. ㅋㅋㅋ

한마디로 세상은 복잡하다. 뭐 그런 거잖아요. ㅋㅋㅋ 아, 그게 뭐 그래서 어쩌자고요. 세상이 복잡하다는 거 누가 모르나요? 삼척동자들도 다 아는 이야기를 가지고 이렇게. 벌써 몇 분을 잡아먹고 있는 건가요? 에이, 전 이만 실례하겠나이다~ (화딱지가 나서 모두 나감? ㅋㅋㅋ 그럼 자기들만 손해지 뭐. 뭐라고요? 아, 아닙니다. ㅋㅋㅋ)

정리하시지요. 엥? 정말?? 이제라도 나갈랍니다. 아, 그러세요. 그러

든지 말든지. 엥? 농담이라는 거 잘 아시지요? ㅋㅋㅋ

앞에서는 세상은 복잡하다고 하고, 뒤에서는 진리는 간단하다고 하고. 그래서 어쩌란 말인가요? 그렇습니다. 모두 과학자들의 말인데. 그러니까 과학. 근거가 명확하다는 거잖아요. 그리고 모두 노벨상 수상자들이 한 말이라니까.

그럼 철학자들은 뭘 하나요? 그렇습니다. 이미 2,500년 전에 철학에서 다 나온 말이라고요. 이건 또 뭔 소리? 그렇잖아요. 진리, 복잡. 다 이거 일상용어 아닌가요? 제가 말씀드렸잖아요. 과학은 오래전에 이미 철학자들이 세운 명제를 입증해가는 거라고요. 모르겠다고요? 그럼 몰라도 됩니다. ㅋㅋㅋ

몰라도 사는 데 별 지장은 없으니까. 하여간 최소한 2,500년 전에 다 나온 말들을 과학은 꼼꼼하게 이를 입증해나가는 작업인데. 그래서 많이 밝혀졌잖아요. 이를테면 2,500년 전에 나온 데모크리토스의 원자설. 지금도 원자 가지고 입씨름하면서 날름 노벨상들을 타고 있잖아요, 사람들이. 어렵다고요? ㅋㅋㅋ 그럼 그냥 넘어갈게요. (앙탈을 부려봤자 여러분만 손해? 아, 아닙니당. ㅋㅋㅋ 알려준다고 해도 이러니…. ㅎㅎㅎ)

세상은 복잡하지만 원리는 간단하다. 뭐 이런 건데. 말이 되나요? 안 된다고요? 그럼 대들어보시라니깐요? "안물!" 제가 말했잖아요. "물어보지 않으면 대답하지 않는다." 제 교수 신조라고 했잖아요. 교수 신조? 엥? 그게 뭔가요? ㅋㅋㅋ

아니, 생각해보세요. 2만 권 이상의 책을 어디서부터 어떻게 강의를 시작할 수 있을까요? 하여간 제 별명이 뭐라고 했나요? '안물 교수'였다니깐요. 제가 하는 수업을 뭐라고 해야 하나 늘 고민했지요. 왜냐하면 교과서에 하나도 나오지 않는 내용이니까요. 이건 제가 세상에 처음 공개하는 지식이고 여러분도 처음 듣는 지식이라니깐요. 아직 챗GPT도 모르는 지식. 너무 웃기지 않나요?

2,500년 전에 단절된 지식을 가지고 지금 우리가 놀고 있는 거라니깐요. 믿지 못하겠다고요? 그러니까 질문도 없잖아요. 이게 정말 사실이야, 아니야? … 듣도 보도 못한 말이 많지 않나요? 아니라고요? 이미 다 알고 있다고요? ㅋ 그럼 테스 형이 환생하셨네요. ㅎㅎㅎ

소크라테스의 산파술? 그래요. 말은 딱 맞는데. 일단은 말이 좀 촌스럽기도 하고. 2,500년 전에 테스 형께서 하신 거니까. 일단 그러니까 꼰대가 한 걸 그냥 쓰자니 아이들이 웃을 거고. 저 꼰대? 뭐 그럴 거잖아요. 그것도 이미 미라가 되도 한참 되었을 2,500년이라니. 그래서 망설이고 망설이는데.

한 10년 전 어느 날 학생 하나가 도서관에서 친구들과 이야기하다가 "안물!" 하고 소리치고 나가는 거예요. 안물? 갑자기 처음 듣는 이상한 단어라서 귀에 쏙 박히더라고요. 그런데 제가 뜻을 모르는 거잖아요. 그래서 그냥 잊었다고요. 참 요즘 아이들이 쓰는 말. 모르는 게 많네. 세대차?

그래서 잊어버렸는데 어느 날 수업 시간에 막 문을 열고 들어오던 아이가 뒤에 오는 아이를 돌아보면서 또 "안물!" 하는 거예요. 엥? 그래서 갑자기 제가 물었어요. "학생, 그게 뭔 소린가?" 처음에 학생은 그냥 자기가 걸렸다는 식으로 아무 대꾸도 하지 않더라고요.

그런데 이미 와서 교실 맨 앞에 앉아 있던 여학생이 배시시 웃는 거예요. 그래서 그 학생한테 다시 물었지요. "학생, 저게 뭔 소리야? 정말 몰라서 그러는 거야." 그랬더니 그 학생은 교수님의 의중을 다 알고 있다는 듯이 ㅋㅋㅋ 하더니 그것도 아주 친절하게 "교수님, 신경 쓰지 마세요. 요즘 저희들 사이에 유행하는 말이에요. 그거 안 물어보았는데 왜 말하느냐는 거의 약자예요." 하고는 또 ㅋㅋㅋ 하는 거예요.

그날 저는 정말 소크라테스가 된 거지요. 2,500년 전 — 정확히는 2,400여 년 전쯤 — 소크라테스가 "도대체 내가 삶을 고민하는 거, 이걸 잘 설명할 수 있는 말이 어디 좀 있을까?" 그러다가 어느 날 델포이 신전을 지나가다가 들어가지도 못하고 밖에서 어정거리다가 갑자기 눈에 든 글귀가 하나 보인 거지요.

"너 자신을 알라." 신탁의 경구였다네요. 눈이 번쩍 뜨인 테스 형은 그 순간 갑자기 날아갈 듯 콩닥콩닥 신전 앞마당을 강아지처럼 뛰어다니게 되고. 유레카, 유레카. "아, 바로 저거야. 그래 내 고민이 저 말 한마디에 다 담겼네."

그거와 똑같잖아요. 정말 엄청난 데자뷔? 2,500년이나 지났는데… 그렇습니다. 그때부터 제가 '안물 교수'가 된 사연이랍니다. 소크라테스 학당에서는 물어보지 않는 한 대답하지 않습니다. "질문하라!" 그래서 간판이 '질문하는 학교 소크라테스 학당'이잖아요. 근데… 근데… 질문이 없잖아요. 엥? 또 뭔 소리를 하시려고. 아니, 누구라고는 딱 꼬집지 않지만 몇몇 단골 학생(?)들이 — 그래봤자 학당에 10명도 채 들어오시지 않지만. 열 명이 뭐야 기껏 6~7명 정도? ㅎㅎㅎ — 질문하잖아요. ㅋㅋㅋ 아, 아닙니다. 비난하는 거. 아시지요?

제가 말씀드렸잖아요. 시작은 비록 미미하더라도 끝은 창대하리라. 엥? 성경에 있는 말이라고요? 자기 말로 둔갑? ㅎㅎㅎ 아, 그렇게 들으셨나요? 그럼 급사과. 예수님, 죄송합니다~

근데 우리 소학당은 분명히 끝은 창대해질 거잖아요. 갑자기 뭔 희망고문을? 맞잖아요. 시작이 아주 아주 미미하니까. 정말 미미 ㅋㅋㅋ

그러나저러나 이제 딱 두 번 남았네요. 아듀~ 지난번에도 수업 시간에 잠시 말씀드렸지만 당장은 기약이 없답니다. 아쉽다고요? 아니, 후련하다고요? ㅋㅋㅋ 그냥 나가자니 좀 손해 보는 것 같고, 들어가자니 시간 낭비인 것 같고…. 블로그도 마찬가지. 그냥 스킵하자니 남들은 그래도 여기서 뭔가 먼저 주워 먹을 것 같고. 들여다보자니 웬 글이 이렇게 긴지. 정말 짜증 나. 뭐 그런 거.

한자말에 '계륵(鷄肋)'이라는 말. 딱이잖아요. 먹자니 그저 그렇고 버리자니 아깝고. 엥? 아닌데요. 춘천닭갈비. 지금은 최고의 맛 아닌가요? 하여간 이러지도 저러지도 못하는 게 우리네 심정이잖아요. ㅋㅋㅋ ㅎㅎㅎ

비선형적 사고법. "원인은 다른 곳에 있다." 엥? 아직 안 끝났나요? ㅋㅎ 현대판 교장선생님 맞네요. ㅎㅎㅎ

비선형? 이 말부터 좀 쉬운 말로 바꿀 수는 없나요? 엥? 다시 할게요. 노벨상 수상자들이 한 말이라니깐요. 그러니까 그게… 흠. 어때 교장선생님 같은가요? ㅎㅎㅎ

세상에는 수많은 문제가 있고 지금 이 순간에도 문제는 계속 터지고 있잖아요. 크고 작은 문제들. 또 사람마다 다른 문제들…. 한마디로 "세상만사는 문제들투성이고 문제가 문제를 낳습니다." 동의하실까요? 문제더미 속에 살아가는 게 우리 인간의 운명. 운명을 개척한다는 건 문제를 해결한다는 거. 맞잖아요.

문제가 해결되지 않으면. 뭔가요? 일단 고민. 고민이 고민을 낳고.

그래서 두통이 오고. 그럼 타이○○? 약국만 돈 벌고…. 엥? 뭔 신파조. 하여간 꼬리에 꼬리를 무는 고민들…. 결국 그게 스트레스가 되고. 스트레스는 만병의 근원. 또또또. 한 소리 또 하고 한 소리 또 하고. 아, 그러네요. 급사과.

"원인은 다른 데 있다." 그러니까 여러분은 문제를 해결할 때 어떻게 하나요? 추적하지 않나요? 원인을 찾아서 그 원인을 고치든지 차단하면 되잖아요. 그래서 우리는 문제가 터지면 원인 추적에 들어가잖아요. 마치 탐정처럼.

형사 콜롬보? 아니면 그냥 "에라 모르겠다" 하고 잠이나 자고 말든지. 그냥 문제는 쌓여만 가고. 아, 좋은 수가 떠오르네요. 문제를 잊기 위해서는 그걸 문제로 생각하지 않으면 된다고요. 엥? 아, 정말 그런 사람 많잖아요. 무사태평형? 주변에도 좀 있지 않나요? ㅋㅋㅋ "아이고, 지긋지긋해. 빌어먹을 저 인간?" 아, 좀 심했나요? 그래서 막 싸우잖아요.

근데 싸워서 해결되면 좋겠지만, 싸움은 싸움을 낳고. 점점 더 싸움은 커지고 마침내 디보스? 엥? 다는 아니지만 대부분 이런 순서로 가잖아요. 싸움도 때로는 필요한 거 아닌가요? 엥? 문제해결을 위해서라면. 그러네요. 아, 근데 누가 뭐라고 했나요? ㅎㅎㅎ

하여간 병원에서도 진단을 정확하게 해야 처방도 정확하구요. 명의가 따로 있나요? 진단과 처방이 확실한 분? 지금은 명의가 다 사라졌지만….

그런데 '원인이 다른 데 있을지도 모른다.' 이렇게 생각해보세요. 엥? 분명히 증거를 잡았는데도요? 그냥 잠깐이라도 말이에요. 엥? 그럼 그렇게 막무가내로 싸움으로 가지는 않을지도 몰라요. 물론 싸움으로 해결될 수 있다면 그래야겠지요. 근데 사실 그럴 확률은 거의 낮답니다. 엥? 다음 시간이 확률사고 편인데…. 다음 시간에 좀 더 하고요. 하여간.

싸움의 원인은 '원인이 분명히 여기에 있다' 그리고 '나는 원인을 확실히 알고 있다'는 확신에서 시작된답니다. 그럼 모두 명의? 모두 사라졌다고 했는데…. 엥? 원인추적에 성공했다고 자신만만해하는 거잖아요. 그런데 아닌데요? 만약 나중에 정말 원인이 다른 데 있었다는 게 밝혀진다면 그땐 어쩔 건데요? 엥? 그냥 사과하면 된다고요? 아, 그러네요.

그것도 하나의 방법 맞네요. 그래요. 사람이니까. 맞습니다. 잘못이 있으면 즉시 사과하시면 됩니다. 이왕이면 반성도 함께. 그래야만 솔직한 사람이라는 인상도 주게 되고… 비록 거짓 사과라고 해도. 사과? 먹는 거 아니고. ㅎㅎㅎ 아니, 먹는 사과라도 줘보시든지. 그럼 더 좋겠네요. ㅋㅋㅋ

임도 보고 뽕도 따고, 가재 잡고 도랑 치고. ㅎㅎㅎ 참, 옛날 분들 어쩌면 이렇게 지혜로운 말들을 많이 만드셨는지 존경스럽습니다. 엥? 갑자기. 아닌가요? 저만 그런가요? ㅎㅎㅎ

정말 이제 정리하자고요. 그게 비선형 사고법이랍니다. 엥? 뭐 이야기를 하다가 말아! 비선형(非線型). 선형이 아니라는 말. 그러니까 A가 B가 되고 B가 C가 되고… '논리적 사고'라고도 하잖아요. 그러니까 50만 년 전 호모사피엔스 이후로 우리 인류가 발전시켜온 것이 논리적 사고. 물리학자들은 이를 '선형적 사고'라고 하고… '직선적 사고'라고 하면 더 알기 쉽겠네요.

'모든 결과에는 원인이 있다.' 엥? 갑자기 테마가 바뀌는 듯. 근데 맞잖아요. 아닌가요? 인과관계. 인과응보. 맞잖아요. 근데 그 원인이 하나가 아니라는 사실. 엥? 이건 또 뭔 소리? 근데 우리는 어떤 결과를 보고는 원인이 하나라고 생각하는 거잖아요. 이제 막가자는 거네요. 그래서 결과가 된 문제를 해결하기 위해 원인을 추적하고 추적하여 하나를 찾아내는 거잖아요.

그러고는 원인을 찾았다고 판단하는 순간 우리는 갑자기 굶주린 사자가 되어서 그만. 맹공? 아니면 문제해결사로 등극? 아, 근데 정말 자신할 수 있을까요? 자기가 찾았다는 문제의 원인이 정말 확실할까요? 그렇다고요? 아, 그럼 "당신을 신으로 인정하나이다~" ㅋㅋㅋ 아니면 꼰대? 엥? 선입견, 편견, 고집불통이잖아요? 뭐가요? 신이 아니면서도 원인이 하나라고 우기면 그렇다는 말이잖아요. 원인이 하나다. 이건 바로 내가 고집불통이다. 같은 말이랍니다.

자기판단으로 선입견만 가지게 되고 자기판단으로 고집불통이 되니까 이게 바로 꼰대 아닌가요? ㅎㅎㅎ 분명히 원인은 복잡하다고 하는데. 누가요? 물리학자들이 그러잖아요. 유명한 그분들이? (노벨상 이야기는 이제 그만~)

달리 말하면, 원인은 항상 다른 데 있다고요? 원인은 항상 다른 원인들에게 간섭을 받기에 결국은 뭐가 원인인지, 뭐가 결과인지 헷갈린다니깐요. 원인과 결과는 비선형적으로 작용하니까요. 아, 그러니까 여러분이 믿는 것처럼 어떤 결과라도 반드시 직선적으로 진행되는 게 아니라니깐요. 모르겠다고요? 예를 하나 들자고요.

학교폭력의 원인을 뒤지다 보면 나중에 가해자가 피해자 같기도 하고 피해자가 가해자 같기도 하고. 아, 다 그런 건 아니고. 간혹? 아니 적지 않게? 엥? 갑자기 학교폭력 이야기를. 그 민감한? 아, 그러네요. 근데 제가 30년 전쯤 박사학위를 받고 귀국했을 때 처음 시민단체 활동을 시작한 곳이 바로 '청소년폭력재단'이라고 했잖아요. 엥? 안 했다고요?

30년 전에도 아직 잡음이 많은 학교폭력 문제가. 아, 그때 「학교폭력방지법」도 제가 주도해서 여러 변호사와 함께 만들었고…. 흐음. 엥? 그만하자고요. 하여간. ㅎㅎㅎ 일종의 역사니까…. 지금은 '푸른재단'으로 이름이 바뀌었다고 하네요. 하여간. 궁금하시면 한번 쳐보시든가.

'원인이 다른 데 있을지도 모른다'라고 생각하신다면… 이점이 뭐냐고요? 내 그럴 줄 알았어요. 그래서 "답이 뭔데?" 뭐 그런 거잖아요. 언제 이런 말이 사라질지. 이런 말이 여러분의 입에서 멀어질수록 우리 사회는 좋은 세상이 됩니다. 그것도 아주 좋은. 근데 아직 멀었잖아요. 우리 이실직고하자고요.

답 맞히는 사회. 그것도 빨리빨리 답만 내놔. 그거잖아요. 영원한 후진국? 아, 쏘리. (비하 발언 같은 말은 급히 취소함.) 그러니까 후진국이 되지 말자는 거잖아요. 이상.

원인에 대해 확신하는 순간, 우리는 골치가 아파집니다. 양자물리학의 대가 하이젠베르크는 이를 '간섭현상'으로 풀었다고요. 엥? 갑자기 또 다른 사람을 끌어와서. ㅋㅋㅋ 중력, 저항 뭐 그런 거. 내가 공을 벽에다 튀기면 돌아오는 공은 제 손에 잡히지 않는다? 왜? 중력, 공기저항 그리고 또 다른 돌발 상황들이 끼어들고… 뭐 그런 게 간섭효과잖아요.

간단히 말하자면, 모든 세상사에는 간섭효과가 일어난다는 말씀. 이 간섭효과이론으로 엄청나게 많은 사람이 노벨상을 타고. 엥? 또 또 노벨상. 아, 지겨워. ㅋㅋㅋ 그렇답니다. 늘 제가 빠져나가는 방법이. 나꼼수? ㅎㅎㅎ

그럼 이번에는 다른 걸로…. 머피의 법칙? 혹시 기억나실까요? 연식(?)이 좀 되어야 아실 텐데…. "오늘 왜 이렇게 재수가 없는감?" 하는 일마다 잘 안 될 때 툭 튀어나오잖아요. 이 말. 『머피의 법칙』이라는 책, 베스트셀러였잖아요. 위안.

심리적 위안을 주는 책은 항상 베스트셀러가 된답니다. 오로지 위안만. 문제해결은 전혀 안 되어도. 마치 청량음료 같은 거잖아요. 오로지 그때만 위안을 주면 된답니다. 그러면 무조건 베스트셀러? 위안 대신 정말 문제해결 능력을 주는 책은 안 팔린다니까요. 엥? 너무 어려우니까 안 팔린다고요. 엥? 근데 왜 말투가 이래? ㅋㅋㅋ

반대로 『셀리의 법칙』도 나왔잖아요. 근데 이 책은 많이 안 팔렸다고요. 엥? 이건 위안이 되지는 못하니까. 와~ 오늘 일이 술술 풀리네. 웬일이야? 오늘 운이 좋네. 뭐 그 정도? 오히려 답을 주는 책은 안 팔리고 위안만 주면 베스트셀러? 웃기지 않나요? 여러분도 써보세요. 팁입니다. 그냥 심리적으로 위안만 주어야 해요. 그 이상은 금물. ㅎㅎㅎ 그러면 대박이랍니다.

복잡계 사고는 '우리가 사는 세상은 복잡하고 문제의 원인은 오로지 하나가 아니라는 사실' 그리고 '간섭효과 때문에 원인이 명확하지 않다는 사실'을 물리학적으로 밝혀낸 거고요. 궁금하시면 구글을 탁 쳐보세요. 다 나오잖아요. 아니면 챗GPT가 있잖아요.

아, 갑자기 까먹었네요. 그래서 복잡계 사고를 하고 비선형적 사고를 하면 뭐가 이득이냐고요? 그러네요. 그러니까 문제해결에 유리하고, 전체를 볼 수 있는 안목을 길러주고… 어쩌고… 저쩌고… 그냥 모두 생략하자고요.

딱 하나만 말씀드리고 문을 닫습니다. 이게 여러분이 편안하게 살 수 있는 유일한 방법이랍니다. 행복한 삶? 어쭈? 뭐라고요? 절대 동의할 수 없다고요? 세상에 산적한 문제가 억수로 많은데… 그까짓 생각이 좀 바뀐다고 세상이 바뀌나요? 이 한가한 인간아? 엥? 그럼 지금처럼 사시면 되잖아요. 근데 왜 화를? ㅎㅎㅎ

아니라고요? 거두절미하고 다시 반복하면서 끝내자고요. 그냥 속는 셈 치고 '원인은 다른 데 있을지도 모른다' 그게 진리라고요. 아인슈타인이 말하는. 엥? 또 또 또.

그러니까 계속 원인을 찾아보시라고요. 그때까지는 판단중지. "판단중지를 해서 마침내 더 훌륭한 판단을 할 수 있다." 뭐 그런 거. 근데 이건 후설의 말이잖아요. 엥? 또 이상한 사람을. ㅋㅋㅋ 에드문트 후설. 듣도 보도 못한? 뭐 그렇게 화가 나시면. 일단 한번 찾아보시든가. 엥?

하여간 그럼 여러분은 점점 더 전체를 향해 걸어가시는 거고요. 그럼 점점 더 정확한 문제해결의 해법을 터득하게 된다고요. "선무당이 사람 잡는다." 이런 말도 있잖아요. 참 지혜로운 선조들이 많았다니깐요. 그게 우리나라를 이렇게 지혜롭게 가꾸어왔는데…. 근데 지금 다 무시하고 있잖아요. 꼰대들의 말이라고.

그러니까 우리는 지금 지혜로움을 무시하고 사는 거잖아요. 아주 무덤을 파라? 엥? 원인이 아마 다른 데도 있다고 생각한다면 일단 청량음료, 두통 약값을 절약할 수 있답니다. 문제해결은 일단 접어두고라도… 머리가 아플 이유가 없으면 성급하게 잘못된 판단으로 남들과 싸움할 필요도 없고…. 마침내 판단이 더욱 확실해질 거고… 마침내 문제해결의 확률은 점점 더 올라갈 거고… 아닌가요? 하하~ 오늘 이만하자고요. 아, 오

늘 정말 너무 많이 썼네요. 반성과 성찰할 시간 맞네요? … ㅎㅎㅎ

2단계. 확률 사고법:
"제비 한 마리가 왔다고 여름이 온 것은 아니다"

어디서 좀 들어본 말 아닌가요? 아닌데요. 엥? 봄 아닌가요? 여름? 그러네요. 봄도 좋고 여름도 좋고. 엥? 뭔 소린지. 하여간 계절이 바뀌었다는 정도로 해두지요. 아리스토텔레스가 쓴 『니코마코스 윤리학』에 나오는 말이랍니다. 2,500년 전 당시 지중해에서는 우리와 달리 제비가 늦은 봄이나 여름에 왔나 보네요.

하여간 이 말은 두 가지 의미가 있겠지요. 하나는 호들갑을 떨지 말라는 의미이고, 다른 하나는… 학문적으로 좀 있어 보이는 말로는 '일반화의 오류'를 저지르지 말라는 말씀. 근데 요즘은 제비도 보기가 어렵네요. 기상변화 때문이라고 하던데. 맞나요? 생태계 파괴? 엥? 이것도 섣불리 판단하지 말아야 할까요? ㅋㅋㅋ

결국 둘 다 "섣불리 판단하지 말라"는 거잖아요. 근데 이런 말도 있잖아요. "하나를 보면 열을 안다." 하나로 미루어 매사를 짐작할 수 있다는 거다. 정말 헷갈리지 않나요? ㅎㅎㅎ

그렇습니다. 그래서 궤변들이 난무하는 거잖아요. 이렇게 보면 이렇고 저렇게 보면 저렇고. 이제 감 좀 잡으셨을까요? 아, 삶이 이렇게 허접(?)한 거로구나? 엥? 허접? 아님 뭐라고 해야 할까요? 하여간 이현령비현령(耳懸鈴鼻懸鈴)? 귀에 걸면 귀걸이, 코에 걸면 코걸이. 맞잖아요. 인생이란 이런 거랍니다. 에고, 그러니 뭐가 확실할까요? ㅋㅋㅋ 이런들 어떠하리, 저런들 어떠하리? 엥? 정몽주? 이방원? 엥?? ㅎㅎㅎ

그러니까 이미 우리는 이런 궤변 논쟁에 처음부터 노출되어 살고 있는 존재가 되잖아요. 그럼 사는 거 자체가 궤변? 그래서 정신 바짝 차리고 사는 방법은 궤변인지 아닌지를 구분할 줄 알아야 한다는 말씀. 이걸 구분하지 못하거나 안 하거나 하는 양반은 근무 태만? 직권 남용? 엥, 뭔 소리? 인간으로서의 직권 남용? 더 이상 인간임을 포기했다? 너무 나갔나요? ㅎㅎㅎ

그래서 '확률'이 우리 인간의 삶을 산뜻하게 해결해주었답니다. 엥? 수학 세계에서 확률의 발견. 그것은 바로 인간이 새로운 인류로 나아가게 하는 최초의 사고 혁신이라는 새바람을 몰고 왔다고요. 엥? 그래서 우리가 언젠가부터 수학 시간에 확률을 배웠잖아요. 그리고 수능에도 나오고. 엥? 그럼 질문이 하나 있습니다. 혹시 확률은 '킬러 문항'에 해당하는가요? ㅋㅋㅋ 어렵잖아요. 으이 지겨워. 저는 수포잔데요. 엥? ㅎㅎㅎ

"오늘 비가 올 확률은 60%입니다." 언젠가부터 우리가 이런 일기예보를 듣지 않나요? 아니라고요? 잘 모르겠다고요? 엥? TV도 없으시나? 하긴 저도 TV가 없지만.

그렇습니다. 벌써 150년 전에 확률이라는 게 발견되었는데… 이제 일상에서 말하는 거잖아요. 그러니 얼마나 늦었나요? 아니, 근데 중학교 수학 시간에 확률에 대해서는 듣지 않았나요? 엥? 수포자라고요? ㅎㅎㅎ

근데 확률은 약 400년 전에 최초로 페르마라는 수학자가 도박하는 친구들의 질문을 해결해주려고 하다가 생각해냈다고 하네요. 믿거나 말거나? 하여간 한번 네이버를 쳐보세요. 파스칼, 라플라스 그리고 볼츠만까지. '확률통계'라는 말도 이렇게 탄생하고.

이제 우리는 모든 걸 확률로 말해야 한답니다. 엥? 왜냐고요? 사람이 체면이 있지. 이미 선진국민이라고 하잖아요. 그런데 아직 10%의 확률도 안 되는 걸 가지고 마치 100%인 것처럼 말하는 사람들이 있잖아요. 더 이상 이들은 선진국민이라고 하기 어렵지 않나요? 이미 우리가 선진국이라고 하잖아요.

세계 10대 강국이니까 맞잖아요. 근데 이런 사람들이 여전히 많지 않나요? 주변에. 그런데 더 저질은 이들의 말에 감격(?)하고 쫓아다니는 사람들은 뭔지. 엥? 근데 이들이 사실 몰라서 그럴까요? 그건 아니잖아요. 그냥 네이버나 구글을 치면 확률이 몇 %라는 게 다 나오는데. 아님 챗GPT에 물어보면 다 나오잖아요.

근데 우리는 확률사고고 뭐고 그냥 '돈 냄새'가 나는 곳이라면 무조건 코를 박고 쫓아다니는 거잖아요. 확률이 밥 먹여주냐? 지조고 뭐고 그냥 돈이면 띵호와. 못 먹어도 고고. 머니 세이즈(Money says). 뭐 그런 거잖아요. 저질이라고 손가락질 받아도 좋다. 뭐 그거잖아요.

그냥 돈만 준다면. 지옥이라도? 10억 원 주면 감방이라도 기꺼이 갈 수 있다는 나라? 이미 기사에 난 거잖아요. 그것도 중학생들한테 물어봤다고 하던가요? 더 이상 뭘 이야기할 수 있을까요? 쯧쯧… 우리가 어쩌다 이렇게 된 건가요?

근데 사실 이렇게 열심히 쫓아다녀도 과연 돈이 나올지 아닐지도 모두 '확률'이잖아요. 확률사고. 하여간 이래도저래도 그래서 필요한 거 아닌가요? 돈 나올 확률이 있는 곳으로 가려고 해도 확률사고에 능하면 유리할 텐데. 아니, 골치 아프다고요? 그냥 누가 그러는데 줄만 잘 서면 된다고요? 아니면 난 수포자라고요?

그럼 그냥 그렇게 사시면 된답니다. ㅎㅎㅎ 오늘 비가 올 확률이 10%라고 하는데 아직도 그날 우산을 챙기는 분들이 있잖아요. 똑같지 않나요? 종일 그것도 장우산으로. 지하철에서도 불편할 거고. 버스에서도 내리고 타는 데 거추장스러워 불편할 거고. 확률을 무시하는 바람에… 그냥 불편하게 사시면 되잖아요. ㅋㅋㅋ

한마디로 확률사고는 일단 선진국 운운을 떠나서 일단 나의 삶을 좀 더 편리하게 해준답니다. 그런데 문제는 '일반화의 오류'에 빠져서 인생을 탕진하게 된다는 사실이겠지요. 침소봉대. 같은 말이잖아요. 근데 주변에는 아직도 1%의 확률도 안 되는 걸 가지고 100%의 확률 이상으로 포장해서 남을 속여먹는 데 귀신같은 사람들이 많잖아요. 사기꾼? 선동꾼? 사이비 교주들? ㅎㅎㅎ 하나를 보면 열을 안다? 엥? 그 사람은 하나(님)인데… 맞나요? ㅋㅋㅋ

정리하시지요. 확률사고는 전체를 볼 수 있는 안목을 길러준답니다. 1%의 확률부터 100%까지. 전체를 보고 부분을 보면 문제해결은 더 확률이 높아지잖아요. 균형과 조화를 찾을 수 있는 사고 능력은 결국 삶을 안정되게 하여 행복한 삶으로 갈 수 있는 지혜를 준답니다.

5
공진화(共進化, co-evolution) 사고

1단계. 윈윈 사고법: "함께 성장하라! 상생하라!"

엥? 혼자 성장하는 것도 어려운데, 아니 이 험한 세상에서 혼자 살아남기도 힘든데 뭔 소린가요? 함께 살라고요? 엥? 말도 안 돼. 그러니까 윈윈(win-win)하라는 거 아닌가요? 상생(相生). 서로 함께 살아간다? 함께 가자고요?

아, 근데 이거 이미 낡은 이야기 아닌가요? 뻔하잖아요. 말로만 그러면서 전혀 안 그러는…. 논리가 돼야지 뭐 대꾸나 하지요. 대꾸할 가치도 없는 허무맹랑한 말. 그래서 이제 누구에게도 먹히지 않는 말. 너는 그래라 나는 모르겠다. 뭐 그런 거가 된. 구닥다리 말씀이잖아요. 그냥 듣기 좋자고 하는 이야기 아닌가요? 하여간 오늘 제목이 영…. ㅎㅎㅎ

"대기업과 중소기업이 상생해야 한다." 뭐 옛날에 이런 말도 있었는데. 윈윈해야 한다, 상생해야 한다. 뭐 그런 거. 어디 정말 그런가요? 근데 우리말에도 "서로 돕고 살아야 한다"는 전래동화나 소설들도 많고 "콩 한

쪽도 나누어 먹으라"는 말도 있잖아요. 아니라고요? 아, 모르겠다고요?

근데 이 말의 뜻은 서로 사이좋게 지내라고 하는 거 아닌가요? 그게 그거 아닌가요? 서로 그렇게 하면 모두 다 좋아진다는 거? 아닌데요. 상생, 윈윈은 우애라기보다는 돈을 더 벌 수 있다는 거 아닌가요? ㅎㅎㅎ

돈을 더 벌면 서로 우애로워진다? 같은 건가요, 다른 건가요? 하여간. 다 맞기도 하고 아닌 것 같기도 하고. 반반치킨? ㅋㅋㅋ 그럼 확률적으로는 어떤가요? ㅎㅎㅎ

중요한 건. 그런데 우리가 살다 보면 그렇게 되지 않는다는 게 진리? 그거잖아요. 죽어라고 서로 싸워서 이겨도 내가 살기가 쉽지 않다고요? 엥? 그래서 계속 싸워야 하는 건데. 상생? 뭐라고요? 이렇게 한심한 소리를 왜 지금 수업 막판에 하시려는 건지? 도무지 이해 불가?

근데 제가 처음부터 말씀드렸잖아요. 소크라테스 학당은 2,500년 전에 끊겼던 지식을 이어나가는 거라고. 엥? 언제 그랬냐고요? 한번 뒤져보세요. "조사하면 다 나와." 엥? 언젠가 들어본 소리? 옛날 개그 프로그램? ㅎㅎㅎ

맞습니다. 조사하면 다 나온다고요.

그렇습니다. 2,500년 전 테스 형이 돌아가시면서 맥이 끊긴 세상을 말하고 있잖아요. 엥? 너무 거창한 거 아닌가요? ㅎㅎㅎ

아닌데요, 전혀. 엥, 이건 뭔 자신감? ㅋㅋㅋ 그냥 웃어넘깁시다. 하여간 여러분은 우리 '질문하는 학교 소크라테스 학당'에서 세상에 전혀 듣지 못한 지식을 듣고 있다고요? 엥? 이건 또 뭔 소리?

언제 그런 엄청난 지식을 주셨다고? 도대체? 혹시 우리에게 뒤집어 씌우시려는 거 아닌가요? 당신들이 이해를 잘못한 거라고. 알겠습니다~

엥? 아, 그렇게 들릴 수도 있겠네요.

정리하자구요. 엥? 할 말이 없으면 "정리하자고요" 하면서 도망가시는 스타일? 이제 다 들통났잖아요. 근데도 이렇게 끝나는 날까지 써먹으시는 걸 보면. 혹시 철판? 엥? 아, 제 학창 시절 '철판'이라는 별명을 가진 아이가 있었네요. ㅋㅋㅋ

그 별명을 지어준 이유는 수업 시간에 그 아이가 선생님에게 계속 질문을 하는 거예요. 쓸데없는 질문? 하여간 어떤 선생님은 그걸 받아주셨고, 어떤 선생님은 "너 나와" 그러고는 늘 교과서하고 함께 가지고 다니시던 곤봉 채로 머리를 몇 대 때리기도 하고. 아이들은 킥킥거리고….

하여간 그 아이는 그래도 막무가내로 궁금한 거는 항상 질문하곤 하더라고요. 지금 뭐가 되었는지 궁금하지 않으신가요? 혹시 복사판 소크라테스? ㅋㅋㅋ 그렇다고요? 그럼 궁금하면 500원. 엥? 이건 또 뭔 갑자기 아재 개그? 아, 급죄송. 하도 진지하셔서 그만. 달리 웃길 재주는 없고…. ㅎㅎㅎ

제가 다룰 테마는 '돈벌이'에 대한 이야기입니다. 엥? 갑자기 동공이 확 커지는 거 같네요. ㅎㅎㅎ 돈벌이? 엥? 근데요. 이건 소크라테스 학당의 이미지와 맞지 않네요. 그것도 오늘 마지막 날인데…. ㅋㅋㅋ 정말 격조가 떨어지는 거 아닌가요?

저희 독자들도 학습자들도 체면도 있고 위신도 있는데. 좀 다른 걸로 마무리하시면 안 될까요? 무엇보다 교수님 얼굴에 스스로 먹칠하시는 거 아닐까요? 아닙니다. 절대로. 엥? 왜냐고요? 궁금하면… 아, 또 실수? ㅎㅎㅎ

혹시 윈윈게임(Win-Win Game)이라는 말을 들어보셨나요? 금시초문이라고요? 아, 그럼 혹시 '디아블로'는? 아, 아신다고요? 대박 맞은 게임 프로그램 이름? 인터넷 게임? 네, 맞아요. 더는 잘 모르겠다고요? 아, 저도 잘 몰라요. 하여간. 근데 지금도 마찬가지지만 아이들이 게임에 빠져드는 이유가 있잖아요. 뭔가요? 맞습니다. 마지막 최후의 승리. 엥? 그럼 윈윈, 상생. 뭔 상관이래? ㅎㅎㅎ 근데 대박 맞는 게임은 모두 상생의 원리로 만들어진답니다. 엥?

게임을 잘 알지도 못한다고 하시면서. 엥? ㅎㅎㅎ 근데 제가 누굽니까? 도봉산 꼭대기에 올라가서 아래를 보시면 어떤가요? 자기가 올라온 길만 있나요? 등산로가 여러 군데 있다는 사실은 정상에서나 보이지요. 아, 길이 하나가 아니네. 정상은 하나지만 길은 많네. 근데 그 많은 길이 모두 통하네. 그래서 도사들을 우리가 도통했다고 하잖아요. 길이 통한다는 사실을 아는 사람을 '도사'라고 한답니다. 척하면 압니다. 뭐 그런 거? ㅋㅋㅋ

하여간 세상은 에너지 보존의 법칙에 따라 한쪽에서 이득을 보면 다른 쪽에서는 반드시 손해를 보아야 하는… 세상의 이치. 반드시. 엥? 하여간 그렇다는 말씀. 잘 모르겠다고요? 에너지 보존 법칙? 지금까지 인간의 과학이 발견한 진리에 가장 가까운 사실(fact). 엥? 문자가 너무 어려워요~

그럼 이렇게 말씀드릴게요. 풍선효과? 어렸을 때 풍선 한번 안 불어 보신 분 계실까요? 계신다고요? 아, 풍선 살 돈이 없었다고요? 입이 없었나요? ㅋㅋㅋ 하… 그러네요. 하여간 풍선을 불어서 입구를 봉하고 이쪽을 눌러보면 저쪽으로 삐죽 튀어나오잖아요. 풍선효과. 바람은 안 빠지고 에너지만 다른 곳으로 가는 뭐 그런 거. 에너지 보존의 법칙이잖아요. 그

래도 모르겠다고요? ㅎㅎㅎ

'상생'이라는 말은 노벨경제학상 수상자들이 한 말씀이랍니다. 갑자기 노벨상? 항상 그러시더라. 궁하면 둘러대는 그 습관…. 으… 짜증 나. 1995년부터 2005년까지 무려 11년 동안이나 노벨경제학상을 수상하신 분들이 한 연구 테마가 바로 '윈윈게임이론'이었다고요. 엥? 게임과 경제학. 그래서? 윈윈게임, 상생.

이런 연유로 세상에 나온 건데. 우린 그것도 잘 모르면서 그냥 매스컴에서도 상생, 윈윈 어쩌고저쩌고 하니까. 갑자기 밑도 끝도 없이 이놈저놈 전혀 피부에 와 닿지 않는 이야기들을 하니…. 그런데 공부하는 학자들은 대개 비슷해요. 에너지 보존의 법칙을 바탕으로 경제학자들도 이런 생각을 하고 연구한 거잖아요.

그래서 쏘홧? 어쩌자는 거냐고요? 상생해야 모두 살고 상생해야 경제가 번영한다는 거. 결론은 단순해요. 그냥 결론이 그거랍니다. 엥? 아니, 혼자 먹고살기도 어렵고 혼자 성공하기도 힘든 세상에. 저런 씨도 먹히지 않을 이론을. 그러니 책상물림들이란 다 그렇다니까. 세상 물정은 아랑곳없이 그냥 신선놀음이나 한다니까.

하여간 근데 둘이 함께 가라고? 동반성장해야 한다고? 저런, 쯧쯧… 말도 안 돼. 가엾은 인간… 지금까지 소크라테스 학당에 뭔가를 그래도 좀 기대하면서 들락날락했는데. 또 하나의 그냥 추억이었군요. 쓸데없는… 시간 낭비. 아, 그렇다면 또 급죄송.

근데… 과연 그럴까요? 다시 한번 스티브 잡스를 소환할게요. 그가 왜 소크라테스와 오후 시간을 보내고 싶다고 했을까요? 확률은 두 가지잖아요. 하나는 "이번 생에서는 나도 벌 만큼 벌었으니까 죽기 전에 좀 우아하게 테스 형님을 초대해서 품격 있는 인문학자로서 세상에 좋은 인상을 남기고 떠나고 싶군." 아니면 "테스 형을 만나면 뭔가 더 기발한 아이디어로 돈벌이를 구상할 수 있지 않을까? 이왕 저지른 거 남은 시간이라도 세상에 있는 돈을 싹쓸이하고 떠나볼까?" 여러분은 과연 어디에 걸 건가요? 어떤 게 확률이 더 높을까요? ㅎㅎㅎ 내가 만약 잡스였다면.

'상생'이라는 개념이 나오기 전에는 '제로섬게임(Zero Sum Game)'이라는 게 있었답니다. 그게 우리 세상을 지배할 때. 무척 오래된 역사. 50만 년 전 호모사피엔스가 세상에 나오면서 시작된 싹쓸이 경쟁의 역사. 각자도생? 무려 50만 년의 역사를 가진 제로섬게임. 그러니 너무 당연하지 않았을까.

약육강식의 세상에서 근면, 성실, 노력만 하면 나만의 승리도 가능하다고. 희망찬 아침. 남을 죽여야 내가 산다? 아니면 치열한 경쟁사회에서 살아가려면 정글의 법칙? 엥? 근데 그건 그렇다고 하고요…. 제발 영어 나부랭이로 기죽이지 마세요~ 제로섬게임? 엥? 급죄송. 그러네요. 근데 달리 표현할 용어가 마땅치 않아서. 제로섬게임. 그러니까… 독생(獨生)?

근데 이것도 외래어잖아요? 중국어? ㅎㅎㅎ 독생. 이거 쉽게 알아들을 수 있나요? 그대로 풀면 '혼자 산다'? 엥? 이것도 시원하지는 않네요. 한글이라고는 하지만 맨 한자말로 되어 있으니. 엥? 세종대왕께서 노하실 말씀을. ㅋㅋㅋ

그렇습니다. '혼자 싹쓸이'하자는 게 바로 제로섬게임. 그동안 승승장구. 자본주의 사회의 상징이 되어버린 소위 '엘리트 경쟁체제'에서 너무도 당연시했던. 그런데 지금도 여전히 우리 사회는 경쟁사회. 남을 짓눌러야 내가 사는 것이고 내가 살기 위해서는 남은 죽어야 하고…. 네가 죽든지 내가 살든지. 네 돈이 내 돈이고 내 돈도 내 돈이고… 뭐 그런 거. 좀 심한가요? 아, 이것도 사람마다 생각하는 확률이 좀 다르겠지요? ㅎㅎㅎ

그렇습니다. 지금도 우리는 지독한 경쟁체제에 살고 있잖아요. 지독한 엘리트 교육제도. 세상이 다 아는 대한민국의 심벌이 된 바로 그거. 뭐 그런 게 다 같은 거잖아요. 죽여야 산다. 오죽하면 남을 하나라도 더 죽이는 '킬러문항'이 사회의 최고 이슈가 되는 세상. 아마 전 세계를 보아도 이런 게 사회문제가 되는 나라가 있을까요? 그래서 "이제 콩 한 쪽도 절대로 남과 나누면 안 되는 세상".

옛날 말씀도 모두 거부된 세상. 온고이지신? 웃기는 말이 되고…. 사즉생 생즉사. 죽는다는 각오로 남을 죽여야지만 내가 살 수 있다는 세상. 맞나요? 아니라고요? 그전에 죽는다고요? ㅋㅋㅋ 그러네요. "우리 아빠는 돈 벌다가 돌아가셨다? 뇌졸중으로." 뭐 그런 거? 가문의 영광이잖아요. 아닌가요? ㅋㅋㅋ 천국에 가져가면 되니까. 이럴 때는 교회에 안 가도 내세를 믿고 떠나잖아요. ㅋㅋㅋ

맞네요. 경쟁체제의 희생물? 당신은 과연 호모사피엔스 맞나요? 누군가가 그렇게 말씀하시잖아요. 너를 사랑하는 게 세상을 사랑하는 거라고. 엥? 어디 그런 말이 있다는 건가요? 둘러대기는? ㅋㅋㅋ 하여간 『탈무드』에도 있고… 히브리대학의 입구에도 써 있고… 마리아 릴케의 시집에도 있고…. ㅎㅎㅎ 척하면 다 나오잖아요. 근데… 그건 그렇고. 정말 아니꼬우시면 여러분도 지금부터 딱 2만 권만 읽으시면 됩니다~ 그렇지 않나요? ㅎㅎㅎ

정말 정리하자고요. 노벨경제학상을 11년 동안 수상한 게임이론의 결론은 우리가 제로섬게임, 즉 엘리트 경쟁에서 엘리트가 된 자가 혼자 싹쓸이하는 게임을 했을 때보다 상생, 즉 서로서로 함께 살 때 2.5~4배 이상의 경제성장이 이루어진다는 결론. 이제 좀 감이 잡히시나요? 안 믿긴다고요? 엥? 믿거나 말거나.

하여간 개인도 국가도 사회도 상생으로 살 때 우리는 훨씬 더 잘살 수 있다는 결론이었다고요. 노벨상… 아무나 줍니까? 그래서 우리 사회에서도 한 10년 전에 상생이니 윈윈이니 하면서 호들갑들을 떨었던 건데. 아니, 그런 적 없다고요? ㅎㅎㅎ

아, 그러네요. 그냥 몇몇 사람만 호들갑 떨다 보니까 모르는 게 당연. 호들갑을 떨던 사람들도 결국은 혼자 살겠다고 국가 프로젝트 모두 따먹고 나서 먹튀? 윈인이 어쩌고저쩌고… 맞네요. 독생을 위한 상생이론? ㅋㅋㅋ

하여간 아무도 모르잖아요. 알아도 모른 척? 아님 피부에 와 닿지 않는 공상? 마치 환경보호운동같이. 말은 좋은데, 또 그래야 하는데. 나 혼자 한다고 뭐가 되나? 모두의 책임은 아무에게도 책임이 없다. 뭐 그런 건가요? 하여간 그래서 결국 그냥 말로만 지나간 흔적들? 그러니까 코로나19처럼 언제 왔다가 언제 사라졌는지도 감감한….

그러나 미국, 독일 등 OECD 선진국들은 2005년부터 노벨경제학상 수상자들의 말씀을 경청하면서 착착 상생 시스템을 많이 만들어놓았답니다. 근데 선천적으로 엄청 강력한 입만 가지고 사시는 우리의 자랑스러운 엘리트들은 '말로만' 하다가 끝났잖아요. 지금 어디 이 사회에 상생하는 곳이 있나요?

지금도 어떡하면 혼자 싹쓸이를 할까? 늘 고민이잖아요. 고민고민하면서 늘 스트레스받다가 결국은 생명 단축? 웃기나요? 아닌가요? 그래도 돈만 벌면 띵호와. 너는 그래라 나는 돈이나 벌란다. 뭐 그런 건가요? ㅋㅋㅋ 지금 이 순간에도 싹쓸이 구상으로 콜레스테롤 수치가 높아지고 혈당이 높아지는지도 모르고…. 아니면 알아도 그만? 하늘에서 영혼으로 살면 된다고요?

돈은 영혼도 가지고 논다고요? 아님 마치 천년만년 살 듯이. 뭐 그런 거잖아요. 아니면 나만 대박? 뭐 그런 거. 혹시 상생으로 좋은 결과를 냈다는 분. 오시면 상품 드립니다. ㅎㅎㅎ (신고 센터로 연락하시길 바람. ㅋㅋㅋ)

참으로 안타까운 시간만 흐르는 것 같네요. 아닌가요? 저만 그런가요? 그냥 기분 탓이라고요? 그럼 좋겠네요. 아니, 사실 저는 테스 형의 입장을 대변하고 있다는 거. 다 아시잖아요. 테스 형이 환생하는 날. 우리 한번 뭉치자고요.

아, 아이들이 푹 빠져드는 인터넷 게임 이야기. 하다 만 느낌. 기회를 놓쳤네요. 대박 맞는 게임들. 모두 공통점이 있답니다. 아이들이 인터넷 게임에서 노리는 건 최종 승리의 짜릿함이잖아요. 짜릿한 승리의 희열감. 그것이 애들한테는 행복이잖아요. 그래서 거기에 안주하는 거고.

그러다 보니까 게임중독까지. 폐인이 되기도 하고…. 어른들도 마찬가지라고요. 다만 일 때문에 그 희열감을 반납한 것뿐. 그래도 호시탐탐. 아이들은 학교에 가지 않으면 되니까…. ㅎㅎㅎ 하여간 희열감이 행복감이잖아요. 그래서 끊지 못하는 거잖아요. 맞잖아요. 승자의 짜릿함. 이걸 과연 뭐하고 바꿀까요?

근데. 근데… 대박 맞는 게임 프로그래머들에게 물어보았어요. 근데 놀라운 건 그들도 잘 모르더라고요. 그냥 아이디어가 좋아서? ㅎㅎㅎ 그래서 제가 유도신문을 해보았답니다. 근데 놀랍게도 모두가 수긍하는 게 있었지요. 그게 뭐냐고요? 아이들이 최종 승리하려면 반드시 거쳐야 할 대목. 바로 그거잖아요. 상생. 게임하는 내내 서로 대화하고 협력하지 않으면 절대 최종 승리자가 될 수 없다는 사실. 와우~ 대박.

모든 프로그래머들은 윈윈게임이론을 알든 모르든, 하여간 감으로든 윈윈게임으로 설계했을 때 대박을 맞았다는 사실. 그걸 알게 된 거지요. 와우, 놀랍지 않나요? 아니라고요? 안 놀랍다고요? 난 게포자니까? 게임 포기자? ㅋㅋㅋ

아니, 그런데 이번 테마는 '공진화 사고법' 아니었던가요? 아, 그런가요? 근데 다 끝나니까. 하여간 이크 실수? 아, 그럼 두 번째 단계에서 다루면 되겠네요. 이렇게 간단하게 문제해결이 되었군요. ㅎㅎㅎ 사실 전략이었지요. 이게 없으면 다음은 더 길어지니까…. 한마디만 더 하고 오늘 덮자고요.

나무만 보고 숲을 보지 못하면 인터넷 게임에서도 결코 최종 승자가 될 수 없다는 사실. 그럼 상생 역시 결국 최종 승자가 되기 위한 하나의 수단? ㅎㅎㅎ

하여간 우리는 서로 상생할 때 시너지 효과가 난다는 전체를 알 때 부분으로서 우리가 과연 어떻게 처신하는 게 더 유리할 것인가? 확률적으로 어떤 것이 더 맞을까? 뭐 그런 거? 싹쓸이. 처음부터 싹쓸이하기 위해 콩 한 쪽도 나누지 않으면 결국 대박이 아니라 쪽박? 상생을 통하지 않는 독생은 없답니다.

어차피 최종 승자는 있겠지요. 경쟁사회에 사는 한. 그런데 정말 중요한 건… 독생, 즉 싹쓸이만이 아닌 상생의 세계가 있다는 사실을 알게 된 것만으로도 여러분은 이제 소크라테스 학당에서 '하산하실 시간'이 가까워진 것 아닐까요?

놀라지 마세요. 소크라테스는 이미 2,500년 전에 다 알고 있었다는 사실. 정말인가요? 엥? 이런 사실을 제자의 제자인 아리스토텔레스가 잘 정리해주셨고…. 이런 모든 게 다 사실. 지금으로부터 무려 2,500년 전에 남겨진 아테네 학당의 유산이랍니다.

2단계. 공진화 사고법: “전체는 100이 아니라 50이다”

엥? 이건 또 뭔 소린가요? 보통 100을 만점으로 하지 않나요? 점수도 100점 만점. 100을 기준으로 오늘 비가 올 확률은 60%입니다. 물이 끓는 온도는 100도 등. 뭐 그런 거? 하여간 우리에게 익숙한 전체는 100 아닌가요? 물론 340점 만점에 280점? 뭐 그런 것도 있지만요. 수능고사? ㅎ

근데 전체가 50이라니 이건 도대체 무슨 계산법인가요? 혹시 아테네식 계산법? ㅎㅎㅎ

오늘 우리 소크라테스 학당 2기 수업을 마감하면서 잠시 다시 처음으로 돌아가 보면 어떨까요? 치매 예방에도 좋고? ㅎㅎㅎ

‘전체와 부분’, ‘나무만 알고 숲은 모른다’. 바보 아니야? 엥? 바보라고까지? 1기 수업으로까지 소환한다면… “장님 코끼리 만지는 격?” 하여간 우리는 언젠가부터 ‘부분’에 갇혀 살고 있잖아요. 내가 보고 내가 듣고 내가 아는 것이 전부인….

뭐 그런데 사실은 그게 모두 ‘부분’이라는 사실. “너 자신을 알라.” 테스 형의 말씀이잖아요. 근데 구체적으로 너 자신의 뭘 알라는 건가요? 그렇습니다. 눈치가 빠르시네요. "너는 지금 부분을 가지고 전체를 말하는 거야." 뭐 그런 거잖아요. 그런데 부분에 살고 있는 우리가 마치 전체를 다 알고 있는 것처럼 행세하니까…. "아, 테스 형! 세상이 왜 이래~" 하는 거잖아요. 근데 사실 우리가 지금 그렇게 살고 있고요. 엥? 아니라고요? 나는 전체를 다 알고 있다고요? 아, 그러세요~ 복 받겠습니다~ ㅎㅎㅎ

테스 형보다 대략 45년 연상인 자연철학자 파르메니데스라는 분이 있었답니다. 그는 "있다"와 "있지 않다(없다)"라는 명제를 가지고 철학을 시작했답니다. "존재와 비존재" 그의 유명한 '존재론'이랍니다. 엥? 갑자기 파르메니데스를 소환하는 이유는 뭔가요? 글쎄다~ 엥??

그의 존재론은 서구 변증법의 씨앗이랍니다. 소피스트들이 이를 받아서 적극적으로 삶에 적용하면서 변증(辨證) 또는 대화(對話)라는 뜻의 Dialeke라는 용어도 생겨났고…. 그래서 하여간 소피스트들이 변증법의 효시라고도 했고….

이에 대해서는 한 학기 강의를 해야 하는 거니까 그냥 요 정도로 하자고요.

다시 돌아가자면, 오늘 마지막 주제가 '공진화 사고법 II'. 부제가 "전체는 100이 아니라 50이다". 감이 좀 오시나요? ㅎㅎㅎ

아니, 전혀 아니라고요? 아마 그게 맞겠네요. 그렇습니다. 지금부터 정말 집중하셔야 합니다. 그렇지 않으면. 엥? 이번 학기 수업한 내용이 모두 어정쩡하게 정리될 겁니다. 이건 또 뭔 협박? 제가 말씀드렸잖아요. 여러분은 소크라테스 학당에서 완전히 이상한, 그렇다고 쉽게 거부할 수 없는 완전히 다른 이야기를 듣게 될 거라고. ㅎㅎㅎ

이 모두는 2,500년 전에 중단된 이야기들이라고 했잖아요. 물론 더러는 좀 아시는 이야기들도 있겠지만. 이해도 가고… 하여간… C. H. 와일즈라는 미국의 철학자가 1944년 소크라테스의 산파술에 대해 좀 끄적끄적한 글들이 나오는데, 거기에 보면 "소크라테스의 산파술이 계속 이어졌다면, 지금 세상은 아마 완전히 다른 세상이 되었을 거다"라고 쓰여 있고요.

이진법. 바로 그거랍니다. 갑자기 이진법이라니요? 산수? 수학?? 그렇다니깐요. "전체는 100이 아니라 50이다." 이게 바로 변증법이지요. 그런데 변증법은 이진법과 통하고 이진법에서는 0과 1만 존재하고…. 대충 이해가 되실까요? 전혀 안 된다고요? ㅋㅋㅋ

오늘날 우리가 사용하는 컴퓨터가 이진법이라는 건 모두 알고 계시지요? 이제 스티브 잡스가 소크라테스와 오후 시간을 보내고 싶다고 한 이유가 좀 다가오나요? 아니라고요? 웬 궤변? 그렇네요. 테스 형도 궤변론자로 몰려서 돌아가셨잖아요. 물론 나중에 복권되었지만. 테스 형은 궤변론자가 아니라고. 이렇게 오해할 수 있다니깐요. ㅎㅎㅎ

지금 우리는 10진법을 사용하잖아요. 어느 날 인간은 자기 손가락이 10개라는 걸 알게 되면서 이게 편하다고 생각한 건데… 사실 애초에 호모사피엔스는 이진법밖에 몰랐다고요. 그러니까 이진법의 역사가 먼저인데…. 그걸 어떻게 아냐고요? 글쎄다~ 엥? 급죄송. 사실 아무도 모르잖아요. 챗GPT에게 물어보세요. 아마 모르겠다고 할 겁니다.

근데 소크라테스의 산파술을 연구한 학자들은 제 말에 모두 공감한답니다. 엥? 제가 챗에게도 가르쳐주었다고요. 아마 지금부터는 제가 하는 말이 아마 좀 있으면 챗GPT에 나올 겁니다. 지금은 모른다고 할 거고

요. 엥? ㅎㅎㅎ

정리하자고요. 엥? 뭘 하셨다고?

제가 블로그 처음에 자주 쓰던 말. 지금은 좀 안 쓰는데 혹시 기억나실까요? ㅋㅋㅋ

맞습니다. '반반치킨'. 반은 맞고 반은 틀리고. 바로 그겁니다. 여러분이 살고 있는 이 지구상의 만물은 모두 반반치킨 맞습니다. 그래서 반반치킨이 대박 났다는 사실. 아실까요? ㅎㅎㅎ 물론 웃자고 한 말 아시지요?

조물주께서는 애초에 세상을 모두 반반치킨으로 만들어놓았답니다. 그래서 반반치킨이 대박 났잖아요? ㅋㅋㅋ 남과 여, 아니 여와 남. 암놈과 수놈, 암술과 수술, 낮과 밤, 앞면과 뒷면, 빛과 그림자, 요와 철, 플러스와 마이너스, 장점과 단점 등등. 맞잖아요?

[정]50과 [반]50이 [합]을 이루면 100이다. 맞나요? 근데 테스 형이 사라진 지금 우리는 혼자 100을 차지해야 성공하는 거라고 하잖아요. 독식, 독생, 독점. 싹쓸이가 곧 성공? 이건 바로 소피스트들이 '이진법적 사고'를 '2분법적 사고'로 돌려놓은 공적(?)이랍니다. 저놈을 죽여야 내가 싹쓸이하는 정글의 법칙. 제로섬 사회. 뭐 그런 거. 타짜?

컴퓨터의 0과 1로 이루어진 이진법. 이진법은 기하급수적으로 숫자가 늘어나잖아요. 0, 1, 10, 11, 100, 111…. 그래서 계산 속도가 장난 아니잖아요? 컴퓨터의 연산력? 10진법을 사용하는 우리 인간보다 수천 수만 배? 이것이 바로 이진법에 기반한 변증법으로 엄청난 시너지효과를 낼 수 있는 이치랍니다. 이미 위에서 봤잖아요. 독생보다 상생으로 인한 경제효과가 4배까지도 높아진다는 거. 바로 그거잖아요. 대표적인 근거?

정리하시지요. 반반치킨? 반은 프라이드, 반은 양념. 시너지 효과가 배가 되잖아요. 50은 100의 중간이고요. 중용. 더도 말고 덜도 말고. 그래야 균형과 조화가 우리를 살린답니다. 사람 체온은 36.5도일 때 정상이잖아요. 37도가 넘고 40도가 되면 죽을 수 있고, 35도가 되어도 저체온증으로 죽을 수 있고. 균형 잡힌 식사, 균형 잡힌 몸매. 뭐 그런 거. 균형을 잃으면 가다가 길에서 넘어지잖아요. 골절? 뇌진탕? 위험하지 않나요? 균형과 조화. 그게 전체라니깐요. 중용. 아리스토텔레스의 중용. 맹자의 중용. 모두 균형과 조화를 찾자는 거잖아요. 전체를 찾으라는 거랍니다.

100이 전체라고 생각하는 순간 우리는 40도의 체온을 가지고 싶은 겁니다. 열사병으로 죽겠다는 거잖아요. 물이 0도 이상에 있을 때 마실 수 있잖아요. 0도 이하로 내려가면 아무리 목이 말라도 마실 수 없잖아요. 얼음이니까. 깨서 먹는다고요? 얼음을 깨기 전에 목 말라서 죽는다면? ㅋㅋㅋ

내가 50을 가지고 남이 50을 가지고 서로 변증적으로 가다 보면 시너지효과가 발휘되잖아요. 50+50은 100이 아니라 150, 아니 500도 1,000도 가능하잖아요. 물론 반대도 가능하겠지만.

그래서 대화를 잘해야 한다. 뭐 그거 아닌가요? 대화법. 좋은 대화법. 훌륭한 대화법? 아, 바로 그거네요. 이제 우리가 대화가 필요하다는 건 어느 정도 알았잖아요. 근데 좋은 대화법, 훌륭한 대화의 방법은 아직 잘 모르지 않나요? 그래서 소크라테스 3기 수업은 좋은 대화의 방법에 대해 다루도록 하겠나이다~ 그야말로 본격적으로 소크라테스 학당이 시작되는 거랍니다. 엥? 그럼 지금까지는 뭔가요? 연습이었나요? 엥?? ㅎㅎㅎ

근데 시중에도 훌륭한 대화법에 대한 책이 많이 나와 있지 않나요?

강의, 강연도 많고요? 아, 그런가요? 근데 전혀 다르겠지요? 우리 소크라테스 학당이 그렇게 시시껄렁해서 될까요? ㅎㅎㅎ 아니, 뭔 근거냐고요? 글쎄다~ 엥? ㅎㅎㅎ

근데 훌륭한 대화법으로 모든 게 다 끝나는 것도 아니라니깐요? 엥? 테스 형의 관심은 바로 훌륭한 대화를 위한 '훌륭한 질문법'이었잖아요. 산파술. 바로 그걸 할 거고요. 엥? 기대해도 좋습니당~

정말 이제 소크라테스 2기 수업의 문을 닫는 멘트를 해야겠네요. 2기 수업의 주제는 '문제해결 코칭'이었잖아요. 이를 위한 사고법은 어떻게 되어야 하는가? 뭐 그런 거였잖아요. 우선 자기 문제를 해결할 수 있는 사고력 훈련을 해야 할 것이고. 그렇게 했을까요? 그다음 문제해결 사고력 코칭 자격을 취득하시면 다른 사람들의 문제해결에 코칭해줄 수 있어야 하는데… 모르겠다고요? ㅎㅎㅎ

근데 정말 간단하지 않나요? 부분만 가지고 전체를 해결하려는 사람들. 그게 보기에 참 딱한 거잖아요. 죽어도 안 되잖아요. 그래서 문제해결은 어려운 거고요. 근데 쉽게 생각하고 대드니까… 애만 쓰다가 결국 병을 앓고 죽어 없어지고 마는 게… 그게 대부분 사람들의 인생 아닌가요? 안타까움… 정말로…. 아예 말도 안 되는 걸로 뭔가.

아니, 내가 그랬다고요? 내가 알고 있는 알량한 지식(부분)을 가지고 전체를 해결해보겠다는 심보? 아, 반성과 성찰. 인문학의 목표라고 했잖아요. 그럼 짝짝짝(박수). 하여간 전체를 보여주기 위해 생각의 각도를 1도씩만 틀어주면 되는 거고…. 근데 그것도 그렇게 쉽냐고요? 그러네요. 이때 필요한 게 바로 훌륭한 질문이겠네요. 이크. 이른 시간 내에 3기 학당을 열어야겠네요. ㅎㅎㅎ

하여간 "부분과 전체, 균형과 조화." 이것만 기억하시면 된다고요. 전체를 모르면서 아는 척. 아니면 부분을 전체라고 우기면서 문제해결을 한다? 정말 웃기는 이야기 아닌가요? 균형과 조화를 잃으면서 문제를 해결한다? 이것도 정말 웃기는 이야기잖아요. 균형과 조화를 잃으면 바로 목숨을 잃는 건데. 그러니까 목숨 걸고 문제해결을 하다가 장렬한 전사를 하셨다, 뭐 그런 거 아닌가요? 근데 이건 정말 사소한 데 목숨 건 꼴? 근데 이게 가문의 영광? 묘비명? 이왕 사람으로 태어나서 한번 사는 건데, 정말 이렇게 사는 게 좋으신가요? 좋다고요? 돈만 생긴다면…. 돌아가신 이건희 회장께서 어떻게 말씀하실까요? 그래 돈 많이 벌다가 장렬하게 전사하고 빨리 온나? ㅋㅋㅋ 가문의 영광이잖아. ㅋㅋㅋ

근데 정말 딱하잖아요. 굳이 이렇게 살지 않아도 되는데. 아, 오해하시면 안 되는 게… 돈도 벌라니깐요? 테스 형이 알려준 대로 해도 돈도 벌 수 있다니깐요? 더 많이. 그리고 중요한 건 어느 누구에게도 상처 주지 않으면서…. 어때요, 혹하지 않나요? 그러니까 굳이 이렇게 살 필요가 없다는 건데…. 어디서부터 꼬인 건지… 한 번쯤 돌이켜보아야 하는 거 아닐까요? 아니라고요? 그냥 지금처럼 목숨 다할 때까지 돈만 많이 벌면 된다고요? ㅋㅋㅋ 그럼 그렇게 하시구랴~ 가문의 영광을 위해 장렬하게 전사하시라~ 그럼 되었나요? ㅋㅋㅋ

아리스토텔레스는 중용의 덕을 지키는 것이 바로 행복이라고 했잖아요. 이왕 우리가 문제해결을 해야 한다면, 중용으로 문제해결을 하는 게 행복하다는 말씀. 이것이 바로 지혜로운 문제해결이고요. 지혜로움은 판단력, 판단력은 메타인지 그리고 문제해결은 성장. 그것이 바로 행복이라는 거고요.

후마니타스. 고전으로 돌아가라. 아테네로 돌아가라. 다빈치, 라파엘로 같은 천재들의 시대에 천재들이 돌아가고 싶었던 고대 그리스의 아테네 시절. 그러니까 그 시절에 살았던 사람들이 천재 중의 천재잖아요. 아테네 학당이 우리에게 준 교훈이잖아요. "지혜로움이 곧 행복함이고, 행복함이 곧 지혜로움이랍니다."

이래도 철학, 필로소피. '지혜로움을 사랑하라'는 철학을 놓고 "철학이 밥 먹여주냐?"고 비아냥을 하실 겁니까? 행복하게 살고 싶다고 외치면서 불행하게 사는 것을 자초하는 거 맞잖아요. 모든 게 다 부분만 알고 전체를 모르기 때문이랍니다. (소크라테스 학당 2기 수업을 마무리하면서….)

부록

인문학, 어떻게 할 것인가?

1
인문학의 위기, 진짜 원인은 뭘까요?

"나는 평생 동안 테크놀로지와 인문학 사이를 왔다 갔다 하면서 살았다." 누구의 말이냐고요? 그 유명한 스티브 잡스의 말이지요. 그래요. 그로 인해 인문학의 중요성이 세상에 다시 회자된 감이 없지 않지요? 그런데 정말 인문학이 사는 데 중요한가요?

문송해는 '문과라서 죄송합니다', 인구론은 '인문학 전공 학생의 90%는 논다'는 의미라고 하잖아요. 인문학의 위기라고 하기도 하고. 엄연한 현실이지요. 그 현실을 무시할 수 없으니까. 그래도 남들이 인문학은 중요하다고 하니까 그냥 그러려니 하시는 분들이 대부분일 겁니다.

그런데 정말 스티브 잡스가 말한 것이 피부에 와닿는 말인가요? 좀 더 정확히 말하면 인문학적 상상력이겠지요. 그 인문학적 상상력이 테크놀로지의 발전에 지대한 영향을 미친다는 건데… 그래도 알 듯 말 듯한 말 아닌가요? 도대체 무슨 인문학적 상상력이 테크놀로지의 발전에 기여한다는 말인지? 차라리 좀 쉽게 그냥 테크놀로지의 상상력이라고 하면 더 잘 이해되지 않을까요? 테크놀로지의 발전에 웬 뚱딴지같은 인문학이.

상상은 현실이 된다. 동의하실까요? 그런데 실제로 상상이 현실이 되는 경우가 아주 없는 건 아니잖아요. 하다못해 알바해서 열심히 돈을 모아서 해외여행을 다녀오면, 그것도 상상이 현실이 된 거고요. 이런 작은 것부터 따지고 보면 누구든지 좀 있는 것 같은데. 그런데 주변에 보면 정말 상상이 현실이 된 분들도 더러 보게 되잖아요. 하여간 결코 가능하지 않은 건 아닌 것 같아요. 좀 더 확대하면 '꿈은 이루어진다'. 이 말도 실제로 2002년 월드컵 4강 신화를 빗댄 말이 되었지요.

우리나라에서도 한동안 인문학 바람이 분 적이 있어요. 지금도 여전히 인문학 강좌가 이곳저곳에서 일어나고 있는 것 같아요. 근데 전반적으로 보면 우리나라의 인문학은 모두 '실패'했다고요. 엥? 실패라고요??

실패라고 하면 좀 이상하지만, 교육적 차원에서 본다면 그렇다는 말이지요. 한동안 인문학의 대가들과 전문가들이 열심히 가르치고 사람들도 열심히 배우고 하면서 인문학이 되살아나는 듯했지요. 근데 만약 이러한 인문학 선풍이 성공했다면 아마 대학에서도 인문학 경시가 사라졌겠지요? 근데 오히려 인문학의 위상은 더 떨어지고 있잖아요. 학생들의 취업도 더 형편없어지고. 대입 교차지원에서도 인문학 전공은 최하급으로 밀리고. 그래서 실패라는 엄청난 이야기를 썼네요.

그런데 더 중요한 실패의 원인은 따로 있답니다. 그게 뭘까요? 바로 우리의 인문학이 '주입식 인문학'으로 갔기 때문이지요. 동의하실까요? 동의하시지 않으면 할 수 없지만…. 동의하셔야 해요. 반드시. 진정한 인문학을 위해서라면. 제발. 주입식 인문학은 주입식 교육의 끝판왕이었습니다. 그래서 스티브 잡스의 인문학을 이해하지 못하는 거예요.

주입식 인문학. 가르치는 사람도 배우는 사람도 모두 힘듭니다. 가르치기 위해 생소한 고전을 줄줄줄 외워야 하고, 배우는 사람도 뜻을 몰라도 그냥 무조건 좋은 소리라고 하니 달달달 외워야 하고. 도대체 그걸 외워서 뭘 할 것인지 몰라도. 그냥 한번 으스대고 싶으신 거잖아요. 아니면 좀 있어 보이시려고요. 과시 인문학? 하여간 주입식 교육의 결정판이지요.

근데 우리는 교육 소리만 하면 그 지겨운 주입식 교육에 대해 침을 튀기면서 뭐라고 하지 않나요? 근데 고전, 그것도 까마득한 옛날에 했던 이야기들. 물론 좋은 이야기들이겠지만. 하여간 그게 잘 외워지지도 않는데… 시간도 많이 필요하고. 머리도 따라가기 힘들고…. 스티브 잡스가 다시 살아나시면 뭐라고 할까요? 아마 웃을 겁니다. 그것도 매우 큰 소리로.

우리 소크라테스 학당의 인문학은 주입식 인문학이 아니랍니다. 엥? 인문학의 진수는 뭔가요? 바로 '반성'과 '성찰'이잖아요. 엥? 동의하실까요? 이것도 무조건 동의해야 합니다.

이곳에 들어오시면 삶 전반에 대해 반성과 성찰을 할 기회가 주어질 겁니다. 스티브 잡스가 말한 인문학적 상상력은 우리가 고전 등 좋은 삶의 이야기를 하면서 반성과 성찰을 많이 할 때 가능합니다. 그게 바로 오늘날 첨단 테크놀로지 사회에서도 유용한 거지요.

사실 인문학적 소양은 본질적으로 유용한 겁니다. 두 가지 이유에서 그래요. 하나는 옛날에는 인문학의 대가가 세상에서 가장 권세가 높은 층이었잖아요. 그러니까 옛날에 선비들은 모두 인문학을 모르면 선비 행세를 할 수 없었다잖아요. 그래서 옛날에는 가장 실용적인 학문이 인문학이었던 거지요. 두 번째 이유는 바로 인문학은 인간이 무엇인가를 알게 하는 가장 중요한 나침반이잖아요. 스티브 잡스는 사람이 무엇인지 알아야 시장 정복을 할 수 있다고 생각한 거잖아요. 특히 사람들의 심리를 알게 해주는 인문학적 사유. 그게 기술시장을 깔고 있거든요.

물론 그가 돈을 벌기 위해 인문학을 이용했다고 말하기도 하지만. 하여간 '인간이 무엇인가?' 하는 명제는 예나 지금이나 우리 인간에게는 가장 마지막 테마겠지요. 이제 문제는 "단순한 암기로 인문학적 지식만을 현학적으로 소유할 것인가, 아니면 한 구절을 보더라도 그로부터 우리의 삶을 반추하게 하는 인문학적 지혜를 얻을 것인가?" 선택은 여러분의 몫이랍니다. 아이쿠, 너무 길었네요. 처음인지라.

2
지금 이 시대에도 인문학이 중요하다는 이유는 과연 뭘까요?

이미 언급한 대로 스티브 잡스가 다시 살아나신다면 아마 정확하게 대답해줄 수 있겠지요. 근데 그냥 화두만 던져놓고 돌아가셨잖아요? 아마 그는 내공이 있는 그만의 철학을 가지고 있었을 겁니다. 개똥철학? 그것도 철학은 철학이지요. 하여간.

말씀드린 대로 스티브 잡스는 인문학을 팔아먹었다는 비난도 많이 받았고, 지금도 그렇게 평가되기도 하지요. 근데 한마디로 인문학이야말로 블루오션이라는 사실. 아마 스티브 잡스가 아니었다면 이미 낡은 골동품? 아님 꼰대 생각?

우리가 오래전부터 블루오션, 블루오션 하는데… 간단합니다. 남이 가지 않는 길이 바로 블루오션입니다. 이왕이면 블루오션에 살고 싶지 않나요? 스티브 잡스는 이걸 알았던 거지요. 그러니까 그는 천재 맞습니다. 이런 걸 미리 알고 있었으니.

그게 돈이 되건 아니건 하여간 인문학적 사유 없이 뭔가를 한다면 우리는 앞으로도 여전히 레드오션에서 치열하게 피 튀기는 전쟁 속에 살아야만 한다는 사실. 빨리 알면 알수록 당신의 삶은 훨씬 수월해집니다. 말도 안 돼?

"인구론, 문송합니다." 이런 말처럼 누가 그 시간에 인문학을 한다고. 이렇게 생각하시나요? 그럼 당신의 삶은 고난의 연속이 될 것입니다. 왜냐하면 레드오션에서 그 무서운 식인 상어들과 이전투구로 싸우면서 살아야 하니까요.

물론 그 싸움에서 열심히 하면 승리할 수도 있겠지요. 역량에 따라. 근데 그거는 상처투성이의 승리일 뿐이겠지요. 얼마 전 세상을 놀라게 했던 「오징어 게임」. 생각 안 나세요? 벌써 잊었다고요? 그렇다면 맞습니다. 치매 1기?

인문학이 부재한 세상살이. 당신의 삶은 결코 녹록지 않을 겁니다. 하여간 그냥 무조건 제 말을 믿어보세요. 밑져봐야 본전 아닌가요? 믿는 자에게 복이 있다는 말씀, 믿는 데는 돈도 안 든다는 말씀을 드리면서 오늘은 이만.

3

구체적으로 인문학이란 뭘까요?

인문학은 영어로 Humanities라고 해요. 어원은 라틴어로 Humanitas(후마니타스)라고 하는데, '인간다움' 정도로 이해하면 되겠네요. 옛날에는 학문이나 과학 같은 개념이 희미했을 거니까 인문학은 '인간다움에 대한 연구'라고 보면 될 겁니다.

인문학을 한자로는 人文學이라고 쓰잖아요. '인간의 결'이라고 이해하면 될 듯해요. 인간의 결? 사실 文은 '무늬'를 말합니다. 사람은 살면서 무늬가 생기잖아요. 무늬가 변한다는 뜻이라고 하네요. 영어로는 human science라고 쓰기도 해요. 결국 인문학이라는 개념은 '인간에 관한 과학'을 말하는 것인데. 인간은 엄밀히 말해서 '인간 됨'을 뜻하는 거고요.

뭔 말이냐고요? 너무 어렵다고요? 그렇지요. 좀 철학적이라고 해야 하나? 철학 하면 일단 머리가 지끈지끈. 사실 그럴 필요는 없지만 하여간 '인간이란 무엇인가?' 쉬울 수도 있는 질문이지만, 어려울 수도 있는 질문이잖아요. 실제로 처음부터 철학자들의 테마였는데.

그런데 "인간이란 무엇인가?"라는 질문에 대한 답이 나왔을까요? 쉽게 말해보자고요. 태어났다고 다 인간인가요? "예" 그리고 "아니요." 정답입니다. 엥? 강아지로 태어나지 않고 사람으로 태어났으면 인간 맞습니다. 근데 사람이 사람다워야지 사람이라는 말이 있잖아요.

강아지만도 못한 인간도 있다고 하잖아요? 모습은 인간 맞지만 수준이 낮다는 말이지요. 그렇습니다. 사람이라고 다 사람이 아니라는 말씀. 결국 인간은 인간 됨으로 인간임이 결정된다는 거지요. 뭔 말이 이렇게 어렵나요? 그러니까 좀 알아듣게 말하자면, 인간은 "되어가는 과정에 있는 존재"라는 말입니다.

아이쿠, 더 어렵네요. 하여간 그러니까 "인간이란 무엇인가?"라는 테마가 처음부터 철학자들의 몫이었던 거지요. 그래서 지금은? 맞습니다. 지금도 "인간이란 무엇인가?"라는 테마. 해결되지 않았잖아요? 그래서 우리는 계속 철학 하는 중이랍니다. "인간이란 무엇인가?"

답답하니까 오늘날 이 질문은 과학의 대상이 된 거지요. 그래서 사람들은 인문학을 '인문과학'이라고 하기도 해요. 영어로 '휴먼사이언스'라고 한다고 했잖아요. 정리하자면 인문학이란 "인간이 인간 됨으로 가는 과정에 관해 객관적으로 연구해보는 학문"이라고 하면 될 듯하네요.

4
인문학과 (자연)과학이 융합해야 한다고 하는데 과연 그게 가능할까요?

우선 인문학과 자연과학은 전혀 다를까요? 오늘은 이 질문으로부터 시작해야겠네요. 대학에 인문학과 자연과학이 나누어져 있는 걸 보면 좀 알 수 있잖을까요? 그렇습니다. 한 지붕 두 가족이겠네요. 아니라고요? 인문학과 자연과학은 별개라고요? 아, 그렇습니다. 근데 반은 맞고 반은 틀리네요. 반반치킨? ㅎㅎㅎ

본론으로 들어가야겠네요. 인문학이 삶에서 가장 가까운 영역을 다루는 학문이라면, 자연과학은 인간의 삶에서 가장 먼 영역을 다루는 학문이겠네요. 이를테면 삶 전체를 다루는 게 아니라 세포부터 다루잖아요. 그러니까 인문학은 삶의 추상적인 영역, 즉 정신, 상상, 영혼의 영역까지 다루다 보니까 명확한 윤곽을 규명하는 게 쉽지 않고요. 객관적이라기보다 주관적인 측면이 강하잖아요.

반대로 자연과학은 모든 것을 분해하고 분석해서 가장 단순한 단위까지 쪼개서 보다 보니까 삶을 전체적으로 이해하는 대신 부분적으로 설명하고 마네요. 그 대신 좀 더 명확하기는 하지만. 결론적으로 말하면 인문학은 삶의 전체를 전체로부터 밝혀내고자 하는 거고, 자연과학은 구체적인 부분을 객관적으로 규명함으로써 점차 전체를 알아낼 수 있다는 전제를 가지고 있다는 거고요. 한마디로 '전체와 부분'의 관계와 같잖아요.

오늘날 융합 어쩌고 하잖아요. 쉽지는 않지만 전체를 전체로부터 보려고 하는 인문학으로는 부분을 객관적으로 보기도 어렵고, 부분을 객관적으로 규명함으로써 전체를 알 수 있다는 자연과학적인 가정도 결코 완성되지 못하는 거지요.

이를테면 특히 자연과학이 아직 완성된 게 아닌 이상 부분들이 완전히 규명되었다고 볼 수는 없잖아요. 그래서 계속 부분을 파다 보니 객관적이고 명확한 지식은 나오는데 언제 모든 부분이 완전히 규명될 수 있을지는 아무도 모르잖아요. 그러니까 부분을 밝혀서 전체를 볼 수 있을 거라는 자연과학적인 가정은 환상이 되는 거지요.

그래서 '융합'이라는 말은 사실 부분을 계속 탐구해야 하는 자연과학에서 인문학에 SOS를 친 건데. 융복합 어쩌고저쩌고 하면서도 자연과학은 여전히 인문학을 허용하는 분위기가 아니잖아요. 그래서 융합 운운도 그냥 말장난에 그치게 되겠다는 거네요. 좀 심했나요? 그럼 '언어의 유희' 정도로 하지요.

근데 사실 자연과학과 인문학은 융합되어야 하는 게 맞지요. 특히 오늘날에는 인문학과 자연과학의 거리가 너무 멀어졌답니다. 그렇게 멀어져봤자 서로 좋은 게 없지요. 마치 따로국밥으로 놀면 둘 다 치명적이지요. 그게 뭐냐면 "인간이란 무엇인가?"라는 최종 질문에도 둘 다 대답하지 못하겠지요. 결국 "뭐 때문에?"라는 질문 앞에서 학문 세계는 좌초하게 마련이지요.

엄밀히 말하면, 우리가 지금 인문학의 위기가 아니라 '학문의 위기' 시대에 살고 있는 거라는 말이 맞겠지요. 그럼 학문의 전당이라는 대학도 문을 닫아야 할 거고. 이거 좀 심각하지 않나요? 학문의 권위도 떨어지고. 벌써 그렇게 되지 않았나요? 다만 졸업장만이 대학을 지키는 세상이 되고 있잖아요.

역사상 최고의 발견 중 하나는 (자연)과학의 발견이지요. 왜 그럴까요? 과학이 없었던 시절에는 우리가 살아남기 위해 직접 경험, 즉 직접 부딪혀봐야 했겠지요. 호랑이와 싸워서, 아 이건 감으로도 아니니까. 등치가 비슷한 오랑우탄과 싸워서 내가 이길 수 있는지 없는지를 알기 위해서는 직접 한번 붙어봐야 했잖아요. 아마 그런 호모사피엔스가 많았겠지요.

근데 지금 과학은 오랑우탄과 인간이 싸우면 인간이 질 수밖에 없다는 사실을 알게 해주잖아요. 과학 덕분에 목숨을 구한 거 아닌가요? 그렇습니다. 과학은 '시행착오'를 덜어줌으로써, 아니면 제거해줌으로써 궁극적으로는 사람의 목숨을 구하기도 하는 거지요. 인간은 실수투성이다. 인간은 시행착오를 할 수밖에 없는 한계를 가진 존재다. 동의하실까요? 모르겠다고요? 그럼 자기는 완벽한 건가요? ㅋㅋㅋ

과학이 없을 때 인간은 전갈을 손으로 잡았겠지요. 그러다가 목숨을 잃었겠지요. 아버지가 전갈을 만지다가 죽고 어머니가 지네를 만지다가 죽고. 부모가 죽은 다음에 아들은 알게 되는 거잖아요. 저걸 만지면 하여간 죽는구나. 지금 과학의 시대에 우리는 전갈을 보면 도망가거나 죽여야 한다는 걸 잘 알고 있잖아요. 시행착오를 막아서 목숨을 구해주는 거지요. 그러니까 객관적이고 보편적인 지식을 창출해내는 게 바로 과학의 힘인데. 그래서 과학은 참으로 훌륭한 발견이었지요.

근데 이제 한계에 부딪힌 거지요. 과학이 과연 삶에서 중요한 사랑, 우정, 행복에 대해 직접 말해줄 수 있는 게 있나요? 어떻게 사랑하는 게 좋은지를 과학이 설명할 수 있나요? 행복을 과학적으로 어떻게 규명할 수 있나요? 그래서 과학이 삶에 기여하기 위해서는 인문학의 도움이 절대적으로 필요한 거지요. 반대로 오래전에 인문학, 특히 철학은 과학에 학문의 권좌를 빼기면서부터 그냥 무조건 저항하는 방식으로 '비판'이라는 무기를 들이대고 있잖아요. 그러다 보니 서로 사이가 서먹서먹하게 되었고. 그래서 말은 융합 어쩌고 하지만 서로 소 닭 보듯 하는 거지요.

5
그렇다면 융합학문은 어떻게 가능할까요?

아시다시피, 인문학과 자연과학의 분기점은 2,400여 년 전 아리스토텔레스로부터라고 하잖아요. 엥? 몰랐다고요? 중요한 건 아니니까 몰라도 됩니다~

하여간 그래요. 일반적으로 학문이라고 하면 연구대상과 연구방법론에 따라 구분된다고 하지요. 그러니까 인문학의 연구대상은 인간의 삶 전체가 될 거구, 자연과학의 연구대상은 자연 그리고 자연의 일환으로서의 인간이 되겠네요. 나중에 사회과학이라는 영역도 생겼잖아요. 사회과학의 연구대상은 사회현상이 되겠지요.

하여간 오늘날 이런저런 이유로 융합학문 또는 융복합을 거론하고 있잖아요. 이는 학문적인 소명일 수도 있지만, 시대적인 소명일 수도 있겠네요. 학문적인 소명이란 지난번에 말씀드린 대로 이러다가는 "인간이 무엇인가?"라는 질문에 둘 다 명확하게 설명하지도 못한다는 위기감일 거고, 시대적 소명이란 오늘날 돈이 중요한 시대에 요구되는 학문은 돈이 되는 실용학문이라야 한다는 요청 때문이겠지요.

그런데 반은 맞고 반은 틀렸네요. 틀린 이유는 첫째, 인문학과 자연과학은 연구 방법이 동일하지 않게 발전했다는 거고, 둘째, 돈이 되는 실용과학은 인문학과 자연과학의 융합에서 나오는 게 아니겠지요. 스티브 잡스는 "인문학과 기술의 융합"을 외친 거잖아요. 여기서 기술과 과학은 같은 말인가요? 아니잖아요. 글자도 다르고 뜻도 전혀 아닌. 근데 사람들은 과학과 기술을 같은 거로 보나 봐요. 아마 '과학기술'이라는 말이 있어서 그런가 보네요.

근데 역사적으로도 과학과 기술은 완전히 다른 영역이었답니다. 과학은 귀족들의 영역이었고, 기술은 천민들이 발전시켜온 영역이랍니다. 그러니까 지금도 과학은 대학의 영역이고, 기술은 장인들의 영역 아닌가요? 장인들은 천민계층으로 일자 무식쟁이들도 많지만 과학은 학사, 석사, 박사 등 대학의 먹물들과 결부되어 있잖아요.

그러니까 기술, 즉 테크놀로지와 인문학의 융합은 과학과는 무관한 거잖아요. 근데 '과학기술'이라는 조어가 만들어지면서 슬쩍 끼어들고 있는 거고요. 물론 융합학문은 시대적 소명 맞지요. 그러나 지금의 대학 과학은 스티브 잡스가 말하는 그런 융합과는 사실관계가 거의 없다고 해야겠지요. 참고로 '과학기술'이라는 합성어는 돈이 중요한 자본주의 사회가 만들어낸 조작된 말이라는 거지요.

그러니까 융합학문이 가능하기 위해서는 연구방법론이 일치되어야겠지요. 인문학의 연구방법론은 명확하지는 않지만 서구에서는 철학적 방법론으로서 변증법, 현상학, 해석학적 방법으로 발전했으며 자연과학의 방법론은 관찰, 실험, 조작, 실험조작 방법으로 발전해왔잖아요. 그런데 사실 정확하게 일치될 수 있는 접점이 없잖아요.

그러니까 와도 너무 멀리 온 거지요. 그런데 사실 오랫동안 들여다 보면 알게 되는 게 있지요. 그게 뭐냐고요? 결코 방법론이 다르지 않다는 거지요. 용어가 다르다 뿐이지. 이를테면 자연과학의 방법, 즉 관찰(관측)-실험-조작-실험조작은 현상학적 방법이자 변증법적 방법과 통한답니다. 그래서 자연과학의 방법을 '자연주의 현상학'이라고 하기도 하지요.

점점 어려워지네요. 제 의도도 아니랍니다. 제동을 걸기도 좀 쉽지 않네요. 이렇게 언급하지 않으면 잘 모른다고 할 것 같기도 하여. 하여간 민폐군요, 그렇습니다. 결론은 뭘까요? 그렇습니다. 인문학이나 자연과학이나 둘 다 '관찰'에서 시작되지요. 아리스토텔레스는 관찰이라는 방법을 통해 자연학(인문학+자연과학)을 최초로 정립한 분이랍니다. 이후 레오나르도 다빈치도 관찰부터 테크놀로지까지. 그 유명한 '다빈치 노트'는 '관찰일기'잖아요. 결국 '관찰'이라는 연구 방법으로 인문학과 자연과학 그리고 테크놀로지까지 통합되는 듯하지요?

6
그렇다면 인문학 공부는 어떻게 해야 할까요?

아, 딱히 교과서 같은 정답은 없겠지요. 엥? 그렇지만 개인적으로 맞는 방법은 있겠지요. 그게 답 아닐까요? 우리가 인생에도 정답은 없다고 하잖아요. 근데 사실 답은 있잖아요. 자기 안에. 아닌가요? 정말 정답이 없다고 생각하시나요? 그럼 하나 물어보자고요. 정답이 없으면 그냥 아무렇게나 산다는 건가요? 그래서 무서운 거네요. 사실 그런 사람 많지 않나요?

"에이, 될 대로 돼라." 뭐 이런 사람들 주변에 더러 있는 것 같지 않나요? 엥? 전혀 없다고요? 아, 생각해보니까 그러네요. 아무렇게나 사는 사람들, 이들은 정말 아무렇게나 사는 걸까요? 이들도 답을 가지고 있지는 않을까요? 그러니까 자신만의 답을 가지고 사는 게 아닐까요? 잘못된 답일지언정.

마찬가지네요. 인문학 공부를 하는 방식은 사람마다 각자 다를 수 있겠네요. 왜냐하면 사람들에게는 개인차라는 게 있잖아요. 그러니까 누구든지 자기만의 답을 마음속에 가지고 있는 거고. 그러니 그냥 아무렇게나 하는 거라도 자신만의 답을 가지고 하는 거가 되네요.

인문학의 목표는 '반성과 성찰'이라고 했잖아요. 근데 주입식 인문학에 그치니까 그게 문제라고도 했고요. 주입식 인문학, 주입식 교육. 근데 정말 사람에게 뭔가를 주입할 수 있을까요? 자동차에 휘발유를 주입하면 그만큼 달리기라도 하는데, 사람 머리가 주유소도 아니고. 아, 너무 심했나요?

고전 중의 고전인 '망각곡선이론(1888)'이 있잖아요. 독일의 심리학을 개척한 선구자이며 최초로 망각곡선이론을 발표하여 세상에 뜬 헤르만 에빙하우스(1850~1909)라는 분. 무려 150년 전 발표한 이론인데, 지금도 여전히 기억이론에서는 학문적 전범이 된 그 이론. 지금도 심심치 않게 인용되고 있으니, 정말 우수한 이론 맞잖아요.

인간의 기억은 1시간이 지나면 50% 정도가 사라진다고 하잖아요. 그리고 1주일이 지나면 20% 정도가 남는다고 하잖아요. 물론 단기기억을 말하지요. 최근에 나온 연구들에 의하면, 1주일이 지나면 4% 정도만 남는다고 하네요. 실험조건에 따라 좀 다르겠지만. 하여간 1주일 지나면 거의 다 없어진다는 거네요.

150년 전 사람들보다 스팸정보에 싸여 살면서 기계 의존율이 높은 현대인은 그만큼 머리를 쓰면서 기억해야 할 일도 적어지고…. 뭐 그런 게 반영된 결과겠네요. 심지어 어떤 책은 앞으로 50년 지나면 인류는 멸종되고 말 거라고 해요. 더 이상 머리를 쓸 일이 없어서 그렇다는군요. 하여간 지금 우리는 내비가 없으면 서울 시내 어디도 찾아가지 못하는 세상에 살고 있잖아요.

결국 주입식 교육방식으로 우리가 인문학을 한다면, 우리는 1주일마다 다시 반복학습을 해야 하는 게 맞겠네요. 거의 처음 보는 느낌으로. 근데 누가 인문학을 그렇게 하는 분들이 계실까요? 듣고 와서 1주일 후에 보고 또 보고. '공자 왈' 하는 장면을 녹화라도 해와서 1주일 있다가 또 듣고. 계속 반복해야 함.

근데 이 바쁜 시간에 누가 그럴 수 있을까요. 그럼 옛 선비들처럼 종일 방구석에 앉아서 "하늘 천 따 지"를 계속 해야 한다는 건데. 사실은 그냥 인문학 강좌에 가서 한 번 듣고 박수 치고 돌아오는 거잖아요. 그럼 최장 1주일 지나면 모두 없어지는 건데. 뭐 하러 그래야 하는 건가요?

1주일 으스대고 싶어선가요? 아님 1주일은 뿌듯함? 기억연구이론에 의하면. 아, 놀랍지 않나요? 저만 놀랐나요? 결국 인문학은 반복학습을 해야 한다는 건데. 뭐 시간이 나시면 그렇게 하는 것도 하나의 방법이겠지만. 아니면 적성대로. 난 반복학습에 자신이 있다고. 뭐 그런 건가요? 그럼 그러시면 되겠네요. 재능과 적성을 살리신다는 의미에서. 그런데 돌아가시는 날까지 하지 않으면 언젠가는 머리에서 깨끗하게 사라질 텐데.

우리 아이들도 학원에 가서 계속 반복학습하는 이유잖아요. 안 하면 까먹으니까. 그럼 대학에 못 가니까. 계속 똑같은 걸 주입시키면서 시험 보는 날까지 기억할 수 있도록. 아니, 시험이 끝나는 종 치는 시간까지 기억해야 하니까. 중간에 까먹어도 대학입시 탈락. 주입식 교육. 반복학습.

아, 그래도 치매 예방은 되겠네요. 근데 아니랍니다. 너무 단호한가요? 오히려 주입식 교육이 치매를 부추길 수 있다는 연구 결과도 많아요. 놀라운 일 아닌가요? 기계학습, 단순 반복훈련은 오히려 치매를 유발한다는 사실. 그래서 평생 단순반복하는 생활을 하신 분들이 치매 확률이 높다고 하잖아요. 심지어 사람이 아닌 기계처럼 되고 만다는. 사람이 더 이상 아닌? 오그번이라는 학자의 이론이 대표적이네요. 기계학습이론. 상식적으로 평생 머리를 많이 쓰고 살았다고 하는 지식인들도 치매로 돌아가시는 분들이 많다고 하잖아요.

그럼 왜 이런 현상이 생길까요? 더 자세한 건 치매 전문가 선생님들께 여쭈어볼 일이지만, 사실 치매는 매우 미개척된 연구영역이거든요. 아직 멀었잖아요. 또 문제는 기계적인 단순반복이 너무 지겹다는 거잖아요. 단순반복. 그래서 아이들은 공부가 지겹다고 하잖아요. 그래도 어째요. 해야 하니까. 그렇지 않으면 인생 낙오가 될 거고. 아이들에게도 장기기억을 시켜주면 그렇게 지겹게 공부할 필요가 없을 텐데. 한번 기억한 게 오래가니 그렇게 애써 바둥댈 필요도 없고, 그만큼 공부 스트레스도 줄어들 테고…. 심지어 단순반복하는 기계가 되지도 않을 거고. 모두 좋은 건데… 왜? 정말 웃기지 않나요? 그냥 이유가 궁금해서….

하여간 인문학 공부도 마찬가지겠네요. 그 어려운 고전을 누가 지겨운데 계속 반복해서 더 읽겠어요? 그것도 기계적으로. 지겹게 단순 반복반복. 그러니까 인간이 되기 위해 하는 인문학 공부가 결국은 지겨운 단순반복으로 기계가 되고 마는 아이러니의 형국이 되어야 하니…. 그렇게 인문학을 계속 똑같은 걸 듣고 보는 분들도 없겠지만. 정말 다행 아닌가요? 그걸 정말 매일 단순반복하시는 분들이 많으면 정말 더 이상한 거잖아요.

결국 주입식 인문학은 그냥 한 번 듣고 끝나고 마는 거가 되네요. 1회용 ○○밴드? 왜 그래야 하는지 잘 모르겠네요. 시간이 너무 무료한 건지도 모르겠지만. 인문학 공부가 '반성과 성찰'의 계기로 활용되어야 하는 중요한 이유가 되겠네요. 단순반복이 아닌. 반성과 성찰은 단기기억이 아닌 장기기억을 가능하게 하고, 더 중요한 건 변증법적으로 나를 계속 성장하게 하는 데 결코 없어서는 안 되는 절대 필수인 초석이랍니다.

에필로그

어렸을 때 프루스트의 「가지 않은 길」이라는 시를 읽은 적이 있잖아요. 없다고요? 아하. 아마 우리는 모두 다른 나라 사람들? 아니면 다른 행성 사람들? 하여간 그렇다고 하고요.

가지 않은 길. 정말 의미심장한 말 아닌가요? 길을 가다 보면 갈라지는 길이 나오잖아요. 어디로 갈까 망설이기도 하고. 아는 길이니까 그냥 가던 길로 가고. 아니면 호기심에 이번에는 안 가본 길로 가보자고? 엥? 그러다가 실제로 길이 아닌데 잠깐 이어지다가 막다른 길. 아님 누군가 가다 만 길? 혹시 낭떠러지가 도사리고 있기도 하니까 조심해야 한다고요.

근데 정말 저 길을 가고 싶었는데 피치 못하게 이 길로 갈 수밖에 없었던 인생? 아니면 그냥 이 길이 더 익숙하니까 이 길로 왔는데, 이 길이 아닌가벼~ 엥? 뭐 그런 거. 아니면 저 길을 꼭 가보고 싶었는데 그 길로 가지 못한 것이 못내 아쉬워서… 늙어서라도 내 이름이라도 쓰는 법을 배우고 싶다는 80대 할머니. 할머니, 학교에 간다? 엥?

가지 않은 길. 가지 못한 길. 가고 싶었지만, 아니면 가면 안 된다고 생각해서… 하여간 언젠가 훗날 좀 아쉽다. 뭐 그런 생각도 하지 않나요? 아니라고요? 저만 그러나요? ㅎㅎㅎ

정리하자고요.

"테스 형! 교육이 왜 이래." 지금까지 우리가 교육이라고 하면서 쭉 걸어온 길이 잘못된 길이었다는 걸 이제 우리가 알게 된 거잖아요. 그래서 나훈아 선생님도 급박하게 테스 형을 소환하셨고… 아, 테스 형! 세상이 왜 이래~

아무도 가지 않은 길. 이제 우리가 2,500년 전에 끊긴 길을 가보지 않으시렵니까? 최소한 호기심이라도 충족되지 않을까요? 문제해결이라는 거창한 목표를 달성한다는 생각은 일단 접어두고라도. 아니면 지금 우리가 온 길에서 장렬하게 전사해야 할 텐데… 가문의 영광이라는 착각을 하면서…. 선택은 여러분의 몫이랍니다. 땡큐~ 아, 테스 형! 교육이 왜 이래~

"내가 가면 그곳이 길이다." 엥? 그럼 가지 않은 길은? 그렇습니다. 가지 않으니까 길이 아닌 것이지 원래 길이 없었던 게 아니랍니다. 테스 형이 이미 걸어간 길. 그거 길 맞잖아요. 비록 미완성으로 끊어져버렸지만. 2,500년 동안 더 이상 아무도 가지 않은 길. 흔적만 남은… 바로 그 길. 지금 그 길을 가는 사람이 새로운 임자 아닐까요? 남들이 가지 않은 길. 그 길이 바로 블루오션이겠네요.

참고 문헌

김창걸 · 이규영 · 이규은. 『교육학 개론』. 서울: 형설출판사, 2010.

오인탁. 『박애주의 교육』. 서울: 학지사, 2016.

______. 『파이데이아』. 서울: 서광사, 2006.

이상오. 『계몽주의와 교육』. 이론과 실제. 서울: 학지사, 2005.

______. 『교육 해석학: 이론과 적용』. 서울: 학지사, 2008.

______. 『평생교육학 입문』. 서울: 연세대학교 출판문화원, 2017.

윌리암 보이드. 『서양교육사』. 이홍우 외 역. 서울: 교육과학사, 1996.

이케가야 유지, 이토이 시게사토. 『해마』. 박선무 · 고선윤 역. 서울: 은행나무, 2006.

존 듀이. 『민주주의와 교육』. 이홍우 역. 서울: 교육과학사, 1996.

Gadamer, H.-G. Wahrheit und Methode. New York: Continum, 1960.

Gehlen, Arnold. Der Mensch. Seiner Natur and Seine Stellung in der Weld. Frankfurt/a.M. und Bonn, 1967.

Kant, Immanuel. Kritique der Urteilungkragt. Stuttgart, 1790.

______. 『칸트의 교육 이론』. 김영래 역. 서울: 학지사, 2017.

______. Was is Aufklaerung. In: Kants Werke. Berlin, 1784.

Langeveld, M. J. 『아동의 길로서의 학교』. 정혜란 · 민혜란 역. 서울: 지만지, 2017.

Philip K. Bock. 『현대인류문화학입문』. 조병로 역. 서울: 국학자료원, 2001.

Portman, Adolf. Zoologie und das neue Bild vom Menschen. Reinbeck, 1962.

이상오(李相旿)

연세대학교에서 학사 및 석사학위를, 독일 튀빙겐대학교에서 교육학 박사학위를 받았다. 연세대학교 교수로 20여 년간 학생들을 지도하다 정년퇴임했으며, 연세대학교 미래융합연구원 창의인성연구센터장, 연세리더스포럼 책임교수, 미디어아트센터 운영위원을 역임했다. 10여 년간 벤처기업 창업지도를 해왔으며, 현재는 베세토국제학교 교장직을 맡고 있다. 평생 읽은 독서량은 어림잡아 2만 권 정도다.
지은 책으로는 『학습혁명 H사고』, 『지식의 탄생』, 『상상력과 교육: 인간과 테크놀로지의 만남』, 『언택트사회의 미래: 엔트로피 이론에 근거하여』, 『소크라테스의 산파술』(전자책) 등 50여 권이 있으며, 논문으로 「문화해석학의 조건」, 「HRD의 상상력」 등 100여 편이 있다.